SOBRE
VIVIR
Memorias

Primera edición, 1997
Segunda edición, 1998

© MILAN PLATOVSKY STEIN

Derechos exclusivos

© EDITORIAL ANDRES BELLO
Av. Ricardo Lyon 946, Santiago de Chile

Registro de Propiedad Intelectual
Inscripción Nº 101.773, año 1997
Santiago - Chile

Se terminó de imprimir esta segunda edición
de 1.000 ejemplares en el mes de enero de 1998

IMPRESORES: Impresos Universitaria S. A.

IMPRESO EN CHILE / PRINTED IN CHILE

ISBN 956-13-1506-8

MILAN PLATOVSKY STEIN

SOBRE VIVIR

MEMORIAS

EDITORIAL ANDRES BELLO

Barcelona • Buenos Aires • México D. F. • Santiago de Chile

Para comenzar

En diciembre del año 1993 mi nieta Caterina tenía doce años.

Motivo de orgullo para sus padres –mi hijo Daniel y mi nuera Anita Mingo– y alumna destacada del Villa María, Caterina tuvo que disertar en inglés frente a su curso. Podía elegir el tema libremente y supe que decidió hablarles a sus compañeras de mí.

I'm going to talk about a person who is very special to me. He is my grandfather. His name is Milan Platovsky...

Llegó a mis manos el texto de esa disertación y esas hojas –en realidad todo el episodio– fueron para mí una ráfaga de emoción que me dejó sin habla.

El texto de Caterina es precioso y directo, concreto y cariñoso. Habla de mi destinación a trabajos forzados en la Checoslovaquia invadida por los nazis el año 39. Habla de la experiencia de mi familia y mía en los campos de concentración durante la guerra. Se detiene en el número con que me marcaron en el antebrazo. Destaca mi fuga a París tras el golpe de Estado comunista en mi patria. Luego se refiere a mi matrimonio en Francia, a mi viaje a Chile, a mis inicios aquí...

El trabajo termina así:

Now he is writing his memories, he is very happy, he has 12 grandchildren, a beautiful family and I love him very much.

La verdad es que por entonces no estaba escribiendo las memorias proyectadas desde hacía años y me sentí culpable.

La profesora que le encargó la disertación a Caterina no sólo le dio una tarea a ella. De ahí salió también, de rebote, un desafío perentorio para mí, porque me di cuenta de que no podía seguir posponiendo el compromiso que contraje con entera libertad en su momento: dejarles a los nietos algo escrito de mi vida y, de ese modo, cumplir la palabra que un día empeñé frente a mis hijos.

Son muchas las Navidades que venía recibiendo como regalo de parte de mi familia cuadernos tentadores y libros en blanco, lápices a pasta y plumas a tinta, para que me pusiera a escribir.

Ya era hora de darme por aludido.

1
Familia, infancia, patria

Nací en Praga el 21 de agosto de 1922. Me pusieron Milan porque entiendo que así habían bautizado, a comienzos de la década del 20, a un vástago de la casa reinante en Yugoslavia. A mi madre debe haberle gustado el nombre. No me extraña porque incluso en sensibilidades republicanas, como la de mi hogar, la realeza ejerce cierto magnetismo. De alguna manera, en su momento, yo debo haber sido parte de las fantasías principescas y románticas de mamá.

Tal vez eso es lo que fui en mi casa durante la infancia: un príncipe. Aparte de una mamá incondicional y amorosa y de un papá que me quiso mucho, si bien era menos expresivo en sus sentimientos, tuve un hermano –Jirka– cuatro años mayor, que para mí fue un héroe siempre. Jirka ha sido una de las personas que he adorado en la vida. Seguro de sí, inteligente, muy apuesto y seductor, fue mi confidente, mi guía y mi ídolo.

Dulce, bella, cariñosa, de modales refinados y divertida, mi mamá fue el pulmón de mi niñez. Me quiso tanto que tal vez llegó hasta sobreprotegerme un poco. Fui muy apegado a ella. Una vez –debo haber tenido unos cuatro años–

Mi familia en las termas de Luhacdvice, en República Checa. Mamá, papá, yo y mi hermano Jirka.

desperté sobresaltado porque desconocí el olor de quien se acercaba a mi cama. Supe que no era mi mamá. Sólo al comprobar que mi tía Olga –la hermana menor suya– me estaba arropando me quedé tranquilo y recordé que se había quedado en la casa. Mis padres andaban de viaje.

No sé si por eso o por el rigor exagerado con que se educaba a los niños en esa época, hasta los doce o trece años estuve rodeado de muchas inseguridades. Fui un chico tímido. Me sonrojaba por cualquier cosa. Por ejemplo, el tener que saludar con voz firme a una visita en la casa o el creer, al subir al tranvía, que todo el mundo me miraba, podían desarreglar mis circuitos interiores. Me ponía rojo, traspiraba, perdía el control.

Pasaba miedo en la noche al acostarme. Junto con temerle a la oscuridad, al meterme en la cama escondía la cabeza, tratando de tapar con las sábanas y las frazadas todos los posibles orificios por donde pudiera colarse el aire. Temía que si quedaba una rendija, penetrarían por ella moléculas destructoras de la seguridad de mi mundo.

Cuando aprendí a hablar, lo que más me costó fue pronunciar la R. Fui a la escuela primaria por cinco años a disgusto y pasé después al Real Gimnasium, donde estudiábamos otros ocho, paso obligado para quien quisiera ir a la universidad. En realidad, nunca me gustó el colegio. Me angustiaba. En las mañanas, al lavarme los dientes, casi vomitaba al darme cuenta que me estaba preparando para ir a clases. Para mí, el mejor momento de la semana era el viernes en la tarde. Sabía que no tenía clases hasta el lunes. Sin embargo, como a las cuatro de la tarde del domingo me empezaba a deprimir. Sentía un peso encima. El fin de semana se estaba terminando. El lunes en la mañana era terrible y a partir de ahí empezaba a contar los días que faltaban para el viernes.

En clases, me sentaba en un banco más bien escondido, donde podía pasar inadvertido. Tenía miedo a los exámenes, a esa especie de competencia constante y agotadora que se creaba entre los compañeros. Nunca toleré bien los afanes competitivos en los estudios y el deporte, porque me parecía que hasta en forma inconsciente sembraban envidias.

Lo curioso, sin embargo, es que era buen alumno. Generalmente, estaba entre los tres primeros de mi clase, aunque al lado de las notas sobresalientes de mi hermano Jirka, las más parecían mediocres. Su superioridad intelectual me apabullaba. Sin embargo, no lo envidiaba ni tenía celos. Al contrario, me sentía orgulloso de él.

Entre las asignaturas me gustó la historia, empecé a entender las matemáticas, me fasciné con la química y se me había despertado una intensa vocación por la medicina cuando la fatalidad de la guerra me impidió los estudios. Me

Probulov, el pueblo de donde salieron los Platovsky. Ahí mi abuelo tenía el pequeño negocio que se ve al fondo.

Mi familia antes de que yo naciera.

habría encantado ser médico y fue una aspiración que alimenté hasta varios años después de terminada la guerra.

Mi familia vivió en tres lugares hasta que llegó la catástrofe. En el primero estuve muy de pequeño y de sus espacios apenas me acuerdo. Quedaba en la calle U Milosrdnych número 4, en un tercer piso, sin ascensor. La calle era estrecha, de adoquines, y serpenteaba un barrio antiguo, de estilo medieval. En ese tiempo no era muy elegante; ahora es la parte más cara de Praga.

En el segundo departamento pasé toda mi infancia. Era mejor y nos quedaba a menos de cincuenta metros de la escuela. Calle Kozi, en el número 15, a un paso del río Vltava y del actual hotel Intercontinental. Tenía tres dormitorios, contando el de la empleada.

El tercer departamento, más amplio que los anteriores, quedaba en un barrio eminentemente residencial. Nad Stolou número 18. Fue la casa de mi feliz pero breve juventud y el lugar donde empezaron nuestras tragedias.

Vida familiar

Hasta mi adolescencia mi papá fue un personaje algo lejano. Limitado por el asma y casi totalmente absorbido por su trabajo, siempre asocié su presencia más con la autoridad que con el afecto, más con la disciplina que con la confianza o el humor. Estaba muy orgulloso de él, pero creo que de niño le tuve más respeto que cariño. Comencé a quererlo de verdad más tarde, cuando maduré y fui capaz de pensar.

El origen de mi padre y mi madre era distinto y eso se notaba en los respectivos familiares. Con aisladas excepciones, en general unos y otros eran simpáticos y alegres. Pero el nivel cultural y el roce social de ambas familias no eran iguales.

Mis abuelos paternos, Adolfo y Katerina, fueron gente modesta. Vivieron siempre en Probulov, dos horas al sur de Praga, donde atendían la única tienda del pueblo. Era una aldea con no más de doscientas casas que ni siquiera tenía escuela. Los niños debían ir a clases a otro poblado. Con mucha austeridad y disciplina, en un ambiente en que todo se medía al máximo y no se malgastaba ni siquiera un fósforo, lograron criar seis hijos: tres hombres –Leopold, Karel y Rudolf– y tres mujeres, Marta, Hedva y Ema. A esta última, que murió muy joven, nunca la conocí. En un esfuerzo casi sobrehumano, lograron reunir recursos para darle educación universitaria al mayor, Leopold, mi padre. Otro de los hermanos, Rudolf, a los doce años se dio cuenta que tenía un porvenir muy oscuro. Como el dinero familiar alcanzaba sólo para la educación de uno, él decidió no sólo irse de la casa sino también del país. Sus padres nunca más volvieron a verlo. El otro hijo hombre, Karel, heredó el negocio de la familia y con esa base pudo casarse y educar a los dos hijos que tuvo.

La cuna de los Stein, la familia de mi madre, fue muy diferente. Pertenecían a la alta burguesía. Tenían dinero, educación y refinamiento. Fueron cuatro hermanos: un hombre y tres mujeres. Mi madre, Ruzena, Rosita en castellano, había sido la tercera. Era menor que su hermano Franta y su hermana Bozena, pero mayor que Olga.

Mi padre aprovechó al máximo la oportunidad que tuvo de estudiar. Su inteligencia innata, por un lado, y su autodisciplina y tenacidad, por el otro, le permitieron destacarse. Al final consiguió su título de ingeniero en la Universidad Carlos IV de Praga y, tras especializarse en Hamburgo en construcción naval, fundó también en Praga un astillero que le dio considerable fortuna.

El fortalecimiento de la situación económica de mi padre, sin embargo, fue casi imperceptible en la casa. Eramos de una austeridad casi implacable. Si bien siempre tuvimos un auto y contábamos con los servicios de un chofer y una empleada, lo que podría dar la impresión de cierta liberalidad, la verdad es que el presupuesto familiar se cuadraba con precisión milimétrica. Nada de menos, pero tampoco nada de más. Los gastos eran los estrictamente necesarios. Se vivía como si mi padre recibiera una cuarta parte de lo que realmente ganaba. A nosotros se nos enseñaba a guardar una parte de la mesada en una libreta de ahorros. Vivíamos ahorrando y tengo la impresión de que este hábito estaba muy generalizado en Europa.

Eran otros tiempos, claro. Si bien teníamos un buen pasar, recuerdo que nos bañábamos sólo una vez por semana y que cuando me metía a la tina ocupaba el agua que había usado mi hermano. Afortunadamente, al contrario de otros niños que debían usar las camisas toda la semana, a nosotros nos mudaban la ropa cada dos días.

Si en la casa había disciplina con el dinero, también lo había con los modales que debíamos cumplir. Si alguien extraño y mayor entraba a la habitación donde estábamos con Jirka, ambos nos debíamos levantar como resortes y mantenernos tiesos como soldados. Jamás podíamos dar la mano, a menos que la otra persona lo hiciera.

En la mesa el rigor era total. Mi mamá tenía niveles de exigencia inverosímiles. Los grandes retos que recibimos en la niñez estuvieron siempre asociados a incorrecciones nuestras en las comidas. "La educación de la gente se nota en la mesa", nos decía. Hasta que no dominamos con soltura los cubiertos, no pudimos entrar siquiera al comedor. Nos servían en la cocina. Por ser más joven que mi hermano, aprendí más tarde que él a dominar copas, tenedores, cucharas y cuchillos.

Hasta los tres o cuatro años, fui bastante llorón y niño problema para comer. Casi nada me gustaba. Después, la disciplina de la casa me quitó esa maña porque nos debía gustar todo. Si dejábamos algo, la comida siguiente comenzaba con el plato que habíamos desechado. Si íbamos de visita y nos ofrecían repetirnos un guiso, por dos veces debíamos negarnos. "Gracias, está delicioso, pero estoy satisfecho", debíamos responder. Sólo si insistían por tercera vez, podíamos aceptar repetirnos.

Quizás esa niñez tan reglamentada me hizo más tímido e inseguro. Sólo cuando dejé atrás la adolescencia pude superar esas sensaciones. En ese sentido, los niños de ahora, educados sin tantas rigideces, son más desenvueltos. Algunas veces, hasta demasiado.

A pesar de esos inconvenientes y de tener un padre, por culpa del asma, un tanto ausente de los grandes momentos familiares –vacaciones, fiestas, paseos–, tengo los más gratos recuerdos de mi niñez y de mi hogar.

En la vida cotidiana de la familia, el momento cumbre era la cena. Era la ocasión en que la comida se preparaba en forma más prolija y los sabores se disfrutaban de manera más sosegada. No sucedía como en el desayuno, donde consumíamos a la carrera un pedazo de pan con mantequilla y un café que no era café. También el almuerzo era simple. A las siete de la tarde, en cambio, comíamos los platos que realmente nos gustaban: salchichas, albóndigas de papa o de frutas, cerdo guisado. El ambiente solía ser bastante formal. Casi nunca podíamos comer completamente tranquilos. La mayoría de las veces nos estaban haciendo observaciones. Así y todo, nuestras comidas eran agradables, acogedoras y cálidas: conversábamos, escuchábamos a papá, aprendíamos historias de nuestra familia, compartíamos un cierto orgullo de pertenecer a este hogar. Por ahí me enteré de la aventura de mi tío Rudolf, cuando a los doce años había desaparecido de la casa paterna. Días después la policía avisó que estaba en Hamburgo y pidió que un familiar fuera a buscarlo. Enviaron a mi padre, pero el tío se negó a volver y quiso ser embarcado a Estados Unidos. Mi papá accedió a su voluntad. Le sacó un pasaje marítimo de tercera y le pidió a una familia que viajaba en la misma nave que se encargaran de él. Nunca volvió a tener noticias suyas y fue la última vez que lo vio.

Legados de mi padre

A nivel familiar, ser un buen alumno era muy importante. Constituía una suerte de seguro de vida. Según mi padre, la vida se iniciaba una vez que dejábamos los pañales y comenzábamos a desarrollar la mente y a tomar conciencia del imperativo de la superación. Creía que si ese proceso no partía desde temprano, después sería imposible adquirir el hábito de la disciplina y el esfuerzo personal. Esa fórmula, según él, era la única que abría las puertas del éxito y creo que, de tanto machacarla en casa, al final también nosotros terminamos suscribiéndola.

Mi padre valoraba la inteligencia y la razón como el máximo atributo del ser humano. Tal vez por ahí sintió afinidad con la masonería.

Creo que heredé el aprecio de mi padre a la capacidad intelectual. Personalmente, tengo poca resistencia a la tontera. No entiendo los prejuicios ni las posturas emocionales. Me sorprenden, por otra parte, las personas que no pueden gobernar sus impulsos y pasiones.

Otro legado suyo fue el escepticismo religioso. Si no fuera por mi abuelo materno, tal vez ni siquiera hubiera sabido que era judío. Hasta que murió, y eso sucedió cuando yo tenía ocho años, iba mucho a la casa. Lo invitaba mi madre. Era un judío observante, muy simpático, muy alegre. Se llevaba extraordinariamente bien con nosotros. Al ver que papá era ateo, que a mamá tampoco le importaba mucho la formación religiosa y que nosotros nunca fuimos circuncidados, se preocupó de señalarnos cuál era nuestra sangre y nuestro credo. Nos enseñaba la Ley y fue el nexo entre el judaísmo y nosotros.

La conciencia de ser judío fluyó sin agresividad pero también sin trauma. Jamás pusimos en duda nuestro amor a Checoslovaquia. Jamás pensamos, ni de niños o más tarde, que por ser judíos éramos distintos a los demás. Sentíamos el patriotismo como todos los niños de la clase. Cuando mirábamos la bandera, amábamos lo que amaban los demás checos y odiábamos lo mismo que ellos. Nada nos diferenciaba. Ni la profundidad de nuestros sentimientos nacionalistas, ni el cariño que nos producía la historia patria, ni la devoción que nos inspiraban nuestros héroes. Ser judío o católico, a la hora de sentir la nacionalidad, era irrelevante. Jamás se nos pasó por la cabeza que alguien vendría a diferenciarnos y discriminarnos.

El círculo familiar

Así como veíamos bastante al abuelo Stein, el contacto con los demás familiares de mamá también era frecuente. Tío Franta, su hermano, era todo un personaje. Alegre, revoltoso, aventurero, se había recibido de ingeniero industrial. Su hijo Jirka, de la misma edad mía, fue posiblemente nuestro primo más cercano. También éramos muy próximos a los tíos Beck. Ella, Boza, o Bozena como le decíamos nosotros, también hermana de mi madre, se había casado con un banquero de gran fortuna, el abogado José Beck, y eran seguramente los más acomodados de la familia. Tenían una hija, Hana, siete años mayor que yo y amiga del alma de mi hermano Jirka. Los Platovsky, en cambio, nos parecían simpáticos pero más simples.

Mi tío Franta irradiaba permanente alegría. Al lado de los demás, parecía un irresponsable en la familia, por la facilidad con que gastaba el dinero. Capaz y millonario, era el único que no se medía en los gastos. Tenía muchos ingresos y sabía gozar del dinero que le entraba. Durante mi niñez y parte de la adolescencia, el tío Franta suplió como figura masculina las ausencias de mi padre. A su refugio en Sazava íbamos mi hermano, mi primo y yo en bicicleta los fines de semana, una vez que llegaba la primavera. Mi mamá, sin el papá, iba en auto con los tíos y con nuestra prima Jarmila, dos años menor que yo. Ir a esa casa en medio de bosques y ríos, entre juegos y chapuzones, entre primos, primas y amigos, era como estar en el paraíso.

También era fantástico ir a esquiar en invierno los fines de semana y, por espacio de diez días, para la Navidad y el Año Nuevo. El clima de montaña le hacía bien a mi papá. Era otra persona en las alturas. El ambiente que se formaba –muy familiar– era maravilloso. Los refugios a los que íbamos se componían de seis o siete piezas y la dueña cocinaba para nosotros. Ahí pasábamos Navidad y Año Nuevo. En una mesa grande se sentaban todos a comer, conversar y cantar. Era una convivencia tan entrañable que la recordaré el resto de mi vida como el triunfo de la unidad y el cariño. Como no había andariveles, caminábamos mucho y en la noche el cansancio nos rendía. Jamás olvidaré el esplendor de esas jornadas. No sólo del paisaje; también de las emociones.

Para las vacaciones de verano, nos íbamos por un mes al campo. Papá había comprado un pequeño fundo cerca de su pueblo natal y nos obligaba a pasar allí algunas semanas. Había adquirido esas tierras por placer y nostalgia. Esos parajes estaban asociados a su infancia. Pero lo que era para él fuente de satisfacción, para nosotros se convirtió en motivo de una gran contrariedad. No nos gustaba la temporada rural. Debíamos levantarnos temprano y trabajar todo el día en faenas agrícolas. El panorama nos divertía poco. Lo encontrábamos injusto. Creíamos que como todos los niños teníamos derecho a disfrutar las vacaciones.

Casi lo único que valía la pena de esas semanas campestres eran las visitas a mi tío Karel Platovsky, que vivía a menos de media hora de la propiedad agrícola de mi padre. Atender la clientela que iba a su negocio, que él había heredado de mis abuelos, instalarme detrás del mostrador, cobrar y a veces hasta dar vuelto, era simplemente fascinante. La tienda tenía un gran surtido de mercaderías. Unos enormes frascos de vidrio resplandecían con caramelos envueltos en papeles multicolores. Podía quedarme horas ahí, con el tío Karel y muchas veces solo. El resto de la familia permanecía conversando en una habitación pegada al local.

Mi hermano y yo de punta en blanco.

Jimi

Si la infancia es la edad de la fantasía, la de mi hermano y la mía discurrió en un mar de sueños y ficciones gracias al juego que llegó a constituir nuestra entretención favorita: el Jimi. Le pusimos así juntando las dos primeras letras de nuestros nombres. Fue algo estrictamente nuestro, inventado por Jirka y yo, Milan.

Lo único que se usaba en el juego era la imaginación. No había cartas ni dados ni tableros ni fichas ni nada. Pura fantasía. Si tuviera que definirlo diría que era una empresa ficticia, de la cual ambos éramos sus principales agentes. Alrededor de esta ilusión jugábamos horas y horas; lo hacíamos con amigos, sin amigos, solos o con nuestro primo Jirka, el hijo de mi edad de tío Franta. Lo único que deseábamos mientras estábamos jugando era que nos dejaran solos en nuestra habitación para que así pudiéramos libremente y sin interrupciones dejar volar nuestros sueños. La palabra clave para iniciar el juego era Jako, que en checo significa como si... Mi hermano la pronunciaba y entonces ya teníamos la posibilidad de trasladarnos a cualquier situación. Podíamos estar en el frente luchando contra nuestros tradicionales enemigos –los alemanes– o podíamos estar a cargo de una fábrica o conduciendo un barco u organizando una expedición a misteriosas tierras lejanas. Después de que mi hermano tuvo la primera experiencia sexual, incorporamos a veces aventuras eróticas al juego. No había límites para crear cualquier tipo de situación; tampoco para fijar el tamaño o el uso de la empresa que habíamos creado en el momento. Por supuesto, mi hermano era siempre la persona de mayor rango: en la guerra, el general; en la empresa, el gerente general; en los barcos, el capitán. Por eso me gustaba que se incorporara al juego, de vez en cuando, mi primo. Era dócil y no ponía problemas con el puesto que se le asignaba. Cuando él jugaba, yo por fin podía tener un subordinado.

Después de muchos años, cuando me reencontré con mi prima Hana tras una larga separación, ella comentaría mi éxito en los negocios con estas palabras:

–Has organizado, Milan, tu propio Jimi.

Si bien con Jirka nos profesábamos un cariño ilimitado, a veces también peleábamos. Pero esos desencuentros duraban poco. La simpatía de Jirka era avasalladora y muy pronto cualquier ocasional encono quedaba diluido en las aguas del sentimiento y el humor. A él le gustaba llamar la atención cuando estaba con personas mayores. Frente a ellas podía llegar a ser una máquina de ingenio. Hacía observaciones irónicas e inteligentes, unas detrás de otras, con plena conciencia de estarse luciendo. Cuando lograba algún acierto genial, cuando conseguía un pleno, por decirlo así, tenía un tic que era perceptible sólo para mí. Muy erguido, pegaba sus manos contra los muslos y, bien abiertas, agitaba un poco algunos dedos. Parecía tiritar. Con ese gesto avisaba que había hecho alguna diana con su destreza mental. Significaba que estaba contento, que estaba cautivando.

Imágenes de papá

Jirka me enseñó también a ir conociendo mejor a papá. Jamás hubiera valorado sus éxitos debidamente si no es por la mediación de mi hermano. A medida que lo fui mirando con una visión más adulta, lo empecé a admirar y a querer de una manera más intensa.

Jirka había conocido más sano a mi padre. Yo, en cambio, casi siempre lo asocié con su enfermedad. Por esa época el asma ya no lo dejaba vivir bien. Llegaba a casa casi siempre extenuado, al borde de sus límites. Entonces, para reponerse, se aislaba en su dormitorio por un rato antes de comida.

Antes que su enfermedad hiciera crisis tiene que haber sido, sin embargo, un hombre sociable. Pertenecía a la masonería y al círculo de ingenieros, del cual era director. Esta agrupación organizaba frecuentes reuniones y fiestas, en las que mi padre había sido un animado interlocutor.

Imponente, vestido siempre de oscuro, con corbata y sombrero, su presencia me producía un inmenso respeto. Dotado de fuerte personalidad e inteligencia, se fue acercando más a nosotros cuando crecimos. Pero en eso estaba cuando el asma lo acorraló.

Mi papá era sobre todo un empresario. Esta actividad canalizaba sus ideas políticas, sus conocimientos, su sensibilidad. Se preocupaba mucho de su personal. Siempre decía que las empresas no sólo debían preocuparse de las ventas. Tenía un trato muy fluido con sus trabajadores y deseaba que Jirka y yo siguiésemos su huella. Por eso desde pequeños nos fue dando enseñanzas que los padres suelen dar cuando sus hijos están mayores. En el fondo, papá nunca nos trató como niños.

Su relación con mi madre fue excelente durante muchos años, pero sin desbordes. Las heridas que dejó entre ellos la relación de papá con una escultora cicatrizaron con el tiempo, pero dejaron sus marcas para siempre. Es indudable que se querían, que mi madre sentía por él admiración y amor. Pero me imagino que con el adulterio de papá algo se quebró. Nunca los vi pelear, nunca vi que no se hablaran, pero una tenue sombra apagó con el tiempo el fuego que debió existir entre los dos.

La escultora efectivamente era muy bella. Nosotros la conocimos porque iba con sus padres, amigos de la familia, a los refugios de la nieve y porque tenía su taller en una casa construida sobre una isla en pleno río Vltava de la cual papá era propietario. Al comienzo, mi hermano y yo no sabíamos que eran amantes. Cuando lo supimos no nos sorprendió. La encontrábamos deseable. Yo al menos tenía fantasías eróticas con ella, desde que le vi los pechos. Fue una vez que estaba solo y debo haber tenido unos ocho o diez años. Como no usaba sostén y llevaba una blusa muy amplia, al agacharse pude verle el busto desnudo.

Me encantó y después la espié con mi hermano muchas veces.

No sólo por eso la figura de la escultora estaba, en la percepción de mi hermano y mía, absolutamente erotizada. También por un episodio que ocurrió con ocasión de la celebración del Año Nuevo en un refugio montañoso. La escultora había invitado a la nieve a una amiga suya. Eran como hermanas entre sí. Con Jirka, las encontrábamos muy atractivas. Acabada la cena, nosotros debimos habernos ido a acostar temprano. Ellas se quedaron y deben haber bebido. Estábamos durmiendo cuando se metieron a nuestra habitación. Entonces nos desnudaron y jugueteraron con nosotros, sobre todo con mi hermano. En ese tiempo yo por supuesto todavía era virgen. Al final, Jirka tuvo relaciones completas, al menos con una de ellas y probablemente con las dos.

Cuando mi mamá se enteró de la relación de papá con la escultora, puso un ultimátum que hundió para siempre el romance. La artista posteriormente se casó y supongo que nunca más volvió a ver a papá. Sólo cuando él murió la relación revivió en la forma de una preciosa escultura que ella hizo para instalar en la tumba de papá. Era una obra modernista, una alegoría de la fuerza y la vitalidad. Fue su homenaje postrero a un hombre que ella había amado mucho. Durante el comunismo, lamentablemente, la escultura fue robada de la tumba.

La izquierda familiar

En mi hermano primaba la sangre política. Sus inquietudes, sus colaboraciones periodísticas cuando se hizo más mayor, sus aptitudes literarias, toda su desbordante energía iban siempre dirigidas al campo político. La pasión por sus ideales casi lo condujo a la guerra de España. Quiso alistarse en las Brigadas Internacionales, pero afortunadamente se encontró con la férrea oposición de papá y mamá.

Era izquierdista de corazón. Idealizaba a la izquierda con absoluto candor. Mi papá, como socialdemócrata, debe haber mirado con inquietud la evolución de su hijo, porque su opción política no era sólo intelectual. Jirka comenzó a frecuentar grupos de acción política desde tempano. Como escribía espléndidamente bien, a los 18 ó 19 años comenzó a publicar artículos en revistas y diarios radicalizados.

Nuestra querida prima Hana Beck era la correligionaria y aliada de mi hermano. Se sentían muy unidos y tenían casi la misma edad. Creo que compartían una cierta sensación de incomprensión familiar que los hacía sellar su complicidad. Para Jirka, ella era una compañera de ruta y además un puente con la gente del mundo artístico, sobre todo del ambiente del teatro, donde las ideas de izquierda no sólo vestían bien sino también daban autoridad. Para Hana, por su lado, Jirka era un valioso apoyo familiar ante el grave desencuentro que tenía con su padre.

Hana había perdido a su mamá siendo todavía niña. Mi tía Boza fue víctima de la leucemia cuando estaba en lo mejor de su vida. A Hana le hizo mucha falta su madre. Fue criada por su papá, José Beck, quien habiendo pertenecido durante la Primera Guerra Mundial al ejército de los Legionarios, volvió del frente, tras dos años de ausencia, como héroe nacional. Mi tío terminó siendo un poderoso banquero y después de la muerte de su esposa me imagino que Hana nunca pudo acostumbrarse al hogar frío, opulento, vacío, silencioso y regimentado en que tuvo que vivir su adolescencia. Ella misma reconoce que cuando su padre volvió de la guerra ella lo miró como a un extraño.

La relación entre ambos fue tensa. Ni el padre entendía a la hija ni la hija al padre. José Beck no se andaba con medias tintas y fue el único miembro de la familia abierta y frontalmente anticomunista. El resto de los tíos miraba el socialismo con una mezcla de condescendencia, curiosidad

25

y desconfianza. Siendo así, fue hasta cierto punto lógico que Hana derivara a la izquierda en señal de protesta, rechazo y rebeldía contra su padre. Mi prima de hecho eligió la carrera que a él más podía disgustarle. No pongo en duda su vocación ni sus ideas, pero su vida habría sido distinta con otro papá. Cuando ella le comunicó que quería ser actriz, Beck en su propia cara le dijo que iba a fracasar porque para triunfar en las tablas se necesitaba belleza y para él tener belleza era ser alta y buenamoza. Hana era estupenda, pero bastante baja.

Desde luego, tío Beck tiene que haber querido a su hija. Simplemente no me cabe en la cabeza que no haya sido así. Luego de la muerte de tía Boza, lo primero que hizo fue invitarla a un viaje. La pérdida había sido terrible para ambos y mi tío debe haber pensado que una temporada en París podía ser útil para componer algunos lazos de confianza con su hija.

Hana recuerda que fue a París con su papá, y más tarde, por una semana, a las playas de St. Jean de Luz, cerca de la frontera española. Pero también iba mi hermano. Tío José le dio opción a su hija para que invitara a una amiga a compartir con ella las emociones del viaje. Hana descartó esa posibilidad y quiso ir con Jirka. Con nadie se entendía mejor que con él y, en la versión que ella me ha dado del viaje, en París dormían hasta en la misma cama. Eso incluso se lo contó al tío José la escandalizada administradora del hotel. Pero su indiscreción fue tiempo perdido, porque el tío no quiso pagar otra habitación más para evitar los entusiasmos de su hija y su sobrino.

Ya más grande, y decidida a ser actriz, Hana quiso a comienzos de los años 30 ir a estudiar por un tiempo a la Unión Soviética. Moscú era en esos momentos no sólo un gigantesco laboratorio colectivista sino también un efervescente escenario de la vanguardia cultural. Florecían el teatro, el cine, las artes plásticas, la poesía, no obstante que los signos de endurecimiento del régimen eran cada vez más evidentes. Hana estudió allá con grandes maestros de la escena, pero esta experiencia bolchevique tiene que haber sido una bofetada para su papá.

José Beck también había estado en la Unión Soviética, claro que años antes, en las primeras etapas de la Revolución de Octubre, como oficial de los Legionarios. La historia de este ejército es una de las más curiosas de la Primera Guerra. Fue formado por mandato del emperador Habsburgo, sobre la base de contingentes checoslovacos, para combatir a las tropas del zar. Los Legionarios penetraron muy profundamente en las fronteras rusas, pero después de sus primeras victorias decidieron que no debían ninguna lealtad a la corte de Viena. Se plegaron entonces a las banderas del zar para combatir a las fuerzas austrohúngaras y en eso estaban cuando sobrevino la revolución bolchevique del año 17, que sumergió al viejo imperio en un caos político descomunal. Los legionarios combatieron a los bolcheviques hasta donde pudieron y, manteniéndose articulados en medio del proceso de desintegración del imperio ruso, lograron volver a Checoslovaquia después de terminada la guerra en 1918.

La iniciación

Con todo el desagrado que me producían las vacaciones en el campo de papá, debo agradecerles mi iniciación sexual. Tenía unos 16 años. Como escenario el campo fue excelente y todo el entorno parecía cargado con la energía del verano. El rito se cumplió con la mayor sencillez, como ocurre con todas las manifestaciones naturales y nobles de la conducta humana. Una campesina un poco mayor que yo, rubia y llenita, me llevó a uno de esos típicos galpones de bosque donde se guarda pasto para los animales en invierno. Ella trabajaba en el campo de mi padre. Una prima suya tenía amoríos con mi hermano y parece que esa relación fue clave. Sospecho que Jirka influyó en la joven para que me iniciara en el sexo.

Estaba anocheciendo. Después de subir una escalera y entrar a la pieza llena de fardos, ella, con toda naturalidad y sin más preámbulos, se quitó toda la ropa, se acostó sobre la paja y me invitó a tenderme a su lado. Una vez que lo hice, me desnudó.

El primer intento no alcanzó a materializarse. La culminación llegó demasiado pronto. Me sentí fracasado, pero por fortuna la muchacha fue muy comprensiva y tierna. Eso me dio seguridad. Tuve, entonces, una segunda oportunidad más tarde y esa vez sí que pude conocer los goces de un viaje compartido a las riberas del placer. Coronamos después la noche con una tercera relación.

El verano terminó sin que volviera a ocurrir un encuentro similar. Esa fugaz experiencia me dejó saldos positivos. Uno, fue la alegría de mi hermano al enterarse que había dejado atrás mi analfabetismo sexual. Otro, fue la autoconfianza que adquirí. Desde esa noche, mi antigua y pertinaz timidez comenzó a difuminarse. También me sirvió para alardear ante amigos y amigas. Comencé a hacer ostentación de ser un profundo conocedor de lo que para otros era un misterio. A mi entender, eso me confería un nuevo estatus ante ellos.

Mi vida afectiva y sexual tuvo varios hitos hasta llegar a los 17 años. El niño que adoraba a su madre, que sólo le daba la mano al padre y que para averiguar sobre erotismo acudía únicamente a su hermano, llegaría a ser el año 39 un joven profundamente enamorado de una chica y con una vida sexual activa.

Antes de eso, sin embargo, existieron diversos episodios y aventuras. Si los pechos de la escultora habían sido mi primer contacto malicioso con el mundo de la sexualidad, con bastante anterioridad, a los seis años, me había visto envuelto en una situación que en su momento no pude comprender, cuando mi profesora de piano, una mujer para mí ya mayor, de treinta y tantos años y que yo encontraba fea, se sacó los calzones, me tomó del cuello y puso mi cabeza entre sus piernas. Fue una experiencia poco agradable que me produjo sorpresa y asco al mismo tiempo.

Después de mi primera relación erótica en el campo durante las vacaciones de verano, comencé a alternar con muchachas. La timidez, esa sombra que siempre me acompañaba, fue desapareciendo gracias a la seguridad en mí mismo. Gané autoconfianza por varios conductos: por lo que había vivido, por el constante refuerzo anímico de mi hermano y por la sospecha de que podía gustar a las mujeres. Si bien no me sentía capaz de impactarlas de inmediato, descubrí que al segundo o tercer round podían ser mías. Eso me gustó. Vi que era posible por esta vía encantar a mujeres más inteligentes, más vulnerables a la palabra al oído que a la estatura y el físico, más sensibles al ingenio que a la musculatura.

Poco antes de salir de la adolescencia, me compraron un esmoquin y empecé a ir a las fiestas de la Academia de Baile. Fue el definitivo salto que reafirmó mi personalidad. Conocí muchas chicas y con alguna de ellas tuve relaciones platónicas. Sentí que mi proceso se iba completando y que la antigua larva evolucionaba hasta completar su desarrollo.

Tiempo después, en la Checoslovaquia ya ocupada por los nazis, cuando tenía que ir a rendir exámenes a Brno, conocí en el tren a una muchacha que iba al mismo colegio que yo. Le hablé y congeniamos rápidamente. En cuanto pude, le insinué que era un amante experimentado, experto en que las mujeres alcanzaran las cumbres del placer. La respuesta de ella fue inmediata. Me preguntó, sin más rodeos, cuándo y dónde nos podríamos acostar en Praga a la vuelta. Su desparpajo me desconcertó. Como no estaba en mis libros que las mujeres fueran tan desenvueltas, quedé de llamarla cuando volviera a Praga.

Sorprendido por lo que me había pasado, consulté a mi hermano. No sabía si llamarla o no. Estaba muy confundido con el atrevimiento de la chica. Tampoco sabía dónde ir en caso de concertar una cita con ella.

Como siempre, Jirka despejó mis dudas y arregló las cosas, sacando a mamá de paseo el día que la empleada tenía salida.

La chica no demoró ni un segundo en desnudarse. Lamentablemente, despedía un olor para mí desagradable. Me volvió a la conciencia la imagen de la profesora de piano. Lo malo es que como me había jactado de ser un artista en el lecho, no pude dar pie atrás. Fue mi segunda relación sexual en la vida y la peor que nunca he tenido.

Doble muerte

Una persona no crece sólo porque vaya ganando espacios en su lucha íntima de reafirmación personal. También porque va adquiriendo las capacidades para ser autosuficiente él y la familia que fundará en el futuro y porque va entendiendo la vida de su país.

Desde mediados de los años 30, las noticias para Checoslovaquia eran cada vez peores. Alemania otra vez se estaba constituyendo en amenaza y eso iba inquietando seriamente el ánimo de mi familia, el mío y de todos mis compatriotas.

Los checos históricamente considerábamos a los alemanes como enemigos. Siempre fueron la influencia dominante y nuestras aprensiones se manifestaban de muchas maneras. Hasta hablar alemán podía llegar a ser mal visto, si bien muchos checos dominaban ese idioma. En la enseñanza de la historia, en los juegos de los niños, en la manera de referirnos a nuestros vecinos, Alemania era el malo de la película.

La llegada de Hitler al poder y su indisimulado expansionismo sembraron entre nosotros los peores temores. No lo digo como judío sino como checoslovaco. Si bien reconocíamos un sesgo antisemita en Hitler, creo que lo tomamos en serio demasiado tarde. El encrespamiento de la situación europea nos dolía sólo como checoslovacos.

El primer dardo que hirió seriamente las entrañas de mi país fue la invasión alemana de los Sudetes el año 38. Yo tenía 16 años. Esto desarticuló a Checoslovaquia. En esos territorios montañosos de la frontera, donde vivían tres millones de alemanes-checoslovacos, mi patria tenía toda su base de defensa. Eran unas fabulosas fortificaciones, quizás si las más importantes de Europa. Fue nuestra línea Maginot. La pérdida de estas posesiones significaba quedar totalmente indefensos, expuestos a que las tropas alemanas se pasearan por Praga el día que quisieran.

El peligro pasó inadvertido a los miopes líderes que tenían Inglaterra y Francia en ese momento. Unos y otros terminaron autorizando la ocupación. Cualquier observador medianamente informado y con cierta cultura histórica podía haber advertido en ese momento que los intereses de Hitler apuntaban a Checoslovaquia, como se comprobó muy poco después, cuando el 15 de marzo de 1939 las tropas de Hitler entraron en Praga como dueñas del país.

Fue un día muy negro para Europa. Para mi familia y para mí fue doblemente trágico, porque en las mismas horas moría mi papá.

Es duro perder el padre y el país en una misma jornada, cuando se tienen 17 años. En cierta medida, la pérdida del padre lo deja a uno sin brújula. Mi papá, hombre de salud muy precaria en los últimos meses, finalmente fue abatido por un ataque cardíaco.

Si la muerte del padre es una experiencia terrible, la pérdida del país, por su parte, produce un sentimiento muy perturbador, porque uno pasa a ser extranjero y extraño en su propia ciudad y en su propia tierra. Todo se vuelve un poco desconfiable y hostil: las calles, el barrio, la ciudad, la propia gente. Hasta la casa que uno siempre había creído propia se torna una concesión del usurpador.

Ya por la mañana supimos que los alemanes estaban invadiendo. También nos enteramos que el día anterior los eslovacos se habían separado de los checos, declarándose aliados de los nazis. Ese día nos sentimos doblemente apuñalados. Nunca habíamos pensado que el resentimiento eslovaco podía llegar tan lejos. Yo había ido al colegio como todas las mañanas y las clases fueron interrumpidas. Hubo momentos de caos. No se sabía si el ejército checo opondría resistencia. En tal caso, era un hecho de que amplios contingentes de civiles iban a ser llamados a integrar las filas. Todo el mundo andaba rabioso, dolido y desconcertado. Había lágrimas de indignación, de pena y de impotencia. Finalmente no llegó orden alguna para que la patria se defendiera. El ejército claudicó sin disparar un solo tiro. La anexión de los Sudetes lo había dejado en la más completa indefensión.

Los tanques alemanes llegaron al mediodía. Yo estaba junto a varios compañeros de colegio en la plaza San Wenceslao cuando vi entrar los tanques. Desesperados, empezamos a tirarles piedras. Por suerte, las tropas no nos dispararon. Miles de checos corrían por la ciudad consternados, sin saber cuál era la reacción correcta. Los alemanes, mientras tanto, avanzaban imperturbables. Tenían la experiencia y la preparación para enfrentar ese tipo de situaciones. Sabían que podían perfectamente aplastar al país sin necesidad de disparar un solo tiro. Disciplinadamente y como autómatas, ocuparon los edificios públicos según un plan preestablecido. Y en menos de 24 horas dieron muerte a la República de Checoslovaquia. Nuestro grupo, después de sopesar el candor de nuestra furia, se disolvió. No había otra opción que rendirnos. Todos lloramos.

Volví a la casa sabiendo que había sido el peor día de mi vida. No sabía que al pisar mi hogar me iba a encontrar con una noticia peor. Estaba profundamente golpeado por lo que había visto. Golpeado y ofendido. La tranquilidad con la que se habían paseado las tropas alemanas por las calles de Praga hería nuestro orgullo. Cuando meses más tarde los alemanes invadieron Polonia, envidié la actitud heroica de los polacos ante las tropas nazis. Ese 1º de septiembre yo escuché las noticias y consideré que nos daban un ejemplo. Escuché que con caballos hacían frente a los tanques y consideré que algo parecido teníamos que haber hecho nosotros. Todavía no podía soportar que no hubiéramos hecho nada digno para defendernos, aunque eso nos hubiera costado la vida. Rendirnos sin pelear me parecía demasiado humillante.

Mi mamá me recibió llorando. Papá ya había muerto. En ese momento sólo atiné a entrar en la habitación donde él estaba para darle un beso. Después, cerca de una ventana, me puse a esperar a mi hermano que había salido con un grupo distinto al mío.

El deceso de papá no fue una sorpresa. En los últimos años había hecho un gran esfuerzo para hacer crecer sus astilleros. Llegaba siempre exhausto a la casa. Necesitaba de esfuerzos titánicos para realizar algo que los demás hacemos de manera inconsciente y mecánica: respirar. Al final, tenía claro que se moría. El último mes ya no pudo levantarse de la cama. Apenas respiraba. Agotado, su corazón no resistió más y murió en estado de perfecta lucidez. Nunca estuvo en coma. Sólo tenía 52 años. Por entonces yo lo consideraba viejo. Ahora me doy cuenta de lo joven que era; tenía la edad que tuve cuando estaban en pleno desarrollo nuestras empresas y la misma que pronto tendrán mis hijos.

El médico que lo atendía opinó que en el deceso influyeron las noticias de la invasión. Para él habría sido intolerable la dominación alemana. Siempre le dolió el haber combatido como capitán en la Primera Guerra Mundial a favor del imperio austrohúngaro, que se unió finalmente a Alemania.

–Es tremendo el destino nacional checo –decía–. O es pelear por el lado equivocado o es perder las guerras sin disparar un tiro.

A su muerte los masones quisieron llevarlo a su sede para velarlo, pero nos opusimos debido a las dificultades que había para movilizarse. Toda la ciudad olía a tanques y a represión. Al funeral fue mucha gente. Pero pienso que

Mi padre aliviaba sus ataques de asma con el clima montañés y frecuentes visitas a las termas.

la concurrencia se habría multiplicado por diez si aquellos tiempos hubieran sido normales. Desde luego estaban todos los trabajadores de la empresa, pero muchas personas no nos pudieron acompañar en el cortejo debido a las restricciones en que se encontraba la ciudad. Hacía frío y se veían soldados alemanes armados por doquier.

No hubo ningún rito religioso ni antes ni después de su cremación. En el crematorio, antes que su cadáver entrara en el horno para ser incinerado, como había sido su voluntad, hablaron tres personas, en representación de los trabajadores, de los masones y del gremio de los ingenieros.

La cremación en ese tiempo era bastante rudimentaria. Apenas una delgada cortina separaba el horno de la habitación donde se reunían los familiares. La experiencia era macabra.

Al día siguiente fuimos a buscar el ánfora con sus cenizas para colocarlo en la tumba. Fui a verlo dos días más tarde. Le llevé flores. Después íbamos a menudo con mamá y mi hermano al cementerio.

La muerte y enfermedad de mi papá provocaron un daño a nuestra familia que en ese momento no estábamos en condiciones de dimensionar. Pienso que si él hubiera estado en el pleno dominio de sus facultades, otro habría sido nuestro destino. Mi hermano a lo mejor todavía viviría. Mi madre no habría tenido el fin que tuvo. Con la energía, la iniciativa y los contactos que tenía papá, no me cabe duda en cuanto a que hubiera evitado el inmenso sufrimiento que nos esperaba. La posibilidad de emigrar, tantas veces mencionada en mi casa, se habría hecho efectiva en forma oportuna. Habríamos seguido unidos por muchos años. Pero su muerte –y el curso diabólico que fue tomando la política europea– lo arruinó todo.

Económicamente papá nos dejó en buen pie al momento de morir. Cuando los alemanes se apropiaron de los Sudetes, él se asoció a una gran empresa, CKD, Ceskomoravska Kolben Danek, a la que vendió el 80 por ciento de su astillero, cuya planta de personal llegó a tener más de 500 operarios. El ejército checo fue uno de sus grandes clientes; compraba barcos artillados para la defensa fluvial. De esa nueva sociedad mi padre había sido nombrado gerente general vitalicio.

De mal en peor

Pocos días después de la invasión se reanudó el colegio. Mi mamá quedó muy afectada por el duelo. A mi hermano y a mí, tanto como la muerte del papá, nos dolía el nuevo ambiente que comenzó a respirarse en el país. La presencia casi permanente de soldados alemanes en las calles, el casco de los soldados y distintivos S.S. eran imágenes intragables para Jirka y para mí.

El clima se fue enrareciendo con celeridad. Pronto comenzaron las persecuciones y ataques antisemitas. La presencia nazi, más que ingrata, se volvió para nosotros amenazadora. Daba miedo mirarlos. Un día supimos que los alemanes habían expropiado el edificio de Petschek, un judío-checo acaudalado, e instalado ahí los cuarteles de la Gestapo. Es el mismo edificio donde actualmente está el Ministerio de Comercio Exterior checo. Comenzamos a escuchar el rumor de que en los subterráneos se estaba empezando a torturar. Ningún checo pasaba por esa calle. Todos preferían otros atajos para circular.

En el colegio, profesores y alumnos ocupaban la mayor parte del tiempo intercambiando impresiones sobre la invasión. El rechazo era prácticamente unánime y se expresaba con enorme indignación.

Si bien existía una coerción severa y selectiva, casi quirúrgica, suficiente como para atemorizar a la población, al principio no hubo grandes desbordes represivos. Más tarde se supo la razón. Los nazis preparaban la invasión a Polonia y no querían aparecer asociados al espectáculo de la brutalidad. El resguardo era parte de una burda estrategia de engaño a los líderes de Francia e Inglaterra. La idea era aparecer ante el mundo como una nación empeñada en la búsqueda de la paz e interesada en corregir algunas injusticias del Tratado de Versalles. Querían demostrar que habían invadido sólo porque Checoslovaquia no había aceptado las nuevas fronteras alemanas. Incluso más, le dieron al sector ocupado de Bohemia y Moravia el nombre de Protectorado, dando a entender que quedaba bajo la protección alemana. La bien montada maquinaria de propaganda nazi mostraba al mundo, como testimonio de mansedumbre, que la situación checa tendía a estabilizarse en términos muy pacíficos y que Eslovaquia prosperaba en comunión con el Reich.

En relación a lo que vino después, el autocontrol alemán en los primeros meses fue notable. Aun cuando a nosotros nos daba asco pasar frente a un soldado de Hitler, y eso, de alguna manera, lo hacíamos notar, nunca fuimos agredidos ni provocados. Es evidente que la tropa tenía instrucciones de no excederse. La orden del día era mostrar una cara muy civilizada y lo menos amenazadora que se pudiera.

Después del traumático 15 de marzo de 1939, la primera señal de alarma fue el instructivo nazi según el cual todos las personas con sangre judía debían registrarse. La disposición puso de manifiesto el propósito de aplicar las leyes antijudías de Nuremberg en el Protectorado de Bohemia y Moravia. La medida obligó a todos los judíos a concurrir al Registro Civil, donde quedaron anotados en un libro especial. También se les timbró una gran J, de *Jude,* en sus cédulas de identidad. La orden establecía que todo aquel que eludiera el registro se exponía a sanciones que podían llegar a la confiscación de bienes y la cárcel.

Eludir la obligación se hizo prácticamente imposible. Todo el mundo sabía quién era judío y quién no. Nadie hacía ostentación de su ancestro, pero nadie, tampoco, lo ocultaba. Así las cosas, no registrarse era entrar a la clandestinidad.

Si bien el registro provocó un gran remezón en la comunidad judía, y nuestro carnet pasó a ser distinto al del resto de los checos, ninguno de nuestros parientes decidió emigrar. Nadie tuvo el olfato suficiente para advertir que se acercaban serios peligros. Si para los mayores de nuestra familia esa falta de visión fue imperdonable, en el caso de José Beck, por ejemplo, pasó a ser lisa y llanamente inexplicable. José Beck lo tenía todo –familia pequeña, contactos, información, fortuna, liquidez, seguramente dineros en el exterior– para haberse ido con su hija donde hubiera querido. Sin embargo no lo hizo. ¿Pensaba que las cosas no iban a ir más lejos? ¿Pensaba que a él no lo iban a tocar? Nosotros éramos demasiado jóvenes para tener una perspectiva amplia de futuro, pero parece increíble que mi tío José no hubiese reaccionado. Lo mismo vale para mi tío Franta.

Los judíos checos se confiaron en que casi no había antisemitismo en Checoslovaquia. Estábamos totalmente integrados a la sociedad y éramos tan checos como cualquiera de nuestros compatriotas. No era como en Polonia. Allá existía antisemitismo y los judíos estaban refugiados en guetos que los aislaban y donde ellos a su vez se aislaban. Algún día se tendrá que determinar si el sentimiento antisemita en esos países se debía a que los judíos se refugiaban en un mundo aparte que generaba odiosidad o si no tenían más alternativa que autoexcluirse por sentirse odiados y discriminados. Nada de esto, sin embargo, se daba en Checoslovaquia.

La que sí nos animaba a irnos era mi mamá. Había comenzado una emigración de muchachos y muchachas judíos a Inglaterra, autorizada por Alemania. Eran tiempos en que aún los nazis no tenían decidido el destino que nos iban a dar. La mamá continuamente nos decía "tienen que irse", pero mi hermano, que era el que más peso tenía en las decisiones familiares, se resistía a dar el paso, entre otras razones porque le resultaba impensable dejarla sola.

Nunca pensamos que el "tienen que irse" implicaba salvarnos. Ni siquiera mi madre podía saberlo. Pensábamos que mamá quería ahorrarnos momentos desagradables.

Después del registro, la cadena de humillaciones prosiguió con otro mazazo a nuestra dignidad. A raíz de una orden administrativa, los judíos fuimos echados de los colegios a comienzos del año 40.

Desde ese día, yo no sólo llevaba una J en mi carnet, sino que también estaba impedido de proseguir mis estudios. La J empezaba a tener significado. Jamás íbamos a poder llegar a ser profesionales.

Al quedarme sin colegio, mi mamá, para evitar que anduviera de vago, me consiguió por medio de un amigo trabajo en una fábrica de espejos como repartidor. Duré poco. La insensibilidad del dueño y el poco tacto que demostró para un joven que atravesaba por momentos duros muy pronto me volvió a poner en la calle.

Después supe que en Brno, ciudad al este de Praga y capital de Moravia, había un colegio judío que aún permanecía abierto. Alguien me dijo que existían posibilidades de terminar allí el bachillerato. Como todavía pensábamos que las calamidades nazis no durarían mucho, partimos en tren con un grupo de amigos a la ciudad para ver qué solución nos podían dar. En el colegio nos tranquilizaron; nos dieron la materia que debíamos estudiar para rendir los próximos exámenes parciales, nos señalaron las fechas y el mismo día emprendimos la vuelta a Praga.

Pero nuestra situación siguió haciéndose mucho más precaria. En un momento dado, y en esto la memoria me falla un poco, ya que no recuerdo la fecha ni la sucesión en el tiempo de las medidas, los nazis ordenaron la confiscación de los bienes de los judíos y se nos impidió realizar trabajos distintos a los de obreros.

Todos perdimos todo. Quienes no perdieron inmediatamente su casa, quedaron expuestos a que en cualquier momento se la expropiaran.

Hasta los perros nos fueron arrebatados, para ser usados como portadores de granadas. Claro que estas usurpaciones afectaron a judíos y no judíos por igual. Quien más tarde sería mi mujer –una chica sin una gota de sangre judía– nunca les perdonó a los nazis que le quitaran su mascota.

En esos días Praga parecía desenvolverse en un permanente sobresalto. El tono de los diarios y las radios se volvió amenazante. Las noticias de hoy eran peores que las de ayer. La ciudad quedó expuesta a una red de altavoces vociferantes colocados en puntos estratégicos. Sonaban casi todo el día con propaganda nazi. Los muros aparecían tapizados todas las semanas con carteles comunicando prohibiciones y órdenes no sólo para los judíos. Un día era la confiscación de perros; otro, la prohibición de escuchar radios inglesas.

Estalla la guerra

La invasión nazi a Polonia nos llenó de sentimientos encontrados. Por un lado, era preocupante un nuevo triunfo de Hitler. Junto con entrar a Varsovia, los nazis habían neutralizado a los rusos, al firmar con ellos un pacto de no agresión en el cual Alemania les cedió casi la mitad de Polonia.

Pero, a pesar de eso, con la invasión a Polonia se encendía una luz. La primera después de mucho tiempo. Era la declaración de guerra que Inglaterra y Francia hacían a Alemania.

El hecho produjo gran alegría en Praga. Ganados por el entusiasmo, grupos de jóvenes compatriotas huyeron a Londres para formar batallones checos. Empezaba, de esa manera, a recomponerse el orgullo patrio. De estos muchachos saldría más tarde el comando que atentó contra Heydrich.

Hasta la declaración de guerra, el comportamiento de los líderes europeos había sido penoso. Chamberlain, de Inglaterra, y Daladier, de Francia, cumplieron un triste papel en el preámbulo de la Segunda Guerra Mundial. Les faltaron aplomo, serenidad, percepción y coraje. Fueron ingenuos, débiles e ilusos. Por culpa de ellos Hitler adquirió un prestigio interno desorbitado. Después del éxito que consiguió con los Sudetes ya nadie pudo pararlo. Si Europa hubiera actuado con firmeza, ni el poderío militar germano ni el expansionismo se habrían hecho efectivos.

A Hitler se le despertó verdaderamente el apetito por los Sudetes cuando comprobó las vacilaciones de Chamberlain. Sólo cuando supo que Inglaterra no entraría a la guerra si él los ocupaba, empezó a presionar histéricamente a ambas potencias, que se dejaron amedrentar. Más tarde, en las negociaciones, amenazó con invadir los Sudetes aunque le declararan la guerra. Todos los informes posteriores, realizados sobre la base de las fuentes militares alemanas, señalan que de haberse producido la guerra en aquel momento, Alemania hubiera sido fácilmente derrotada. En aquel tiempo su poder aéreo y su capacidad bélica en general estaban muy por debajo de Francia e Inglaterra. Si por otro lado, Chamberlain y Daladier hubieran hecho retractarse a Hitler y éste no hubiera actuado en los Sudetes por temor a ser barrido por las dos potencias enemigas, el prestigio del líder alemán hubiera caído por los suelos en Alemania y probablemente su cabeza hubiera rodado. Las soberbias declaraciones que había hecho con anterioridad no le dejaban mucho margen de maniobra en el frente interno y una derrota le habría acarreado un descrédito difícil de remontar. En cambio le llegó la gloria.

La cesión de los Sudetes se materializó tras el Pacto de Munich. Fue un arreglo en el que intervinieron Chamberlain por Inglaterra, Daladier por Francia, Mussolini por Italia y Hitler por Alemania. Ni siquiera fue invitado un representante del país más involucrado en el problema, Checoslovaquia. Hasta ese punto llegó la debilidad de las potencias democráticas. Cedieron a las presiones de Hitler y pasaron por alto al país directamente implicado en la negociación y a cuya defensa, por lo demás, estaban obligados según el Tratado de Versalles.

La verdad es que a esas alturas la presencia o no presencia checoslovaca era irrelevante. Estaba todo cocinado. Ya el presidente de mi país, Benes, con anterioridad a Munich, había dicho:

–Hemos sido cobardemente traicionados.

Después del Pacto de Munich, Hitler se paseó por Alemania con una corona de laureles. Había obtenido un triunfo glorioso.

El obtuso y tardo Chamberlain declaró al volver a Londres:

–Por segunda vez en nuestra historia la paz con honor ha sido traída de Alemania a Downing Street.

Churchill, sin embargo, dijo:

–Hemos sufrido una derrota total y absoluta... Estamos en el seno de una catástrofe de amplitud considerable. El camino de las bocas del Danubio, el camino del Mar Negro está abierto. Uno tras otro, todos los países de Europa Central y del valle del Danubio se verán arrastrados por el vasto torrente de la política nazi... Y no creáis que esto es el fin. No; esto no es más que el comienzo.

Por todo esto es que la invasión a Polonia fue tan importante. La declaración de guerra a Alemania permitía, ¡por fin!, comenzar la lucha. Dejaba la posibilidad de detener su avance y permitía que los pueblos que habíamos quedado sometidos recuperáramos la libertad. Terminaba la fase de la gestión diplomática, de la negociación y de los hechos consumados, donde siempre el ganador era el mismo, se iniciaba una etapa de sangre y dolor, de desdichas y lágrimas, pero no había otro camino. La guerra, en ese sentido, era para nosotros una esperanza.

Mientras tanto la vida se nos hizo cada vez más dura a los judíos. Los vaticinios más pesimistas fueron siendo superados por la realidad. No sólo estábamos muy por debajo del resto de los checos. También íbamos camino de una brutal segregación. Un día la batería nazi de comunicaciones dispuso que deberíamos llevar una estrella de David prendida en la solapa, a la altura del pecho, de modo que quedara bien visible. El trapo –repartido en cantidades generosas por la oficina coordinadora de la comunidad judía– era de color amarillo y con bordes negros. En el interior, con letras también negras, llevaba inscrita la palabra *Jude*, judío en alemán.

Después se nos impuso la prohibición de circular por las veredas. En la calle, debíamos caminar sólo por las cunetas.

Tampoco podíamos subirnos a cualquier vagón de tren. Teníamos que hacerlo a los que estaban reservados para nosotros. Se impuso, adicionalmente, un toque de queda especial para los judíos. Después de las 20 horas, ninguna estrella de David podía verse en la calle.

Si antes me hubieran preguntado si era judío, habría dicho que sí, sin darle mucha importancia a mi respuesta. Pero después de las discriminaciones e infamias de que fuimos víctimas durante la guerra, asumí con vehemencia mis ancestros. Ese sentimiento me inspira hasta hoy. Soy admirador y contribuyente voluntario de Israel. Creo que si el año 39 hubiera existido este Estado, no se habrían cometido las atrocidades. El mundo siente actualmente que Israel es poderoso. Le bastó una población de tres o cuatro millones para detener a 200 millones de árabes. Aun la Unión Soviética, con todo lo fuerte que era, trató a Israel con respeto. A Israel nadie le pone ya el pie encima impunemente. El Estado de Israel es un seguro en cuanto a que no volverá a repetirse el holocausto.

Probablemente nunca voy a residir en Israel. Soy chileno y estoy feliz viviendo en este país. Pero siento una solidaridad entrañable con el Estado judío.

Entre tanto desconsuelo, una nota estimulante: cuando se nos prohibió andar por las veredas, la gran mayoría de los checos solidarizó con nosotros. Eran cientos los que voluntariamente dejaron de caminar por las aceras y se nos unieron en la senda del oprobio. En su antisemitismo paranoico, los nazis nunca contaron con la simpatía de la población checa. Muy distinto a lo que ocurrió en Polonia y en la propia Alemania. Después de mucho tiempo lograron formar en la República checa un movimiento filonazi, minúsculo e insignificante, que se hacía llamar los Vlajkari. Significa algo así como banderistas. Los Vlajkari nunca interpretaron al pueblo checo y fueron una organización miserable y lacaya, sin ningún poder de convocatoria y formada por incondicionales y oportunistas.

El comportamiento del pueblo checo fue magnífico con nosotros. Siempre sentimos su adhesión. Nunca me preocupé de que alguien me denunciara por no llevar a veces la estrella de David. Los profesores de mi colegio siempre me aseguraron que iban a desconocer mi expulsión y que en cuanto se normalizara la situación, reconocerían todos mis estudios.

El colegio había pasado a un segundo plano. Iba a Brno, en los vagones segregados, a rendir las pruebas; pero si tengo que ser sincero, le dedicaba poco tiempo a los libros. Los profesores nos daban materias para estudiar, pero a la hora de evaluarnos no eran muy exigentes. Aprobar resultaba fácil. Aunque no era por eso que no estudiábamos. La mente y los ánimos no estaban para concentrarnos en historia medieval o en los secretos del teorema de Pitágoras.

El primer amor

Por ese tiempo llegó Jitka. Era una muchacha checa bellísima. Más que eso, de belleza espectacular. La conocí en una confitería y nos enamoramos a primera vista. Era hija única de una viuda, de bastante buena posición económica. Vivía en un excelente barrio de Praga, Vinohrady, por desgracia bastante lejos del mío. Con ella supe lo que era abrir el corazón y enfrentar la vida de a dos. Tuvimos momentos grandiosos de entrega, entendimiento, risas, complicidad, seducción y encantamiento. Es fantástico cuando un chico y una chica descubren que estando juntos el mundo tiene sentido.

Jitka fue la primera mujer en quien yo pude unir sexo y amor. La fusión me pareció fabulosa. Estaba loco por ella y ella me inició en el amor.

Por Jitka asumí varios riesgos. Salía a la calle sin la estrella de David y muchas veces burlé el toque de queda. Ella también se exponía al relacionarse conmigo, puesto que quien se unía a alguien de sangre judía pasaba a ser lo que llamaban un "judío blanco".

Cuando nos juntábamos, me metía antes a una calle estrecha o una casa y me quitaba la estrella. También aprendí a llevar en el brazo el abrigo o la chaqueta en cuya solapa iba prendido el distintivo. El asunto era pasar inadvertido para bien de ambos, si bien Jitka decía que no le importaba ser sorprendida.

–Tu destino es mi destino –repetía entre caricias y besos.

Lo único que me salvaba de andar sin la estrella era haber conservado mi antigua cédula de identidad, sin la J. Al registrarnos con mi hermano, dijimos que la habíamos extraviado. Se limitaron entonces a darnos otra con la J, de manera que quedamos con dos carnets. El apellido Platovsky podía pasar por no judío. La mayoría de los apellidos checos terminan en osky y existían familias como los Klatovsky, que no eran judíos. Además, como el apellido materno no se usaba en Checoslovaquia, el Stein no figuraba en ninguna parte.

Jitka y yo teníamos 18 años. Eramos jóvenes, intensos, apasionados y definitivos. Estábamos viviendo una época miserable, pero así y todo fuimos capaces de crearnos un mundo propio y de encerrarnos en él con abstracción del entorno. Jitka me regaló su virginidad y su corazón.

Sólo he tenido una vez esa edad en la vida. No sé si todos los amores se viven con tanta intensidad como entonces. En nuestro caso la relación se levantaba sobre un escenario bastante trágico, del cual no éramos muy conscientes. Para mí el amor fue una convulsión demoledora que me hizo literalmente nacer de nuevo. En Jitka se me juntaron la ternura y la pasión, la realidad y el sueño, el deseo de salir al mundo y el de recluirme en nuestra propia intimidad. Ignoro por qué me uní a ella con tanto arrebato y furor. Era preciosa, es cierto. Pero no descarto que los tambores de guerra, con su clima de inseguridad y represión, hayan contribuido a sacralizar ante mis ojos el juramento de amor que nos habíamos hecho.

Vivimos nuestra relación con bastante liberalidad. Cuando a la empleada le tocaba salida, le preguntaba a mamá si podía dejarme la casa libre, sabiendo además que mi hermano me ayudaba con todo gusto. Mamá no ponía ninguna dificultad. Sabía mucho mejor que yo los momentos que estábamos viviendo y estaba dispuesta a todo con tal de procurarme satisfacciones y evitarme situaciones de riesgo.

Jitka entraba al edificio sin que nadie supiera el piso al cual iba. Una vez que cruzaba la puerta del departamento, podíamos respirar tranquilos. Desde ese instante podíamos decir que pisábamos el infinito. Mi casa, por la magia del amor, se convertía en un espacio fantástico y en un decorado de plenitudes.

Si el amor nos sumergió en una burbuja suicida, indiferente a las amenazas y sorda a los peligros, no sucedió lo mismo con la madre de Jitka. La señora me conocía porque en múltiples ocasiones la vi en su casa. Creo que me apreciaba. En situaciones normales hubiera estado feliz con el romance. Pero llegó un momento en que la paranoia nazi la empezó a asustar. Las continuas destituciones que los judíos fuimos sufriendo le hicieron temer por Jitka. Se ponía nerviosa cuando sabía que nos íbamos a ver. Se aterraba cuando Jitka se retrasaba. Y comenzó a conspirar contra nuestra relación, primero en forma muy sutil, más tarde sin disimulo.

–Prefiero que huyamos juntos, prefiero cualquier cosa antes de terminar contigo, como quiere mi mamá –me aseguraba Jitka con gran tristeza en su mirada–. Yo te amo, Milan, yo te amaré siempre.

Segundo acto

Después que la dinámica de la degradación nazi se hubo estabilizado un poco, y cuando desde la perspectiva de nuestros derechos cívicos éramos poco más que gusanos, entramos sin saber cómo al segundo acto de la tragedia del holocausto: los transportes.

Todo ocurrió entre eufemismos, rumores, verdades a medias, imposturas y traiciones. Se nos dijo que el sentido de la medida era reubicarnos y hasta ahí, aunque hoy parezca increíble, nosotros les creímos. Después sabríamos que transporte significaba lisa y llanamente detención.

Al primero que apresaron de mi familia fue a mi hermano. Hasta entonces había estado escribiendo, escondido bajo un seudónimo, en una publicación clandestina. Un día, a mediados del año 41, lo convocaron bajo apercibimiento de arresto a un lugar que llegó a ser el punto de reunión en Praga para los judíos que partían a reubicación. A Jirka no le quedó otra opción que presentarse.

El lugar donde debía presentarse –Veletrzni Palac– era un edificio imponente donde se hacían exposiciones comerciales e industriales en Praga. Quedaba a unas ocho o diez cuadras de nuestro departamento. Me acuerdo como si fuera ayer que Jirka se despidió de mi mamá. Ambos lloraron y ahora sé que mamá temía lo peor. Eran como las seis y media de la mañana y yo acompañé a Jirka a su lugar de destino. Poco antes de llegar, paró y me dijo:

–Hasta aquí nomás, Milan. No quiero que te acerques más. Son capaces de arrestarte a ti también.

Nos abrazamos con lágrimas en los ojos ambos y nos dimos un beso en la boca. Fue la primera y única vez que nos besamos. Le pasé la maleta que yo le llevaba y me quedé parado viendo cómo su figura se perdía en la puerta del edificio. Es la última imagen que retengo de mi hermano Jirka.

Me volví a mi casa lentamente, llorando todo el camino. Había perdido a mi hermano, mi profesor, mi héroe.

Como pasaban los días y nada sabíamos de Jirka, mamá y yo nos asustamos. Empezamos a indagar y, después de bastante tiempo, supimos por Jarmila, su novia checa, que Jirka estaba trabajando en unas minas de carbón, cerca de la frontera alemana, en condiciones bastante duras. La chica recibió una carta clandestina y por ahí nos enteramos de que al menos estaba vivo.

En mayo de 1942 me tocó a mí, pero tuve más suerte que Jirka, porque me asignaron a cumplir trabajos en Karlstein, una localidad cercana a Praga, con la posibilidad de disponer libremente de los fines de semana. Entre lunes y viernes debía cumplir trabajos forzados; el sábado y el domingo podía pasarlos en casa.

En Karlstein, donde hacíamos trabajos de reparación y ensanche de una carretera, la vida era triste pero no excepcionalmente dura. Estábamos al cuidado de gendarmes checos y eso era una ventaja. Excepto unos pocos, eran tan antialemanes como nosotros. Detenidos y vigilantes solíamos hablar sin temor de las opresiones asociadas a la ocupación alemana.

Aun cuando trabajábamos usando picos y palas solamente, la jornada de trabajo no era demasiado agotadora. En comparación a otros casos, el régimen de vida era tolerable. Dormíamos en un galpón de madera, sobre unas literas limpias. Teníamos duchas y baños comunes, un comedor donde nos podíamos sentar y tanto el almuerzo como la cena eran pasables.

Si bien no podíamos salir después de la jornada, ya que para los judíos existía el toque de queda, adentro lo pasábamos bien. Cantábamos y siempre había un instrumento musical para acompañarnos. A veces, cuando la situación estaba tranquila, jugábamos fútbol en una cancha que los gendarmes nos habían habilitado.

Teníamos un régimen de obreros, duro pero sin maltratos físicos. Nos levantábamos temprano y, mientras trabajáramos a conciencia, los supervisores no nos molestaban. A los alemanes casi no los veíamos. Sólo en contadas ocasiones se presentaba alguno para inspeccionarnos.

Los días viernes me iba a la casa en tren. Llegaba tarde, después de la hora del toque de queda, pero un salvoconducto que me entregaban en el trabajo me libraba de ser detenido. En la casa, la ausencia de mi hermano pesaba mucho. Un triste, un profundo vacío circulaba de rincón en rincón, eternizando el silencio.

La ausencia de mi hermano se tradujo en un sentimiento de orfandad. La imagen paterna se me pulverizó por mitades. O por pedazos. Primero desapareció mi papá, justo en el momento en que su figura me comenzaba a crecer. Ahora perdía a mi hermano, que había pasado a ser mi gran respaldo.

Afortunadamente tenía a mamá y a Jitka. Eran dos amores que se complementaban en mi corazón y sin los cuales emocionalmente me habría ido a pique.

Mi mamá pasaba toda la semana sola o en compañía de algunos parientes. En cosa de poco tiempo, los tres hombres de su vida dejaron de sentarse a la mesa. Por eso mi aparición en la casa los fines de semana estrechó aún más nuestra mutua dependencia. Se ponía feliz cuando llegaba y a mí me pasaba lo mismo al verla. Por esos días la quise como nunca.

Estaba trabajando en Karlstein cuando supe que habían atentado contra Reinhard Heydrich, el protector nazi de Bohemia y Moravia. Era un personaje siniestro y muy importante dentro del círculo de Hitler. Antiguo oficial naval dado de baja, tenía 35 años cuando Himmler lo incorporó a las S.S. Además de jefe de seguridad del Reich y titular de un servicio de inteligencia creado por Himmler, el Sicherheitsdienst (S.D.), Heydrich también había sido jefe adjunto de la Gestapo e inspirador de la *solución final*, asunto del cual en ese momento yo no tenía la menor idea.

Convertido en protector de Bohemia y Moravia a la muerte del barón von Neurath, antiguo ministro de Relaciones Exteriores del Reich y que había sido el protector desde la invasión, Heydrich se distinguió por su crueldad. Frío y sagaz, se hizo conocido como el Verdugo en todos los puestos que ocupó.

La suerte lo acompañó sólo hasta la mañana del 27 de mayo del 42, cuando dos jóvenes checos, miembros del ejército libre formado en Inglaterra y que habían sido lanzados en paracaídas por la R.A.F. (Royal Air Force), tiraron una bomba al Mercedes Benz descapotable en que viajaba. El artefacto hizo pedazos el automóvil y al Verdugo le rompió la columna vertebral. Los autores del atentado se refugiaron en una iglesia.

Heydrich murió seis días después, al cabo de tres operaciones. El deceso desencadenó una represión brutal contra el pueblo checo. Después, con los años, vine a saber que unos tres mil judíos y más de mil trescientos checos –doscientas mujeres entre ellos– fueron ejecutados inmediatamente.

Eso no fue nada comparado con la represalia contra la aldea de Lidice, situada en una zona minera no lejos de Praga. Fue cercada el 9 de junio por la policía de seguridad alemana. No dejaron salir a nadie, pero sí permitieron entrar a los que estaban afuera. Después de cometer actos salvajes y de sembrar el terror, encerraron a todos los hombres y a la mañana siguiente fueron llevados, en grupos de a diez, a unos huertos cercanos, donde los fusilaron. Algunas mujeres fueron trasladadas a cárceles de Praga y otras al campo de concentración de Ravensbrück. Al final, casi todas murieron: unas fusiladas y las demás a causa de los malos tratos. Cuatro mujeres que estaban a punto de dar a luz fueron llevadas a la maternidad de Praga, donde sus hijos recién nacidos también fueron asesinados, y luego se las envió a Ravensbrück. Los demás niños fueron enviados al campo de concentración de Gneisenau. No fueron fusilados. Desde allí fueron a parar a diferentes hogares, donde se criaron como alemanes. El rastro checo se perdió en la gran mayoría de los casos. Después de cometer todas estas fechorías, los nazis incendiaron Lidice y dinamitaron las ruinas. Todo quedó arrasado.

Sólo más tarde –por testimonios y lecturas– pude enterarme del desarrollo de estos acontecimientos. Mientras estuve en Karlstein debí conformarme con el rumor y con una evidencia que no dejaba lugar a dudas: la instauración de un espantoso clima de terror.

Después de la muerte del Verdugo, volví a mi casa como todos los fines de semana. Al día siguiente, sábado, fui a las once de la mañana al costado del Teatro Nacional para reunirme con Jitka. Así lo teníamos establecido. Durante la semana no podíamos hablarnos; ambos estábamos incomunicados; yo por los gendarmes y ella por su madre. Hasta el teléfono le estaba prohibido en la casa.

Llegué al lugar de la cita y me puse a esperar. La ciudad estaba rara. Poca gente en las calles –cosa extraña en las inmediaciones del Teatro– y gran agitación policial. Esperé y esperé. Me paseaba, de un lado a otro, con mi abrigo en el brazo. La demora de Jitka comenzó a impacientarme.

De repente vi en la vitrina de un negocio un cartel con el dibujo de uno de los sospechosos del atentado a Heydrich. Como el dibujo –con rasgos poco definidos– perfectamente podía ser el de mi cara, me aterré. Me aterré y volví a la realidad porque ese día estaban rindiéndole honores fúnebres a Heydrich. Todavía no me convenzo de que lo había olvidado.

Consciente del peligro que corría, no tuve tiempo de reaccionar: dos tipos de la Gestapo me agarraron antes de que pudiera darme vuelta. Me hicieron un rápido registro, con tanta suerte que no se dieron cuenta que era judío. Como tenía el abrigo en el brazo, nunca pudieron ver la estrella.

Me asusté mucho.

−¿Qué estás haciendo? −me preguntaron en alemán con dureza.

−Estoy esperando a mi novia −les contesté.

−¡El día que elegiste, desgraciado, para ver a tu novia!

Mientras se alejaban me gritaron:

−¡Desaparece en el acto de aquí!

En ese momento empecé a oír la música de cortejo fúnebre. Venía como a dos cuadras, en mi dirección. Más asustado aún, empecé a correr como loco. Creo que nunca les exigí tanto a mis piernas.

En casa, lamenté haberme molestado con Jitka. Estaba claro por qué no había ido. Era lógico que en un día tan peligroso no saliera de casa.

Pero al día siguiente, cuando iba de nuevo rumbo a Karlstein, llevaba una espina que me estaba comenzando a herir. Si bien era impensable que ella pudiera haber acudido a la cita del sábado, me extrañaba que después no me hubiera llamado por teléfono. Era raro que no hubiese intentado comunicarse conmigo. Por primera vez esa semana sentí estar perdiendo la guerra que su madre sostenía conmigo.

La posibilidad de que algo andaba mal se confirmó al fin de semana siguiente. Jitka tampoco llegó a la cita ni me llamó por teléfono.

Comencé a sufrir. Era un dolor diferente a los muchos que había tenido hasta entonces en muy poco tiempo. Es cierto que Jitka corría peligro saliendo conmigo; pero su desaparición, sin dar razones, sin una voz de esperanza para el futuro, me hería en lo más profundo. A pesar de mi orgullo, intenté verla. No lo conseguí, pero me topé con su mamá en las cercanías de su casa.

−¡Cómo te atreves a exponer la vida de Jitka! −me retó−. Por favor, ¡déjala tranquila!

Esas palabras me demolieron. Sabía que la mujer no era antisemita, que sólo la movían el pavor y su afectividad de madre desesperada. Pero como quiera que fuese, Jitka había desaparecido de mi vida sin dirigirme un solo mensaje de consuelo o una sola mirada esperanzadora. Si, por ejemplo, me hubiera dicho que teníamos que aguardar tiempos mejores para volver a vernos, desde luego que lo habría sentido; pero la habría esperado paciente e ilusionadamente. Fue su completo silencio lo que me destrozó.

Los fines de semana se me convirtieron en un castigo. La mayoría de las veces me quedaba solo con mi madre o íbamos a la casa de algún pariente. Pero apenas podía soportar el sentimiento interno de soledad. Miraba el teléfono, entraba a la pieza de Jirka, recorría la fotografía del papá, contaba las sirenas de los carros policiales que circulaban por la calle, observaba la amargura que se iba adhiriendo al semblante de mamá.

Fue en uno de esos fines de semana siniestros cuando, llegando de Karlstein al departamento, supe por la empleada que a mamá la habían *transportado* dos días antes. Ahí sí que quedé solo. Me sentí expulsado de la vida que me correspondía. Me estaban arrancando todo.

El departamento quedó vacío. Era evidente que en cualquier momento iban a quitármelo. Por mis tíos, que todavía conservaban alguna influencia, supe que a mamá la habían llevado a Terezín, una ciudadela militar del siglo XVIII, a dos horas de Praga, que los nazis estaban transformando en gueto.

El trabajo forzado en Karlstein, junto a las amarguras de cada fin de semana en Praga, me fueron endureciendo. Todo el tiempo pensaba en Jitka y, mientras más la recordaba, más defraudado me sentía y más inexplicable me parecía que me hubiese fallado.

Vino en seguida la debacle. Los transportes de judíos se generalizaron. Cada vez que volvía de Karlstein las únicas novedades eran las de quienes ya no estaban. Mujeres, niños, viejos, jóvenes, científicos, obreros, profesionales, religiosos, inválidos, enfermos, todo el mundo era llamado, sin que nunca más se les volviera a ver. Los que se iban no regresaban. El contacto se perdía. La correspondencia casi no existía. Tanto se fue raleando el círculo de mis familiares y tantos eran los judíos que desaparecían, que llegó un momento que me sentí raro por dormir dos noches a la semana en Praga, tener un lujoso departamento para mí solo y contar con los servicios de una empleada que era excelente cocinera y me adoraba. Cualquiera hubiera podido pensar que yo era "un muchacho con suerte".

2

El hundimiento

Hasta el día de hoy, Panenské Brezany sigue siendo una comunidad apacible y pueblerina. La vida transcurre sin muchos sobresaltos y el pueblo no tiene grandes atractivos que exhibir. La población lo sabe y tal vez por eso en su gente no hay ni un asomo de arrogancia.

Entre los pocos edificios que destacan en Panenské Brezany está el castillo. Así le dicen, aunque sólo sea una residencia campestre grande y elegante. Para las proporciones del pueblo, el edificio sin duda es grande. Cuando lo vi el año 92, ya se veía feo. El deterioro saltaba a la vista. Los años de socialismo estaban reflejados en el descuido y abandono. Por esa época, lo ocupaba un instituto público cuyas funciones nunca me quedaron claras. Sospecho que ahí se trabajaba con algo relacionado con energía nuclear.

En un período que fue lamentable para mí, ese edificio conoció sin embargo días mejores.

Llegué a esa propiedad a mediados de septiembre del 42, luego de un viaje en camión abierto que demoró alrededor de una hora desde Praga. Viajé junto a un grupo de cincuenta jóvenes, desconociendo totalmente cuál sería nuestro destino. Al final del trayecto apareció el castillo.

Ahí residía la viuda de Heydrich y había sido la residencia campestre del protector. El lugar me pareció inmenso y después supe que le fue confiscado a un acaudalado empresario judío dedicado al negocio del azúcar.

Nuestro traslado desde Karlstein al castillo pareció decidirse de la noche a la mañana. Estábamos trabajando, como siempre, en la construcción de un camino cuando irrumpió con sorpresa en nuestra rutina diaria de trabajo un cortejo S.S. que encabezaba el propio Hans Frank, heredero de Heydrich. El despliegue y la rudeza de la comitiva –sus gritos, sus órdenes– no presagiaban nada bueno. Las represiones después del asesinato del protector habían sido espantosas y, dado que la bestia que nos visitaba era tan feroz como su antecesor, temí que viniesen a fusilarnos.

Todo había ocurrido muy rápido. Repentinamente aparecieron a gran velocidad una serie de Mercedes negros con escoltas armados. Frenaron en seco donde estábamos trabajando. Se bajó el jefe con su séquito, unos veinte S.S. con metralletas, y se nos ordenó ponernos en posición firme. Frank personalmente fue eligiéndonos al azar, hasta llegar a un número de cincuenta. Al final, no sé por qué, fuimos 51 jóvenes.

Separados de los demás por una razón que no adivinábamos, pensé en lo peor. El clima que respirábamos en ese momento era de ejecuciones masivas. Pero, para mi alivio, sólo registraron nuestros nombres y nos comunicaron que el lunes siguiente –15 de septiembre del 42, si mal no recuerdo– debíamos presentarnos en el lugar habitual desde donde partían en Praga los transportes. Motivo: se nos asignaba otro trabajo. La notificación aflojó la tensión. Después de perder el contacto con mi hermano, con mamá y al final con Jitka, debo haber estado tan deprimido en esos días de soledad irrecuperable que, sin mucha base, interpreté la destinación como una posibilidad de volver a ver a Jirka y a mi mamá.

Una mezcla de incertidumbre y temor me acompañó ese fin de semana. Era evidente que tenía que cerrar definitivamente nuestra casa, ya desierta. En ese momento no lo sabía, pero nunca más volvería a poner los pies en ella. Despedí a la empleada, una mujer abnegada que había servido a mi familia por espacio de muchos años, le di el dinero que tenía y preparé mis maletas. Todo indicaba que iba a estar un buen tiempo lejos de Praga.

El lunes temprano, cuando aún no aclaraba del todo, tomé mi equipaje y, a pie, emprendí el camino al lugar de la cita. Era el mismo trayecto que había hecho con mi hermano un año antes. La mañana no era helada, pero sí sombría. Pensé que había sido ridículo preparar un equipaje tan grande. Apenas me podía las maletas y el trayecto se me estaba haciendo largo. Recordaba mi despedida con Jirka. Me sentí más desgraciado que nunca y, en eso estaba, cuando vi a la distancia una figura de contorno familiar en la esquina.

Era mi tío José Beck, muy emocionado, que venía a despedirse. Se había enterado, no sé cómo, de mi notificación y me estaba esperando. Tomó uno de mis bultos y con cierta dificultad comenzó a caminar junto a mí en silencio. Los años se le habían venido encima y se notaba que la maleta le costaba más de lo que estaba dispuesto a reconocer. Yo sabía, además, que estaba exponiéndose por mí. Pero él casi no podía hablar. Lo vi muy conmovido y, entre las pocas cosas que me alcanzó a decir, recuerdo una frase que me dejó temblando:

—Qué suerte tuvo tu padre muriendo el día de la invasión. Ojalá eso me hubiera sucedido a mí.

No dejé que me acompañara mucho más allá. Era peligroso para él y cuando faltaban un par de cuadras se despidió llorando. Nunca había visto llorar al tío José y sus lágrimas me impactaron. Además, me cambiaron la percepción que siempre tuve de él, como un tipo frío y distante. Jamás le había tenido especial simpatía, tal vez contagiado por el desafecto de su hija Hana. Ahora, sin embargo, este banquero en otro tiempo poderoso debía separarse de mí para volver a su casa vacía. Hacía tiempo que Hana ya no vivía con él y ella, por lo demás, ya había sido transportada junto a su marido, Alexandr Munk, Sacha para nosotros. El tío José era para mí el último pariente del cual yo hubiera esperado una despedida.

Casa de campo

Llegué al lugar donde nos concentraron –Veletrzni Palac– y en un camión abierto nos trasladaron a Panenské Brezany, a menos de una hora de Praga. En el castillo nos recibió una guardia S.S. de gran ferocidad. En Karlstein raramente había visto ese trato. Armaron una tremenda batahola de gritos, maltratos e improperios. Nos arrearon como animales hasta un establo de caballos donde, entre empujones, nos obligaron a acostarnos de a dos por caballeriza para comprobar si realmente cabíamos. Al lado mío cayó un tipo un poco más alto que yo y algo me dijo que esta coincidencia con él no iba a ser casual.

Se llamaba Franta, Franta Propper, pero con el tiempo yo le diría Prusa. Era un poco mayor que yo. Simpatizamos de inmediato y me contó que había sido expurgado meses antes del ejército checoslovaco. Eso se le notaba: como muchos militares, era de pocas palabras, un poco cortante al hablar y aun en los momentos en que estábamos relajados se paraba con el pecho erguido. Supe también que había hecho sus estudios secundarios en Pilsen, que era hijo único de un matrimonio radicado desde hacía algunos años en Vrané, un poblado rural cercano a Praga. El padre había sido militar y cuando pasó a retiro –preocupado por la agresividad de la Alemania nazi– prefirió irse a vivir al campo con miras a escapar de las tensiones políticas que advertía en las ciudades.

Prusa también había estado cumpliendo trabajo obligatorio en Karlstein, pero en un grupo distinto del mío. Por eso no nos conocíamos. Pero bastó que nos encontráramos en el castillo para que nos hiciéramos inseparables hasta el fin de la guerra. Yo le conté mi vida y él me contó la suya. Tal como yo, estaba terriblemente preocupado por la suerte que estaban corriendo sus padres, de quienes no tenía noticias desde hacía meses. Ambos habían sido "reubicados" y Prusa se atormentaba imaginando las penurias que ambos estaban enfrentando.

Tiempo después me enteraría de su verdadero trauma. Prusa estaba viviendo en Vrané con sus papás cuando el antisemitismo de los invasores mostró sus verdaderas garras. En vista de ello, un médico checo, amigo de la familia, se ofreció para fabricarle a Prusa una coartada si llegaban a citarlo para transporte. En ese caso, le extendería una orden médica para que fuera operado de apendicitis en Praga. La intervención no era injustificada porque efectivamente Prusa tenía apendicitis. El mismo médico se ofreció para hacer otro tanto con la mamá de Prusa, aquejada de dolencias ginecológicas.

Pues bien, cuando se acercaba la fecha de los transportes, Prusa fue enviado a Praga e intervenido tal como estaba previsto. La mamá, sin embargo, prefirió afrontar el transporte junto a su marido, temiendo que fuera muy sospechoso para los alemanes que dos de los tres miembros de la familia tuvieran que hospitalizarse precisamente por esos días.

Prusa nunca más volvería a ver a sus padres. Ellos se comunicaron dos o tres veces con él, a través de cartas que le hicieron llegar por distintos intermediarios, pero Prusa cree que nunca pudieron recibir las respuestas –y los paquetes con ayuda– que él les envió de vuelta. Prusa conserva dos o tres cartas de su madre donde ella le pide que por favor le envíe alimentos. En la última ella lo reprende diciéndole que no puede entender que los haya olvidado. Lo terrible es que los papás de Prusa murieron creyendo que su hijo les había dado la espalda y de esta conjetura infame mi buen amigo jamás llegaría a reponerse. Nunca, hasta el día de hoy.

En el castillo no nos confiscaron nada y permitieron que dejáramos nuestras cosas encima de la paja. Nos dividieron para diferentes labores y nos mandaron de inmediato a trabajar. A Prusa y a mí nos tocó un grupo encargado de faenas en un jardín donde afortunadamente había mucha fruta. Creo que nunca volví a comer tanta en mi vida. A pesar de las amenazas de castigo que nos hicieron si la comíamos, era relativamente fácil robarla, eludiendo a los guardias. Este complemento nutritivo nos mantuvo bien alimentados y con el tiempo sería un factor decisivo a nuestro favor.

La responsabilidad de mi grupo era transformar el maravilloso parque del castillo –un jardín aristocrático y cautivante– en una huerta para la producción de hortalizas. La viuda de Heydrich la quería lo más pronto posible y tenía la intención de sembrar en esa misma temporada. La verdura era un bien escaso y todo indicaba que se iba a volver más escaso todavía.

Junto a nosotros, también venía a trabajar al castillo un grupo de trabajadores agrícolas checos que vivían en el pueblo vecino.

En una semana nos adaptamos a la rutina del castillo. Nos despertábamos por la mañana temprano y nuestro propio cocinero preparaba el desayuno. El alimento era razonable. La idea al parecer era mantenernos fuertes para que pudiéramos trabajar duro. La jornada con toda facilidad se prolongaba hasta por once o doce horas diarias.

Daba pena el trabajo que realizábamos. Arboles grandes, nobles, antiguos, eran derribados sin piedad para dar paso a la siembra de vegetales. El señorial parque poco a poco se fue transformando en un plebeyo y utilitario potrero. En una de esas talas, un árbol cayó sobre uno de los compañeros. Quedó gravemente herido. Pudo salvar su vida, pero quedó con frecuentes ataques de epilepsia. Partía el alma verlo en sus crisis. Un día lo vinieron a buscar y nunca más lo vimos. Quedamos 50.

El trabajo, en cuanto a intensidad, fue similar para todos. Físicamente el grupo era bastante fuerte. La experiencia en Karlstein nos había preparado para cualquier esfuerzo físico y, con el entrenamiento que tuvimos aquí, pronto nos convertimos en una legión de fortachones. Era evidente que estábamos asimilando bien la fruta que comíamos, aunque en ese momento yo no tenía mayor conciencia de la utilidad que eso me iba a reportar.

Efectivamente desarrollé una tremenda fuerza. Una vez, incluso, al margen de todo aspaviento, levanté dos rieles mientras trabajaba, uno en cada mano. El sargento S.S. encargado de nosotros quedó asombrado. Y fue tanta su impresión que mandó pesar los rieles. La romana marcó 150 kilos. A mí en ningún momento se me había ocurrido la idea de impresionar con una proeza. Pero el hecho me dio notoriedad.

Un domingo, a modo de competencia y pasatiempo, el sargento ordenó a los demás intentar levantar los rieles que yo había movido y ninguno lo pudo hacer. Admirado de mi capacidad física, llamó entonces a los S.S. que estaban a su cargo para que también lo intentaran. Nadie lo logró. Adquirí a partir de ahí fama de forzudo. Pasé a ser una especie de gladiador. Alguien que en cierta medida contrariaba la miseria genética y fisiológica que los nazis nos atribuían a los judíos.

Nuestro oficial, Hauptman Warnke, fue durísimo. Era el único S.S. que vivía permanentemente ahí. A los demás los relevaban mes a mes. Terriblemente estricto con su tropa y aún más severo con nosotros, a la menor falta su reacción era golpear con brutalidad, aunque, comparado con otros oficiales S.S. que conocí después, podría decir que no era un asesino. Autoritario, brusco y bestial, sí, pero de alguna manera se podía convivir con él. Si después de la guerra me hubieran preguntado si yo lo acusaba para que fuera condenado, habría tenido que limitarme a responder una sola cosa:

–No hizo nada para que alguno de nosotros muriera.

Trabajábamos por lo general de 7 a 12 y entre las 13 y las 19 horas. Concluida la jornada, volvíamos al establo. Si madame Heydrich no tenía visitas, entonces nosotros podíamos estar fuera de las pesebreras. Ahí nos sentábamos, lavábamos nuestra ropa, conversábamos con el cocinero, lo ayudábamos y, en ocasiones, hasta podíamos jugar cartas y voléibol.

Cada mes se renovaban los guardias y casi siempre, con los 24 que llegaban, venían a lo menos diez de gran brutalidad. El resto se mostraba más bien indiferente. Siendo así, los primeros tres días de cada relevo eran clave para detectar a los brutales y tomar las precauciones. Quienes teníamos la desgracia de quedar a sus órdenes, más nos valía trabajar sin descanso. De otro modo nos exponíamos a golpes por cualquier motivo.

Más o menos a los dos meses y medio de haber llegado, estando cerca la Navidad del 42, nos comunicaron que por unos pocos días nos iban a llevar a la ciudad de Terezín (Theresienstadt para los alemanes) dado que un alto jerarca de las S.S. iba a visitar unos días el castillo y no aceptaba presencia judía en el mismo recinto. La autoridad era nada menos que Himmler, sindicado por los rumores como amante de madame. El jefe de la S.S. no tendría el prototipo de un seductor, pero al parecer era muy considerado con madame Heydrich y entonces más que nunca debe haber querido acompañarla en su soledad.

Recibimos la noticia de nuestro viaje a Terezín con sentimientos encontrados. Por una parte, no queríamos movernos, porque cualquier traslado involucraba un riesgo. Siempre era posible terminar peor. Nada nos aseguraba que no estuviésemos ante una trampa. Sin embargo, nos tranquilizaban las instrucciones de dejar en las pesebreras la mayor parte de nuestros enseres, porque nuestra ausencia iba a ser breve. En el fondo, el trabajo y las condiciones del castillo no nos parecían del todo malas. De una manera u otra, ya nos habíamos acostumbrado al trato duro de los S.S. y nadie del grupo dejaba de considerarse un privilegiado por pasar los rigores de la guerra en la forma en que lo estábamos haciendo.

Pero también teníamos motivos para encontrar fantástica la perspectiva del cambio de domicilio. Sabíamos que Terezín era, desde fines del año 41, un gueto judío modelo y todos teníamos familiares muy cercanos que habían sido trasladados allí. Con suerte, podríamos volverlos a ver. Yo suponía que podría encontrar a mamá, quizás también a mi hermano, a los tíos, tías y primos.

Con el alma así de dividida, una fría mañana invernal me encontré arriba de un camión abierto viajando con destino a Terezín, unos 60 kilómetros al norte de Panenské Brezany.

Poco después de una hora de viaje, llegamos hasta los restos de los antiguos muros de la ciudad. Son inmensos. Deben medir no menos de diez metros de alto y unos cinco de ancho. Están a cierta distancia del casco urbano de Terezín y figuran entre las atracciones turísticas de la región. Por encima de estas murallas se puede caminar sin problemas y desde lo alto el visitante tiene una vista privilegiada del entorno.

Más tarde supimos que una parte de esta gran muralla daba a una cárcel. La conocían como la Pevnost, que significa fortaleza, y tenía fama de estar entre las más tenebrosas que los nazis habían establecido en sus dominios. No sólo estaba destinada a los judíos, sino a toda persona peligrosa para el Reich.

Desde fines del siglo XVIII, Terezín fue para la corte austrohúngara principalmente una ciudadela militar. El emperador José II la bautizó así en memoria de su madre, María Teresa, y ordenó construirla para bloquear la penetración prusiana en Bohemia. Al comienzo, es posible que Terezín haya tenido la pretensión de ser una ciudad modelo. Las calles están bien trazadas y son respetuosas de la geometría. Las fachadas de los edificios no disimulan un laborioso intento por complementarse. El resultado se ve ordenado, es cierto, pero de ninguna manera es bonito. En general, a la ciudad le sobra disciplina y le falta fantasía, imaginación y encanto.

Mi madre disfrutaba haciendo trabajos en nuestro pequeño campo de Staré Sedlo, cerca de Probulov.

Mi hermano Jirka. Era y seguirá siendo el mejor.

Reencuentro

Recuerdo que cruzamos la puerta de la ciudad y de inmediato nos encontramos con una recepción fantástica. Para los habitantes del gueto, que era gente de cierta edad en su mayor parte, la llegada de 50 tipos jóvenes no era rutina. Advertí que llegábamos con una aureola casi de héroes. Todos creían que nuestra experiencia en el castillo de la viuda Heydrich era terrible. Y eran muchos los familiares que esperaban ansiosos vernos, abrazarnos y besarnos.

Entre esa gente estaba mi madre.

La vi antes de bajarme del vehículo. En su ropa y su figura advertí desgaste. La encontré más avejentada y no era para menos. Las condiciones de vida en Terezín, sin ser espantosas, eran muy poco gratas. Un pañuelo en la cabeza ocultaba su cabello gris y un poco descuidado. El detalle me pareció revelador. Nunca había visto a mi madre desarreglada.

En el momento en que, feliz, la estaba abrazando, sentí una estocada terrible. Las lágrimas de mamá congelaron la dicha del reencuentro:

–Mataron a tu hermano –se limitó a decirme.

No me fue fácil reconstruir la secuencia de su martirio. Mientras Jirka estaba trabajando en la mina de carbón, los S.S. le habían encontrado en uno de sus zapatos una carta de su novia Jarmila. El papel daba cuenta con mucha poesía y nostalgia de la relación sexual que habían tenido durante una visita clandestina que ella le había hecho.

Para los S.S. el asunto era grave porque ponía al descubierto una falla en los sistemas de seguridad y de control de los gendarmes checos a cargo de la mina. Sacaron entonces a Jirka de la profundidad del mineral para interrogarlo.

Como la carta no llevaba escrito ningún nombre ni fecha, mi hermano nunca reconoció haberla recibido ni haber protagonizado la aventura. En vista de su actitud, fue entregado a la Gestapo, que lo envió a Pevnost, donde permaneció dos meses sin que mi madre lo supiera. Durante semanas que habían sido para ella de crecientes temores y absoluta nostalgia, su hijo curiosamente había estado a muy poca distancia suya.

Pero fue mejor que lo ignorara porque durante ese tiempo Jirka permaneció encadenado y sometido a macabras torturas. Cuando la desnutrición hubo borrado la carne de su cuerpo y cuando lo único que cubría sus huesos eran quemaduras y enormes bolsones de pus, lo liberaron sin resultados. Jirka no entregó información alguna que comprometiera a su novia o a quienes lo habían ayudado.

–No te creo nada, pero eres un judío valiente. ¡Lárgate!

Eso fue todo lo que le dijeron cuando lo liberaron. Jirka, en las condiciones en que se encontraba, apenas debe haber escuchado la frase. La organización judía a cargo del gueto lo recibió en estado casi agónico y se lo entregó a mi mamá. Mi hermano apenas tuvo tiempo para contarle a ella la historia de su detención. Veinticuatro horas más tarde, con las heridas aún vivas, recibió una orden de reubicación con destino, según dijeron, a un campo de trabajos forzados.

Junto a otros mil prisioneros, todos hombres entre 20 y 30 años, varios de los cuales también habían estado presos bajo diferentes cargos, fueron metidos en un tren de carga y conducidos a Polonia. Allí, entre una estación y otra, el ferrocarril se detuvo al amanecer junto a un bosque. Se les ordenó bajar, formarse y fueron ametrallados inmediatamente. Uno de ellos, que conocía a Jirka, sólo quedó herido y pudo esconderse entre los cadáveres. Fingiéndose muerto, logró salvarse. Sobrevivió y se lo contó a un judío polaco que más tarde llegó a Terezín. De esta forma supimos por entonces el fin que habían tenido los muchachos.

Después de la guerra le seguí la pista a ese informante. El también había sobrevivido y me confirmó personalmente la versión que le habían contado a mi madre y que ella me traspasó.

Pero muchos años después salieron a la luz nuevos antecedentes. Fue cuando Yeltsin en 1991 abrió a los países de Occidente los archivos que los rusos encontraron en Auschwitz y otros campos de concentración en 1944 y 1945. El fin de la guerra fría levantó un embargo que mantuvo tan ocultos los secretos de las atrocidades nazis como los había mantenido el Tercer Reich.

De manera que sólo en 1992 supe que el transporte de Jirka había salido de Terezín exactamente el día 28 de octubre de 1942. Tenía la clave AAY e iba con destino al gueto polaco de Minsk. Ocurrió sin embargo que tres días antes habían llegado hasta allí numerosos transportes que saturaron la capacidad de reclusión de esa ciudadela. No quedaba lugar para un transportado más.

Pues bien, antes de llegar a Minsk, en la estación de Baranovici, el tren en que iba mi hermano fue interceptado telefónicamente por el jefe nazi a cargo del gueto. Los antecedentes señalan que le expresó al encargado del convoy que no estaba en condiciones de acoger a ni un prisionero más. Fue entonces cuando éste le preguntó qué debía hacer con la gente que llevaba. La orden del S.S. de Minsk fue concluyente:

–Mátalos a todos, ahora mismo.

Así se hizo. Los prisioneros fueron obligados a descender de los carros, marcharon un kilómetro y medio más allá de la estación y se procedió a la masacre.

Fue un destino especialmente cruel. Desde que me enteré de estos hechos me pregunto si Jirka se habría salvado si es que Minsk no hubiera estado repleto. Es el tipo de preguntas que nunca tendrán respuestas.

Mi hermano había muerto. Tenía entonces 24 años. Junto con mi madre, era la persona que yo más había querido en mi vida. Nunca más lo vería y creo que cuando supe la noticia también murió una parte de mí. La larga cadena de humillaciones y desgracias iniciada el día de la invasión alemana tenía ahora otro eslabón más. Un eslabón que medía y pesaba más que todo el resto de la cadena hasta entonces.

Después del angustioso encuentro con mamá, me costó un mundo reponerme para saludar a mis tíos Oto y Olga Polak y a diversos amigos y conocidos que estaban en el gueto. Después, rápidamente, la policía judía a cargo de la ciudad nos llevó al lugar destinado a nuestro alojamiento.

Instaladas nuestras ligeras pertenencias en las literas que nos asignaron, salimos con Prusa a la calle. Todo parecía irreal y el ambiente de Terezín me resultaba de mentira. Demoré en darme cuenta que me estaba buscando Vera, una amiga mía muy bonita de Praga. Estaba oficiando de secretaria en la organización judía encargada del gobierno interno del gueto.

–Acompáñame –me dijo.

Me llevó a su oficina, cerró la puerta y, sin ningún preámbulo, comenzó a desnudarse.

–Tú debes estar caliente –adivinó.

No le faltaba razón. El doloroso desengaño con Jitka, la adaptación posterior al castillo, el reencuentro con mamá, la noticia de la muerte de Jirka, eran todas experiencias que en conjunto me superaban. Me sentía abatido y desfondado. Y en esas circunstancias –lo pienso ahora– el sexo podía ser una manera de recuperar mi identidad.

Sobre el sofá, tuvimos un sexo intenso, necesario, urgente y fabuloso. Vera me había ido a ver para ofrecerme un poco de lo que más carecía en aquellas circunstancias.

Terezín, a pesar de mis primeras impresiones, era una ciudad de verdad. Antigua, sólida, tenía la dignidad de las cosas hechas sin mucha imaginación pero a conciencia. Sus verdaderos y legítimos habitantes habían sido evacuados a otra parte y, en su lugar, los nazis habían radicado a miles de judíos. No obstante, donde antes residía una familia, ahora vivían cuatro, cinco o más. Además siempre estaban llegando más deportados de toda la Europa dominada por los nazis. El hacinamiento era increíble, pero así y todo esta gente parecía adaptada a las circunstancias y la vida discurría con aparente normalidad. La capacidad de acomodo y autoengaño del ser humano no tiene límites.

La organización interna de la ciudad era responsabilidad de un consejo judío formado por ciudadanos prominentes. Ese consejo manejaba a la policía interior judía –sin armas, desde luego– y establecía el sistema de elaboración y distribución de comidas. Más tarde, los miembros de este organismo tuvieron a su cargo la elaboración de las listas a quienes los nazis decían "redestinar" a otros lugares.

Los nazis casi siempre se valieron de la colaboración judía para hacer el trabajo sucio. Utilizaron las jerarquías de la comunidad judía para organizar a la gente y evitar el trato directo de sus soldados y verdugos con los prisioneros. El sistema se prestaría más adelante para respaldar muchas acusaciones de colaboracionismo.

Siendo así, el episodio de Karlstein, cuando el mismísimo Frank nos seleccionó para enviarnos a Panenské Brezany, bien podía ser calificado de excepción.

En Terezín los S.S. casi no se veían. Una o dos veces al día pasaba alguna patrulla en moto, pero sin detenerse ni molestar a la gente. Las labores de control las ejercían sólo policías judíos, quienes también llevaban en el pecho la estrella de David además de un brazalete distintivo de su autoridad. Por las calles del gueto se podía circular libremente, siempre con la estrella, e incluso había quienes, provistos de salvoconducto y bajo la custodia de gendarmes checos o guardias S.S., podían salir a faenas agrícolas.

Acá tampoco la comida era mala. Insuficiente, pero nunca como para matar de hambre. En general las condiciones no eran desastrosas. Había entretenciones, bailes en los entretechos, conciertos y exposiciones en las plazas, teatro de buena calidad por las tardes, espectáculos de variedades por las noches. Tal vez en Varsovia –me imaginaba yo– el asunto era más o menos similar y esta suposición nos hacía creer que los judíos polacos no estaban tan mal. Pasó bastante tiempo antes que descubriéramos nuestro error. No sabíamos que

Terezín era la pantalla de Hitler para las visitas de la Cruz Roja. Era el hotel cinco estrellas que exhibían a los inspectores suizos para demostrar que no querían lastimar a los judíos, sino sólo apartarlos de una población que para ellos era racialmente superior.

Quienes llegamos del castillo de la viuda Heydrich fuimos la atracción de Terezín. Entre ídolos y superhombres. La gente creía que las condiciones en que vivíamos, el trato que se nos daba, el trabajo que realizábamos, eran absolutamente inhumanos. Ni siquiera nuestro aspecto saludable disipaba esa percepción y, aunque lo hubiésemos querido, no estaba en nosotros cambiarla.

Me costó mucho tranquilizar a mamá y disipar sus temores sobre mi vida en Panenské Brezany. Estaba convencida, tal como el resto, de que yo sufría mucho. Ella trabajaba en una de las cocinas del gueto con unas treinta personas más. La comida que preparaban era colocada en unos enormes barriles y después repartida en las loncheras que cada cual llevaba para recibir su ración.

Con mi madre conversé horas y horas. Los temas eran recurrentes. Que por qué con mi hermano no habíamos salido de Checoslovaquia cuando ella lo aconsejó y aún se podía. Que por qué a Jirka lo habían matado. Que cómo iba a ser nuestra vida una vez terminada la guerra.

Parecía que los dos teníamos el destino marcado y que en esa ruleta infernal teníamos los números premiados. Ambos, después de todo, estábamos con vida. Aparentemente no había motivos para que al grupo y a mí nos reemplazaran en el castillo. Todos trabajábamos bastante bien y su dueña daba la impresión de estar satisfecha con nosotros. Eso permitía que mi madre estuviera protegida de cualquier contingencia, ya que según ella me repetía una y otra vez, la jerarquía judía le había asegurado que, mientras yo estuviese en el castillo, ella iba a permanecer a salvo en Terezín. Creíamos haber llegado a la estación final de nuestra experiencia. Ignorábamos que nos aguardaban otras instancias hasta muy al fondo del precipicio.

A seis días de haber llegado a Terezín, nos vimos de nuevo de vuelta. Mientras iba quedando atrás la ciudad, a mí se me alejaban también muchas cosas. Algunas, las sabía en ese momento; otras, las conocería después. Dejaba una experiencia que había tenido algo de vacaciones: bailes, sexo, música y una ciudad que, angustiosamente, cada día se poblaba con más gente. En una habitación común dormían varias familias completas separadas apenas por frazadas. Pero, según nuestra impresión, la vida no peligraba y tenía visos de normalidad. La gente trabajaba, se alimentaba, se divertía, dormía e incluso acudía a servicios religiosos.

Al volver al castillo, dejaba en el gueto a mi madre. Con el corazón deshecho, a lo mejor sin muchas energías para seguir luchando, pero sin embargo viva. Las imágenes de su despedida me acompañarán siempre. En ese momento no sabía que el adiós era para siempre.

Vuelta al castillo

Al día siguiente ya estaba plenamente integrado a mis labores agrícolas. Las personas encargadas de las flores eran checos del pueblo cercano. El grupo también incluía mujeres. Y una de ellas era Helenka, Helenka Vovsová, una joven de 18 años, simpática y atractiva, aunque no muy bonita.

Aun cuando teníamos prohibido intercambiar palabras con los checos, poco a poco fui cruzando cortos y furtivos diálogos con ella. Y pasado un tiempo, tuve la confianza para preguntarle si se atrevería a sacar una carta y enviarla a Praga por correo.

–Al salir nos revisan. No puedo –se excusó.

–Sí, lo sé. Pero te revisan para que ustedes no roben. Yo sólo quiero que lleves un papel –le insistí.

Al final, entre dudas y vacilaciones, pocos días después Helenka aceptó correr el riesgo y pude iniciar una correspondencia con mi tía Marta Haman. Ella era la única persona de mi familia que no había sido detenida ni deportada. La primera carta fue muy escueta y sólo para probar si llegaba a su destino. Quise tomar todas las precauciones, esa vez y todas las siguientes, para que en caso de ser descubiertas las cartas, tanto mías como suyas, no comprometieran a Helenka.

Ella y yo empezamos a sentirnos un poco héroes de una novela de espías. Helenka se fue fascinando gradualmente de su rol y creo que se enamoró de mí. Estaba dispuesta a cualquier cosa con tal de verme contento. Hasta empezó a correr riesgos un tanto innecesarios. Llegó a escribir a mi tía pidiéndole comida y ropa invernal para mí. Aprovechando el atado donde traía al castillo su alimentación, comenzó a pasarme comida y ropa. Esta chica fue mi tesoro.

Todos o casi todos se las arreglaron para tener su propio tesoro. Paulatinamente el grupo comenzó a tener contactos más allá de las gruesas paredes del castillo. Es cierto que no todos podían contar con un correo tan eficiente y atrevido como el de Helenka. Franta Prusa, por ejemplo, tenía un contacto, pero era tal el miedo de éste que después lo acoplé a mi correo y Helenka también terminó siendo un tesoro para mi amigo.

De todas formas, con más o con menos miedo, los checos que entraban al castillo, unos veinte en total, fueron fabulosos con nosotros. Eran totalmente confiables, no teníamos ningún temor de que fuesen informantes y todos se comportaron con una inmensa generosidad. Estaban exponiendo sus vidas al compartirla con nosotros. Y, a pesar de ser pobres, nos ayudaban sin pedir a cambio ninguna retribución.

Llevábamos algunas semanas de regreso al castillo, cuando los hijos de la viuda vinieron una vez a entretenerse con nosotros. De ahí en adelante nos visitaron siempre. Llegamos a conocerlos bien. A veces, mientras almorzábamos, venían a sentarse e incluso teníamos que convidarles de nuestro propio rancho. Para los niños todo es una tentación y una novedad. Otras veces nos traían chocolates. Eran tres y deben haber tenido unos doce, diez y seis años de edad aproximadamente.

No sé si la viuda estaba al tanto de lo que hacían sus hijos, pero los S.S. fueron testigos de la naturalidad con que los pequeños nos trataban. Fue, claro, un proceso gradual de acercamiento y confianza.

El chico del medio –Claudio– tuvo mala suerte. Un domingo, exactamente el 28 de octubre de 1943, paseando en bicicleta por el parque, aprovechó que la puerta del castillo estaba abierta para aventurarse un poco más allá. Sin embargo no alcanzó a llegar lejos. Lo atropelló un camión prácticamente en la puerta. El vehículo transportaba a dos equipos de fútbol y no pudo esquivar al pequeño.

En el castillo se vivieron momentos de enorme tensión. Convocaron de nuestro grupo a un joven médico que también venía de Karlstein y que ya había tenido una destacada intervención cuando nuestro compañero fue aplastado por la caída de un árbol.

El accidente del niño ocurrió como a las cinco de la tarde y el revuelo que causó entre los guardias fue inmenso. Nosotros estábamos en el establo y vimos que el chico fue llevado a toda carrera al castillo por los guardias. Un rato después vinieron a buscar a nuestro médico. Estuvo largas horas en el castillo y esa noche no pudimos dormir. Nos habíamos encariñado con el chico. A las cuatro de la madrugada volvió nuestro compañero muy cansado y casi destruido. El niño había fallecido.

Nuestro compañero estaba pálido. Nos contó que alcanzaron a llegar cuatro médicos checos para afrontar la emergencia. Los facultativos de los S.S. no alcanzaron a llegar a tiempo. Al final todos los esfuerzos resultaron inútiles. Aparte del desaliento por la muerte del pequeño, la preocupación del médico era que lo culparan a él.

Fue un temor exagerado, porque incluso recibió una muestra de gratitud por los esfuerzos que había hecho esa noche trágica.

A la mañana siguiente, cuando salimos a trabajar como de costumbre, eran tan numerosos e importantes los jerarcas que acudían al castillo que no quisieron que estuviéramos dispersos y nos recluyeron en el establo. Incluso taponearon con tablas las ventanas, para que nadie nos viera y nosotros tampoco pudiésemos ver. No hicimos nada durante todo el día, pero ese lunes en la noche, estando el castillo repleto de doloridos oficiales, vinieron a buscarme dos guardias S.S.

–Quieren que elijas a tres ayudantes y nos acompañes.

Nos presentamos esa noche fría ante la madre del niño muerto. Vestía de negro. La situación era extraña, pero después se nos aclaró. Los S.S. se habían equivocado al emplazar la tumba del chico y la viuda insistió en hacer cavar un nuevo foso.

–Síganme –nos dijo.

Dejamos atrás a tres guardias y nos llevó a un sitio del jardín.

–Aquí lo quiero enterrar –señaló.

En seguida nos dio la orientación exacta que debía tener la tumba. Fue muy precisa en sus instrucciones. Al parecer su religión –ignoro cuál– le ordenaba enterrar los muertos en una posición determinada. La cabeza debía quedar al sur, los pies al norte, creo.

Trabajamos duro esa noche. Concluida nuestra labor nos volvieron a encerrar junto a los demás en el establo. Debían aislarnos. Himmler estaba anunciado entre los asistentes al funeral.

Después de la muerte de su hijo, la viuda se vio siempre deprimida. Su conducta cambió. Aun cuando nunca la vimos llorar, era evidente que la tristeza acompañaba sus paseos. Las mujeres de los jerarcas S.S. debían ser fuertes. Volvió a llevar fusta cuando pasaba entre nosotros y volvió a golpear con ella sus botas. Se veía apenada y endurecida.

Tal vez era una mujer que no conocía las lágrimas. Pero el dolor se le manifestaba en rigidez y, más que eso, en una especie de odiosidad contra sí misma. Madame debe haber tenido razones para no tenerse mucho cariño.

Aunque mis días no fueron en esa época especialmente sombríos, una noche fui dominado mentalmente por una fantasía atroz. Nunca supe si dormía profundamente o sólo estaba traspuesto. Me imagino que debo haber llegado al umbral de la inconsciencia cuando sentí nítidamente la voz de mi mamá. Me llamaba con angustia y pavor. Era un llamado de socorro sobrecogedor, fuerte, que jamás antes lo había escuchado. Y si bien siempre he sido incrédulo de la parasicología y de los fenómenos paranormales, la experiencia fue tan inédita y tan potente que desperté a Prusa y le conté lo ocurrido. Apenas pude volver a conciliar el sueño esa noche. Mientras estuve en el castillo, nunca me pude sacar de la mente esa patética "aparición" de mi madre.

Como trabajábamos bien y la viuda estaba contenta de nuestro rendimiento, poco a poco los guardias empezaron a suavizar el trato. A pesar de seguir siendo muy estrictos, ya no eran tan hostiles ni brutales como al comienzo. Con el tiempo todo se temperó. Dejamos de ser presos peligrosos y el hecho encajó con el trato que los S.S. nos estaban dando. Al fin y al cabo, ellos se rotaban todos los meses, mientras que nosotros habíamos llegado a ser como esclavos de confianza.

Los domingos, siempre que contáramos con el permiso de la viuda, los S.S. nos llevaban a una cancha de fútbol próxima a las aguas de un lago y, después de los partidos, podíamos bañarnos. Si lo hubiéramos querido, tal vez habríamos podido arrancarnos, porque nadando no era difícil burlar la vigilancia. Pero estábamos advertidos de que, por uno que faltara, ellos fusilarían a diez. Además, decían que los que se quedaran serían tratados en adelante con un rigor extremo. Eso hacía que nosotros mismos fuéramos nuestros mejores vigilantes. Pero había otra razón aún más importante para que nadie pretendiera huir: en verdad, nos sentíamos privilegiados pasando la guerra ahí.

Me acuerdo con cierta sonrisa interior de esas tardes deportivas. Después de los partidos, cantábamos canciones revolucionarias checas contra los alemanes. Ellos, que no entendían una palabra del idioma, nos miraban complacidos. A veces los estribillos y melodías eran tan pegajosos que los alemanes se ponían a cantarlas con nosotros. Hacían el ridículo, y cuando pasábamos con ellos por el pueblo la gente nos aplaudía.

Con Helenka nunca tuve amores. Cuando la conocí, yo todavía era un convaleciente de mi decepción con Jitka. Fue necesario que pasaran varios meses antes que el dolor del abandono se convirtiera en humillación y más tarde en despecho. Dos años después, ni siquiera eso. Jitka simplemente desapareció de mi mente. De algún modo, las experiencias que viví durante esa época me permitieron olvidarla. Creo que interiormente me fui endureciendo. Llegó un momento en que mi única prioridad era sobrevivir. No había tiempo ni lugar para los sentimientos.

La vez que estuve más próximo a tocar y besar a Helenka fue en sí misma una imprudencia que nunca más quise repetir. Junto a un amigo que tenía contacto con otra chica que también venía a trabajar al castillo, un día decidimos arrancarnos e ir a verlas al pueblo. Ejecutamos sin embargo el plan dos noches después de concebirlo. Salimos del establo al anochecer y, dando un rodeo al castillo, nos acercamos por atrás al muro de piedra que lo circundaba. Tenía aproximadamente unos dos metros de altura y era muy difícil de trepar. Habíamos observado que cada cinco minutos pasaba una guardia S.S. de vigilancia y aprovechamos ese intertanto para cruzar el jardín y escalar el muro. Después de mucho, reconocimos la casa de Helenka por las señas que nos había dado. Entramos al pequeño jardín y rastreando por aquí y por allá dimos con la ventana de un dormitorio donde estaba ella. Casi se murió de impresión cuando la llamamos y nos hizo presente el peligro que estábamos corriendo. Helenka salió al jardín, fue a buscar a la chica de mi amigo, volvió muy nerviosa con ella y todo el encuentro se tradujo en una sobresaltada conversación. Creo que nos dimos algunos besos fugaces y alguna caricia rápida. Las condiciones no daban para más.

Sólo cuando emprendimos el regreso fuimos conscientes de la estupidez que habíamos hecho. Escalar el muro por el exterior era más difícil que hacerlo por adentro y existía más riesgo de que hubiésemos sido sorprendidos. Al final todo salió bien y nadie se percató de nuestra excursión. Pero cuando me acosté me di cuenta de nuestra irresponsabilidad. Vivíamos un período en que ya eran un tanto más civilizadas las relaciones de los guardias con nosotros y todo se habría arruinado si nos hubiesen descubierto.

Pacto de sangre

Ignoro la lógica que gobierna la amistad. A la edad que tengo, todavía para mí es un misterio cuáles son sus leyes y estatutos. La corriente de simpatías, lealtades y complicidades en que se funda la relación de dos amigos es impredecible, pero una vez que se manifiesta es difícil que se pueda cortar. He encontrado amigos tanto donde no los esperaba como donde era lógico hallarlos. He sido amigo de gente muy igual a mí, pero también de gente muy distinta. Y tal como he tenido amistades en la convergencia, también las he tenido – y muy sólidas– en la divergencia.

Al castillo llegó un sargento S.S., Klaus Ritter, que en un comienzo me inspiró lo mismo que todos: temor, antipatía, desconfianza. Era de oficio albañil y vino a construir unos camarines para la piscina de la viuda, que previamente un arquitecto había diseñado. Me eligió de ayudante no sé por qué y, gracias a eso, aprendí bastante de su oficio. Por ejemplo, a leer planos, a sentar fundaciones, a usar las herramientas típicas con habilidad.

Ritter había profesado la causa del nacionalsocialismo desde muy joven y luego había cumplido con abnegación todas las etapas de su militancia. Su preparación ideológica debe haber sido un tanto débil, pero tenía todas las condiciones que los partidos aprecian en su gente: entusiasmo, disciplina, incondicionalidad.

Era un hombre común y corriente. De origen bávaro, estatura mediana, nariz ancha, ojos azules y pelo castaño. Se confesaba protestante, estaba casado, tenía dos hijos y nadie se habría fijado en él si no hubiera vestido el uniforme S.S.

Fue en las S.S. donde se convirtió en albañil. Había entrado tan joven que lo estimularon para que, además de adorar a Hitler, aprendiera otra cosa. La albañilería fue su opción porque era un trabajo a su alcance y eventualmente le podía dar acceso a relacionarse con los ingenieros del partido. La organización era muy hermética y desconfiaba de todos los extraños.

Como la construcción de los camarines tomó mucho tiempo, poco a poco nos fuimos conociendo. Yo empecé a saber cosas de su vida y él de la mía. Las barreras que nos separaban gradualmente fueron cayendo. La desconfianza que me inspiraba fue dejando paso a una cierta comprensión primero, luego a un genuino aprecio y al final a un afecto de verdad. Mi rechazo interior desapareció en cosa de días y llegó el momento en que Klaus me pidió que nos tuteáramos, al menos entre nosotros. Delante de terceras personas, por supuesto, mi deber era volver al trato oficial.

Pasó el tiempo y nuestra relación se fue haciendo más y más estrecha. Sin que yo lo presionara o se lo exigiera, él comenzó un proceso de cuestionamiento y autocrítica de toda su vida militante. Yo era el primer contacto directo que Klaus tenía con el mundo judío y sospecho que esta experiencia le derrumbó sus esquemas. El hecho de ver todos los días a cincuenta judíos jóvenes, inteligentes, trabajadores, pacíficos y simpáticos, hizo trizas sus prejuicios y las lecciones que había aprendido. Por primera vez en su vida comenzó a dudar y no tardó en comprobar que había estado viviendo al interior de una gran mentira.

Debe haberle costado decirme que yo había producido un gran impacto en él. El hecho de conocerme y apreciarme fue una experiencia tremenda y, en su candor irreflexivo, no podía entender que Hitler culpara al pueblo hebreo de todos los males de la humanidad.

–Estoy arrepentido, Milan –me decía–. Yo he sido miembro del pelotón de fusilamiento en Praga. Fusilé creo que a cientos de personas, condenadas y no condenadas. Yo, por supuesto, no los conocía y no sabía por qué las fusilábamos, pero eso no me disculpa. Acepto que soy un asesino y no sé cómo convivir con esta idea. Yo me siento más cerca tuyo que de nadie... Me han tenido engañado prácticamente toda mi vida. Eso no lo perdono y si pudiera los mataría a todos...

No creo que el desgarramiento de Klaus, su profundo dolor y su deseo de expiación, hayan sido la base de nuestra recíproca confianza. Pero estos factores abonaron la simpatía que nos fuimos ganando mutuamente, hasta convertirla en una amistad robusta, de igual a igual y muy generosa de su parte.

Tuve en Klaus un cómplice estupendo. Recuerdo el día en que, estando concentrado en un estuco de las obras que vi a madame Heydrich aproximarse a la piscina para bañarse. En ese momento estaba solo. Klaus había ido posiblemente a buscar materiales, y la presencia de la viuda me desconcertó. ¿Debía retirarme? ¿Debía seguir trabajando? ¿Mi deber era ignorarla o hacerle un gesto de respeto?

La viuda llegó cerca del borde de la piscina y tiene que haberse dado cuenta de que yo estaba ahí, a menos de cinco metros de distancia. Era imposible que no me viera. La situación era incómoda, pero yo seguía trabajando como si nada. El asunto sin embargo se puso más complicado cuando de pronto la viuda se quitó la bata que la cubría, quedando completamente desnuda. A continuación se zambulló en el agua.

Era una típica mujer alemana. De unos 35 años, alta, buen cuerpo, rubia, bonita de cara pero con una expresión ferozmente dura en la mirada.

Una vez que se lanzó al agua no me atreví a mirar más. Estaba muy incómodo y tuve miedo. No sabía cómo interpretar lo que estaba pasando. Podía ser una manera de denigrarme, de demostrar que un judío no tenía para ella importancia alguna. Que era como un perro ante el cual a nadie se le ocurre tener pudor. Pero también, eventualmente, su conducta podía tener otro significado y eso sí era peligroso. Ocupar, aunque fuera leve y fugazmente, una pertenencia de Himmler podía significar una muerte fulminante. Existiendo la remota posibilidad de que la alemana me estuviera provocando, decidí entonces huir del lugar cuanto antes.

A su modo, la viuda Heydrich también había sido parte del relativo proceso de humanización del trato que nos daban en el castillo. Al comienzo era habitual que la viéramos circular entre nosotros vestida con traje de amazona y una fusta en la mano. Le gustaba el ruido que hacía al chicotearse las botas. Daba una imagen combinada de severidad y arrogancia. Nunca tocó a nadie, pero seguramente le complacía hacerse temer. Sin embargo después, cuando las relaciones mejoraron un tanto, la viuda caminaba ya sin su amenazante fusta. También empezó a darnos órdenes directas, sin la mediación de un S.S. En ese contexto, no era descabellado pensar que el desnudo de la viuda contuviera algún mensaje.

Creo que supe reaccionar a tiempo. Antes de que la viuda saliera de la piscina, y sin mirar hacia atrás, desaparecí de la manera más discreta que se me ocurrió. Y empecé a buscar con ansiedad a Klaus, de quien ya era amigo, para contarle mi experiencia. Me inquietó no encontrarlo de inmediato, pero al final supe que había ido a comer algo. Pedí que lo llamaran y cuando se acercó, como había otros guardias, le dije que había un problema con los planos. Cuando estuvimos solos le conté rápidamente lo que había visto y lo nervioso que me había puesto. Estuvo de acuerdo en mis aprensiones y me dijo que lo mejor que podía hacer era ir con la carretilla a buscar materiales. En el intertanto, él quedó de acercarse a la piscina para verificar que la viuda se había retirado. Se comprometió a hacerme una señal para indicarme que estaba todo en orden. Así lo hicimos, y cuando volví la dama nudista ya no estaba.

Pero los equívocos no terminaron ahí. La dueña del castillo me había regalado un desnudo y yo no había querido agradecérselo. A lo mejor consideraba que estaba en deuda con ella porque, poco después, con ocasión de la redecoración de sus habitaciones, mandó a buscar al ayudante del albañil. No había cómo perderse. Era yo. Un S.S. me dijo que debía presentarme en el área residencial del castillo, pero que previamente debía buscar dos ayudantes. Recurrí entonces a Prusa y otro compañero. Ambos sabían de la escena de la piscina y les comenté que me sentía más seguro, menos expuesto, en compañía de ellos.

Subimos al segundo piso de la casa y cuando ella me vio exclamó:

–¡Ah, venga, venga!

Me hizo pasar a una habitación con mis compañeros. Un S.S. se quedó junto a la puerta, pero a él no lo dejó entrar. Quería hablar conmigo y solicitarme una insólita asesoría.

–Dime tú, este sillón lo quiero poner ahí en la esquina, ¿te parece? Este jarrón, ¿no quedaría mejor allá?

Volví a desconcertarme y a ponerme inquieto. No podía dejar de pensar que algún tipo de simpatía le causaba, pero me mostré impasible. No hice ningún gesto ni respondí con ninguna mirada las observaciones que hacía.

Estuvimos trabajando tres o cuatro días completos en la casa de la viuda. Y si bien permanecí siempre a la defensiva, el trabajo gradualmente fue disipando mi temor. Llegué a sentirme cómodo en mi nueva función como decorador. Al segundo día ya tomaba la iniciativa:

–Si a usted le parece bien, madame, ¿qué tal si cambiamos este cuadro por aquél?

–Buena idea –me decía–. Hágalo.

El último día nos llevó a su dormitorio. Magnífico, inmenso, sensacional. Si desde el comienzo yo había advertido a mis compañeros que jamás me dejaran solo, esa vez con la mirada y los gestos traté de recordarles la instrucción.

Nunca perdí de vista al personaje que estaba tratando. Era la viuda del ser humano más odiado en mi país. Había encarnado un modelo de despotismo y crueldad. Lo teníamos por una bestia humana. Ella era, además, la supuesta amante de Himmler, el jefe de los tenebrosos S.S. Resultaba que si sumábamos sus jinetas, poco le faltaba para sobrepasar las del mismísimo protector.

Tampoco olvidé en ningún momento que, a ojos de ella y los nazis, yo no era más que un judío miserable. Si por algún motivo ella se permitía un momento de debilidad, estaba seguro de que jamás se lo perdonaría. Y que no vacilaría en suprimirme para ocultar cualquier huella de su desliz.

En el castillo estuvimos casi todo el día cambiando muebles por instrucciones suyas o sugerencias mías. Me dio un poco de risa cuando llegó el punto en que temí que dijera : "Te espero esta noche a las once".

No me lo dijo y ése fue mi último día como decorador. A la mañana siguiente volví a ser albañil. Nunca volví a tener contacto con la viuda.

A todo esto, mi amistad con el sargento S.S. siguió creciendo. Un día me propuso que debíamos firmar una hermandad de sangre.

–Me gustaría que mi sangre de ario, nazi y S.S. se mezclara con la tuya, que es judía. Y como no sé qué va a pasar, ni contigo ni conmigo, quiero que sellemos nuestra amistad.

Nos hicimos un corte, entremezclamos la sangre y en un papel escribimos las iniciales de nuestros nombres. Después metimos el documento en un sobre entre los ladrillos de la muralla que estábamos construyendo.

Cuando en 1990 viajé a Praga, tras la caída del muro de Berlín, busqué el testimonio de nuestro pacto, pero todo estaba cambiado. Fue un viaje inolvidable. Volví al lugar junto a mis amigos Prusa y Baldik. Nos acompañó también la esposa de Prusa, Hana. Durante la guerra habíamos formado un trío inseparable, que sobrevivió al holocausto y mantuvo la amistad de entonces por encima de los cuarenta años de comunismo. En la ocasión comprobamos que los comunistas habían convertido el castillo en un centro de innovación tecnológica. La piscina era una ruina y estaba llena de basura. De los camarines quedaba poco. Conté mi historia, vi una pared que podía coincidir con la muralla donde habíamos guardado nuestra hermandad, pero no me dieron el permiso para romperla.

Cuando terminamos la construcción de los camarines y otros trabajos menores, Klaus volvió a sorprenderme:

–Como mi labor aquí ha terminado, es inminente que me van a relevar y por eso quiero hacerte un regalo. Quiero llevarte a Praga para que allí veas a quien quieras.

No lo podía creer. Klaus conocía todo de mi vida pasada y presente. Conocía mis vicisitudes con madame Heydrich, mi escapada para ver a Helenka, las cartas y paquetes que ella me traía e incluso ayudaba a ésta, o la sustituía, para que las cosas me llegaran. Era mi confidente y no había secreto alguno entre nosotros.

Como conocí a Klaus antes de entrar a los campos de concentración, todavía no me constaba toda la capacidad de crueldad de los S.S. Por eso tal vez no entendía cabalmente sus lamentos. Yo sabía que había sido miembro de un grupo de fusilamiento, pero no lo podía llamar asesino por eso, si es que él se limitaba a cumplir órdenes. Klaus se mostraba muy desesperado pero yo no podía calibrar la magnitud de sus sentimientos de culpa. Sólo después, cuando vi lo que los S.S. hacían, comprendí exactamente a qué se refería. Recién ahí me di cuenta de lo que estaba hablando. Seguro que si lo hubiera conocido entonces, de ninguna manera hubiéramos sido amigos. Ni a él le hubieran permitido acercarse a mí, ni yo hubiera tenido la más mínima capacidad de confiar en él.

–Yo te llevo a Praga –me ofreció–. Como tú eres mi ayudante, voy a inventar un pretexto para llevarte. Antes, escríbele a tu tía para que le avises tu visita. Yo puedo echarla al correo.

Escribí a mi tía Marta Haman, hermana de mi papá, contándole del proyecto y advirtiéndole que no sabía si podía resultar. Le decía que tenía un amigo, sin nombrarlo, que creía que me podría llevar a Praga. También le manifestaba mi interés de ver en su casa a la novia de mi hermano, Jarmila. La prevenía, además, de no comunicar a nadie mi visita para evitar cualquier riesgo al respecto.

A su modo, mi tía Marta también estaba viviendo en ese tiempo una situación muy delicada. Casada desde hacía años con Franta Haman, un comerciante de telas muy esforzado, no judío, hombre de modales sencillos y poco comunicativo, ella, como judía, no podía mostrarse mucho. Su marido había sido detenido el año 39 en Austria por comprar mercadería en el mercado negro y mientras estuvo en la cárcel fue sistemáticamente presionado para que se divorciara de su esposa. Haman, sin embargo, nunca cedió. Tiene que haber querido mucho a mi tía, porque era evidente que el delito económico era sólo un pretexto para castigar su obstinación en continuar unido a una judía. El propio Haman había tenido que probar que sus antecedentes estaban limpios de sangre judía desde hacía varias generaciones, y eso salvó a la familia. Cuando lo detuvieron, quien se hizo cargo supuestamente del negocio fue una empleada de confianza que él tenía. En la trastienda, sin embargo, era mi tía quien se ocupaba de todo. Más tarde ella sería denunciada y su hija, mi prima Sonia, tendría que ingeniárselas para ocultarla hasta que terminó la guerra.

Tres días antes de la fecha señalada, mientras yo estaba trabajando, Klaus llegó sonriente y me confirmó el plan de acción.

–Está todo listo. Nos vamos el jueves.

–¿Estás seguro de lo que estás haciendo? –le pregunté.

–Sí –me respondió–. No quiero esperar más. Pronto me trasladarán y quiero sentir que hice algo por ti.

–¿Y si me arranco? –le dije.

–Yo no te voy a disparar.

–Pero a ti te fusilarían después...

–Quizás, y tal vez eso sería lo mejor que me podría suceder.

La depresión de Klaus era irreversible y pienso que su mayor consuelo era poder hacer algo por mí. El jueves temprano se presentó con su siniestro uniforme completo, pistola incluida y, con voz autoritaria frente a mis pares, me ordenó:

–Acompáñeme, que vamos a trabajar.

El único del establo que conocía el plan era mi amigo Prusa.

Con los permisos correspondientes salimos caminando a tomar el bus. Antes de la parada me dijo:

–Sácate la estrella. Nadie en el bus va a entender que vayan juntos un S.S. y un judío. Lo que menos van a pensar es que te llevo para fusilarte.

Así lo hice. Klaus pagó y nos fuimos sentados juntos conversando como amigos. Después, en Praga, nos subimos a un tranvía, pero antes telefoneé a mi tía para decirle que estaba en la ciudad y que le avisara a Jarmila mi visita.

–¿Qué pasa, Klaus, si suben los S.S. y piden documentos? Sabes que no tengo nada que me identifique y si lo tuviera tampoco lo podría mostrar.

–No te preocupes. Nadie te hará nada. Esta es mi responsabilidad.

Como a las once de la mañana llegamos frente a la puerta del edificio donde vivía mi tía.

–Te dejo aquí –me dijo Klaus–. Yo no puedo subir porque si me ve tu tía con el uniforme, capaz que le dé un ataque... Te vengo a buscar a las siete.

–Pero, mientras tanto, ¿qué vas a hacer? –le pregunté.

–Cualquier cosa –me dijo–. Daré unas vueltas para hacer hora.

Le pedí que me esperara abajo un rato para que yo subiera y confirmara que todo estaba en orden.

La emoción con que fui recibido no se puede describir. Mi tía Marta y Sonia, mi prima, parecían quinceañeras. Saltaban de alegría. La novia de mi hermano, Jarmila, lloraba inconteniblemente. A raíz de su carta, la chica siempre se había sentido culpable del arresto de Jirka. Al verme se conmovió profundamente. Jarmila se había enterado de la detención de Jirka a través del gendarme amigo que le llevaba las cartas y organizaba sus encuentros. Ella y sobre todo el gendarme corrieron peligro cuando interrogaron a mi hermano. Pero Jirka era un héroe.

Si la alegría de mi visita fue grande, la sorpresa cuando les dije que el amigo que me había traído era un sargento S.S. fue aún mayor. Pero casi se desmayan cuando agregué que estaba abajo, que no había querido subir porque pensó que ellas se desvanecerían si lo veían con uniforme.

–Efectivamente –dijo suspirando mi tía– me hubiera dado un síncope si lo veo contigo, vestido así, en la puerta de mi casa.

Tuve que dar un largo rodeo para explicar quién era, cómo lo había conocido, lo arrepentido que estaba, el maravilloso comportamiento que había tenido como amigo mío y el regalo que me estaba ofreciendo al poder visitarlas. Terminé diciendo:

–También quiero yo hacerle un regalo a él. Sé que me está esperando un buen almuerzo y quiero que mi amigo lo comparta con nosotros. Deseo mostrarle y no esconder mi familia. Les pido que en la mesa hablemos alemán para que nos entienda. Es un favor. Háganlo por mí.

Cuando bajé y le dije a Klaus que estaba invitado a almorzar, casi lloró de agradecimiento y se ofreció para hacer cualquier cosa por mi familia en caso necesario o de emergencia.

Almorzamos bien. Tras una breve sobremesa, Klaus me dejó solo y dijo que nos encontráramos abajo a las seis de la tarde. Me quedé conversando entonces con las tres mujeres y así supe que toda la familia –tíos y tías, primos y primas– fueron llevados a transporte, sin que nada se supiese de ellos. Fue recién en ese momento cuando la novia de mi hermano se enteró de la muerte de Jirka. El impacto para ella fue enorme, por mucho que varias veces había imaginado lo peor. Jarmila era una chica muy sensible. Ese mismo día me contó en forma muy dolida que había tenido algunos encuentros íntimos con mi hermano gracias a un gendarme checo. Yo a su vez le conté de mi visita a Terezín, de mi encuentro con mamá y la tragedia de mi hermano. No podía callarla. No podía dejar a Jarmila esperanzada en su retorno.

Tía Marta me dio comida para llevar y me despedí de ella. Sonia y Jarmila lloraban.

Bajé y ahí estaba Klaus esperándome. Le pasé parte de la comida a él, para compartirla en nuestros bolsillos, y volvimos sin contratiempos al castillo. La comida que le entregué me la traspasó al día siguiente.

Fue así como en plena guerra, en plena época de trabajos forzados, estando en estricta y severa reclusión, pude visitar Praga y pasar una cálida velada en casa del único familiar que estaba libre. Fue gracias a un sargento S.S. Mi Schindler.

En el tiempo que trabajamos juntos conversamos mucho y compartimos innumerables infidencias. No siempre nuestros encuentros fueron melancólicos y deprimentes. También nos reímos mucho.

Recuerdo la ocasión en que, trabajando en el castillo, debí bajar con Klaus al subterráneo, donde sorpresivamente encontramos una magnífica bodega de vinos y licores.

Evidentemente pertenecían al antiguo dueño de la propiedad. Había gran cantidad de vinos franceses valiosísimos y las mejores marcas de champaña, coñac, whisky y otros licores finos. Buscamos entre los dos la botella de vino que nos pareció más valiosa y la abrimos. Mientras la saboreábamos, le pregunté si me dejaba llevar una botella de coñac para mis compañeros. Klaus accedió sin problemas y, de esta manera, lo compartí con Prusa y otros dos amigos. Repetimos la hazaña varias veces, hasta que la propia viuda descubrió que faltaban botellas en su bodega.

Madame culpó del robo a los empleados del castillo e incluso a los S.S. Los revisaron a todos y armó tal escándalo que en 24 horas mandó relevar a toda su guardia. Klaus no dijo una palabra y sé que estaba feliz con lo ocurrido. El establo también fue revisado, pero sólo para cumplir una formalidad. Nadie sospechó seriamente de nosotros.

Cuando semanas más tarde Klaus fue relevado a un nuevo destino, vino a despedirse.

–Te traigo una pistola de servicio, con una carga extra de balas. Las noticias no son alentadoras para Alemania. La cosa se está poniendo mal.

–Por suerte –le dije.

– Yo quisiera que conserves esta arma y, cuando llegue el momento, la uses. Si te atacan, responde. Y ojalá mates a todos los S.S. que puedas.

No le acepté la pistola. Medio en broma le dije:

–Tú sabes, Klaus, que nos revisan frecuentemente. No sabría dónde esconderla. Además, si la oculto en un lugar muy inaccesible y vienen tus compañeros a matarme, no voy a tener tiempo para ir a buscarla.

Nos abrazamos y nunca más lo vi. Al terminar la guerra lo busqué, pero no fue posible localizarlo. Después que nos vimos por última vez, nunca supe adónde lo destinaron. Creo que su amistad conmigo modificó su conducta posterior. No me lo imagino, por ejemplo, aceptando servir en un campo de concentración y haciendo barbaridades.

En abril de 1944 las cosas efectivamente cambiaron. Llevábamos ya dieciocho meses en Panenské Brezany y, de golpe y porrazo, nos vimos nuevamente arriba de un camión abierto para trasladarnos a otro destino. Entiendo que la viuda siguió habitando el castillo hasta abril del año 45 y que nosotros fuimos reemplazados por alemanes condenados tras negarse a ir al frente.

Regreso a Terezín

Llegamos con bastante menos pompa que la vez anterior. El ambiente había cambiado sustancialmente. La gente estaba atemorizada. Los transportes o "redestinaciones" eran cosa de todos los días. Había avidez por tener información sobre el destino de las personas que se iban, pero era imposible conseguirla.

La gran diferencia con la vez anterior me saltó a la vista de inmediato, luego de bajar del vehículo. No estaba mi madre y nadie nos esperaba. Nadie sabía de nuestra llegada y lo primero que hicieron los guardias fue conducirnos con nuestros enseres al lugar que nos destinaban para dormir. Era un sitio estrecho y desagradable, donde afortunadamente quedamos juntos con Prusa, en medio de los racimos de literas que cubrían todos los rincones. Una vez que nos dieron ropa de cama –estaba limpia– los guardias judíos se fueron y nos instruyeron para que dos días después nos presentásemos al consejo de administración interna. Debían asignarnos un trabajo, nos dijeron.

Lo primero que hice fue salir a buscar a mamá. La ciudad era un hervidero. La población había aumentado a niveles inverosímiles, pero todos los rostros me parecieron nuevos. No encontré a nadie conocido y cuando entré a la habitación donde se había hospedado mi mamá, una señora me dijo:

–A tu madre la transportaron.

Me resistí a creerlo y me indigné. Pero fui invadido por los peores presentimientos. Desde que había soñado con ella en el castillo me daba vueltas una imagen atroz. De inmediato temí que la pesadilla hubiera sido premonitoria. Pero no toleraba que a mamá se la hubiesen llevado, a pesar de la garantía que me habían dado de no hacerlo mientras yo trabajara en el castillo.

Según pude establecer después, mi siniestra fantasía tiene que haber sido de la noche del 2 de febrero de 1943. Sólo poco más de un mes antes –en la Navidad del 42– yo había estado con mamá en Terezín. Pero fue sólo en 1990, durante mi primer viaje a Praga después de la caída del comunismo, cuando supe por los registros de la Federación Judía Checa que mi madre había sido transportada de Terezín a Auschwitz el día 1º de febrero de 1943, junto a otros mil prisioneros, de los cuales sólo sobrevivieron 29. Como mi madre no estaba entre los sobrevivientes, el documento oficial de su deceso señala que "se puede deducir que el día de su muerte fue el 2 de febrero de 1943" (ver copia del certificado).

Mi madre tenía entonces 53 años. No me cabe duda que pasó directamente del tren que la transportó a la cámara de gases. Tuvo que pasar casi medio siglo para que pudiera confirmar documentalmente mi pesadilla. Para mí el caso está claro: mamá tiene que haberme llamado en su desesperación en cuanto se dio cuenta de que iba a ser asesinada.

En Terezín hice varias diligencias para establecer el paradero de mamá. Me encaminé a las oficinas del gobierno interno judío. Tampoco estaba mi amiga secretaria, que la vez anterior había cumplido con tanta eficiencia su rol dentro del programa de bienvenida. Después de esperar bastante para que me recibieran, logré, por fin, dar con la persona que manejaba la escasa información que podría lograr.

Efectivamente ahí me informaron que mi madre había sido "redestinada". El personaje que me atendió –un

FEDERACION DE COMUNIDADES JUDIAS EN LA REPUBLICA CHECA

Maiselova 18
110 01 Praha 1
Czechoslovakia

Prague
16.6.95

EvRe/95

FOTOCOPIA DE LA TARJETA DE EVIDENCIA DEL ARCHIVO DE PERSONAS
DEPORTADAS DEBIDAMENTE VERIFICADO.

ARCHIVO CENTRAL - TRANSPORTES

r. č. *31188*

Platovská Růžena

Fecha nac.: *23. 1. 1889*
Dirección
antes de la *Praha VII Nad Štolou 16*
deportación

1. transport	2. transport
día *12 II 1942*	día *1.2.1943*
	Nr. *Cu - 8*
713	A: AUSCHWITZ

DE ACUERDO A JUICIO DE LOS EXPERTOS EL TRANSPORTE Cu DE
TEREZIN A AUSCHWITZ DEL DIA 1.2.1943 TUVO 1.001 PRISIONE-
ROS. SOBREVIVIERON 29.
RUZENA PLATOVSKA NO ESTA EN EL LISTADO DE LOS SOBREVIVIEN-
TES.
SE PUEDE DEDUCIR QUE EL DIA DE SU MUERTE FUE 2.2.1943

Tel.: 0042-2 / 231 85 59
        231 08 40
Fax: 0042-2 / 231 57 28

Bank account:
Živnostenská banka
Praha 1, Na příkopech 20
No - 34 83-6044

Acta de transporte de mi madre. La fecha de su muerte fue estableci-
da sobre la base de deducciones.

FEDERACION DE COMUNIDADES JUDIAS EN LA REPUBLICA CHECA
Maiselová 18
110 01 Praha 1
Czechoslovakia

Ev/Re/95

Prague
16.6.95.

FOTOCOPIA DE LA TARJETA DE EVIDENCIA DEL ARCHIVO DE PERSONAS
DEPORTADAS DEBIDAMENTE VERIFICADO.

ARCHIVO CENTRAL – TRANSPORTES

r. *3 1179*

Platovsky Jiří

Fecha nac.: *1/10 1918*

Dirección
antes de la deportación *Praha VI, Nad Štolou 18*

1. transport	2. transport
día ____ **4 XII. 1941**	día ____ *26.7.1942.*
J . *429*	Nr. *A AY - 21*
	A: *?.*

DE ACUERDO A JUICIO DE LOS EXPERTOS EL TRANSPORTE DE TERE-
ZIN HACIA ? DESTINO DESCONOCIDO EL DIA 28.7.1942 IDENTIFI-
CADO CON EL NR. AAY-2I TUVO 1.000 PRISIONEROS. NINGUNO SO-
BREVIVIO. SE PUEDE DEDUCIR QUE EL DIA DE MUERTE DE JIRI
PLATOVSKY FUE EL 29.7.1942.

FEDERACE ŽIDOVSKÝCH OBCÍ
V ČESKÉ REPUBLICE
110 01 Praha 1, Maiselova

Tel.: 0042-2/231 85 59
        231 08 40
Fax: 0042-2/231 67 28

Bank account:
Živnostenská banka
Praha 1, Na příkopech 20
No – 34 83-8044

*Acta de transporte de mi hermano. Su destino terminó en un bosque
polaco a orillas de la línea del tren.*

FEDERACION DE COMUNIDADES JUDIAS EN LA REPUBLICA CHECA

P.O.B. 297
110 01 Praha 1
Czech Republic

Pragus

^{n}v/Re/95.

19.4.95.

FOTOCOPIA DE LA TARJETA DE EVIDENCIA DEL ARCHIVO DE PERSONAS,
DEPORTADAS DEBIDAMENTE VERIFICADO.

ARCHIVO CENTRAL - TRASPORTES

R. č. **31184**

Piatovský Milan

REPORTADO
COMO
SOBREVIVIENTE

Fecha nac.: **21. 8. 1922**

Dirección
antes de la **Praha VII Nad štolou 18**
deportación

1. transport	2. transport
día **14. 9. 1942**	día **28. 9. 1944**
	Nr. **Ek - 53**
Jb 34.	A : AUSCHWITZ

1. transport = Terezín.

FEDERACE ŽIDOVSKÝCH OBCÍ
V ČESKÉ REPUBLICE
Maislova 18
110 01 Praha

19.4.95-

Tel.: 00422/24 81 01 30
/24 81 10 90
Fax : 00422/24 81 09 12

Bank account:
Živnostenská banka
Praha 1, Na příkopě 20
No - 3483 - 6044

Máme kopii.

*Mi acta de transporte desde Terezín a Auschwitz. La guerra ya
estaba muy avanzada, pero quedaba lo peor.*

hombre mayor, deprimido y fastidiado– trató de tranquilizarme, pero no lo consiguió. Según sus datos mi madre había sido llevada al Este, cerca del frente de combate.

–No te preocupes por ella –me dijo–, está en una ciudad polaca parecida a ésta y allá hay muchos judíos que la van a cuidar.

Estos consuelos me enfurecieron. Le encaré el incumplimiento del gobierno interno. Yo contaba con la seguridad de que mi madre no sería transportada, en compensación al trabajo que yo había estado realizando en el castillo. Ahora resultaba que ni mi confianza ni mi esfuerzo habían servido de nada. Y yo me estaba quedando más solo que nunca.

A los dos días nos presentamos con Prusa para que se nos asignase un nuevo trabajo. Mientras a Prusa le dieron labores agrícolas, yo fui destinado a los trabajos de embellecimiento de la ciudad, en atención a que se esperaba una visita de la Cruz Roja suiza.

En las dos jornadas primaverales que estuve libre advertí que no quedaban ni sombras de la ciudad que yo había conocido. Terezín ya era otra. No encontré a ninguna de las personas –hombres, muchachas, familiares y amigos– con las que me había relacionado un año y cuatro meses antes. Todas habían desaparecido. La ciudad estaba poblada de judíos desconocidos, venidos desde múltiples países. Además de polacos, había alemanes, húngaros, rumanos, y al circular por las calles cualquiera hubiera dicho que estábamos en una Babel.

Me tocó trabajar en un parque central de la ciudad. Había que arreglar el pasto, limpiar los jardines y en general adecentar todo el entorno para que luciera presentable en la inspección prevista para el mes de mayo. Fue una labor agotadora. A mi amigo Prusa, en cambio, le cayó en suerte ir a faenas agrícolas, donde el trabajo era menos pesado que en el castillo, y también más entretenido, porque estaban juntos hombres y mujeres.

94

Un día, trabajando, conocí a una joven muy bonita. Era apenas una adolescente. Derrochaba simpatía, agudeza y buen humor. Se llamaba Renée, pero yo le decía Renka. Nos hicimos muy amigos y tuve con ella una relación de amor platónico entre mayo y septiembre de 1944. Fue un episodio que recuerdo con mucho sentimiento. Renka también sobrevivió y volví a verla a fines de la guerra. Después la reencontré el año 90, cuando pude regresar a Checoslovaquia. El año 95, Renka publicó su libro de memorias y dedica varias páginas a recordar con gran cariño nuestro romance.

Como el lugar donde dormíamos con Prusa era muy inconfortable, decidimos buscar un sitio más acogedor. Al final dimos con un subterráneo que en otras circunstancias nos habría parecido insalubre, pero que en ese momento era un lujo. Lo compartimos con otro muchacho que llegó a ser gran amigo nuestro. Dejamos de ser un dúo y nos convertimos en un trío.

Baldik, baldecito en checo. Así le puse yo por lo gordito. Era menor que nosotros. Siempre lo miré como niño. Risueño y apacible, nos hacía caso en todo. Tenía unos papás muy estrictos en Terezín y fue con nosotros que comenzó a asomarse a mayores espacios de libertad personal.

Nuestro subterráneo tenía un pequeño tragaluz que daba a la altura de la calle, pero era muy oscuro. Adentro estaba dividido en dos espacios, con paredes totalmente negras. La altura entre el suelo y el cielo no llegaba a los dos metros. Probablemente había sido un depósito de carbón, o algo por el estilo. Ahí instalamos nuestras camas. Poco a poco, después de muchas horas de trabajo, transformamos el lugar hasta hacerlo irreconocible para quien lo hubiera visto antes. Le pusimos luz eléctrica, puertas y revestimos todas las paredes con madera que robamos de la barraca. Quedó convertido, sin duda, en una de las suites más elegantes de Terezín y la habitación interior nos aseguraba absoluta privacidad. La ocupábamos indistintamente los tres, según la chica que nos visitara.

Me integré rápidamente a las actividades de la ciudad. Con Renée asistía a reuniones, iba a ver teatro y salíamos a bailar. En una especie de fiesta conocí a una mujer de unos 28 años, soltera y muy buenamoza. Quedé de verla después y fui descubriendo en ella una ninfomanía que amenazó con sobrepasar mi capacidad. Trabajaba de enfermera en el hospital y por eso podía circular en horas de toque de queda. Todas las noches, entonces, me venía a ver. Renée, aunque sospechaba algo, no sabía del agotador turno que debía cumplir cada noche. La enfermera, sin embargo, sí sabía de Renée y no le importaba nada. A ella sólo le interesaba el sexo. Nada de diálogos, nada de sentimientos. Unicamente cama. Era tal su furor que incluso llegué a preguntarme si, antes de visitarme a mí, no tenía también relaciones con otros. Y no me importaba, porque muchas veces casi me hubiera gustado haber tenido un ayudante.

El sexo en el gueto estaba casi siempre al margen de toda connotación sentimental. Terezín no tenía tiempos ni espacios ni ánimos para el romanticismo. Todo el mundo estaba disponible y, salvo las precauciones de autocontrol que se debían observar para no dejar una mujer embarazada –lo cual sí se consideraba un crimen, dadas las condiciones en que estábamos–, no había traba alguna para practicar el sexo con quien a uno se le antojara. Por lo mismo, así funcionó en nuestro caso. Tenía, claro, 22 años.

La enfermera quizás me impidió canalizar en Renée todos mis sentimientos. Renée era virgen, pero muy dispuesta a dejar de serlo conmigo. Sin embargo, nunca estuve disponible para ella. El nuestro fue un lindo romance, y creo que a ella le dejó el tenue sabor de lo imperfecto. Mejor así, porque en esas circunstancias nuestro idilio habría sido otra fuente de dolor.

Los transportes casi diarios eran la máxima preocupación de la gente. Sin embargo a nadie se le ocurrió imaginar lo que estaba realmente sucediendo. Nos preocupábamos porque no sabíamos dónde y cómo estaban nuestros familiares y amigos. No sabíamos si pasaban hambre o frío; si estaban solos o acompañados; si eran maltratados o estaban tranquilos; si sufrían, si lloraban, si ...

Todos entendíamos la necesidad de reducir la intolerable sobrepoblación del gueto y nos parecía demencial que siguieran entrando contingentes de nuevos transportados. Pero a nadie le gustaba que en las listas de traslado desde Terezín figuraran los nombres de seres queridos. Los trasladados entraban a un túnel que ocultaba su trayectoria y su final. Ya eran más de 40 mil los judíos que habían salido del gueto y de ellos no teníamos noticia alguna. Esa terrible incógnita, que ningún pasajero que se marchaba era capaz de aclarar después, atormentaba terriblemente a la comunidad.

Era mi caso. No podía comprender por qué una mujer sola y de 53 años como mi madre pudo ser sacada de Terezín. Me autoengañaba pensando que sus méritos de cocinera la hacían necesaria en otro lugar. Jamás he comido mejores albóndigas de frutas –un plato checo insuperable– que las que preparaba mamá. Pero tenía cualquier cantidad de interrogantes para las cuales no hallaba respuesta. Este vacío de información, el no saber exactamente en qué punto del planeta se encontraba, más que una incertidumbre fue configurando una fantasmal amenaza.

Cada vez fueron mayores mi distancia y mi antipatía hacia los miembros del gobierno interno judío. No tenía ninguna generosidad a la hora de evaluar el trabajo que hacían. Me convencí, a lo mejor injustamente en varios casos, de que estaban colaborando con los nazis. Todo el sistema me parecía sospechoso de compadrazgo y corrupción.

En una ocasión discutí con un hombre mayor, miembro del consejo de administración y él se quebró:

–¿Tú crees que un S.S. haría mejor este trabajo? –me preguntó–. ¿Crees que tendríamos bailes o que a un S.S. le importaría que se entregara ropa limpia de cama? ¿No es mejor que exista este parachoques o paraguas ante los nazis? ¿Piensas que me siento bien cuando hago una lista de trasladados? No, Milan, cada vez que la escribo me muero, pero si no la confecciono, va a venir un S.S. y la va a hacer igual, y más encima a mí y a todos los del consejo nos van a fusilar.

No eran fáciles los dilemas de este hombre, miembro junto a otras once figuras del Judensrat. Si alguien ha visto la película *La decisión de Sofía* recordará la escena en la que un S.S. da a elegir a la protagonista entre salvar de la muerte a su hijo o a su hija. Como ella no se decide, el guardia se llevó a los dos, ante lo cual ella, horrorizada, opta por su hijo mientras escuchaba los gritos desgarradores de la niñita arrastrada a la muerte. Algo más disminuida, estos viejos tenían su propia "decisión de Sofía". Y era lógico: optaron primero por no mandar a sus familias. Probablemente después a sus amigos. A ellos sólo les llegaba una orden. ¡Cuarenta y ocho horas para que salga un transporte con mil personas! Sólo en ese lapso tenían que elegir. Comenzaba entonces el envío de circulares. Seguían las instrucciones a la policía judía para que los notificados acudieran efectivamente al lugar de movilización.

Si todos nosotros en Terezín hubiéramos sabido que nuestro único destino era la muerte, probablemente habríamos actuado en forma diferente.

Los inspectores de la Cruz Roja llegaron, vieron y se fueron. Nada ocurrió. Nunca supimos qué informes hicieron y a quiénes se los presentaron.

Pasado el verano y mientras yo cumplía labores de cosecha en un campo cercano, mis amigos del subterráneo recibieron las tres citaciones a redestinación. Aun cuando siempre nos prometieron no incluirnos en las listas de traslado –se decía que éramos héroes–, debíamos marcharnos al día siguiente.

El 28 de septiembre de 1944 enfrentábamos un nuevo destino. Dejábamos disponible nuestro subterráneo. Yo dejaba a Renée y a la enfermera. Debíamos romper vínculos con los amigos que habíamos hecho y alejarnos de calles y edificios feos pero familiares. Nos arrancaban de las pequeñas raíces que habíamos estado formando. Nuestros destinos no eran diferentes al de miles y miles de transportados. Cuando en abril del 45 Terezín cayó en manos aliadas, quedaban menos de 17 mil deportados, entre ellos mi querida Renée.

Nunca nos dijeron a dónde íbamos. Supe después, con los años, que ese día sacaron a 2.499 deportados de Terezín, según la rigurosa contabilidad burocrática nazi. Entre ellos íbamos nosotros, en un tren que en ese momento se dirigía al centro de un lugar peor que el mismo infierno.

3

Días de horror

Todavía a veces escucho el bullicio del terminal ferroviario de Terezín en la mañana del 28 de septiembre de 1944. Era el sonido combinado de los lamentos de una multitud doliente, con las enérgicas voces de mando de uniformados iracundos. Parecía además que todos los perros del área se habían puesto a ladrar al mismo tiempo, asustados por el ruido y los movimientos de una multitud desconcertada. Para una estación de esas dimensiones, el movimiento era excesivo. Hacia donde uno mirara veía ajetreo, aglomeración y miedo. Por encima del caos sobresalían las instrucciones de los altoparlantes, el griterío caótico de gente que trataba de darse a entender de un lado a otro, las histéricas órdenes de los guardias, el taconazo típico de pelotones armados y una inaudita violencia verbal por parte no sólo de los S.S., sino también de los agentes de la organización judía encargada del transporte.

En ese caos, Prusa, Baldik y yo no éramos más que tres hormigas insignificantes dentro de un hormiguero enorme y aterrado. Todo el mundo llevaba su equipaje, y las maletas y bultos no hacían más que aumentar la congestión. La noche anterior los tres habíamos tenido la precaución de meter en nuestras mochilas algunas papas y pedazos de pan para lo que inicialmente habíamos creído un viaje incierto pero tranquilo.

Creo que esa mañana, definitivamente, comenzamos a respirar un aire distinto. El aire feroz y encarnizado de la maquinaria del odio. Al llegar al andén, después de muchos pisotones, golpes y codazos, percibimos un clima que no conocíamos hasta entonces. De experiencias así, de una manera u otra, habíamos estado a salvo. Meses atrás, cuando arribamos al castillo de la viuda Heydrich, los S.S. nos habían tratado con rudeza, pero una vez comprobado que en cada pesebrera cabíamos dos y que nuestro trabajo satisfacía a la viuda, las rugientes voces de mando poco a poco se habían ido encuadrando en una relación dura, aunque quizás no mucho peor que la de un cuartel draconiano y severo.

El tren de los condenados

En la estación, en cambio, nos manejaron en forma desquiciada y humillante. Numerosos S.S., armados con fusiles y metralletas –bajo los ojos nerviosos y sobresaltados de los miembros de la organización judía que, con brazaletes en las mangas, intermediaban órdenes destempladas–, gritaban, insultaban y empujaban a hombres, mujeres y niños para que se alinearan a lo largo del andén. El llanto de los niños y el lamento de las mujeres eran constantes.

Tanto desmán nos hizo temer lo peor. El tren apostado en la línea era de carga, de vagones cerrados, lo que indicaba que íbamos a viajar como animales.

Cuando se abrieron las puertas de los carros, en medio de gritos y empellones, comenzaron a meternos dentro con las maletas, mochilas y paquetes que cada cual llevaba consigo. A pesar de lo apretados que ya estábamos en un momento, la gente seguía y seguía subiendo a fuerza de culatazos y golpes. En cosa de minutos el vagón se convirtió en una sola masa humana, compacta y aprisionada. Cuando por fin cerraron las puertas, casi no había aire en el interior. La pequeña rendija ubicada sobre la puerta era insuficiente como ventilación.

Tan pronto el tren empezó a moverse, cosa que demoró bastante, los más jóvenes empezamos a mover los bultos y maletas a un rincón. Corrimos el equipaje sobre todo con los pies. Lo apilamos, logrando liberar espacio donde muchos pudieron sentarse.

En otro rincón había dos grandes baldes, uno vacío y otro con agua.

Cuando el tren tomó cierta velocidad, la paranoia descendió un poco. Era inútil seguir clamando compasión si nadie podía escuchar y nadie podía ayudar.

Empecé a entender que había un mundo mucho peor que el que conocía hasta entonces; que la invasión alemana y la guerra no detenía todavía su escalada de agravios y crueldades, y que el tobogán por el cual nos estaban arrojando no terminaba ahí. Varias veces nos había sucedido lo mismo. Ahora estábamos en ésta. En sólo una hora de tren había visto tanto dolor, humillación e impotencia como en todas las experiencias acumuladas hasta entonces, a partir del 15 de marzo de 1939. ¿Cómo iba a saber que todavía quedaba más? ¿Cómo iba a imaginarme que en este viaje estábamos cruzando un umbral de crueldad y violencia moral después del cual todo –absolutamente todo– era posible?

Los que iban pegados a la puerta, si es que se empinaban un poco, podían mirar por la rendija a través de la cual entraba algo de luz y aire, y podían informar al resto de las estaciones que dejábamos atrás. Así supimos que íbamos hacia la frontera polaca. Pero cuando el convoy finalmente se detuvo, supimos también que el tren no había parado en el andén de una estación, sino en una vía muerta para dar paso, por lo visto, a convoyes con carga más importante que nosotros.

La detención generó nueva histeria y descontrol. Y algunos disparos afuera. No sé si mataron o hirieron a alguien en otros carros. Lo que sí sé es que pasó mucho rato, horas tal vez, hasta que nuevamente la locomotora comenzó a caminar.

Pronto entendimos la función de los baldes apostados en uno de los rincones del carro.

Aparecieron primero los deseos de orinar y defecar. Para eso estaba el balde vacío. Con el propósito de hacer menos indigna la situación, alguien sacó una manta y los hombres empezaron a cubrir a los hombres y las mujeres a las mujeres. Pero eso no valió de mucho. No pasó mucho tiempo antes que el orín, los excrementos, la fetidez –una persistente, ahogada y asquerosa fetidez– se unieran al miedo y la incomodidad. En cosa de horas perdimos elementales nociones de intimidad, descendiendo varios peldaños en la escala de la dignidad. A esas alturas varios se estaban comportando como animales.

Algunos comenzaron a desplomarse. Al comienzo las víctimas eran atendidas por los más jóvenes, pero al cabo de unas horas los desmayos quedaron en el área de la indiferencia. Incluso algunos caídos fueron aplastados por otros. Empezábamos a participar en una batalla –física y anímica– que era individual y aquellos que no la resistieran simplemente iban a sucumbir. La situación debe haber sido mucho peor en otros carros. En el nuestro, después de todo, no eran muchos los ancianos ni los niños.

Así siguió la mañana, después el mediodía y luego la tarde. Poco a poco comenzó a generalizarse la desesperación por el agua. La reserva prevista en el otro balde se había agotado. Algo de agua, incluso, se perdió en los forcejeos por beberla.

El tren avanzaba un rato y se detenía luego un rato mucho más largo. Entonces se reanudaban los gritos de misericordia, de socorro y de... agua. Porque ya al atardecer las súplicas por agua se hicieron desesperadas.

Comenzó la sed. Todos habíamos llevado algo de comida, pero a nadie se le había ocurrido abastecerse de líquidos. Una vez que las últimas gotas del balde desaparecieron entre ansiedades y disputas, empezó la sensación más intolerable, más desesperante que puede sufrir el ser humano, que es la sed. Es mucho peor que el hambre. Nada la hace olvidar. Nada la puede paliar. La necesidad del agua es agobiadora, urgente, enloquecedora. Cada vez con mayor delirio, creo que todos estábamos dispuestos a todo con tal de beber algo.

Pronto la oscuridad cubrió al vagón. Todo era miedo y sed, hedor y sed, cansancio y sed, lágrimas y sed.

Entrada la noche el caos fue total. Pocos podían sostenerse de pie. Muchos ya no iban a los baldes. Para no perder el sitio que cada cual había conquistado, para asegurar sus miserables centímetros cuadrados, la gente se bajaba los pantalones, se levantaba las polleras, y orinaba o defecaba en el mismo sitio donde estaba.

Al amanecer aún continuaba el viaje. Largas detenciones seguían a los tramos en los cuales el tren se desplazaba a toda velocidad. Pasaba el tiempo, pero no pasaba la sed. La sed no dejaba pensar, no dejaba hablar, no dejaba dormir e impedía cualquier atisbo de distracción mental. La sed sólo autorizaba a tener más sed.

Cuando el tren ya llevaba día y medio de marcha, todo había perdido su significado inicial. La humanidad literalmente nos había abandonado. Todo estaba trastrocado, nada estaba en su sitio, excepto el balde lleno de caca, imposible de verter al exterior, que en su rincón parecía reinar sobre todo el carro.

De alguna manera, pero en todo caso lentamente, pasó la mañana del segundo día y pasó también la tarde. Llegó la segunda noche y a las 48 horas el viaje todavía continuaba. Los tres amigos aún conservábamos cierta capacidad de sobrevivencia. Aún teníamos algunas reservas, más que de fuerza, de identidad. El entrenamiento y la fruta que sacábamos de las huertas del castillo nos daban una buena preparación para resistir.

Recién a las dos de la madrugada de la tercera noche, después de más de 60 horas de viaje, el tren llegó a su estación definitiva. Era nuestro último destino: Auschwitz-Birkenau. Sin saberlo, estábamos llegando al lugar de *la solución final.*

Las usinas del exterminio

Abrieron las puertas y por primera vez en tres días entró un aire fresco que nos revitalizó.

–¡Judíos de mierda, fuera! *Saujuden, raus! Schnell, schnell!* ¡Judíos de mierda, muévanse!

Tratamos de tomar las maletas.

–¡Dejen las maletas en el tren, judíos de mierda, después se las pasamos! ¡Rápido, rápido, judíos de mierda!

Gritos en alemán, insultos en yídish, gritos en yídish, insultos en alemán y polaco.

–¡Agua! ¡Agua!

–¡A formar de a cinco, judíos de mierda! ¡Ya les vamos a dar agua! ¡Rápido, rápido!

A pesar del trato brutal de los S.S. y de sus ayudantes judíos, creo que estaba feliz de respirar aquel bendito aire fresco.

–¡Rápido! ¡Rápido!

Quizás en ese momento aprendí que, en adelante, todas las órdenes que recibiera deberían ser ejecutadas en un tiempo inferior al que cualquier ser humano fuera capaz de cumplir. Era un resguardo. Una forma de no llamar la atención. Una manera de pasar inadvertido y de sobrevivir al terror.

Nos formaron de a cinco. *Zu finef antreten* en yídish. Fue la primera vez que oí esta expresión y no dejaría de escucharla –todos los días y a cada rato– hasta el fin de la guerra. El tren había pasado por debajo de una torre y estábamos frente a un camino de unos doce metros de ancho, bordeado por rejas de unos cinco metros de altura. Cada cincuenta metros, junto a las alambradas exteriores, se levantaban torres con potentes focos. Había un verdadero derroche de luz. Reflectores fijos y giratorios iluminaban de manera enceguecedora la febril actividad del campo de concentración. Atendida la hora que era, la ebullición resultaba insólita: columnas de prisioneros aquí, allá pelotones de guardias en movimiento, ladridos de perros, acordes musicales provenientes de algún lado, voces de castigo con ecos distantes e indignados.

Comenzamos a avanzar entre gritos y golpes por el camino que orillaba la reja. Era una reja electrificada. Aun cuando nos apuraban, la caravana caminaba con lentitud. El cortejo desbordaba el camino. El tranco lento nos permitió ver, a través de la alambrada, un grupo de seres fantasmales que no supimos identificar de primeras. Eran como bichos grisáceos venidos de ultratumba. Al acercarnos más, escuchamos sus voces:

–Hambre, hambre. Comer, comer.

Como nos habían sobrado papas del viaje, ya que la sed y la fetidez del vagón anularon el apetito, les tiramos las que nos sobraban por encima de la reja.

Los fantasmas, que apenas se podían mover por la debilidad en que estaban, se las pelearon. Al acercarse un poco más al lugar donde habían caído las sobras, comprendimos que no eran fantasmas. Eran mujeres. Mujeres rapadas y esqueléticas. Mujeres famélicas, desdentadas unas, descaderadas otras, sucias y andrajosas todas. Mujeres de una delgadez que jamás había visto. Parecían calaveras decrépitas, harapientas, de edad imposible de definir. Podían tener tanto 20 años como 70.

Una de ellas asumió mayor riesgo con tal de conseguir alimento. Se acercó a unos tres metros de la alambrada a recoger un pedazo de pan y, mientras se agachaba a tomarlo, escuché tres disparos. La mujer cayó muerta de inmediato de un balazo en la cabeza. Quedé congelado. Era la primera vez que veía asesinar a mansalva.

Después, mientras avanzábamos, oí más disparos. Cada veinte o treinta metros nuestra procesión se topó con cadáveres recién acribillados.

En Auschwitz murieron muchos reclusos, pero básicamente fue un campo de trabajos forzados.

Birkenau, en cambio, fue derechamente un campo de exterminio.

Entramos luego a una bodega grande, vacía, inhóspita y muy iluminada. Al fondo se veía una mesa presidida por un alto oficial nazi, flanqueado por civiles y numerosos guardias S.S. Nos obligaron a formarnos de a dos.

A medida que nos acercamos a la mesa se sucedieron escenas muy dramáticas. Al llegar adelante, debíamos colocarnos de a uno frente al personaje que presidía la testera y el sujeto –fastidiado y sin inmutarse mucho– señalaba con el dedo que unos debían ir a la izquierda y otros a la derecha. Cuando separaban al marido de la mujer, al niño de su madre o al padre de su familia, comenzaban los gritos y el intento por reunirse. Los S.S. y sus ayudantes respondían con golpes. Las víctimas quedaban sangrando. A veces era tanta la obstinación por quedar juntos que los guardias lo permitían. Pero sólo en la fila de la izquierda. Daba la idea que los obstinados irían a un pabellón familiar. Niños y viejos eran enviados sistemáticamente al mismo lado.

Nosotros tres pasamos uno detrás de otro y quedamos a la derecha. Fue una minoría la que quedó en nuestro grupo. No más de un diez por ciento del total. Todos éramos hombres y la gran mayoría, jóvenes, de quince a cuarenta años. A las mujeres las llevaron a otra barraca.

Nos hicieron pasar después a una bodega pequeña y nos ordenaron desvestirnos. No siendo yo circuncidado, un médico se extrañó y me preguntó si era judío. Le dije que sí. No creo que haya sido un error. Mentir en esos momentos era muy riesgoso. De todas maneras habrían sabido que mi padre y mi madre eran judíos.

Ya desnudos, nos empezaron a afeitar el cuerpo, incluyendo los vellos púbicos. Lo hicieron de manera bastante rústica y torpe. Nada de navajas. El rasuramiento se hacía con tijeras o simplemente a cuchilladas. Todos, de hecho, quedamos con heridas, lastimados y sangrando. Después pasó un tipo que llevaba un trapo mojado con desinfectante, envuelto en un palo. Lo frotaba en las heridas y quedábamos ardiendo. El trabajo, que tenía por objeto evitar los

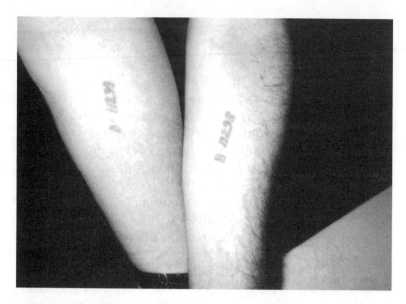

Marcas que quedan para siempre. Son los brazos de Prusa y mío.

piojos, lo realizaban judíos asustadizos y –me imagino– espiritualmente doblegados.

Mientras nos cortaban el pelo y nos afeitaban como podían, debíamos permanecer de pie. Simultáneamente con una especie de bolígrafo, cuya punta tenía una aguja, nos marcaron como animales en los brazos. Primero le tocó a Prusa, con el número B-11.298. Yo pasé a ser el judío de mierda número B-11.299. A Baldik le tocó el B-11.300. La letra B designaba el campo de concentración que nos correspondía, Birkenau, cuyas instalaciones correspondían a un proyecto de ampliación de Auschwitz.

Yo siempre creí que había estado en Auschwitz. Me vine a dar cuenta de mi confusión recién cuando regresé al lugar, el año 94, con motivo de la preparación de mis memorias. Lo mío fue Birkenau, que queda a unos dos o tres kilómetros de Auschwitz, pero es un campo distinto. Más improvisado, con barracas de madera solamente, sin los sólidos pabellones de ladrillo que hay en Auschwitz.

Birkenau también es más aislado y diez veces más grande. En principio, Auschwitz fue un campo de reclusión y trabajos forzados; Birkenau, derechamente, un campo de exterminio.

A pesar de estar cada vez más asustados, al vernos desnudos, rapados e impresentables, nos empezamos a reír del aspecto en que habíamos quedado. Era una risa nerviosa, un poco histérica. En sí misma, la situación no tenía nada de divertido. Reconocernos en el deterioro de nuestro propio cuerpo era una experiencia demasiado dura. Y a lo mejor, como muchachos, necesitábamos el escape de las bromas para asimilar la humillación.

El paso siguiente fue ir a las duchas. Allí, lo único que hice, al igual que todos, fue poner la cabeza vuelta arriba y beber y beber agua. Todo el tiempo, sin parar, sin preocuparme de lavar mi cuerpo. Incluso, una vez que se cortó el agua, muchos fueron a los desagües y allí, tirados en el suelo, siguieron bebiendo.

A la salida, mojados porque no había con qué secarse, nos pusimos la ropa que nos repartieron: un pantalón, una camiseta, una chaqueta y un gorro. Todo de color gris con rayas blancas, incluso el gorro. Los tres alcanzamos a salvar los bototos. Los míos eran excelentes. Checos, marca Bata. Siempre he pensado que me salvaron la vida. Fue enorme la cantidad de muertos por congelamiento que vi más tarde. Muchos murieron por ir mal calzados. Lo primero que se helaba eran los pies. Cuando nos mandaron desnudarnos tuve la precaución de mirar bien dónde quedaban mis zapatos y, una vez que salí de la ducha, corrí a buscarlos. Mis amigos hicieron otro tanto. Los que perdieron sus zapatos recibían unos canallescos zuecos de madera y tela, más un trapo que hacía las veces de calcetín. Yo también lo usé con mis bototos.

Por supuesto que la ropa nos quedaba a todos grotescamente mal. También esto nos divirtió mucho, y sirvió para que pasáramos un rato haciéndonos bromas. Increíble: ni siquiera en esa circunstancia perdimos el humor.

La verdad es que habíamos quedado irreconocibles. Pero, pasados esos momentos, nos intercambiamos las prendas tratando que cada uno usara la medida que más se le aproximara. De todas maneras, habíamos perdido la identidad. Sin pelos, vestidos de forma extraña, sin nombre ni apellido y hasta sin pasado, nos empezaron a llamar judío de mierda número tanto. Habían quedado borradas la identidad, la biografía y la dignidad de cada cual.

Cubiertos, porque no se puede decir que estábamos vestidos, nos llevaron a otra barraca. El sector también estaba muy iluminado y con gran cantidad de torres. En esta área fuimos conducidos a un galpón con piso de cemento. Allí estaban unos judíos polacos, con brazaletes, y uno de ellos, en yídish, idioma parecido al alemán, me empezó a preguntar:

–¿Viniste con familia?

–No, solamente vine con dos amigos.

–¿Y pasaron por Mengele?

–¿Quien es Mengele?

–*Doktor* Mengele, el tipo que dice tú a la izquierda, tú a la derecha.

–Sí, pasamos todos por ahí.

–¿Y vieron las familias enteras que iban a la izquierda?

–Sí, ¿dónde están ellos?

–¿Quieres verlos? Ven.

Me llevó a una ventana, desde la cual se veía una chimenea enorme despidiendo abundante humo negro.

–Por ahí está saliendo tu gente.

–¡Estás loco!

–Ahí están, todos los que iban al lado izquierdo. Ahí van.

El polaco –flaco, excitado, nervioso– me observaba. Se diría que experimentaba un pequeño placer con sus revelaciones terroríficas y que no quería perderse mis reacciones.

Aturdido, con escalofríos, fui a buscar a Prusa y Baldik. Los llevé a la ventana y les dije que, según el polaco, el humo que en ese momento salía de la chimenea pertenecía a nuestros compañeros de viaje en el tren.

El judío polaco agregó:

–No, esto ya puede pertenecer al otro tren que vino después.

Fue mi definitiva pérdida de la inocencia. Incluso en el tren, pensaba que el objetivo de los nazis no podía ser matarnos, ya que teníamos una capacidad de trabajo cada vez más necesaria para ellos, por el curso que llevaba la guerra.

Recién entonces me di cuenta de que, si no huíamos, nuestro destino irremediable era la muerte.

–Cada tres o cuatro días ustedes deberán repetir el circuito frente a Mengele y, si están muy flacos, los harán pasar al lado izquierdo.

El polaco no callaba y yo casi no lo escuchaba. Un dolor que no supe localizar, un malestar integral, una angustia fulminante, no me dejaba respirar. Al ver el humo pensé en mi madre.

–Llevo casi un año aquí –expresó el judío polaco–. Trabajo y me dan un poco más de comida. Soy de los más antiguos, por eso les quiero dar algunos consejos.

Mientras hablaba, volví al sueño que había tenido en el establo del castillo. Mamá me había despertado dos días después de su salida de Terezín. Probablemente, esa vez el tren no había tenido tantas detenciones y había tardado menos. Pero, a esas alturas, ya no me cabía ninguna duda desde dónde me había llamado.

–No acepten jamás ser asistentes de los S.S. en las labores de organización y control, los Sonderkommando. Les van a ofrecer comida fantástica, pero por ningún motivo acepten... No acepten porque van a ser testigos de las muertes de otros judíos, van a saber cuántos mueren y, por eso, muy pronto a ustedes también los van a matar. Los nazis no quieren testigos.

Definitivamente estaba solo. Ya no tenía patria, no tenía familia, no tenía casa, no tenía nombre. Por ahora, lo único que me quedaba era una precaria sobrevivencia.

–El trabajo de estos asistentes –continuaba el judío polaco– es atroz. Deben llevar a la gente a una de las cuatro cámaras de gas y una vez que tienen a todos adentro, todos desnudos, han de cerrar las puertas y escuchar los gritos de terror que emiten cuando se dan cuenta que de las duchas está saliendo gas y no agua. Deben ver cómo la gente se agolpa en la ventanilla de la puerta, donde muchísimos mueren aplastados, desgarrados, magullados, formando una pirámide; veinte o treinta minutos después, cuando ya hayan dejado de retorcerse, conectan las bombas para sacar el aire envenenado y deben abrir las puertas y entrar con máscaras antigás, botas de caucho y mangueras de riego para limpiar la sangre y los excrementos. Después, están obligados a separar los cuerpos agarrados con ayuda de garfios y nudos corredizos.

Huir. Huir. Era imposible no consolarnos, no soñar, no animarnos con esta perspectiva. Teníamos que fugarnos de este lugar. Era mil veces más peligroso quedarnos aquí que correr el riesgo de escapar.

–Después –el polaco seguía, como hablándole a la noche– hay que revisar cadáver por cadáver por si se encuentra oro. Hay que sacarles los dientes de oro; abrirles el culo para ver si han escondido algo allí. Luego tiran los cuerpos a los hornos para quemarlos.

Toda mi energía, toda mi capacidad, toda mi imaginación debía concentrarse en salir, como fuera, de ese lugar.

–¿Y por qué a nosotros no nos mataron?

–La idea no es liquidar a toda la gente inmediatamente. Necesitan mano de obra esclava para trabajar. Pero, ya van a ver ustedes cómo, una vez que los prisioneros estén flacos y agotados, los van a eliminar igual.

¿Cómo nadie nos había comunicado este destino? ¿Por qué los países aliados no nos avisaron, a través de la radio, que los judíos debíamos huir, que debíamos luchar, que debíamos arriesgarnos a cualquier tipo de acción, antes de caminar mansamente, engañados como borregos, a la muerte?

–¿Por qué se escuchaba música a lo lejos, mientras nos seleccionaban?

–Los nazis tratan de ocultar hasta el final el destino que espera a la gente para evitar que se produzcan escenas inmanejables. Cuando los judíos ven a la entrada de la cámara de gas la palabra *baños*, no desconfían porque se les ha dicho que van a las duchas, a un proceso de desinfección. Por eso entran desnudos. Para impedir, aún más, hasta la más ligera sospecha del desenlace, hay por lo general una orquesta a la entrada del recinto, que interpreta melodías alegres y clásicas. Desde *La viuda alegre* hasta los *Cuentos de Hoffmann*. Las marchas fúnebres para los judíos son siempre alegres. Si los músicos lloran, es porque saben que los que entran van al asesinato y ellos son tan testigos como la gente del Sonderkommando. Por ese motivo también son enviados regularmente a la cámara de gas y reemplazados por otro equipo que, a su vez, correrá más tarde la misma suerte. Recuerden siempre que los S.S. no quieren sobrevivientes que puedan hablar.

Los cuatro edificios de la muerte estaban bastante distanciados uno de otro. Tenían, según supe después, tres espacios separados: lugar para desvestirse, cámara de gas y horno para quemar los cadáveres. Una escala conducía al subterráneo donde estaban la cámara de gas y el horno. Al lado de la escala, existía un rústico tobogán, por el cual empujaban a las personas ancianas o enfermas que no podían caminar. Los lanzaban por ahí sin piedad y no les importaba cómo cayeran. Muchos se quebraban los huesos en ese trance y es de imaginar el sentimiento de horror que invadía a los hijos y parientes de estas víctimas, si es que tenían la desgracia de presenciar la escena.

–Entonces a ti –proseguía nuestra conversación con el polaco– te tienen que matar, porque sabes demasiado.

–Los alemanes no saben que lo sé y ustedes no me verán más. Jamás me reconocerían, porque aquí todos nos parecemos. Todos somos iguales.

Más o menos a las cinco de la mañana supimos que esa bodega fría, de piso de cemento y totalmente vacía, era nuestro dormitorio. Para dormir no nos dieron nada, así es que debíamos sentarnos en el suelo, en fila, con las piernas separadas, de modo de recostarnos contra el pecho de quien teníamos atrás, para darnos calor y conciliar el sueño, si se podía. Pero no pudimos. Yo, al menos, no pegué los ojos. A cada rato, algunos se levantaban y como hipnotizados miraban a la chimenea que incesantemente, sin descanso, enviaba al cielo un humo negro y espeso. Prusa tampoco dormía. Vi brillar sus ojos en la noche varias veces. No me cabe duda que esa noche clarificó la suerte que corrieron sus padres.

A las siete de la mañana nos hicieron ponernos de pie, e integrados ya al grupo de prisioneros alojado en esa bodega desde antes, repetimos el rito permanente de Birkenau: contarnos. Lo ordenaban y teníamos que repetirlo con burocrática regularidad. Debíamos ponernos en filas de a cinco y varios ayudantes judíos con un s.s. procedían, entre infamias y bromas hirientes, a comprobar si estábamos todos. *Zu finef antreten.* ¡Formarse de a cinco!

Esa mañana aprendí que jamás había que presentarse en forma voluntaria a un trabajo. Podía ser peligroso. Estábamos formados cuando dijeron:

–Necesitamos médicos voluntarios para una misión especial.

Varios incautos levantaron la mano, pensando que los podían necesitar en algún quirófano.

–Bien, como ustedes deben tener manos expertas, van a limpiar entonces las letrinas. ¡Cuidado si no quedan impecables!

Estallaron grandes carcajadas entre los s.s. Se trataba de una refinada expresión de humor nazi.

¿Quién puede juzgar?

Los judíos ayudantes, los llamados kapos, fueron figuras claves en el proceso sádico de aniquilación de la personalidad. Los S.S. necesitaban de su colaboración para realizar el trabajo sucio y para que la maquinaria corrosiva del nazismo funcionara.

Es muy difícil tener un juicio definitivo sobre el rol que cumplieron los kapos. Porque no siempre fue el mismo. Hubo fuertes diferencias entre las distintas etapas de la guerra y manifiestas contradicciones entre un campo de concentración y otro. No es lo mismo haber sido kapo en Auschwitz o en Birkenau que en Sachsenhausen. No es lo mismo haber desempeñado esas funciones a comienzos del 42 que a fines del 44. Por lo mismo, no caben las generalizaciones, las simplificaciones ni tampoco los juicios en blanco y negro. Más que en ningún otro tema, en éste, que es una herida todavía abierta en la conciencia del pueblo judío, aquí son fundamentales los matices.

Como se trata de un terreno minado por la mistificación, la infamia y el escándalo, y es un asunto que no me gustaría eludir por falsa prudencia, pienso que es imposible llegar a un juicio serio sobre los kapos sin tener en consideración parámetros como los siguientes:

• El sistema de utilizar a los mismos presos para hacer el trabajo sucio, que existía en todos los campos de concentración, fue a mi modo de ver una fórmula concebida por los S.S. para satisfacer bajos instintos de sadismo y perversidad. El hecho de conseguir que un preso castigara o matara a otro prisionero era para ellos motivo de placer y un triunfo de la disociación moral. Gozaban con el espectáculo. La mayoría de los S.S. que yo conocí ni siquiera disimulaban. Actuaban como hienas. El sargento Klaus fue una rara excepción, tan rara como Oscar Schindler.

• Otra consideración: si quienes aceptaron la responsabilidad de ser kapos no tuvieron la oportunidad de conocer o ser informados de lo que eso significaba, sobre las brutalidades asociadas eventualmente al ejercicio del cargo, y –todavía más– sobre los desbordes que la paranoia nazi y el curso de la guerra impondrían después, creo que es injusto y malsano extender respecto de ellos una condena en bloque.

• Es evidente que el ofrecimiento de la responsabilidad de kapo envolvía –bajo la presión de las circunstancias desesperadas que estábamos viviendo– un privilegio atendible y mayores posibilidades de sobrevivencia. Pretender que el individuo debía rechazar de plano estos ofrecimientos, sólo por venir de quienes venían, me parece un síntoma de rigidez anormal. Esa pretensión lleva implícita una idea mistificada de la condición humana y equivale a exigir comportamiento heroico a todos los mortales. Más que eso: comportamiento heroico a quienes estaban aterrados, desnutridos, hambrientos, deprimidos, angustiados y sabían que podían morir de un momento a otro.

• Es un hecho que, una vez aceptada la responsabilidad de colaborar con los S.S. en las tareas de organización y transporte, de administración y disciplina de los campos, el individuo, más temprano que tarde, se enfrentaba a una dramática disyuntiva, representada por dos caminos excluyentes y sin retorno. Uno: se convertía inmediata o gradualmente en un asesino, en un verdugo de sus propios hermanos, renunciando con ello a todo vestigio de conciencia moral. O bien, dos: el individuo rechazaba con horror esa opción y entonces algunos se suicidaban, para lo cual a mi modo de ver se necesitaba un inmenso valor, si es que antes los S.S. no lo fusilaban por inútil.

• Sin embargo, había una tercera opción. Una opción inteligente a la cual el individuo llegaba después de comprobar que no existía salida. Era el camino del engaño a los S.S., el camino de guardar las apariencias, pero en el fondo ayudando a la gente a salvar su vida. Era a su modo un camino riesgoso y de equilibrios difíciles: cuánta violencia aplicar para contentar al S.S. que está controlando y, al mismo tiempo, no martirizar demasiado a los prisioneros; cómo pegar y dónde pegar para no producir lesiones graves; cómo mantener el máximo de confianza del aparato nazi con el mínimo de daño posible a los prisioneros; en fin, cómo y de qué modo parecer a veces un verdugo y ser en realidad un pastor.

• Siendo así, es una enorme arbitrariedad condenar a todos los kapos por el solo hecho de haberlo sido. No es cierto que el único kapo bueno fuera el kapo muerto. Hay que convenir, claro, en que la línea que separaba a los buenos de los malos era delgada, finísima y muchas veces imperceptible. Pero hubo gente buena, respetable y decente que se jugó en este sentido y salvó muchas vidas. Tenía sentido hacerlo. Estábamos en una guerra espantosa. Nadie podía sospechar cuál iba a ser el desenlace. Nadie podía saber qué diablos iba a ocurrir mañana.

• Dado que la línea divisoria entre la crueldad aparente y la crueldad real de los distintos kapos es muy tenue y difícil de pesquisar, me parecen inaceptables las descalificaciones globales. Mi experiencia me dice que incluso hay que acoger con reserva hasta los testimonios que las propias víctimas puedan ofrecer. La situación era terrible. Mucha gente –la más afectada, la más débil– se negaba a distinguir y, como el escenario no estaba para matices, veía una bestia en cualquiera que llevara el distintivo de kapo, fuera quien fuese.

• Así planteadas las cosas, el margen existente para juzgar se reduce mucho. ¿Quién puede con seguridad establecer que aquel kapo era un hijo de perra y éste no? ¿Basta el juicio de un solo sobreviviente para asegurar que alguien era un bellaco? ¿Con cuántas opiniones coincidentes el bellaco debe ser condenado como tal? Otra cosa: el que actuó como canalla una vez en una situación concreta, ¿se comportó así siempre y debe por eso ser condenado? Quizás nadie –sí, nadie– esté en condiciones de responder honestamente estas preguntas. Y no sólo porque la guerra y el holocausto fueron emergencias que lo distorsionaron todo. También porque son preguntas que ponen de relieve las limitaciones de la justicia humana. Al final, ¿qué es lo justo? ¿Lo que los individuos creen que es justo? ¿Cuántos individuos: uno, dos, siete o mil?

El puesto de kapo no era una imposición obligada. Los S.S. o los kapos más antiguos lo ofrecían a los judíos que veían con mayor fortaleza física. Tenían más ropa, mejor dormitorio y comida aparte, por supuesto superior a la del resto de los prisioneros.

Tengo algunas imágenes en la memoria. Se instalaba el kapo delante de nosotros, teniendo a los S.S. detrás, y decía:

–El comandante dice que necesita abogados.

Algunos, recién llegados, que no sabían lo que les esperaba, levantaban inocentemente la mano.

–Deben llevar todos esos escombros 200 metros más allá. Mientras tanto, los demás deben mirarlos.

Una vez que terminaban el trabajo, el kapo se dirigía de nuevo a ellos y les comunicaba:

–El comandante quiere que vuelvan a colocar los escombros donde estaban antes, pero ahora deben trasladarlos más rápido. Han demorado dos horas, si no lo hacen en hora y media, fusilaremos a diez.

Ni el humorista más gracioso hubiera podido contar un chiste que les provocara tanta risa. Se diría que los S.S. se divertían genuinamente.

Junto con la ropa, a cada prisionero le entregaban una pequeña olla, bastante abollada, para recibir su comida. La alimentación consistía, en las mañanas, en café con un pedazo de pan, no superior al tamaño de una cajetilla de cigarrillos; al mediodía, una sopa, en la cual flotaban dos pedacitos de verdura, sin pan; la misma sopa o café, pero con pan, en la noche.

Empezaron a pasar los días. Debíamos permanecer casi siempre parados dentro de la barraca. Cuatrocientos hombres a un lado y cuatrocientos al otro. Comíamos poco y dormíamos sobre el cemento, en fila, respaldándonos unos a otros, sin que nada nos cubriera, excepto la escasa ropa que llevábamos puesta. Esta proximidad era fundamental para combatir el frío. Los que quedaban en los extremos de la fila –puesto que me tocó muchas veces– eran los que menos calor recibían.

De día no hacíamos nada, a no ser que nos obligaran a llevar algo para allá y después para acá. Nuestra principal actividad era contarnos. Dos veces al día nos llevaban a las letrinas. Todos juntos, en piño. A veces podíamos caminar en el terreno anexo a nuestro galpón, el cual, junto a otros tres, estaba rodeado por una alambrada alta y electrificada. El campo de concentración completo era muy grande, ya que "parcelas" de cuatro barracas como la nuestra había muchas. Era imposible acceder de una a otra; las vallas lo impedían. Ni siquiera podíamos acercarnos a la reja. En caso de hacerlo, desde las torres podían dispararnos. La imagen de la mujer que vimos caer el día de nuestra llegada era difícil de olvidar. Lo único que se podía hacer para tener comunicación entre un patio y otro era gritar, siempre que ningún S.S. estuviera cerca, y de hecho lo hacíamos, para tratar de conseguir información sobre un familiar. Pero fracasábamos. La gente provenía desde los más diversos países y nadie ubicaba a nadie.

Los campos de concentración fueron también una escuela de degradación. Había que tener cuidado porque podíamos toparnos con gente peligrosa, como lo supe la segunda noche que dormimos en Birkenau. Procurando tener más comodidad para dormir, me saqué los zapatos y los puse de almohada. Debo haber estado durmiendo cuando noté, sin embargo, que alguien intentaba robármelos. Sorprendí al ladrón, y como todavía me quedaban fuerzas, le pegué. A partir de esa noche, mis amigos y yo dormimos con zapatos.

Junto con caminar como ánimas en pena de un lado a otro, los tres amigos alentamos en algún momento la ilusión de la fuga. Allí no podíamos seguir. Con los alimentos que recibíamos, más temprano que tarde íbamos a ser mandados a la fila izquierda. Ya habíamos pasado dos veces ante Mengele y nada nos aseguraba que íbamos a sobrevivir a una tercera. Veíamos la muerte tan próxima que convertimos la huida en obsesión. Llegamos, de hecho, a concebir un descabellado plan de evasión. Pensábamos que unas planchas altas de madera podían servirnos para saltar las rejas. Pero no teníamos la menor posibilidad de éxito. Toda el área estaba protegida por defensas infranqueables y estrictas medidas de seguridad.

Pasados seis o siete días, veíamos con desesperación que sólo nos quedaban dos opciones. La más cercana era morir, lo mismo en el gas o de un balazo. La otra, casi irreal, era que la fuga prosperara más adelante. Pero los hechos jugaron a favor nuestro y terminaron planteando otra opción.

Goleschau, la tercera opción

Efectivamente, al séptimo día de nuestra llegada, en unos de los consabidos conteos, cuando ya nuestra fuerza interior se había trizado en términos casi irrecuperables, solicitaron albañiles.

—Me voy a presentar —le dije en voz baja a Prusa.

—¡Estás loco! Puede ser una trampa...

—Sí —reconocí—, pero no tiene gracia reírse de un oficio tan humilde como el de albañil.

Y di un paso adelante. No fui el único. Varios otros también lo hicieron y un S.S. comenzó a escrutarnos lentamente. El tipo parecía tener buen ánimo porque se tomaba el asunto con cierto humor.

—¿Así que tú eres albañil —dijo cuando llegó a mí—. ¿Y dónde has trabajado como albañil?

—Donde su excelencia la señora Heydrich... Estuve en su mansión durante dieciocho meses.

El S.S. se desconcertó y, si había querido bromear un poco, ahí mismo se contuvo. Fue el momento que aproveché para decirle, indicando a Prusa:

–Mi hermano, que está aquí, también es albañil.

–¿Y entonces por qué no se presenta también? –me preguntó.

Me di vuelta y lo llamé:

–¡Ven tú también!

En total fuimos unos cien y nos ordenaron registrarnos. Aparte del número con el cual habíamos sido marcados, debíamos entregar el nombre. Yo me identifiqué con el mío. Prusa, a continuación, se puso Frantisek Platovsky y desde ese momento –hasta la liberación– pasamos a ser oficialmente hermanos.

De inmediato nos metieron en camiones abiertos, escoltados por vehículos con S.S. armados. Cuando atravesamos la reja de Birkenau les dije a Prusa y Baldik:

–No sé lo que nos aguarda, pero espero no volver jamás a este lugar.

Adiós a Birkenau con su caldo de ortigas, sus letrinas taponeadas de caca, sus piojos y miserias, sus bestialidades y ritos, su penetrante y nauseabundo hedor a carne quemada que lo invadía todo, su delirante ambiente de vasallaje, escarnio y muerte.

Quedaba atrás lo que, según lo sabría después, fue el campo nazi de exterminio más importante. Un lugar tristemente célebre porque en ninguna otra parte *la solución final* alcanzó dimensiones tan espectaculares. Las grandes cámaras de gas y los hornos crematorios de Birkenau, que contribuyeron al holocausto con dos millones de víctimas, dieron posibilidades de "liquidación" muy superiores a los demás centros de exterminio: Maidanek, Treblinka, Belzec, Sobidor y Chelmno, todos ellos en Polonia.

El complejo Auschwitz-Birkenau llegó a "procesar" hacia finales de la guerra unas ocho mil víctimas al día, utilizando el gas Ziclon B, ácido prúsico cristalizado, que se dejaba caer en la cámara de muerte por pequeñas aberturas. Según las condiciones atmosféricas, había que contar entre tres y quince minutos para que el gas hiciera efecto. Cada cámara de Birkenau –según un testimonio nazi recogido por Paul Johnson en *La historia de los judíos*– podía contener hasta dos mil personas.

Llegamos a Goleschau el 6 de octubre de 1944, después de unas dos horas de viaje. El lugar, cercano a la frontera checa, tenía el aspecto de un campo de concentración, con sus típicas rejas, alambradas y torres de control. El terreno, sin embargo, estrecho, accidentado y con grandes desniveles, no tenía nada que ver con las extensiones abiertas de Birkenau. Las instalaciones correspondían a una gran fábrica de cemento, levantada en una garganta de cerros plomizos y cuyas máquinas chancadoras producían un ruido ensordecedor. Al cruzar las rejas, vimos gente trabajando. Hacia los cerros se divisaba una inmensa cantera. Al menos aquí, según me pareció, no había crematorios ni cámaras de gas.

Nos recibieron los S.S. de rigor, adictos a los gritos y las prisas que ya formaban parte de nuestra rutina. Después de contarnos, nos dejaron a las órdenes de un kapo, responsable del grupo de trabajo.

Nos pasaron al dormitorio en el segundo piso. Tenía literas y mantas con las cuales cubrirnos; vimos los baños, que nos produjeron buena impresión porque contrastaban con las pésimas instalaciones de Birkenau. Después nos presentamos para que nos asignaran los trabajos.

En el lugar donde se distribuía el trabajo, junto con los S.S. y los kapos, había dos civiles alemanes. Eran ingenieros y representantes del dueño. La fábrica de cemento era privada. Los ingenieros controlaban el trabajo de la empresa y, por lo que vi más adelante, eran unos tipos fríos e indiferentes a la muerte y al sufrimiento que veían alrededor. Tal vez pretendían ser profesionales competentes. No me extrañaría saber que eran padres cariñosos y buenos maridos. Pero conmigo fueron como dos autómatas. Nunca una sonrisa, jamás un reconocimiento, nunca una palabra de aliento o de compasión. Si bien no pegaban, no maltrataban, tampoco les vi una señal de simpatía hacia nosotros o de molestia por los horrores que debían ver.

Nosotros tres, al menos, no tuvimos la suerte de encontrar entre los alemanes de Goleschau un Schindler.

–Levanten la mano los albañiles calificados.

Baldik y yo la levantamos. Prusa no quiso hacerlo. Como muchos otros compañeros, temió mentir y que eso le significara represalias. Yo, en cambio, con la mano que no tenía en alto, le agarraba la manga para que se presentara, pero no lo pude convencer.

Al final nos ofrecimos sólo diez voluntarios.

–Mañana a las siete deben estar aquí. Los demás van a la cantera.

Nos mandaron a ducharnos y nos dieron la comida. En esto no había novedad alguna: era exactamente igual a la de Birkenau.

Al caer la noche, cuando regresaron los trabajadores de la cantera, dejé de hacerme ilusiones. Nos habían traído aquí como carne de cañón para sustituir a los cien que habían muerto la semana pasada. Este era el ritmo al cual se "desgastaba" la mano de obra en Goleschau. Si tenía una dotación de ochocientos trabajadores, entonces cada dos meses se renovaba totalmente el personal. Birkenau era un campo de exterminio por gas. Goleschau era un campo de exterminio por trabajo, hambre y frío.

Los prisioneros volvían extenuados por la noche. Las manos heridas, hasta vérsele los huesos, y hematomas en la cara.

–Tenemos que sacar las piedras, transportar las piedras, correr con las piedras, meterlas en un carro y empujarlo. El problema es que arriba hace mucho frío y no nos dan herramientas.

Escuchándolos, no era extraño que murieran como moscas.

–Algunas mañanas el S.S. se dirige al kapo que está a cargo de nuestro grupo y le dice que de los 350 que están saliendo no pueden volver más de 340. Que a los diez, o a los que sobran, debe matarlos. La mayoría de las veces no tiene necesidad de hacerlo, ya que diez se mueren solos.

A mí me asignaron la tarea de construir la base de concreto para instalar una nueva máquina chancadora que estaba próxima a llegar. Era un trabajo que requeriría de dos a tres meses, ya que, primero, había que cavar un hoyo de grandes dimensiones, después enfierrarlo y al final encementarlo para que soportara la máquina.

Indudablemente estuve en mejores condiciones físicas que los demás. Si bien comía lo mismo, el trato que recibía y las condiciones que me daban eran incomparablemente más humanas que en la cantera.

Mi preocupación era Prusa. Cada día llegaba más debilitado y desfalleciente.

–Vemos cosas terribles, Milan. Vamos a reventar como bestias.

Me hubiera encantado traerlo a trabajar conmigo. Tal como estaban las cosas, arriba no iba a durar mucho. Se estaba muriendo a la velocidad de un cáncer fulminante.

–Está claro –decía Prusa– que a los alemanes no les interesamos, ni siquiera para trabajar gratis. Nos quieren muertos solamente...

La posibilidad de traer a mi amigo a trabajar en los cimientos de la nueva chancadora se perfilaba y disipaba con la misma facilidad. Los ingenieros accedían a algunas cosas que les pedía e incluso aceptaron colocar braseros, para apurar el proceso de fragua del cemento. Esos braseros fueron maravillosos para protegernos del frío al acercarse el invierno y darnos la posibilidad de entibiar los huesos cuando los guardias no estaban encima nuestro. Afortunadamente pasábamos solos –sin vigilancia– varias horas al día. De alguna manera nos respetaban como equipo técnico y a mí me tenían por un especialista y jefe de obras.

Pero una cosa era pedir materiales y herramientas... y otra pedir que me asignaran trabajadores específicos. Los ingenieros se desentendían de esa parte y no había manera de convencerlos de que con mi amigo en el equipo todo iba a ir mejor.

En las noches, Prusa me contaba que trabajaba en la cantera número cuatro. Su trabajo consistía en cargar los vagones de transporte con las piedras detonadas por los polacos no judíos destacados ahí. Los polacos eran expertos en explosivos. Todo el mundo –según él– trabajaba a presión. El tren dejaba diez vagones en la cantera uno, diez en la dos, otros tantos después en la tres y cuatro. Cuando volvía a la cantera uno, los vagones ya debían estar cargados. Una vez mi amigo reemplazó a un electricista, pero su trabajo no le gustó al kapo. Duró solamente dos semanas en esas funciones.

Más que el hambre, el frío, la mugre, las heridas o el trato, para Prusa la peor experiencia del día era el camino que llevaba a la cantera, porque sus zapatos eran unos zuecos de madera que le herían los pies. Había perdido sus bototos. El trayecto tomaba hora y media de ida y otro tanto de vuelta. Se cumplían turnos de 12 horas arriba y mi amigo siempre decía que era capaz de resistir el trance sólo porque la preparación física de los oficiales del ejército checo lo había templado.

–Tú vives en otro mundo, Milan. Contigo los ingenieros son amables.

–No lo son –le respondía–. Serán correctos, no nos gritan, no nos pegan, pero tampoco son amables. A pesar de todo lo que han visto, jamás les he oído algo así como "sentimos mucho lo que les está pasando". Toman las cosas como son y se quedan impasibles. Jamás me han ofrecido ni siquiera un pedazo de pan.

Un día se me acercó un S.S. y me planteó lo que estaba temiendo desde hacía días:

–Tú tendrías la posibilidad de ser kapo.

Yo había visto en lo que se convertían esos personajes, cosa que me horrorizaba.

–No me siento capaz –me excusé.

Por un tiempo temí represalias. Pero no las hubo. Quizás influyó mi prestigio como técnico especializado.

Para apurar la obra, después me asignaron más operarios. Pero fue imposible conseguir a Prusa. Pusieron sin embargo bajo mis órdenes a varios polacos no judíos, presos a raíz del levantamiento de Varsovia.

Al principio les pareció terrible tener por jefe a un judío, pero, poco a poco, nos fuimos haciendo amigos, al punto que yo aprendí bastante el polaco. Eran conductores de tranvías en Varsovia. Llevaban nuestro mismo uniforme, pero no dormían ni comían con nosotros y se veían mejor alimentados. Al menos no se veían candidatos a morir en cualquier momento.

Desde Birkenau, la muerte se había convertido para nosotros en una compañera inseparable. Tratábamos de eludirla minuto a minuto. Sabíamos que en cualquier momento o por cualquier motivo el hilo que nos sostenía se podía cortar.

En el trabajo era básico tener contentos a los ingenieros alemanes encargados de fiscalizar mi trabajo, pero también era muy importante no agotar las escasas fuerzas que nos quedaban. Equilibrarme entre esos dos intereses, casi incompatibles entre sí, era fundamental, ya que tanto trabajar poco como desgastarme demasiado podían significar una muerte muy rápida. Por eso, si nadie nos vigilaba establecíamos turnos y los más fuertes trabajaban un poco más que los débiles. Por otro lado, yo pedía cada vez más gente, de manera de diluir las cargas entre nosotros.

A los numerosos peligros que nos amenazaban se sumó el frío. A medida que se entraba más al invierno, las bajas temperaturas mataban más que el hambre, la debilidad, el trabajo, la enfermedad, las infecciones, la desesperación o el mero capricho de un S.S.

Afortunadamente teníamos los braseros, como una concesión extraordinaria y única, no para nosotros sino para acelerar las obras. A la intemperie, temperaturas de 10 a 20 grados Celsius bajo cero son irresistibles y si nosotros pudimos aguantarlas fue porque estábamos más o menos cerca de las brasas. Mis botines checos fueron fundamentales para no morir congelado. El congelamiento siempre comienza por los pies. Empiezan a ponerse azules y ese color va ganando hacia arriba el resto del cuerpo. Al final la víctima claudica y se abandona, mansa y complacientemente, al abrazo helado de la muerte. Me tocó verlo muchas veces y, a pesar de las fricciones y de nuestro esfuerzo, el proceso era irreversible. Cuando el frío ha congelado la conciencia y la voluntad de vivir, la carne se entrega sin mayor resistencia.

Así como en el trayecto en tren a Birkenau la sed había sido el factor crítico, en Goleschau llegó un momento en que el frío constituyó –lejos– nuestra principal amenaza y penuria.

Precisamente porque el frío estuvo a punto de acabar con nosotros, para los S.S. fue pretexto de una infame diversión dominical. Era un día especialmente helado y sombrío. Pocas cosas pueden ser más deprimentes que un domingo en un campo de concentración.

–¡A las duchas! –nos ordenaron a eso de las ocho de la mañana.

El asunto sonó maravillosamente para nosotros. Una magnífica ducha caliente fue disipando en el cuerpo el frío acumulado durante días helados y noches de nieve. Era un agua maravillosa que nos limpiaba de los bichos. Nuestras literas eran un hervidero de parásitos. Los matábamos, pero igual se multiplicaban y se nos pegaban. Tengo en el recuerdo la imagen de estar cubierto hasta la cabeza con una frazada y de estar viendo cómo los bichos caían de la litera superior a la mía. El goteo era constante. Eran parásitos que costaba sacar de la piel. Debemos haber parecido monos ayudándonos mutuamente a sacárnoslos.

La ducha en cierto modo también nos liberaba por un rato de nuestras penas. El chorro humeante que nos envolvía y limpiaba era algo así como una reconciliación con la humanidad.

–¡Afuera! –nos ordenaron al cabo de unos cuantos minutos.

Se cortó el agua, se abrió una puerta, después otra y de pronto nos vimos en el patio nevado, mojados y desnudos.

En el exterior, varios grados bajo cero. Todavía no daban las 8:30 de la mañana.

Por las ventanas, los S.S. miraban divertidos cómo a medida que pasaban los minutos y después las horas, los presos se iban congelando. Para ellos era como asistir a un circo. Prusa, Baldik y yo nos tratamos de salvar porque ni un segundo estuvimos quietos. Nos movíamos como lauchas enjauladas. Nos masajeábamos con nieve mutuamente el cuerpo entero. A nuestro alrededor muchos compañeros abandonaban la lucha. Al final, el frío se impone hasta con una cierta placidez. Algunos prefirieron esta muerte mansa a seguir soportando el suplicio.

Estuvimos en el patio como hasta las seis de la tarde. Unos cincuenta compañeros ese día murieron congelados. Algunos, gracias a un tremendo esfuerzo, nos pudimos salvar.

Estas muestras de crueldad no eran esporádicas. Uniendo retazos de conversaciones y otros indicios, había conciencia en toda la colonia de presos que Alemania estaba perdiendo la guerra. Esto tentó a muchos a fugarse, pero la mayoría fueron encontrados y fusilados. El cadáver de los evadidos era tirado a la entrada del comedor, como una manera de aviso y escarmiento. Ahí permanecía por dos o tres días.

En el comedor también presencié una escena terrible. Durante la cena, un viernes en la noche, a la hora ritual de *sabath*, un preso de unos 40 años se puso un trapo en la cabeza, a manera de quipá y comenzó a rezar. Lo vieron dos guardias S.S. que iban pasando. Uno de ellos le ordenó:

–Sácatelo.

El judío siguió frente a su plato de sopa, moviendo la cabeza y los labios en actitud de oración.

–Imbécil, te dije que te lo sacaras. –El S.S. le arrebató el género y lo tiró al suelo.

El hombre se arrodilló calmadamente, cogió el pedacito de tela y se lo volvió a poner en la cabeza. Se reincorporó y volvió a su actitud de oración. Estaba como poseído de un fervor religioso irreprimible.

Los S.S. mandaron a buscar un kapo y la paliza fue interminable. Lo despedazaron. Al final, quedó un gran pozo de sangre con un montón de carne herida e irreconocible.

Pero la víctima, hasta el momento en que mantuvo un pálido murmullo de vida y conciencia, se llevaba la mano a la cabeza para conservar allí su improvisado quipá y subrayar de este modo la decisión de su martirio.

En ningún momento vimos en su semblante una expresión trágica. Algunos aseguraron que hasta conservó una especie de sonrisa en su rostro. Para quienes no éramos creyentes, el episodio se convirtió en una evidencia muy desgarradora de la fuerza de la fe.

Había en Goleschau un joven kapo de ascendencia francesa que, en forma reiterada, había sobrepasado la sutil frontera del bien y del mal del mundo que nos tocaba vivir:

–Eres una bestia –le dije varias veces.

Dentro de su arrogancia asesina, se enfurecía conmigo, pero más allá de eso no iba. Mi especialización me concedía una suerte de fuero.

De sólo unos 25 años, moreno, buen mozo, el kapo ejercía la crueldad de manera gratuita, sin necesidad y en ocasiones que no había ningún S.S. mirándolo.

–Te tenemos condenado –le advertimos muchas veces.

Más arropado y mejor alimentado que nosotros, se había contagiado del sadismo S.S. hasta desfondarse moralmente. En los peores momentos se comportaba como un delincuente de los bajos fondos, como una bestia. Era un asesino. Siempre me pregunté cómo había llegado a eso y de qué modo se las arreglaba con su conciencia. Tiendo a creer que era casi un demente. Tal vez antes de la guerra había sido un muchacho como cualquiera. Pero algo muy serio, muy profundo, se había quebrado en él para llegar hasta donde llegó.

También había violencia, producto de la desesperación, entre los mismos judíos prisioneros. Al llegar a Goleschau y estando sentado en la letrina, se me acercaron dos judíos polacos, en estado calamitoso ambos, uno por cada lado, con intenciones de robarme un pan que ellos me habían visto guardar en el bolsillo. Quizás también estaban interesados en mis botines. Afortunadamente, yo todavía estaba fuerte en esa época, y ellos muy débiles, de manera que los pude detener a golpes.

Cierta noche, pasado seguramente las dos de la mañana, un S.S. nos despertó a Prusa y a mí.

–¡Levántense! –nos ordenó.

Pensamos que nos iban a fusilar. Pero nos llevaron al bosque fuera del campamento y nos pasaron dos picotas.

–Empiecen a cavar –fue la instrucción.

En el sistema nazi era común que cada cual cavara su propia tumba.

–¡Judíos de mierda, apúrense!

Corría el mes de diciembre, hacía muchísimo frío y advertí a varios S.S. alrededor nuestro. En la tarde, habíamos tenido una gran alegría. Mientras nos contaban, divisamos, justo frente al dormitorio de los S.S., la figura inconfundible de dos aviadores americanos con chaquetas de cuero negro y pantalones verdes que habían caído prisioneros. Producto de la sorpresa y de la alegría, los que algo sabíamos inglés les habíamos gritado palabras de saludo y aliento. El entusiasmo nos valió algunos golpes, pero creo que nos dolieron bastante menos que otros. Fue un momento de gran emoción. Los aviadores, que estaban siendo maltratados, levantaron la mano en señal de saludo y eso nos regocijó. Era el primer gesto amable y cariñoso que veíamos desde hacía mucho tiempo. Atribuimos a ese episodio el trabajo que ahora estábamos haciendo. Nuestra solidaridad con los americanos no era gratis.

–¡Más ancho, más profundo y más rápido!

De pronto quedé tieso. Se me rompió el mango de la picota. Si bien el hoyo era lo bastante profundo para que cupieran dos cadáveres, la torpeza que había cometido

–pensé– podía irritar tanto a los S.S. que me podía costar la vida en el acto.

Pero me dieron sólo una bofetada y trajeron otra picota. Un rato después, cuando nos retiramos, sentimos disparos a unos veinte metros. De inmediato, los dos pilotos fueron arrojados a la fosa que habíamos cavado.

Cuando volvimos a las literas encontramos a Baldik aterrado. Había temido lo peor.

–¿Qué hicieron, por qué los llevaron?

–Mataron a los dos aviadores americanos.

Pasada la guerra di cuenta al ejército americano del incidente, del día que ocurrió y lugar exacto donde podían encontrar los cadáveres.

Por las noches solía dedicarme en Goleschau a un oficio que no tenía nada que ver con la albañilería: la medicina. Desde chico había querido ser médico y ahí tuve la oportunidad de ejercerla a su nivel más silvestre.

Debido a la desnutrición y la anemia, eran cosa común entre los presos, entre otras infecciones y dolencias, los furúnculos y carbuncos. Los primeros son tumores puntiagudos y duros que sobresalen de la piel, con pus al centro, y que se inflaman con gran facilidad. Si no se extraen, terminan supurando materia e infestando con sus raíces distintas partes del organismo. Los carbuncos, profundos y más dolorosos, se manifiestan primero en comezón y, luego, en la formación de una pequeña pápula, plana, de un rojo pálido. El peligro era que la infección entrara al torrente sanguíneo con consecuencias mortales, atendida nuestra debilidad.

Provisto de un bisturí que alguien había ingresado, a veces me dedicaba a extirpar esos pequeños tumores. El procedimiento era doloroso. Muchos se desmayaban. Había que llegar hasta el fondo y limpiar con agua, puesto que no teníamos alcohol. Lo que sí había era gasa, que aplicaba con cuidado dentro del corte para que el paciente pudiera ir al otro día a trabajar. Operé a unos quince compañeros y ninguno se infectó.

Esta era condición *sine qua non* para seguir viviendo: presentarse al trabajo. Hombre enfermo era hombre muerto.

Después de la guerra, Prusa me entregó el original de una carta que él escribió en Goleschau y a la cual yo agregué dos líneas de saludo. Es un documento revelador. Prusa la escribió a una familia amiga de Praga. Está fechada el 26 de diciembre del 44. Es una carta larga, de tono tranquilo y sombrío: "Estoy pasando la Navidad más triste de mi vida", son sus primeras palabras. En estas fiestas –recuerda– todo era hermoso antes y todo es perverso y miserable ahora. Palabras textuales: "Cada día vivido aquí es una terrible novela. Habíamos oído mucho de diferentes campos de concentración y puedo asegurarles que, desgraciadamente, todo es verdad y que hay aún muchas cosas que el mundo ignora y que ni siquiera creería".

La carta de Prusa –enviada por intermedio de un polaco no preso que a veces trabajaba conmigo– es una súplica desesperada de ayuda. Prusa pide ropa y alimentos, sobre todo pan, y está claro que su situación es insostenible. Hacia el final, sin embargo, dice confiar en que "la suerte me sonreirá y que volveré a verlos a todos nuevamente". No sé de dónde sacaba esa fe, porque a renglón seguido reconoce estar terriblemente desmejorado: "Hoy tengo tal aspecto que ustedes a lo mejor me echarían de la casa, pero me repondré y seré guapo nuevamente. Milan también volverá a serlo y nos volveremos todos a encontrar"... Al final la carta lleva una postdata mía, con saludos para todos.

El desfavorable curso de la guerra para Alemania y la proximidad del Ejército Rojo se fue haciendo patente en el desorden que se adueñó de Goleschau. El caos culminó cuando, a mediados de diciembre, fue nombrado como jefe de campo un S.S. muy joven, de unos 23 años apenas, que ni siquiera tenía el grado militar suficiente para ocupar ese puesto.

Mientras tanto, los cimientos para la instalación de la máquina estaban por concluir, gracias, en gran parte, al aporte de los presos polacos. Pese a la reticencia inicial, se convirtieron en los mejores trabajadores del equipo. Era gente de buen rendimiento, mejor alimentada que los judíos y en su mayoría estaba ahí por razones políticas. Afortunadamente no tuvimos ningún acoso de los S.S. para apurar las faenas y nunca me maltrataron por asuntos relacionados con el trabajo. Como tenía trato directo con los ingenieros alemanes, esta circunstancia jugó en mi favor. Pero hubo también otros factores que me ayudaron a sobrevivir. Mi capacidad de tragar comida muy caliente hizo posible que muchas veces alcanzara al segundo turno de la sopa. Con frecuencia sobraban unas 15 ó 20 porciones, a las cuales podían optar sólo los que hubiesen terminado su ración. Al hacer la cola, teníamos que llevar la cacerola vuelta hacia abajo. Como podía comer el "alimento" hirviendo, me decían que tenía la boca de asbesto. Media hora antes de la colación se establecían verdaderas estrategias para conseguir hacer dos veces la cola y, de diez ocasiones, al menos en cinco yo lograba mi propósito. En las otras, generalmente, lo conseguía alguno de mis dos amigos, de suerte que casi siempre podíamos repartirnos la ración extra.

Pero hay otra circunstancia más, y muy importante, por la que pude sobrevivir a Goleschau: la avanzada rusa, que precipitó nuestra salida. Nadie me puede quitar de la cabeza que si se hubiera retrasado diez o quince días, los S.S. me habrían fusilado junto a todos los que trabajaron conmigo en los cimientos de la chancadora.

Al final la anunciada máquina llegó y me llevaron al tren para que la viera. Era gigantesca. Desde el comienzo había pensado que sería grande, pero no monstruosa como terminó siendo. Al mirarla desarmada, me di cuenta de que las fundaciones que habíamos hecho eran una chapuza. A todas luces no iban a resistir.

Baldik me lo comentó en la noche:

–Pero tú no tienes la culpa –me tranquilizó–. Te limitaste a ejecutar lo que los planos de los ingenieros señalaban.

–Sí, me doy cuenta –le dije– que los ingenieros tampoco tenían idea de lo grande que la máquina es.

–La culpa entonces la tienen ellos.

–No seas ingenuo. Cuando la máquina se derrumbe, cargarán con el "experto" y su equipo, no te quepa la menor duda. Nos culparán de sabotaje y punto.

La retirada

Afortunadamente, dos días después de la llegada de la chancadora, los rusos estaban a las puertas de Goleschau y los S.S. evacuaron a toda velocidad el campo. La máquina jamás se instaló.

Las cosas empeoraron de manera súbita. El ruido de la artillería durante el día se juntó con los destellos de fuego durante la noche. El nuevo y joven oficial S.S., jefe de campo, se apresuraba a eliminar judíos a la mayor velocidad posible. También se dedicó, de manera personal, a emplear todo tipo de violencias y crueldades, de manera de crear un ambiente de terror. La proximidad de la derrota lo enfurecía.

–¡Judíos de mierda, despierten! ¡A levantarse! ¡Rápido!

Como de costumbre, no sabíamos de qué se trataba, ya que nunca daban explicaciones.

–¡Afuera, a formarse para que los contemos!

Una vez contados, nos dieron un pan grande y un pedazo de margarina.

Los reflectores estaban encendidos y los gritos y movimientos de los S.S. eran más enérgicos que nunca.

Como no tenía otro lugar, puse debajo de la camiseta la margarina que me sobró. El pan me lo comí enseguida.

–Pueden ir a buscar la frazada de la cama.

Estaban todas llenas de bichos, pero eso era mejor que nada.

–¡A caminar!

Abandonábamos Goleschau. Comenzamos a caminar esa noche con destino desconocido. Unos diez grados Celsius bajo cero era la temperatura ambiente. Caminar y caminar sin ropa y con nieve; caminar y caminar sin músculos en las piernas, sin fuerzas en el cuerpo y casi sin ánimo en el corazón. Paso tras paso. Un esfuerzo, otro esfuerzo, otro esfuerzo. Todo frío, todo congelado. Las manos, los pies, la piel, los huesos, los pelos, la ropa, el ánimo, la esperanza.

Paulatinamente empezaron a quedar en el camino los primeros rezagados. Para ellos no había compasión. Eran fusilados de inmediato. El jefe de campo, en una moto, circulaba continuamente entre la avanzada de la caravana y la retaguardia y, según lo acusaron años después, mataba a quienes se iban quedando atrás.

Así fue pasando la noche. Los minutos fueron cada vez más largos y los pasos más cortos.

Muy temprano en la mañana llegamos a un pequeño pueblo que estaba a orillas del camino. Los S.S. encontraron una casa donde preparaban comida y empezaron a turnarse entre ellos para ingerir alimento. Nosotros, mientras tanto, esperábamos afuera, casi sin poder movernos, entumidos y sin nada que echarnos a la boca, excepto la margarina que yo no me atrevía a comer aún porque no sabía cuanto más podía durar el viaje. El kapo francés no permitía el menor movimiento fuera del pequeño radio que teníamos asignado.

Seguimos caminando todo el día. Los tres andábamos muy juntos. Al que iba al medio se le sujetaba por los hombros y entonces aprovechaba de dormitar un poco. Así nos íbamos turnando. Creo que si uno de nosotros hubiera sucumbido, habría arrastrado a la muerte a los otros dos.

Siempre íbamos en la parte de avanzada del cortejo, para que, en la eventualidad de caer dormidos por error, los que vinieran más atrás de nosotros nos pudieran despertar, como hacíamos nosotros con los que se desplomaban delante nuestro. En la parte posterior, cerrando la fila, iba un camión militar y permanentemente se oían disparos

137

contra los que ya no podían caminar. Quedarse dormido o desmayarse en la nieve equivalía a recibir un balazo en la nuca.

El frío convertía en nieve a los caídos y blanqueaba la caravana. Cada vez éramos menos, al punto que los S.S. se empezaron a asustar. Corrían el riesgo de quedar sin nadie a quien vigilar. Esa perspectiva era dramática para ellos, porque podía significarles ser enviados al frente. El temor de los S.S. a las líneas de fuego no era un misterio para los soldados alemanes y por esta razón los despreciaban. Según ellos, eran una casta cobarde, dedicada a la represión y al control interno de Alemania y de los países invadidos.

Precisamente por eso, la actitud de los S.S. comenzó a cambiar. En esa ocasión, bien entrada la noche, nos topamos con un restaurant caminero y, en vez de dejarnos afuera esperando mientras ellos comían, nos metieron a todos en una sala.

Fue como llegar al paraíso. Bajo techo, apretujados, dándonos calor unos a otros y sentados después de largos kilómetros en los pies, nos dormimos de inmediato. Dormimos tan profundamente que muchos, como lo comprobamos después, olvidaron haber estado en el lugar.

Desperté con el cuerpo lleno de margarina. Mientras dormía, con el calor del ambiente y del cuerpo se había derretido. La perdí casi en su totalidad. Aunque traté con el dedo de recoger y chupar cuanto podía, fue poco lo que pude aprovechar. No descarto que la grasa me haya protegido un poco contra el frío.

Durante el día seguimos caminando, pero al pasar por ciertos pueblos, mujeres polacas valientes se acercaban a darnos algún alimento, sin que los S.S. se opusieran. Mientras caminábamos, vimos que por un sendero que confluía con el nuestro se aproximaba otra caravana de prisioneros. Sólo al estar muy cerca descubrimos que todas eran mujeres en un estado irreconocible. Nos impactó verlas en esa condición. ¿Así nos veríamos también nosotros? Sólo atinamos a hacerles una leve señal con la mano, a manera de saludo.

En la tarde llegamos a la estación de ferrocarril de Loslau-Loslava. Prusa dice que después de la guerra hizo ese trayecto y que la distancia no es superior a los veinte o veinticinco kilómetros. Para nosotros, sin embargo, el trayecto fue interminable. A esas alturas apenas nos arrastrábamos.

Los vagones eran abiertos y se usaban para transportar carbón, porque tenían en el piso una capa de polvo de hulla de varios centímetros de espesor. Por lo menos nos podíamos sentar. El frío era escandaloso y nuestra debilidad, a todo esto, cercana a la inanición.

Sin embargo, todavía nos quedaron fuerzas para cumplir la tarea que estaba pendiente. Porque al carro nuestro subió también el kapo francés, esta vez sin ningún S.S. que lo acompañara. Esa circunstancia fue fatal para él porque estaba condenado. Lo habíamos juzgado con imparcialidad, con la misma vara que eximía a otros kapos.

A manos de este criminal había muerto una larga lista de prisioneros. Había pegado hasta dejar inconsciente a gente indefensa sólo por gusto, para satisfacer su sadismo patológico. Torturaba sin que hubiera S.S. presentes, por capricho, por placer y con eso infringía la primera y más elemental ley para absolver a un kapo.

Estábamos conscientes de nuestra debilidad física, muy desventajosa en relación al kapo, de modo que entre murmullos y miradas varios nos pusimos de acuerdo y, una vez que oscureció y no había manera que desde otros vagones nos vieran, lo cogimos dormido, unos por los brazos, otros por las piernas, algunos por la cabeza y lo tiramos del vagón a los rieles. Fue tragado por la noche y las ruedas del tren en marcha. Nunca más supimos de él.

Tocando fondo

El viaje en tren duró varios días. En el testimonio ante historiadores de la comunidad judía checa que dio años después, Prusa habla de seis días y seis noches. Puede ser. No lo recuerdo bien. En cualquier caso la experiencia fue una eternidad. Nuevamente la sed, la angustiosa sed fue, junto con el frío y la debilidad, la protagonista del calvario. Por suerte a veces nevó. Hubo quienes llegaron a beberse hasta la orina. Vivíamos aún los tres, inexplicablemente. Nuestro afán de supervivencia, que era nuestra única preocupación, era sólo un pálido instinto, una raquítica inercia.

El destino de nuestro tren era Sachsenhausen, campo de concentración cercano a Berlín.

Llegamos en estado delirante. Entiendo que de los 900 prisioneros que partimos, quedamos al final sólo 87 sobrevivientes. Mis recuerdos de estos momentos son muy borrosos. Sé que apenas podíamos caminar y que entre los tres amigos nos apoyábamos en forma recíproca. Así fuimos de la estación a la barraca que nos destinaron. Sé que en el trayecto nos cruzamos con algunos grupos transportados en trenes y camiones desde otros campos polacos. Recuerdo que algún momento me vi al lado de un muchacho de mi edad. Le pregunté si hablaba checo.

—Sí —me respondió.

—¿De dónde eres?

—Antes vivía en Benesov —me dijo—. Se trataba de una ciudad pequeña no lejos de Praga.

—Yo tenía familia ahí —le conté—. De apellido Roubicek...

—Yo soy Hanus Roubicek —me interrumpió.

— Yo soy Milan Platovsky, tu primo.

No nos habíamos reconocido. Seguimos caminando empujados por los S.S. y en el trayecto lo perdí de vista. Lo busqué con la mirada, pero fue como si se lo hubiera tragado la tierra. Volví a ver a mi primo varias veces después de la guerra, entre los años 45 y 48. Me reencontré con él el año 90, cuando visité Praga después de la caída del Muro. Fue un reencuentro postrero. Hanus moriría poco después, víctima de un cáncer cerebral.

Ignoro cómo, una vez en la barraca, llegué a la cama y tampoco sé qué ocurrió para que, en estado casi agónico, me dejaran dormir tres días y tres noches. Fui alimentado, no sé de qué manera, por los presos políticos socialdemócratas y comunistas que dominaban las estructuras ocultas de poder del campo.

Había llegado en estado tan calamitoso, que al detenerse el tren y al ver las luces en un estado ya de poca lucidez, en mi inconsciente me alegré de llegar a lo que parecía un campo de concentración.

Sachsenhausen era un campo distinto a los que habíamos conocido. No era un lugar de exterminio, sino de detención. No había cámaras de gas. El estado en que estaban los detenidos era incomparablemente mejor y lo principal, lo que lo diferenciaba de los demás, era que entre su población no había casi judíos. Era gente de muy distinta procedencia, principalmente presos políticos. El campo estaba en manos de los S.S. pero toda la organización interna era manejada por los presos comunistas. Allí perdí mi identidad judía y pasé a ser un preso más, a pesar que debíamos seguir llevando el triángulo amarillo. Claro que todos usaban un triángulo, según su ideología o motivo de detención. Sólo cambiaban los colores del distintivo. Comunistas y socialdemócratas llevaban el rojo; los criminales el negro; los homosexuales el rosado.

Pero todos estábamos mezclados. Socialdemócratas alemanes y checos, comunistas de distinta nacionalidad, unos cuantos judíos de diversos países, gitanos, opositores varios del nazismo, delincuentes comunes, artistas, homosexuales y presos condenados por las más diversas causas.

El régimen interno era bastante más benigno que en Birkenau y Goleschau. Estaba permitido recibir paquetes del exterior y era frecuente toparse con presos que, no obstante llevar años de condena, se encontraban en estado aceptable.

Aparte de cubrirnos las espaldas durante varios días en los conteos de rutina, los dirigentes de Sachsenhausen se las arreglaron para llevarnos alimento. Así nos pudimos recuperar un poco del estado catastrófico en que habíamos llegado. Cuando desperté, intenté levantarme y los mismos que me cuidaban me dijeron que no me preocupara y siguiera acostado.

Esta especie de organización interna, con gran sentido solidario, permitió que mis amigos y yo, que habíamos llegado más muertos que vivos, pudiéramos recuperarnos.

Ya en pie, restablecidos dentro de lo que cabía, fuimos asignados para trabajar de albañiles en la construcción de una nueva fábrica de minas en Klingerwerke, un pueblo a diez kilómetros de Sachsenhausen y a dos o tres de la antigua fábrica todavía en funcionamiento. Nos trasladaban en camiones ida y vuelta.

El que nos destinaran a este trabajo y no a la usina que estaba en plena actividad nos salvó la vida. Durante el día veíamos caer, con mucha alegría de nuestra parte, una auténtica lluvia de bombas sobre Berlín y en uno de esos bombardeos, días más tarde, los norteamericanos destruyeron totalmente la antigua fábrica, matando lamentablemente a gran cantidad de presos, muchos de ellos amigos nuestros. El oficio aprendido en el castillo de la viuda Heydrich, una vez más, me salvó. Nunca olvidé a mi amigo S.S., Klaus.

El sonido de la alarma no se detenía casi nunca. En cualquier caso, para nosotros el ruido era meramente informativo, porque teníamos prohibido correr a protegernos. Debíamos quedarnos donde estábamos, como si nada. En cuanto terminaba el pitido continuo, señal de que el ataque aéreo había cesado, comenzaba casi de inmediato el otro pitido, el de altos y bajos, en alerta de nuevos bombardeos.

Como no estábamos en una zona que pudiera considerarse objetivo militar, las bombas caían a cierta distancia. De vez en cuando, sin embargo, alguna se desviaba. Vi explotar una a cincuenta metros.

Nos fuimos acostumbrando al ruido de las bombas. Antes de tocar tierra, avisan con un largo silbido que vienen en camino y después explotan. Al principio, cuando de noche en la litera de la barraca, sin ninguna protección, oía el zumbido de las bombas, sentía cierto temor. Pero un veterano de mil batallas, ducho en esos asuntos, me dijo:

–No temas, la bomba que te va a matar no la vas a sentir antes. La que mete ruido no es peligrosa. No está encima tuyo.

El ambiente de Sachsenhausen era relativamente pacífico. Los S.S. dejaban hacer, probablemente conscientes que la guerra estaba perdida y había que ir preparando los certificados personales de buena conducta. El gran problema, con todo, eran las bombas. Nos gustaba que cayeran sobre Berlín y el imperio nazi. Pero no nos gustaba nada que nos pudiera caer una encima nuestro en cualquier momento.

Nuestra barraca era un lugar privilegiado en cuanto a la calidad intelectual de los reclusos. Reunía a la flor y nata de una serie de actividades artísticas y políticas checas, desde la alta cultura hasta los sectores más organizados de la izquierda. El jefe y líder de todos era Antonin Zapotocky, comunista, quien posteriormente sería uno de los hombres claves en la historia checoslovaca roja.

Carismático, inteligente, amable, con Prusa nos hicimos amigos suyos. Nos acogió como hijos. No sólo nos convidaba comida en la noche, spaghetti o arroz, que recibía en paquetes enviados por sus familiares y amigos, sino que dedicaba parte de su tiempo a enseñarnos marxismo.

Yo tenía sentimientos encontrados ante el comunismo. Por un lado, me inspiraba reservas. Mi papá me había enseñado a distinguir entre socialdemocracia, a la que él pertenecía, y comunismo. Pero por otra parte veía que los rusos estaban aliados a las democracias occidentales contra la Alemania nazi y que la filosofía marxista, tal como Antonin me la presentaba, tenía enormes atractivos.

Además, el trato grato y solidario de la barraca bajo el liderazgo comunista me inducía a simpatizar con la causa. Al ser destruida totalmente la antigua fábrica de minas, se volvió inoficioso continuar la construcción de la segunda parte de sus instalaciones. Por lo mismo, quedamos sin trabajo.

La nueva misión que nos encomendaron habría sido considerada terrorífica en tiempos normales. Pero entonces todo estaba distorsionado. La tarea requería alto grado de especialización. Sin embargo, el grupo al que me integré la tomó con una liviandad que ahora resulta inverosímil.

Como habían caído numerosas bombas en el pueblo y muchas estaban sin explotar, tras un curso de diez minutos nos mandaron a desactivarlas. Estaban en todos lados: en calles, plazas y casas particulares.

Nos encargaron inutilizar un proyectil enorme, de unos seis metros de altura y dos de diámetro, que había penetrado una casa y cuya punta estaba enterrada entre dos y tres metros bajo el suelo. El trabajo consistía en derribar parte de la casa, cavar alrededor de la bomba y llegar hasta la punta superior donde estaba el mecanismo que teníamos que desactivar. Era la parte que estaba más hundida en la tierra.

Al llegar a la casa bombardeada, vimos que la manzana estaba evacuada y que todo el subterráneo y parte de la casa estaba lleno de un polvo blanco que pronto supimos que era el explosivo de la bomba. Era una sustancia de la que fácilmente recogimos unos 200 kilos. Parecía un inocente polvillo dormido, pero al menor despropósito podía despertar explotando.

Pero la casa no sólo tenía muerte. Después de verla tantas veces, la muerte no nos amedrentaba gran cosa. Mucho más nos interesó que en la casa también hubiera comida, en la cocina y las despensas. Irresponsablemente entonces, nos despreocupamos de la bomba y nos dedicamos con todo entusiasmo a comer cuanto pudimos. Para

144

cocinar hacíamos un pequeño fuego a no más de cinco metros del polvo blanco, en un lugar oculto a la mirada del S.S. que nos vigilaba a distancia. Los S.S. nunca se atrevieron a acercarse.

Nueve días demoramos en llegar a la cabeza de la bomba. Aun cuando el trabajo no fue simple, puesto que debimos hacer soportes de madera para llegar al lugar clave, pudimos haber hecho esa tarea en menos tiempo. Pero, como era fantástico estar ahí, retardamos la misión todo cuanto pudimos.

En estas condiciones trabajamos durante semanas, hasta mediados de abril de 1945. En el intertanto, varios grupos de prisioneros murieron al explotar las bombas. Pero por entonces el cerco aliado sobre Berlín ya se estaba estrechando. Por un lado avanzaban los rusos. Por el otro, los ingleses y americanos. La noche del 19 de abril los S.S. ordenaron la inmediata evacuación del campo y emprendimos la que sería otra marcha terrible, la segunda, la última marcha de la muerte.

Abandoné un campo de concentración en el cual, reconociendo que no tenía la crueldad de los anteriores, nunca, ni yo ni nadie, se sintió seguro. Como prisioneros, teníamos conciencia de ser el capital de los S.S. para eludir los frentes de batalla. Pero, por otro lado, temíamos que, en el último capítulo de la guerra, nos usaran como carne de cañón. Si perdemos, los vamos a matar a todos, amenazaban los S.S. En consecuencia, nadie podía cantar victoria. Teníamos que estar alertas.

4

Un desenlace tardío

Sabíamos que las cosas estaban llegando a su fin. El problema era que el desenlace demoraba más de la cuenta. Desde hacía varias semanas, la maquinaria nazi venía mostrándose cada vez más debilitada y caótica en su rodaje. Las noticias que los guardias nos daban sobre el curso de la guerra ya ni siquiera eran mentirosas. Los S.S. comentaban derrota tras derrota y en sus expresiones y actos podían leerse textualmente signos de desconfianza y desesperación.

Tal como había ocurrido al momento de dejar Goleschau, era medianoche cuando los guardias nos despertaron con gran alarma. Irrumpieron en las barracas con una tremenda movilización. Esa madrugada del 20 de abril del 45 los S.S. parecían enloquecidos. Nos ordenaron levantarnos y formarnos de a cinco. Después tuvimos que contarnos. Si bien las circunstancias eran a todas luces las de una emergencia, del consabido ritual del conteo no íbamos a librarnos tan fácilmente.

–¡Arriba! ¡Traslado! Vamos a salvarlos del ataque enemigo.

Era curiosa la retórica S.S. Hablaban ahora de protegernos del enemigo. Nos hambreaban y poco menos que nos

147

colocaban grilletes, pero decían hacerlo por nuestro bien. Saltaba a la vista que los más aterrados de todos con el avance aliado eran ellos y que el sentido de sacarnos de Sachsenhausen, prácticamente en estampida, era salvar antes que nada su propio pellejo. Veían el colapso como inminente y nosotros podíamos ser, en ese momento, un buen escudo para protegerlos en la retirada. Ya no tenían otro mejor. El ruido de las bombas era constante. Pienso que caían de a cientos. Las llamaradas teñían de rojo el cielo nocturno. Las voces agolpadas de los S.S. impartían órdenes contradictorias. Una curiosa mezcla de severidad y temor hacia nosotros revelaba que no estaban preparados para esto. Estaban formados para el triunfo, no para la hecatombe. Nunca les dijeron cómo reaccionar en estas circunstancias, sencillamente porque nunca pensaron que les iba a ir tan mal.

Pese a la premura y a la agitación de los minutos previo a la partida, antes de marcharnos nosotros tres ayudamos a Antonin Zapotocky y a su gente a embalar algunas cosas, sobre todo comida. No pudo ser mucha, porque no había cómo llevarla en cantidad ni tenían un gran stock. Nos repartieron, en todo caso, una buena cantidad de pan.

Afortunadamente, Prusa, Baldik y yo estábamos ya más repuestos. Nuestra condición física no tenía punto de comparación con el miserable estado en que habíamos llegado tres meses antes. También anímicamente éramos otros. Dentro de todo, Sachsenhausen nos había hecho bien. Durante estas semanas habíamos recuperado algo de peso y muchas energías que nos iban a ser útiles para los días que nos esperaban.

La marcha final

Salimos dando un largo rodeo por la periferia de Berlín. Eramos un inmenso y desarrapado cortejo de miles de cautivos y sobrevivientes, una corte de los milagros. A pesar de la premura que trataban de imponer los guardias S.S., la marcha era más lenta y pesada de lo que ellos querían. Especialmente en momentos así, no es fácil manejar a una multitud de miles y miles de prisioneros de todas las edades, de diferentes nacionalidades y de muy distinta condición física.

Caminamos en dirección al norte, hacia la ciudad de Lübeck, el resto de la noche y todo el día siguiente. No nos detuvimos en ningún momento. Nuevamente reaparecieron las escenas de hambre, frío, cansancio y muerte, si bien en menor escala que durante la marcha de Goleschau. Ahora no nevaba, llovía, y la temperatura en la noche era de entre 5 y 10 grados C.

Prusa y Baldik iban a mi lado, pero no hablábamos. De repente uno cojeaba. De repente el otro se quejaba. Nada de eso importaba mucho con tal que siguieran, que no se quedaran atrás, que no se detuvieran, que no se desplomaran. Mientras los tres estuviéramos juntos y persistiéramos no sé cómo en esa marcha, todo lo demás era irrelevante.

Como en el trayecto de Goleschau a Sachsenhausen, las bajas fueron numerosas. Fueron muchos los presos –algunos bastante viejos– que no pudieron resistir el cansancio. Tropezaban y caían. A los primeros tratábamos de asistirlos, pero entonces comprobábamos que la fatiga no dejaba margen de acción para milagros. Ellos y todos nosotros sabíamos que a los caídos les esperaban los disparos asesinos de los vehículos S.S. de la retaguardia. Estando próximo el fin de la guerra, estas muertes eran todavía más absurdas.

En ese momento ignoraba que nuestra enorme caravana –han de haber sido varios miles de personas– circulaba por un estrecho corredor que era el último pedazo de suelo europeo todavía en poder de los nazis. Las posiciones alemanas a esas alturas formaban una especie de triángulo invertido, cuya base estaba en el norte y se iba estrechando hasta llegar al vértice de Berlín, ciudad caída y en ese momento prácticamente ocupada por rusos y americanos.

Mientras más avanzábamos, y a medida en que la luz del día comenzaba a declinar, más desorganización veíamos y con más gente en trance de huida nos encontrábamos en el camino. Todavía, sin embargo, se escuchaban los disparos de la artillería germana, en sus últimos estertores y bravatas.

Así pasaron cuatro días. Las tardes, poco antes del anochecer, la caravana se detenía y nos quedábamos dormidos a campo abierto. Al llegar a la quinta noche, nos detuvimos en un bosque y nos permitieron descansar un poco. Estábamos ya realmente extenuados. Antes que la oscuridad fuese total, aprovechábamos la detención haciendo pequeños fuegos, invisibles para la aviación aliada, y cocinando las pocas provisiones que traíamos con Zapotocky y su grupo.

Sé que algo pudimos comer esas noches. Tallarines y papas, y algún caldo de raíces silvestres. No lo recuerdo bien. Después de comer, nos quedamos dormidos. El clima no nos acompañaba. En un momento comenzó a llover, pero yo me tiré al suelo y lo cierto es que no supe mucho más de mí. Sí me acuerdo que, como lo hacía siempre, porque tenía la suerte de soportar el frío mejor que los demás, ocupé el último lugar de la apretujada fila de prisioneros que esa noche caímos a dormir amontonados y exhaustos. Normalmente el que dormía en una punta amanecía muerto, porque el frío no perdona y recibía calor humano de un solo lado.

Debo haberme movido bastante durante el sueño. No sé cómo me desprendí de los demás y me acomodé en una hendidura del terreno. Cuando me despertó Prusa a la mañana siguiente, estaba profundamente dormido. Pero sentí que me llamaba y me daba pequeños golpes en las mejillas. Había aclarado recién y en ese instante me di cuenta de que todo mi cuerpo estaba sumergido en el agua. Sólo la cabeza me quedaba fuera del charco.

Aunque no tanto como yo, todos, claro, estaban mojados. Debe haber llovido fuerte esa noche. Nunca olvidaré que cuando reemprendimos la marcha, era impresionante ver la cantidad de vapor que desprendía nuestra columna. Porque por fortuna salió el sol y calentaba bastante. La caravana producía una enorme sombra gaseosa. Yo seguía vistiendo las mismas ropas de Auschwitz. Los zapatos checos habían dado la vida por mí y ahora calzaba los mismos zuecos de los demás.

Formados de a cinco, caminábamos a una velocidad normal y la caravana era flanqueada por ambos lados por guardias S.S. que iban por los costados a no más de cinco metros uno de otro. Había un límite imaginario a izquierda y derecha que no podíamos traspasar sin que se considerara una manifestación de agresión o de fuga. Si alguien quería orinar o defecar, normalmente, se adelantaba un poco y hacía sus necesidades sin quedar rezagado. Algunos, sin embargo, orinaban mientras seguían caminando.

La gran paranoia desde el sexto día fue la comida. La del grupo de Zapotocky se terminó y nunca los S.S. nos dieron nada, de manera que cuanta hierba podíamos recoger la echábamos al bolsillo para comerla en el camino o cocinarla cuando se pudiera.

A medida que avanzamos, el ruido de la artillería y los aviones, de los fusiles y las ametralladoras, se hizo más fuerte. Parecía que, lejos de ir huyendo, nos íbamos acercando al corazón mismo del frente de combate. Por otro lado, el ambiente de caos era total. En forma intermitente, nos topábamos con grupos de civiles y con soldados alemanes de vista extraviada, con heridos y gente empujando pequeños carromatos. La Alemania nazi se hundía detrás nuestro y la tenaza de los ingleses y americanos, por un lado, y del Ejército Rojo, por el otro, se estaba cerrando inexorablemente.

Así caminamos durante seis días. Sin alimentos y durmiendo a la intemperie, era lógico que muchos murieran. La prueba los superó, no obstante que todos sabíamos que la guerra estaba terminada y que todos tratábamos de maximizar los esfuerzos en los minutos finales de nuestra pesadilla.

Al séptimo día la marcha todavía continuaba. Por efecto de las muertes, la columna de prisioneros se había estado raleando. El desorden también era mayor. Avanzábamos como zombies. Completamente exhaustos, yo apenas sentía las piernas. Sentía sí los hombros de Prusa o de Baldik junto a mí y eso me bastaba. En ese momento era lo único que me importaba. Tal como ellos, yo también tenía la mente en blanco. Prácticamente nos arrastrábamos unos con otros. Por fortuna a mediodía nos desviaron a un bosque a orillas del camino. Mientras nos internábamos, vimos que se acercaban camiones de la Cruz Roja. Nos detuvimos y miembros de esta organización, acompañados por un oficial S.S. y un séquito de guardias, comenzaron a repartir alimentos y a registrar nuestra identidad en los listados de prisioneros. Nos decían que no nos preocupáramos, que todo había terminado, que no debíamos temer por la vida. No habría más matanzas.

Bastante tiempo después supe a qué debíamos tanta delicadeza. El general Eisenhower había hecho una advertencia perentoria a los nazis. Al entrar las tropas americanas en territorio alemán y comprobar la enorme cantidad de cadáveres de presos acribillados, el mando aliado notificó el 25 de abril de 1945 a los nazis que, por cada preso asesinado que encontraran, sus tropas fusilarían a diez prisioneros alemanes.

La Cruz Roja nos comunicó, también, que si alguien no estaba en condiciones de seguir la marcha a pie, podía subirse a los camiones que se dispondría para los más débiles. El ofrecimiento parecía demasiado bueno para ser cierto. Lo aceptaron sólo quienes verdaderamente no podían caminar. Nosotros tres, sin embargo, lo recibimos con sospecha. A esas alturas ya no confiábamos en nadie: ni en los nazis ni en la Cruz Roja ni en nada. Decidimos, entonces, continuar a pie y seguir unidos al grueso de la caravana.

El alimento sí que lo recibimos. Venía en cajas que contenían galletas, chocolate, tarros de conserva y leche en polvo. Fue la primera vez en mi vida que veía leche en polvo y ese día me la comí tal como venía. Seca, amarillenta y pastosa, me pareció excelente. Pasado algún rato, la Cruz Roja se retiró y nuevamente quedamos en manos de los S.S. En ese momento pensamos que habíamos cometido un error no aceptando la oferta de trasladarnos a los camiones. Pero la actitud de los S.S. con nosotros mejoró bastante. Cesaron los fusilamientos y los que caían de fatiga eran subidos a un camión.

La guerra ha terminado

El 30 de abril de 1945 enteramos el décimo día de marcha. Ibamos quedando menos y lo cierto es que ya no teníamos destino. Esa noche estábamos durmiendo exhaustos cuando despertamos ante el rumor de un eco milagroso. Prusa dice que se despertó a orinar cuando comprobó que el cinturón de guardias había desaparecido. De inmediato avisó:

–¡Se fueron! ¡Se fueron! ¡Se fueron!

Nos despabilamos y con incredulidad comprobamos que en realidad los S.S. habían desaparecido. Si todo era como parecía ser, a partir de ese momento éramos libres. En forma un poco banal y sin gestos de heroísmo, habíamos recuperado la libertad.

Sin embargo, no estábamos totalmente convencidos. Con Prusa, Baldik y otros pensamos que podía tratarse de una trampa. Así es que con esta sospecha en la cabeza, y mucho cuidado en los pasos, empezamos a recorrer el bosque hasta convencernos de que, por fin, habíamos encontrado la puerta de salida del infierno de la guerra.

Lo primero que vimos fue un grupo de presos que había quedado casi desnudo. Los guardias S.S., poco antes de la huida, habían obligado a varios de los reclusos a entregarles su ropa. Se la habían puesto ellos con el ingenuo propósito de despistar a los soldados americanos o rusos. Los que habían sido despojados de su vestimenta tuvieron que ponerse entonces a cambio el uniforme S.S. que los guardias habían dejado botado. Pero casi todos se ponían la chaqueta al revés. Era quizás una precaución innecesaria. Bastaba mirarlos para reconocer, a pesar de los uniformes, a qué bando pertenecían.

Si la experiencia de la fuga de los S.S. nos indujo a pensar que éramos libres, lo que vimos a continuación disipó todo género de dudas al respecto. En las ramas de los árboles más próximos colgaban cientos de cascos que habían pertenecido a nuestros antiguos guardianes y verdugos.

Mientras tanto, las estruendosas explosiones no cesaban. Desde esos parajes desolados, la caída del Tercer Reich atravesaba el aire que respirábamos. A muy corta distancia podíamos ver al ejército alemán batiéndose en retirada. Columnas interminables de soldados iban camino al noroeste, huyendo del avance ruso. A los rusos les tenían mucho temor y todos querían entregarse a los americanos.

Los tres amigos empezamos a alejarnos un poco del bosque. Nos movimos con mucha timidez al comienzo. No estábamos acostumbrados a la libertad. A pesar de las evidencias de la derrota nazi, todavía no nos convencíamos de estar definitivamente libres de la brutalidad S.S. Una vez fuera del bosque, mirando por aquí y por allá, dimos con un tanque alemán averiado. Lo miramos con respeto y nos fuimos acercando por los lados con grandes precauciones. Llamamos varias veces por si había alguien en el interior y, como no escuchamos reacción alguna, lo abordamos con gran expectación. Era cierto: se trataba de un tanque abandonado. No había nadie, pero adentro encontramos gran cantidad de comida. Los alimentos eran bastante mejores que los de la Cruz Roja tres días antes. Fue maravilloso pasar con Prusa y con Baldik esa noche en el tanque. Estábamos libres y estábamos juntos. Habíamos sobrevivido. Nos encontrábamos a salvo del frío y pudimos comer con tranquilidad y arrebato. En ese momento no lo supimos, porque no estábamos para nostalgias ni trascendencias, pero esa era nuestra primera noche de libertad en años y nuestra modesta celebración del fin de la guerra. Llegó la mañana del 1º de mayo y, al salir del tanque, por la mente de los tres circuló una pregunta que fuimos incapaces de articular. ¿Qué hacer? No teníamos la menor idea. Eramos incapaces de proyectar la liberación más allá del instante. La experiencia de la guerra nos había anulado toda noción de futuro. Habíamos pasado demasiado tiempo yendo de un lado a otro, arrastrados como objetos por una corriente que nos superaba. Ahora el futuro volvía a ser nuestro y ahí estábamos. Solitarios, indefensos, desconcertados, perdidos en un paisaje que no era nuestro y parecía de mentira.

Cuando el día aclaró, decidimos llegar al camino pavimentado por donde circulaba el grueso de los soldados alemanes en dirección al oeste. Antes de reincorporarnos a la multitud, vimos escenas horribles y tristes. Un grupo de ex prisioneros trataba de disparar bazucas contra soldados alemanes en retirada. Los animaba un deseo de venganza a todas luces superior al estado físico en que estaban. Como ninguno tenía suficiente fuerza para sujetar bien el arma, al disparar los pobres salían expulsados hacia atrás con los hombros y el rostro cubiertos de sangre. Varios deben haber muerto. Por otro lado, los soldados alemanes, al enfrentarse en su huida con los ex prisioneros provistos de armas, recogidas éstas de las numerosas que se encontraban botadas en el suelo, también disparaban. El ambiente no podía ser más caótico.

Los aviones aliados sobrevolaban a muy pocos metros por encima de nuestras cabezas. Pero ya no parecían amenazadores y habían dejado de bombardear. Los ejércitos ruso y americano estaban muy cerca y, respecto de nosotros, se diría que los vuelos rasantes cumplían una función de simple pastoreo. Era el 1º de mayo de 1945, día en que la guerra terminó.

Los soldados alemanes formaban un verdadero río humano. Era un cortejo dantesco de puro fracaso y decepción. Caminaban en desorden y al parecer sin mando. Iban viejos y jóvenes, oficiales y soldados rasos, heridos e ilesos, la mayoría desarrapados pero algunos todavía compuestos. Los cálculos que se hicieron después estimaron en 500 mil el contingente que en esa zona se entregó a los vencedores.

En el trayecto nos separamos de Baldik, que se quedó junto a un grupo de prisioneros donde estaba un pariente suyo. En el caos reinante, no pudimos reencontrarnos sino hasta meses después, en Praga. Prusa y yo decidimos sumarnos al torrente de soldados alemanes. No tuvimos ningún inconveniente en hacerlo. Nos acogieron en forma amistosa y no podían creer lo que estaban viendo. Debemos de haber tenido un aspecto aterrador. Estábamos raquíticos, harapientos y desfigurados. Como hablábamos bien el alemán, intercambiamos palabras con varios soldados y el trato que nos dieron en nada se asemejaba al de los s.s. Eran distintos. Quedaron muy impresionados con nosotros. Preguntaban cómo nos sentíamos y a cada rato nos ofrecían comida. También ofrecieron llevarnos en los camiones que los acompañaban, pero nuevamente triunfó en nosotros la desconfianza. No teníamos en absoluto claro qué rumbo tomarían y en qué manos nosotros y ellos terminaríamos cayendo. Los soldados iban desarmados. Las armas –rifles, metralletas y revólveres– estaban tiradas a la orilla del camino. Nadie quería un combate más luego de tantas carnicerías.

Imágenes en blanco

Debemos haber actuado en forma totalmente intuitiva. Más adelante, al cabo de una hora, nos separamos de los alemanes y nos internamos en un bosque que estaba a unos 500 metros del camino. Era un día despejado y a los pocos

156

minutos de excursión vimos una cocina militar. Nos acercamos y encontramos varios cadáveres de soldados alemanes alrededor. Lo primero que hicimos fue apartar los muertos y darle una mirada al apetitoso gulash que había en las ollas. El guiso todavía estaba caliente y no se veía un alma en todo el contorno. Sólo estábamos nosotros dos y los despojos de los caídos, como macabra compañía. Estábamos solos. El asunto es que ese 1º de mayo de 1945 comimos de verdad. Un guiso caliente y rico, el primero tras muchísimo tiempo. La situación resultaba inverosímil después de tanta penuria.

Luego de comer, no en gran cantidad porque nuestros estómagos se habían achicado, estábamos todavía discutiendo cómo llevarnos la comida sobrante, cuando advertimos movimientos a nuestro alrededor.

—¡Cuidado!

Era una voz alemana dominada por la sorpresa y el temor.

—¡Cuidado, enemigos!

Esta vez sentimos las palabras mucho más cerca.

—¡Pónganse de pie inmediatamente!

De repente nos vimos rodeados por unos doce hombres vestidos de blanco. Todo de blanco. De la cabeza a los pies, desde el gorro hasta los zapatos.

—Estos son los asesinos —dijo uno, en alemán.

Doce fusiles nos comenzaron a apuntar.

No era un sueño. Era un malentendido. Los alemanes pensaban que nosotros habíamos matado a los soldados, cuyos cadáveres estaban esparcidos alrededor nuestro.

—¡Un momento! —dijo Prusa en su alemán impecable—. ¿De qué asesinatos están hablando? Nosotros no hemos matado a nadie.

No hubo respuesta para él, pero sí la reacción de los fusiles.

—Clac, clac.

Era el sonido inconfundible que hacen las armas al pasar la bala.

—¡Por favor, no se equivoquen! Somos prisioneros desarmados. Venimos de los campos de concentración. Cuando llegamos, esta gente ya estaba muerta. ¡Escúchennos antes de cometer un crimen!

Por fin los convencimos del error que estaban cometiendo. Poco a poco fuimos venciendo la desconfianza con que nos miraban. Minutos después ya estábamos conversando como si nos hubiésemos conocido desde hacía tiempo. Efectivamente eran soldados alemanes destinados a las montañas noruegas y deben haber estado tan asustados como nosotros. Nadie podía sentirse dueño de la situación en ese escenario. Los soldados venían en retirada, todavía vestidos con sus albos uniformes de esquiadores.

—¿Por qué no se sientan y comen? Sería una pena perder el gulash.

—Excelente idea —dijeron.

Tomaron asiento y les servimos. Estaban hambrientos. Quizás desde cuándo venían huyendo y ellos sabían que tenían por delante momentos difíciles. Cuando nos despedimos, Prusa y yo nos abrazamos. Habíamos estado muy cerca de la muerte, justo el primer día de la paz.

El amigo americano

Pasado el mediodía del 1º de mayo cesó completamente el ruido de la artillería y el bombardeo de los aviones. Con Prusa, decidimos volver al flujo de los vencidos. El tránsito hacia el oeste continuaba.

Si era un caos lo que habíamos visto en la mañana, lo que sucedía en la tarde simplemente desbordaba la imaginación. La carretera principal presentaba un embotellamiento de tanques, carromatos y camiones similar al atasco de una calle céntrica de cualquier ciudad populosa del mundo. Cientos o miles de armas se encontraban tiradas en el suelo y los alemanes corrían impacientes al alero americano.

Caminando en medio de este desorden, a unos 500 metros divisamos de repente a un soldado americano. Era el primer rostro confiable y la primera figura aliada en funciones que nos tocaba ver. Fue emocionante encontrarlo y acercarnos a él.

Ese soldado, un sargento, fue un conmovedor punto de inflexión de la jornada. Inspiraba autoridad y respeto. Alto y saludable, solitario y erguido, su figura era emblemática de la magnitud de la victoria aliada. Diría que sólo cuando lo vimos la guerra terminó para nosotros de verdad. Los dos nos sentimos protegidos y confiados con su presencia. Habíamos esperado por años la sensación de seguridad que nos dio el verlo. Avanzar hasta él era llegar, por fin, a tierra firme y segura. En él, ahí justo donde estaba parado, terminaba el camino de brutalidad y barbarie que habíamos recorrido. A sus espaldas comenzaba un mundo nuevo, normal, humano.

El soldado americano estaba solo en medio del camino. Como un policía de tránsito, orientaba a los alemanes en tres direcciones distintas, cada una de las cuales conducía a un campamento diferente.

Por la reacción que tuvo, parece que aún no le había tocado encontrarse con prisioneros como nosotros. No entendía cómo podíamos estar vivos todavía. En ese momento Prusa y yo difícilmente pesábamos más de 38 kilos. Debemos haber tenido los ojos salidos de las pupilas y esa palidez cetrina que es típica de la desnutrición. El horror siempre deja huellas en la cara y ese soldado, a pesar de su juventud, tiene que haberlas reconocido.

Al encontrarnos con él, yo, que sabía un poco de inglés, le dije:

—Buenas tardes.

—¡Por Dios! ¿Quiénes son ustedes? —preguntó.

—Hemos estado en campos de concentración.

—¡No puede ser! Pero... ¿cuánto tiempo?

Se desinteresó un rato de la demás gente y no salía de su asombro. Estaba realmente impactado. En forma instintiva se revisó la ropa, se encontró con medio sandwich y nos lo dio. Se lo aceptamos como un gesto de amistad. La verdad es que no teníamos hambre. Habíamos comido sobradamente ese día.

Después de ofrecernos cigarrillos americanos, que no aceptamos porque ninguno de los dos fumaba, nos envió al campamento donde habían instalado un hospital de campaña. Era un hecho: la guerra, por fin, había terminado. Entre nosotros y los demás sobrevivientes no hubo abrazos ni estallidos de alegría. No hubo lágrimas ni de felicidad ni de rabia. Lo único concreto es que el martirio había sido demasiado largo, que estábamos demasiado flacos, demasiado lleno de bichos, demasiado lastimados y demasiado maltratados para tener emociones.

En el hospital varios médicos nos revisaron; distintos auxiliares nos despiojaron, nos cortaron el pelo y nos higienizaron. Mientras estábamos en esos menesteres, se me acercó un oficial americano. Alguien le había dicho que yo entendía bastante bien el inglés.

–Queremos pedirte un favor. Necesitamos detectar a los miembros de la S.S. que cambiaron su uniforme y ahora están entrando a los campamentos como soldados rasos o como presos de los campos de concentración.

–Estoy a sus órdenes –le respondí.

–Descansa dos días y después empezaremos, entonces.

El virus de la ferocidad

A la mañana del tercer día, un grupo de ocho ex prisioneros, proveniente de distintos países, nos apostamos en el camino junto a otro sargento americano que, tal como el que nos acogió el día que llegamos, estaba de punto fijo para distribuir a los campamentos la gran cantidad de soldados alemanes que seguía llegando.

Llevábamos horas viendo la multitud y sólo reconocimos a unos cincuenta S.S. Venían vestidos de soldados del ejército alemán. Les ordenamos sacarse la camisa y les miramos la axila. Todos los S.S. llevaban tatuado ahí su grupo sanguíneo. Lo que había sido previsto para facilitar los primeros auxilios, ahora los delataba.

Después descubrimos a un sospechoso vistiendo ropa de preso de campo de concentración. Pero se veía demasiado fuerte. Lo interrogamos en varios idiomas –checo, polaco, húngaro, alemán– y el tipo hacía como que no entendía. Le ordenamos entonces mostrarnos sus axilas. Entonces reaccionó violentamente y comenzó a increparnos en alemán.

Furiosos, dos de los integrantes del grupo, provistos de palos, comenzaron entonces a darle al tipo una feroz paliza. Creo que hasta le rompieron la nariz, porque sangraba bastante. Al darse por vencido, éste se arrodilló y comenzó a pedir desesperadamente clemencia.

–Sácate la chaqueta y la camisa –le ordenamos.

Según supimos después, en el lado ruso el tatuaje significaba el fusilamiento inmediato.

–Efectivamente es un S.S. ¡Ahí está marcado su grupo sanguíneo!

En los bolsillos el tipo todavía guardaba algunos objetos de valor. Entre ellos, una cigarrera de oro que recuerdo haberme guardado.

La evidencia encontrada sirvió para reanudar, ahora con más furor, la paliza al S.S. Al tipo definitivamente se le había acabado su suerte, porque cuando ya íbamos a entregarlo al soldado americano, uno de los presos políticos que pasaba en ese momento por ahí, dijo:

–¿Saben ustedes quién es el S.S. que ustedes tienen ahí?

–No –contestamos–. Sabemos que es un S.S. muy prepotente, pero nada más

–Es el comandante de Sachsenhausen.

Nos costó creerlo. Hasta el momento habíamos supuesto que era un guardia más. Sin embargo, se trataba de un pez gordo.

–Sí, es él. Es el comandante de Sachsenhausen. Era un carajo –dijo el informante, con desprecio.

–Hay que matarlo.

–¿Cómo?

–Hay que colgarlo.

Fui entonces donde el sargento americano.

–¿Qué sucede? –me preguntó en inglés.

–Hemos encontrado un asesino y queremos castigarlo –le dije–. ¿Por qué no se pone más allá y deja que dos de nosotros se instalen en este lugar para dirigir el tráfico por un momento?

Así lo hizo. Nos dejó solos.

A duras penas, ya que estábamos con poca fuerza, logramos llevar al S.S. al bosque.

Alguien consiguió una cuerda y lo colgamos.

Fue un hecho que por años no me atreví a contar. Temía las consecuencias y la responsabilidad asociadas al acto. Se trataba de un personaje prominente y que durante bastante tiempo fue buscado. Los americanos, y sobre todo los rusos, lo estuvieron buscando por espacio de meses y nunca apareció. Tiene que haber sido nuestro prisionero, aunque yo al menos nunca lo conocí como comandante. Si no lo fue, igual merecía la muerte en nuestro tácito código de justicia, por el hecho de ser un oficial S.S. de alta graduación. En ese cuerpo represivo nadie llegaba tan alto sólo por buena conducta. Había que ser bestia para ascender.

Después supe que el día de la evacuación de Sachsenhausen, el comandante había ordenado matar a cientos de oficiales rusos entonces detenidos en un campo colindante al nuestro. Antes de irse, los había fusilado a todos. Fue una masacre espantosa.

Desconozco por completo la identidad de quiénes llevamos a cabo la ejecución. Nunca los había visto antes y nunca los volví a encontrar después. También ignoro quién fue el preso político que identificó al sujeto que condenamos a muerte. Sólo sé que los autores del ahorcamiento eran sobrevivientes de campos de concentración igual que yo y que la mayoría de ellos no eran judíos.

Aunque creo que los oficiales S.S. merecían un juicio extremadamente severo, porque eran culpables de infamias monstruosas, y sigo pensando que nuestra impulsiva sentencia era justa, porque impidió que el tipo se camuflara entre la muchedumbre y después quedara impune, todavía los detalles de la ejecución –cincuenta años después– me llenan de vergüenza y arrepentimiento.

La forma en que lo matamos fue brutal. Creo que todos los que participamos en el linchamiento terminamos vomitando. El acto por un momento nos convirtió en unos salvajes.

Mientras el ex comandante no cesaba de gritar implorando piedad, la misma que él antes nunca tuvo, se le puso una soga al cuello. No sé de dónde salió la cuerda ni quién la consiguió. Pero, como ninguno de nosotros tenía mucha fuerza, el tipo se caía y, entonces, nuevamente intentábamos dejarlo suspendido del árbol, mientras otros lo golpeaban para impedir que se siguiera moviendo y dejarlo semiinconsciente. Al final, nunca pudimos suspenderlo totalmente y el sujeto fue expirando de a poco, entre las intentonas frustradas por izarlo.

Todo fue atroz. El cumplimiento de la sentencia constituyó un proceso interminable, brutal y rudimentario. Probablemente hicimos justicia, pero el hecho nos envileció a todos y yo por lo menos quedé con esta sensación por espacio de meses.

Una vez muerto, cubrimos su cuerpo con ramas y nos retiramos del lugar. Estábamos agotados, enfermos y asqueados. Tal vez para olvidar el hecho que habíamos cometido, lancé lejos la cigarrera de oro que todavía permanecía en mi bolsillo. No creo que el hecho me haya exculpado, pero en ese momento al menos me alivió. Matar sin el debido proceso a un ser humano, por canalla que sea, no es justificable. Al final, uno también se convierte en bestia, parecido a ellos.

Durante tres días seguí haciendo turnos para detectar a jerarcas S.S. Nuestro grupo descubrió a muchos. El asunto no era fácil dado que eran miles las personas que pasaban. Sin embargo, después de la horrorosa experiencia con el comandante de Sachsenhausen, una vez que comprobábamos la filiación de los sospechosos por el número en la axila, procedíamos a entregarlos a los americanos. Al cuarto día en los campamentos americanos, empezó un brote de tifus y las autoridades declararon cuarentena para el lugar.

Un mundo descabezado

Prusa y yo decidimos que no nos podíamos quedar cuarenta días más estacionados ahí. Comenzamos entonces a urdir la posibilidad de volver a Praga, yéndonos por el lado ruso. Así es que nos arrancamos. Abandonamos el campamento americano y comenzamos a caminar contra la corriente de todo el gentío que seguía huyendo. Como íbamos con la misma ropa de Birkenau todavía, nuestros harapos constituían un pasaporte infalsificable. Para quienes tuvieran dudas acerca de nuestra condición de ex prisioneros estaban además los números que teníamos tatuados en el brazo.

En el camino se podían encontrar abandonados los más diversos objetos. Con Prusa nos apropiamos de dos bicicletas que estaban botadas y reemprendimos la marcha pedaleando. Poco después, llegamos a un punto donde estaban los americanos y los rusos juntos. Era una frontera provisoria, cercana al pueblo de Schwerin. Saludamos a los guardias y nos internamos en la zona que dominaban los soviéticos.

Más o menos a un kilómetro de la guardia fronteriza, encontramos una patrulla rusa que nos hizo bajarnos de las bicicletas. Estaban bebidos pero eran simpáticos. Se portaron muy amistosamente, pero ya cuando queríamos continuar nuestro camino nos dijeron:

–Les damos comida, vodka, lo que ustedes quieran. Pero las bicicletas, eso sí, son para nosotros.

De modo que tuvimos que seguir el camino a pie. No nos quedaba más remedio. Ni siquiera discutimos la decisión de los rusos.

Más adelante, encontramos una carretilla, de las que se usan en la construcción. La tomamos y comenzamos a llenarla de cuanto objeto curioso encontrábamos tirado en el camino. Era como un juego infantil que nos divertía a ambos. Volvíamos a ser niños. Establecimos con Prusa una verdadera competencia en torno a quién echaba el objeto más extravagante a la carretilla. Lo pasamos bien, pero al rato tropezamos con una maleta. La abrimos y vimos que contenía miles y miles de billetes de marcos alemanes. No tengo idea de cuánto, pero la cantidad era enorme. La maleta estaba a tope. También la echamos a la carretilla, pero ésta, a medida que avanzábamos se fue llenando de tantas cosas que al final decidimos tirar la maleta. Nos faltó ojo, desde luego: los marcos del Tercer Reich nunca perdieron su valor y habríamos sido millonarios en caso de haber conservado el botín.

Al anochecer, mientras pasábamos por una aldea, salió un campesino alemán al camino y nos suplicó:

–Por favor, vengan. Entren.

Si bien, después de todo lo que habíamos vivido, desconfiábamos casi por instinto de los alemanes, el campesino se veía un tipo respetable y sano. Parecía que la guerra no lo había tocado sino hasta ese momento. Dentro de su sobresalto, era amable y tenía un candor en el rostro que terminó convenciéndonos. Por lo tanto, accedimos a sus ruegos. Fuimos a su casa y ahí conocimos a su mujer y dos hijas. Las chicas deben haber tenido unos 16 y 17 años.

–Ustedes nos pueden salvar –nos dijo–. Por favor, acepten nuestra hospitalidad.

Prusa me miraba a mí y yo lo miraba a él sin entender un ápice lo que estaba ocurriendo. Más tarde el tipo se explicó mejor.

–Los rusos andan violando a las mujeres y a veces después las matan. Por aquí se ha sabido de muchas víctimas. Incluso de familias completas.

Nuestro anfitrión nos ofreció una excelente comida y después un buen baño. En seguida, nos indujeron a acostarnos con sus hijas.

Parecía una invitación interesante, aunque la decencia nos obligaba a portarnos bien. Lo cierto es que las chicas no corrían ningún riesgo, porque estábamos impotentes. En los campos de concentración ponían en la comida una sustancia que aplacaba los ardores. Por largo tiempo tuvimos el deseo sexual completamente neutralizado, de modo que la gentil compañía que tuvimos esa noche sólo involucró tibieza, alguna ternura, pero nada más.

Estábamos durmiendo cuando, como a las tres de la mañana, un verdadero asalto a la casa nos despertó. Poco faltó para que echaran la puerta abajo. Entraron taconeando fuerte y haciendo sentir su autoridad.

Era una patrulla rusa. Al ingresar a la habitación donde estábamos acostados, el oficial vio nuestra ropa de prisioneros colgada al lado de la cama, se rió y, semiborracho, comentó en ruso:

–¡Que lo pasen bien!

No hicieron nada más. Casi al instante se retiraron y sólo entonces comprendimos el interés del campesino por hospedarnos.

A la mañana siguiente nos sirvieron un desayuno y nos rogaron para que nos quedáramos con ellos. Pero nosotros teníamos otros planes. Queríamos volver a Praga lo antes posible, de manera que nos despedimos, confiando en que esa familia nunca más volviera a ser molestada.

Queríamos llegar a la ciudad de Lübeck para ver qué posibilidades teníamos allí de encontrar un medio de locomoción que nos llevara a Praga. En el camino, sin embargo, nos topamos con una patrulla rusa, cuyo oficial, al vernos tan esqueléticos y desvalidos nos dijo:

–Ustedes necesitan ayuda, muchachos. Se ve que están mal y que han sufrido mucho. Pidan, tomen lo que quieran. Por de pronto, yo les voy a regalar esta propiedad.

Y nos mostró una hermosa casa de campo, con un extenso terreno boscoso alrededor, donde las vacas, llenas de leche, se mostraban intranquilas porque nadie las había ordeñado.

Entramos a la casa y en el comedor nos encontramos con doce cadáveres. Eran miembros de una familia alemana recientemente fusilada. Había de todo: viejos y jóvenes, niños y bebés, hombres y mujeres. Todos habían sido ejecutados mientras almorzaban.

Las pocas horas que llevábamos en territorio dominado por los soviéticos sirvieron para explicarnos el pavor de los alemanes de caer en manos de ellos. Los rusos mataban en forma antojadiza, con cualquier pretexto y ligereza a cuanto alemán que se les pusiera por delante.

Esa noche nos quedamos a dormir en "nuestra propiedad". La casa era magnífica. Tenía finos muebles, costosas alfombras, lámparas de mucho valor. Todo el mobiliario y menaje de una casa bien montada: sábanas, frazadas, toallas, vajilla, cristalería. Ahí no faltaba nada.

Al día siguiente mientras estábamos reposando y disfrutando del confort de la vivienda, llegaron dos jóvenes polacas, prisioneras no judías, bastante agraciadas, con pretensiones de quedarse con nosotros. Para lograrlo, pusieron todo su empeño, pero no tuvieron éxito. Prusa y yo tratamos de complacerlas de otra manera, cocinando algunos platos, pero a ellas obviamente que eso no les bastó. Al final, con el mismo ímpetu que llegaron, decidieron irse. De todas maneras, la polaca que me tocó a mí me brindó los primeros cariños de mujer que sentí en el cuerpo después de mucho tiempo.

Esa noche volvimos a dormir en la estupenda casa y al día siguiente yo me sentí muy mal. Me empezó a subir la fiebre de manera alarmante. Prusa, asustado y sin saber qué hacer, salió en busca de ayuda, justo en el momento que pasaban dos jeeps militares: uno americano y otro ruso. Detuvo al primero y solicitó auxilio a los americanos. Ellos me llevaron al hospital de Schwerin.

Abandonamos entonces el alero ruso y volvimos al territorio dominado por los americanos.

En el poco tiempo que estuve en contacto con los soviéticos supe algunos entretelones que explicaban la ferocidad con que éstos actuaban contra los alemanes. Al comienzo de la invasión a Rusia, las tropas de Hitler habían sido aclamadas en muchos pueblos del territorio dominado por los bolcheviques, porque pensaban que venían a liberarles del comunismo. Sin embargo, los alemanes no se dieron cuenta de ese apoyo y de las ventajas que podían sacar. Insensibles al entorno y a las expectativas de amplios sectores de la población, comenzaron a realizar matanzas indiscriminadas. Pueblos enteros fueron masacrados al paso de los ejércitos del Reich, enceguecidos por el dogma de la presunta inferioridad de los eslavos.

Este comportamiento no fue gratis y trajo como reacción la unidad del pueblo ruso contra el enemigo alemán. La brutalidad de los invasores despertó además la capacidad de venganza que tienen los rusos. Eso lo sabe cualquiera que haya leído las novelas de sus escritores clásicos, pero todo hace pensar que en el alto mando nazi no había buenos lectores.

Cuando llegó el jeep americano a la puerta del hospital ya no me podía sentir peor. En la entrada un soldado americano hacía guardia de punto fijo y, apenas me vio, dio el aviso para que me internaran de inmediato. Para mi sorpresa, los auxiliares, enfermeras y médicos vestidos enteramente de blanco, comenzaron a hablar en alemán. Creo que por reacción espontánea sentí miedo y más temores me asaltaron cuando advertí que ese hospital no estaba en manos de americanos, como yo creía, sino de personal germano.

—Es un tifus —dijo el médico que me examinó.

En ese momento, racional o irracionalmente, me dio pavor. Vistiendo aún ropa de prisionero, con el brazo marcado y una figura inconfundible de campo de concentración, dentro de la fiebre que me volaba, me rondó insistentemente la idea de que me iban a matar. Le grité a mi amigo:

–¡Prusa, no te vayas! Tienes que cuidarme para que no me maten.

Si escucharon el exabrupto, nadie se dio por aludido. Era difícil que entendieran checo. De inmediato, como si nada, me trasladaron con mucha gentileza a una habitación del tercer piso, donde quedé junto a un chico polaco de sólo 15 años que, tal como yo, también tenía tifus.

Lo pasé muy mal. Dormía a ratos, por las noches la fiebre me devoraba y nunca logre salir de un estado de permanente sobresalto. Era una ironía que habiendo soportado toda la guerra sin ni siquiera un resfrío o una indigestión grave, yo me enfermara a las pocas horas de recuperar la libertad.

A la primera enfermera que me atendió le pregunté, entre inconsciente y aterrado:

–¿Qué van a hacer conmigo?

–Vamos a tratar de salvarte. No te preocupes. Aquí no somos S.S. ni de la Gestapo.

Por espacio de varios días, estuve muy enfermo. Incluso pensé que no iba a sobrevivir, debido a las altísimas temperaturas que llegué a tener, sobre todo por las noches. Reconozco que todo el personal del hospital, ciento por ciento alemán, me atendió maravillosamente bien. Mi querido Prusa, con una lealtad que a mí entonces me parecía natural y obvia, venía todos los días a verme. Estaba alojando en una escuela ubicada cerca del edificio del hospital. Compartía una sala de clases con otros checos, a la espera de los buses que debían llegar desde Praga para repatriar a los refugiados.

El muchachito polaco que estaba en la cama de al lado me contó cosas horrorosas que había presenciado. Hablaba lento, sin dramatismo ni rencor. Apenas le salía la voz y presentaba un cuadro patético de debilidad. Nunca lo vi llorar. Hablaba en yídish y en polaco, y entre frase y frase dejaba largos intervalos de silencio. Yo casi no le podía responder y sus palabras entraban a mi conciencia sin esfuerzo alguno. A lo mejor eso explica que muchos de los relatos de ese chico fueran asimilados por mí de tal forma que varias veces dudé de si acaso esas situaciones no eran parte de mi propia experiencia.

–Yo vivía en una casa de dos pisos en un pequeño pueblo –contaba el muchacho–. Cuando los alemanes vinieron a buscarnos, allanaron todas las casas y rompieron todo. Apresaban a la gente y a los que vivían en el segundo piso los tiraban desde las ventanas al camión. Así ocurrió con todos. Con los grandes y los chicos, con los viejos y las guaguas. Menos mal que yo caí bien y no me pasó nada. Pero hubo casos, sobre todo de ancianos, que se despedazaron contra el piso del vehículo.

El repertorio de las atrocidades que contaba era infinito. Por este chico me di cuenta que no se podía comparar el sufrimiento de los judíos polacos al nuestro. Si mi holocausto había comenzado en septiembre del 44, cuando fui llevado de Terezín a Birkenau, el de ellos había empezado mucho antes. Venían sufriéndolo desde el año 39, cuando Hitler ocupó Polonia.

–En una de las detenciones del camión en que nos trasladaron, vi que un S.S. quería quitarle a una mujer de sus brazos una criatura de pocos meses. Como ella se resistía, el guardia le dio un tremendo golpe a la mujer con su rifle. Después tomó al bebé por los pies y le estrelló la cabecita contra un árbol. La cabeza del niño se desprendió. La mujer, enloquecida, se abalanzó contra el S.S. y pretendió quitarle el arma. Hasta ahí no más llegó, porque fue fusilada de inmediato.

Me narró varias otras escenas de dolor. Sobre los judíos polacos se había dejado caer la parte más pesada de la brutalidad y el ensañamiento nazis. Pocos pueblos han soportado tanta barbarie. Pocos tienen una experiencia tan intensa y generalizada de lo que fue el exterminio. De tres millones de judíos polacos, sólo sobrevivieron seis mil.

Al cabo de ocho días el chico judío-polaco dejó de hablarme y murió. Nunca me quedó claro qué lo había matado. Si el tifus o si los horrores que había vivido. Tal vez no hizo gran cosa por sobreponerse. A su juicio probablemente no valía la pena. El mundo en que le había tocado vivir era un infierno.

Cuatro días más tarde, Prusa me gritó a través de la ventana:

—¡Milan! ¡Viene un bus desde Praga y yo me quiero ir!

—Yo también —le grité de vuelta—. ¡Espérame!

Me vestí tan rápido como pude y sin avisarle a nadie, contrariando las indicaciones del médico, me fugué del hospital. Ya habían lavado mi ropa, la misma de Birkenau, y me habían regalado calzoncillos, calcetines y zapatos. Me gustaba mi uniforme de prisionero. Era una especie de identificación.

Regreso a casa

Pero estaba tan débil que no podía caminar. Prusa tuvo que conseguir un monopatín, sentarme sobre él y, dificultosamente, llevarme de alguna manera hasta la escuela.

El bus llegó a buscarnos al día siguiente. Se llenó de sobrevivientes checoslovacos. Me senté al lado de Prusa y mi estado de salud era un desastre. Juntos viajamos a través de una Alemania bombardeada, destruida y doliente, pero nunca nos faltó comida. Nos ofrecieron ropa nueva, pero la rechazamos. El uniforme era nuestro emblema.

En el viaje a mí me dieron una dieta especial, atendido el estado en que me encontraba. El bus llevaba dos enfermeras checas y fuimos objeto de múltiples atenciones. Estaban muy preocupadas por mí y temían que mi lenta recuperación se revirtiera.

La última imagen que me llevé de Alemania fue la de un grupo de cadáveres que había visto en el subterráneo de la escuela antes de subir al bus. Eran prisioneros que se habían salvado del holocausto y que una vez liberados habían fallecido a consecuencia de la sobrealimentación. Con buena intención, los soldados rusos les habían atiborrado de manteca, pan y vodka, lo que era como poner una granada en estómagos que habían permanecido vacíos por demasiado tiempo. Cuando empezaron a sentirse mal, se pasaron al lado americano, pero muchos no pudieron reponerse. Muchas veces, la diarrea y los vómitos acabaron con ellos.

Al cruzar la frontera checoslovaca y llegar a Karlovy Vary, todos nos emocionamos. Era lógico. Imágenes e impresiones muy intensas y dolorosas confluyeron en ese instante.

Yo no sé si los cuidados y las atenciones del viaje me fueron restableciendo un poco o si la felicidad que sentí al volver a mi patria me inyectó de alguna dosis de fuerza que al subir al bus no tenía, porque recuerdo que compartí, como uno más, los agasajos espontáneos que la gente residente en ese balneario nos ofrecía.

Jamás olvidaré la sensación conmovedora de recibir el afecto de esa gente. Después de vivir en medio del desprecio y la brutalidad, recibir aplausos y cariño era como ingresar por la puerta principal y ser readmitidos con honores en la comunidad de los hombres decentes, amistosos y buenos.

Muchas familias de Karlovy Vary habían preparado algo rico en su casa para que nosotros pudiéramos saborearlo. La sencillez y autenticidad de esa bienvenida no estaba en nuestra imaginación.

Luego de comer en torno a mesas bien servidas, en un ambiente animado y afectuoso, nuestro grupo prosiguió el viaje. En cada aldea, ciudad o pueblo nuestro bus era aplaudido por la gente que salía a su paso. El sentimiento de estar de nuevo entre los nuestros, de regresar a la patria y de haber sobrevivido a la catástrofe física y moral de la guerra, más que un estímulo, nos parecía un milagro. Dentro de todo, y en relación a los que habían caído, habíamos tenido suerte. Al menos todavía estábamos vivos y para nosotros sí existiría futuro.

Como la familia de Prusa vivía en Vrany, ciudad anterior a Praga, tuvo que bajarse del bus antes que yo. Nos despedimos de manera sobria y sin aspaviento, como dos personas que hacen el mismo trayecto todos los días.

–Chao, Milan. Aquí me quedo. Volveremos a encontrarnos. Aquí tienes mi dirección.

–Adiós, Prusa. Nos veremos. Has sido un amigo maravilloso y no quiero perderte. No tengo dirección que darte, pero tía Marta te dirá dónde encontrarme.

Era la única manera de despedirnos. No hubo abrazos ni palabras altisonantes. Tampoco lágrimas. Nada, ningún gesto, podía resumir tantas vivencias. Había compartido con él minuto a minuto los años más terribles de mi vida. Yo le debía la vida a él y él me la debía a mí. Por ahora, sólo adiós y nos veremos pronto.

Después de una hora de viaje, llegué por fin a la Estación Wilson de Praga. En Checoslovaquia la figura del presidente americano que negoció el tratado de Versalles, punto de partida de la república, es ampliamente reconocida y la principal estación ferroviaria de Praga resguarda su memoria. Por esos días, ahí estaba funcionando el centro de refugiados. Me inscribí en los registros, me dieron un papel que acreditaba mi nombre y mi condición de ex prisionero de los nazis. Luego me ofrecieron albergue, pero opté por probar mi suerte y salí a la calle.

"Y ahora, ¿qué hago?", me pregunté. Estaba solo, estaba libre y todavía uniformado.

No sabía qué hacer ni dónde ir.

Tal como cuando estaba en el castillo y había visitado con Klaus a mi tía Marta –¡qué lejano parecía todo eso!– me dirigí a su casa en tranvía.

Aunque no tenía dinero, no tuve dificultad. La gente me miraba con cariño. Me preguntaban de dónde venía. Me ofrecían incluso su casa. Dos o tres personas me preguntaron por si sabía algo de familiares suyos que también habían sido detenidos.

Después de mucho tiempo, volvía a ser un individuo y no un simple número. Ahora estaba en mi país, en mi ciudad, pero no sabía si tendría un hogar, una casa o una familia.

Los emocionados sollozos de tía Marta y su marido, y de Sonia, mi prima, me sacaron de esas conjeturas. Quedaron casi inmóviles cuando me vieron. No reaccionaron, no hablaron, no pensaron. De ellas lo único que saqué fueron abrazos y llantos. No lloraban sólo por mí solamente. Lloraban por toda nuestra familia destruida. Lloraban por las inclemencias de nuestro destino.

Ellas también habían vivido una odisea. Cuando tío Haman cumplió la condena que le impusieron por comerciar en el mercado negro –y que le significó estar en una prisión austríaca del 39 al 41– vivió un tiempo de libertad, pero el 1º de agosto de 1944 fue conducido por los nazis, en calidad de judío blanco, a un campo de trabajos forzados en Bystrice, cerca de Benesov, por estar casado con judía y rechazar el divorcio.

Sonia, que tenía 14 años cuando estalló la guerra, tuvo que vivir bajo la constante amenaza de que apresaran a su madre por ser judía. Varias veces fue denunciada por los vecinos y Sonia, a diferencia mía, tenía una muy pobre opinión de la solidaridad checa con los judíos. Tía Marta tuvo que llevar la estrella de David; tuvo que vivir escondida, primero en su casa, después en la de una amiga. Cuando a comienzos del año 44 llegó a los cuarteles de la Gestapo otra denuncia más en contra suya, un oficial de los S.S., Francisco Badelt, se presentó en la casa para revisar las habitaciones. Encontró ahí a mi prima Sonia absolutamente aterrorizada. El tipo se dio cuenta de que la chica estaba al borde de la paranoia y se compadeció. Mi prima –que era muy linda– debe haberlo impresionado. Tanto es así que le ofreció ayuda. Le dijo que por su escritorio en la Gestapo pasaban todas las denuncias de soplonaje y que ella nada debía temer porque él le iba a solucionar los problemas.

Cuando llegó el día en que se recibió en la casa una citación que convocaba a mi tía Marta para transporte a Terezín, bajo apercibimiento de arresto de los demás familiares, a Sonia se le ocurrió esconder a su madre en casa de una señora amiga, no sin antes pedirle que escribiera una carta de despedida para simular un suicidio suyo.

Con esa carta, Sonia fue a la Gestapo, preguntó por Francisco Badelt y le contó el caso. Dudo que el oficial le haya creído la historia, pero lo concreto es que él bloqueó toda gestión de seguimiento y verificación. La tesis del suicidio quedó aceptada y la casa ni siquiera fue objeto de una nueva inspección. En ese momento el riesgo era muy grande porque, para complicar las cosas, Sonia por esos días estaba albergando a una compañera suya que se había fugado de Terezín. Haberle cerrado las puertas, según ella, habría equivalido a enviarla a una muerte segura.

Del departamento de la señora amiga, mi tía Marta pasó después a esconderse en una casa campestre muy aislada. Sonia la iba a ver de tarde en tarde, disimuladamente, para llevarle alimento, gran parte del cual terminó proporcionándoselo su propio amigo S.S. Tal como Klaus, Badelt también tiene que haber sido un buen hombre y una excepción en las filas de los SS. Sonia cuenta que fue varias veces a su casa y que conoció a su familia. Incluso le contó de esta amistad a su padre, mi tío Haman, por entonces en un campo de trabajos forzados, y supe que él le había enviado una carta de gratitud por todo lo que estaba haciendo por Sonia y tía Marta, asegurándole la colaboración y el apoyo de su familia si algún día llegaba a necesitarlo.

No pasaría mucho tiempo antes que el oficial lo necesitara.

Vuelvo a mi reencuentro. Lo primero que hizo tía Marta, una vez recuperada del impacto de verme, fue prepararme un buen baño con agua caliente.

–Tía, ¿quién se ha salvado?, ¿quién ha vuelto?

–Hasta ahora, sólo tú y tu prima Hana. Ella volvió sola. Su marido todavía no aparece. Hana vive a tres cuadras de aquí. Regresó antes que tú, hizo los trámites y le han adjudicado un departamento, totalmente amoblado. Queda en un edificio nuevo, donde parece que vivían puros alemanes durante la ocupación.

Me saqué la ropa con que andaba, me di el mejor baño de mi vida, y luego me vestí con ropas de mi tío Haman. No me quedaban perfectas, pero si podía haber alguien poco exigente en materia de vestuario, ése era yo en ese momento.

Terminados esos menesteres, que, por decirlo así, significaron recuperar el dominio sobre mi propio cuerpo, me sentí tan vacío como cansado. En parte la sensación obedecía a que aún estaba muy débil. Sin embargo, el problema de fondo es que había concluido un período sombrío de mi vida –durante el cual lo perdí todo– y estaba en los umbrales de otra etapa, que yo no sabía cómo comenzar

Tendría que partir de cero.

5
La vida continúa

Miro hacia atrás y no consigo muchas respuestas. El mismo golpe que es capaz de derribar una persona, a otra puede darle fuerzas. Me he encontrado, por ejemplo, mil veces con seres absolutamente liquidados por sus sufrimientos durante la guerra. Son personas a quienes ni siquiera se les puede tocar el tema. El solo hecho de recordar sus experiencias los vuelve a poner en contacto con zonas intolerables de dolor. Tienen una real incapacidad de verbalizar sus heridas.

Esta reacción defensiva fue muy frecuente inmediatamente después del holocausto. Mientras más próximo en el tiempo y en el espacio estuviera el dolor, más necesidad parecía existir de olvidarlo y suprimirlo de la conciencia. Conocí el caso de quienes, queriendo sobreponerse y recomponer su pasado, fueron nuevamente desbordados por sus traumas, a pesar del empeño de serenidad que colocaban al reordenar sus recuerdos. Para ellos hablar de los S.S. no era intercambiar información de gente del pasado sino volver a colocar en el centro de sus vidas a una corte de asesinos y verdugos que, a pesar de la rendición nazi, continuaba teniendo existencia real y mantenía intacta su capacidad de agresión.

Bastaba una sola palabra –campo, horno, gas, Gestapo, perros, transporte– para que inmediatamente se pusieran a temblar y muchas veces a llorar. Nadie mejor que ellos, supongo, podía afirmar aquello de que las palabras pueden ser granadas o puñales. A mí nada de esto, por suerte, me ocurrió. La secuela más dolorosa que me dejaron los años de locura nazi fue la muerte de mi madre y de mi hermano. Eso fue lo peor. En mi caso, creo que las heridas físicas y morales causadas en los campos de concentración sanaron con relativa rapidez. Algo debe haber gatillado mi temperamento, mi naturaleza optimista o a lo mejor mi juventud para que, a partir de mayo del 45, me preocupara más de organizar mi futuro que lamentar mi pasado. La ausencia definitiva de las personas que más quería y admiraba –mamá y Jirka– fue por supuesto difícil de asimilar, pero en este aspecto la naturaleza es sabia y jugó a mi favor.

De ninguna de las dos muertes fui testigo, pero en uno y otro caso jamás las puse en duda de suerte que, cuando fui de vuelta a Praga, había pasado un buen espacio de tiempo, el suficiente para que todos los procesos del duelo hubiesen operado. Los días, los meses y los años hicieron el trabajo que en otras circunstancias hubiera correspondido a una terapia.

Por otra parte, desde Terezín hasta Sachsenhausen, pasando por Birkenau y Goleschau, tuve que preocuparme tanto de mi supervivencia, de mis próximos cinco minutos, del agua, de la comida, del frío, del cansancio, del sueño, que –aunque parezca cruel decirlo– todos los otros pensamientos, por muy graves y dolorosos que fueran, pasaron a ser secundarios.

Además, durante esos años vi tanta agonía y tantos muertos que terminé perdiéndole el respeto a la muerte. La llegué a percibir como un hecho más, como un riesgo ineludible. No sé cómo, pero el temor que naturalmente inspira la muerte en tiempos normales se entibió y al final se disipó en mí. En esa zona, quedé insensible. Voy aún más lejos: tendrían que pasar muchos años –muchos años– antes que volviera a llorar. Me templé. Las imágenes de docenas o cientos de cadáveres me sirvieron para comprender que había participado de una lotería macabra, que si yo me salvaba era sólo por suerte y que, por desgracia, era difícil pretender tanta fortuna para todos. Tal vez por eso fui aceptando de manera natural que me encontraría solo –muy solo– en caso de lograr volver a Praga.

Había otro factor más –pienso– para asimilar las grandes heridas que me había dejado la guerra. Puesto en el trance dramático, siempre he creído que es más fácil aceptar el deceso de los padres o de las personas de la misma generación, que la de los hijos. La muerte de un descendiente rompe las leyes de la naturaleza de una forma brutal, insoportable, y puede destruir una vida para siempre. Conocí durante esos años muchos casos al respecto y es posible que el hecho de haber sido tan joven y de no haber tenido hijos al final me haya ayudado. Entendámonos: no es un problema de mayor o menor cariño. Es algo que tiene que ver con el sentido más radical de nuestro paso por el mundo.

Al final creo que siempre supe que tenía que seguir viviendo, e incluso más, que valía la pena hacerlo. Había que salir adelante.

De una manera u otra, en mayo de 1945 creo que volví a nacer. El mundo al que llegué tenía pocos nexos de continuidad con el que había conocido antes de la guerra, pero no me quedaban más que dos opciones. O lamentarme por el resto de mis días o recomenzar a vivir.

Escogí conscientemente esta última opción. No me gustaría presumir de haber quedado totalmente al margen de los problemas síquicos y de readaptación que tuvieron los sobrevivientes con experiencias similares a la mía. Por espacio de mucho tiempo –dos años, diría yo– jamás salí de casa sin antes echarme unas dos papas cocidas al bolsillo, "por lo que pudiera pasar". Ese resguardo se transformó en un hábito. Probablemente tenía contornos patológicos.

No lo sé. El trauma fue demasiado grande. Ese solo dato sugiere que me sentía bastante menos seguro en el mundo de lo que este relato podría inducir a creer.

Hana reencontrada

Al día siguiente de llegar a Praga fui a ver a mi prima Hana. La ciudad se las había arreglado bastante mejor que nosotros para mantener su integridad. Las calles habían cambiado menos de lo que quise creer en un primer momento y a partir del camino hacia su casa, lentamente, comencé a recuperar mi Praga entrañable. La guerra, que para mí había sido una catástrofe, para la mayoría checoslovaca había constituido una experiencia ingrata, pero no una tragedia. Por cierto nunca sentí rencor. Toda guerra es así: a algunos les toca muy duro, a otros no tanto. Pero los checos, en general, no lo pasaron bien. Fueron un pueblo invadido, un pueblo sufrido y que perdió a manos de los nazis alrededor del diez por ciento de su población. Era frecuente encontrar familias llevando luto por seres muy cercanos y queridos.

Aunque Praga siguiera siendo la misma, Hana, en cambio, estaba muy cambiada. Algunos años mayor que yo, no necesité enterarme de sus experiencias para saber lo que le había ocurrido. Me quedó claro que no tenía el más mínimo interés en recordarlas. Supe que poco antes de la Navidad del 42 había sido enviada junto a su marido, Alexander, Sasha para nosotros, a Terezín. Ellos estaban viviendo en ese entonces en las afueras de Praga. Habían preferido un pueblo chico porque encontraban que la vigilancia aumentaba día a día en Praga. Quizás no fue una buena decisión, ya que las redadas comenzaron por las provincias y los suburbios. Eso explica que haya sido llamada a transporte mucho antes que su padre, José Beck, quien no se movió de Praga y cayó un año después, el 43.

En Terezín, Hana estuvo hasta octubre del 44, cuando pidió ir como voluntaria a Birkenau, dado que su esposo fue llamado a transporte.

–No la sentí como una decisión heroica –me dijo después–. De todas maneras me habrían tomado. Además, no sabíamos a lo que íbamos.

En Terezín mi prima se dedicó a la que era su gran pasión: el teatro. Junto a su marido, fue una de las tantas figuras que alimentó la intensa actividad cultural del gueto en los sombríos momentos de la guerra. Durante el día se juntaba con su esposo, pero en la noche debía irse a dormir al pequeño ático de una casa, donde alojaban sólo mujeres.

Tuvo que transcurrir bastante tiempo para que yo pudiera establecer la línea de experiencias de Hana desde el momento en que llegó a Birkenau en adelante. Ella contaba poco y me costó varios meses sacarle su historia. Me quedó claro sin embargo desde el comienzo que, en cuanto los bajaron del tren que los llevó a Birkenau, mi prima nunca más volvió a ver a Alexander, su marido. Ella misma después me lo dijo:

–Sé que lo llevaron a otra barraca, pero las protecciones y rejas me impedían verlo. Existía entre las barracas –según Hana– un sistema de comunicación a través de silbidos. Yo creo que alguna vez oí a Alexander, pero no puedo estar segura porque no podía verlo. Nunca me recriminé más que entonces no haber sabido silbar. Cuando era niña siempre pensé que en el colegio me lo iban a enseñar. Pero ni siquiera eso aprendí... En Birkenau los silbidos eran un código de comunicación, pero había que tener cuidado, porque las señas podían provenir de un impostor.

Hana volvió a Praga mucho antes que yo, porque se escapó de la columna de prisioneros que venía de Birkenau, después de cinco días de marcha, el 29 de enero de 1945. Era justo el día de su cumpleaños y venían huyendo del avance ruso. Hacía cinco días que no habían comido nada

Hana, mi prima, era una chica de gran belleza y siempre quiso ser actriz.

y aprovechó un descuido de los guardias para evadirse con otra prisionera, una chica de sólo 17 años que después de la guerra se fue a vivir a Canadá.

La decisión de huir fue temeraria, porque por el sector andaban los alemanes disparándole a quien se les pusiera por delante. Bastaba que alguien corriera para que los soldados les dispararan. La estrategia de Hana y su amiga fue no correr. Algunas veces se escondieron en la nieve. En algún momento –me contó– llegaron a una hermosa y pequeña villa para familias de militares. Prácticamente era un pueblito de puras viudas. Después de caminar un poco, se encontraron con cuatro jovencitos de las Juventudes Hitlerianas.

–Nos miraron sorprendidos y reportaron nuestra presencia a un convoy que pasó por el lugar.

Los soldados del convoy le dijeron a los jóvenes que tuvieran cuidado porque ellos iban a entrar al bosque y a disparar a las prófugas en forma indiscriminada. –Yo no quise correr bosque adentro. Estaba muy cansada ya. "Si me quieren disparar, que me disparen", le dije a mi amiga. "No seas melodramática", me respondió ella, sorprendida. Al final, los soldados llegaron donde estábamos. Seguimos caminando a poca distancia de ellos. Iban terriblemente desmoralizados. Uno iba en bicicleta. Ninguno disparó.

Hana y su amiga corrieron muchos riesgos:

–Como todavía estábamos en peligro, tratamos de encontrar refugio en una enorme casa donde se habían reunido muchos prisioneros de guerra, ubicada en territorio ya ocupado por los soviéticos. Pero no era fácil llegar hasta allá. El cruce de las calles podía ser muy peligroso y me aterroricé... Corriendo y evadiéndonos, llegamos hasta esa casa, toqué la puerta y hablé en ruso. Nuestras ropas eran harapientas, pero ya habíamos botado el uniforme de los campos de concentración. Dije que éramos checas y callé nuestro ancestro judío... Después fui a parar a una casa donde habían rusos. Gente sencilla y buena. Era una familia. Una vieja, dos hombres, un tipo joven. Gente inteligente. Nos dieron de comer. Estábamos esqueléticas. Se portaron maravillosamente...

Hana dice que le debe mucho a la chica que se escapó con ella. Era más joven y fuerte y le dio fuerzas para seguir viviendo.

–Llegué a Praga mucho después. Fueron semanas muy peligrosas. Trabajé en una casa con otras prisioneras que venían de Rusia. La lucha continuaba por aquí y por allá. Después nos unimos a una caravana de checos, polacos y rusos. Una mujer del ejército ruso me dio vodka. Nos dijo

183

que no volviéramos todavía a Praga, porque aún estaba llena de nazis. Nos recomendó que camináramos a Polonia, que ya había sido liberada. Yo me podía sentir relativamente segura dentro de las líneas rusas, básicamente porque dominaba el idioma.

Cuando reencontré a mi prima Hana, nos abrazamos con una tremenda emoción. Ella dice que me divisó antes porque estaba en el balcón y ciertamente no estaba preparada para verme de repente. Hana se veía sumamente delgada. Mi aspecto no debe haber sido mejor porque, según ella, a mí la guerra me había echado unos diez años encima. De inmediato me dijo que lo mejor que podía hacer era venirme a vivir con ella. Tenía tres dormitorios confortables en el departamento y acepté con gusto su invitación. Ni para ella ni para mí vivir solo era un panorama muy agradable.

Volví a casa de mi tía Marta, le agradecí su hospitalidad y le dije que me iba donde Hana. Ella me regaló algo de ropa de tío Haman, pijamas y cosas por el estilo, y ese mismo día me instalé en mi nuevo hogar.

Hana todavía esperaba el retorno de su marido. Todas las mañanas hacía un recorrido por las oficinas de la Cruz Roja checoslovaca y otras organizaciones encargadas de ubicar gente, y comencé a acompañarla en esas diligencias. Teníamos que inscribir a todos los parientes que no habían vuelto y consignábamos los nombres de todos los nuestros: hermanos, padres, primos, familiares que nos eran comunes a los dos.

Eran jornadas muy lamentables. No hay nada peor que cuando situaciones de dolor y que comprometen sentimientos, deben mezclarse con trámites burocráticos. La expectación de quienes anotaban a sus parientes era enorme. Cuesta mucho que la gente pierda sus esperanzas. Todavía, por lo demás, estaban llegando a Praga buses con ex prisioneros de campos de concentración. Misiones de la Cruz Roja a menudo viajaban a Berlín y otros lugares para repatriar a los checoslovacos que aún estaban rezagados.

La posible aparición de algún familiar todavía vivo era la ilusión de casi todos los checos. El tiempo nos jugaba en contra porque, semana tras semana, esa posibilidad se iba alejando. Corrían rumores en cuanto a que todavía quedaban sobrevivientes judíos en la Unión Soviética. Se decía que los rusos los tenían incorporados al Ejército Rojo y que de un momento a otro iban a regresar todos juntos. Pero, pasaban los días y nada. Nadie aparecía. Nadie era capaz de entregar pistas concretas de sobrevivencia. Así y todo, la gente seguía viviendo de conjeturas.

Efectivamente, un grupo pequeño de detenidos de los campos de concentración liberados por los rusos, fueron aceptados como voluntarios en el ejército soviético a condición de que estuviesen sanos. Pero fueron los menos. Sin embargo, el hecho de reconocer a algunos judíos con uniforme ruso al momento de la liberación de Praga abrió en mucha gente desproporcionadas expectativas. Esperaban con mucho optimismo retornos y reencuentros que nunca se produjeron. Había, es cierto, otro motivo para alimentar las esperanzas: nadie podía creer ni saber aún que la masacre había tenido las dimensiones que alcanzó. Era demasiado duro aceptar que los pocos que habíamos vuelto éramos los únicos que nos habíamos salvado.

Hubo, claro, casos excepcionales.

Excepcional y terrible, como el que protagonizó Eva Schück. Eva, una checa sin ascendencia judía, estaba casada con Karel Schück, un judío con quien tuvo dos hijos. Yo estuve con Karel en el castillo de la viuda Heydrich durante los 18 meses y llegamos a ser muy buenos amigos. Era bastante mayor que yo. Debe haber sobrepasado los 40 años. Karel pudo mantener contacto con su familia en gran parte gracias a Helenka.

Cuando ocurrió la invasión nazi, Karel, para no causarle problemas a su familia, decidió separarse legalmente de su esposa. Fue una separación acordada y artificiosa puesto que el matrimonio siguió más unido que nunca.

Eva era rubia, buena moza y tenía un corazón de oro. Durante todo el tiempo que estuve cerca de Karel, él recibía de su casa cartas, alimentos e incluso dinero. Aun más, Eva agregaba en sus paquetes cosas para Prusa y para mí, no obstante que no nos conocía personalmente.

Conocí su generosidad hasta mucho después de haber abandonado el castillo, porque recuerdo que estando con Prusa en Goleschau decidimos escribirle y nos mandó –usando como correo a un obrero polaco amigo nuestro– un paquete con algunas ropas y alimentos.

Terminada la guerra, Eva buscó a Karel por intermedio de múltiples organizaciones. Pero no logró establecer ni una sola pista de su marido. Pasados algunos meses, incluso se encontró con un sobreviviente que le informó que Karel había muerto en Birkenau.

Poco tiempo después conoció a un checo que se enamoró de ella y le propuso matrimonio. Como a su modo ya había vivido el duelo por Karel y estaba interesada en darles a sus hijos un hogar estable, Eva aceptó la propuesta y se casaron. Era normal por esa época. Hubo muchos matrimonios checos y judíos que, habiendo perdido su pareja, buscaron rehacer su vida con relativa rapidez.

Eva y su segundo marido llevaban una vida tranquila. Ella se sentía reconciliada con el mundo. De alguna manera, todo había vuelto a la normalidad. La apariencia, no obstante, duró poco. Sólo hasta al día en que llamaron a su puerta y pudo ver a quién tenía al frente. A partir de ahí, su sensación de estabilidad se hizo añicos. Y se hizo añicos para siempre. Porque quien llegaba a casa, en uniforme del ejército ruso y con los brazos extendidos para abrazarla, era Karel, su primer marido.

Yo lo había conocido bastante. Era muy culto y agradable. No sé dónde fue a parar después del castillo, pero me contó que al final de la guerra se salvó gracias a los rusos, quienes lo alistaron en el Ejército Rojo. En cumplimiento de sus nuevas obligaciones, que en cualquier caso eran voluntarias, tuvo que realizar diversas misiones, a raíz de lo cual sólo pudo volver a Praga en diciembre del 45, nueve meses después que todos los demás.

Cuando recordaba con él estos episodios, siempre me decía que no había tenido posibilidades de comunicar a su mujer que todavía estaba vivo y que sus intenciones eran volver. Pasó el tiempo y, haciéndose una mala composición de lugar, pienso que quiso darle una sorpresa a su familia. Fue una torpeza la suya, ciertamente. El reconocía, sí, que antes de llegar tan de improviso debió haber enviado alguna mínima señal. Pero no lo hizo y las consecuencias fueron dramáticas.

Eva, presa de remordimientos, se separó del segundo marido y volvió con Karel. Pero no por eso el asunto se estabilizó. El costo de toda la experiencia fue monstruoso para ella. No mucho tiempo después la mente de Eva hizo crisis y sucumbió. Un día, cuando ya la esquizofrenia la gobernaba, la encontraron muerta. Se había suicidado, metiendo la cabeza en el horno de la cocina a gas. Con su hijo, actualmente médico, nos juntamos hace pocos meses en Praga a recordar la tragedia de su madre.

Historia de un tesoro

Si mal no recuerdo, alguna organización nos pasó en las primeras semanas un poco de dinero para cubrir los mínimos gastos que teníamos. Pero, antes de una semana, empecé a preocuparme de los dineros de mi familia. Con Hana buscamos afanosamente en los bancos, en las cuentas de ahorro. No recuerdo por qué, pero nunca nos faltó durante ese período inicial dinero para el diario vivir. No necesitábamos mucho, pero ese poco que requeríamos no sé de dónde lo sacábamos.

Por esos días, recién llegado, una de las organizaciones encargadas de las víctimas de la guerra, en cuyas oficinas me sometí a exámenes médicos, se ofreció a enviarme a unas termas para que me pudiera recuperar. Preferí sin

Mi papá con el tío José Beck, padre de Hana. Fueron grandes amigos.

embargo quedarme en Praga. Tenía otros planes. Fui a ver
el departamento que había sido arrendado por mi familia.
Ahí estaba, en principio idéntico, pero todo me parecía
distinto. Durante la guerra, había servido de residencia a
una familia nazi y por esos días lo estaba ocupando una
pareja judía que sobrevivió a los horrores de esos años.
Desde luego, no hice ningún esfuerzo por recuperarlo.
Estaba mucho más cómodo con Hana y no sé si hubiera
podido soportar unas habitaciones y pasillos que constantemente me iban a recordar mi juventud familiar. Además,
al departamento de Hana volvió Anezka, su antigua empleada. Ella era una parte insustituible de la que había

sido nuestra familia. ¡Qué mujer con sentido de cariño y lealtad! Cuando Anezka volvió con nosotros, nuestra mesa volvió a recuperar platos y sabores que habíamos olvidado. Era una maravilla cocinando y sus atenciones hacia nosotros fueron un factor importante para retomar una vida más normal.

Esta mujer sencilla, afectuosa y de buen corazón, no era sin embargo sólo una montaña de afectividad. También era la custodia de un trajinado secreto familiar. Había sido designada especialmente por José Beck, el banquero papá de Hana, como depositaria de un tesoro del cual se había hablado mucho entre nosotros y que tenía contornos legendarios. Al menos yo nunca lo vi y siempre dudé que existiera.

José Beck, según se decía, lo había traído de Rusia, en los últimos días de la Primera Guerra Mundial. Pero en realidad la versión era falsa. Lo que sí era cierto era que tío Beck había sido enrolado durante la guerra en un ejército checoslovaco –los Legionarios– organizado por mandato del emperador austro-húngaro para combatir a las tropas del zar.

Eso fue lo que los Legionarios hicieron hasta poco antes que estallara la Revolución Rusa. De ahí en adelante, sin embargo, la alineación de este ejército cambió y los Legionarios decidieron pasarse al bando del zar y enfrentar la marea revolucionaria bolchevique.

Tratándose de un ejército muy selectivo y sin afinidad alguna con la causa revolucionaria, los diez mil hombres que lo componían quedaron en libertad de acción. El ejército, como tal, no se desarmó, pero, en medio de la confusión de la guerra civil rusa, se impuso la cohesión como primera prioridad para salir de Rusia cuanto antes. La situación para ellos era muy complicada porque ya era imposible dar vuelta atrás. El frente occidental estaba copado por el ejército alemán. No les quedó más opción, entonces, que avanzar hacia el oriente, donde el caos de la lucha civil hacía que el avance fuera no sólo difícil sino también temerario.

Los Legionarios atravesaron toda la Rusia europea, llegaron a Moscú, donde el desorden y el terror ya se habían impuesto, y se apoderaron de una buena parte del tesoro ruso. Es posible que hasta los propios agentes del antiguo régimen se lo hayan entregado. Los Legionarios, en todo caso, siguieron avanzando hasta alcanzar Vladivostock, en una marcha que tuvo contornos épicos, pero cuando llegaron al puerto el gobierno bolchevique ya se había afirmado. Lenin entonces mandó emisarios exigiendo la devolución del tesoro, pero como el ejército Legionario aún era poderoso tuvo que negociar. La amenaza de que el tesoro desapareciera en el mar lo obligó a una transacción. Al final los Legionarios entregaron la mitad del botín y con el resto volvieron por tierra y mar a casa. De regreso fundaron en Praga un fondo de pensiones para los soldados y un banco, el Legio Bank, del cual mi tío José fue fundador y presidente. Calculo que entre los años 1920 y 1938 mi tío debe haber alcanzado a reunir una considerable fortuna.

Pues bien, cuando el tío José –el último de la familia– fue convocado a un transporte, antes de irse entregó un enorme cofre a la buena Anezka para que lo ocultara durante su ausencia. Anezka cumplió fielmente el encargo. Estoy seguro que se imaginaba perfectamente bien lo que contenía el cofre. Lo concreto es que, deportado mi tío, ella, según nos contó, abandonó el departamento para irse a su casa, no sin antes llevarse consigo el historiado cofre. Un pariente le ayudó a hacer un hoyo muy profundo en el patio de su casa y allí lo enterró. El tesoro permaneció oculto bajo tierra durante toda la guerra.

Cuando nos reencontró a Hana y a mí en nuestra nueva casa, Anezka contó la historia y nos pidió que fuéramos a la suya a desenterrar el cofre. Una tarde subimos al auto que yo tenía y la acompañé. Anezka vivía en un barrio apartado y cuando llegamos pusimos manos a la obra con chuzos y palas en el lugar donde, según ella, estaba el entierro.

Tuvimos que cavar un hoyo muy profundo y creo que echamos casi toda la tarde. A mí todo el episodio me parecía bastante inverosímil y mientras cavaba apenas daba crédito a la seguridad con que Anezka decía haber enterrado el tesoro en ese punto preciso. Ella ya era una mujer mayor y llegué a temer que su cabeza no estuviera funcionando demasiado bien. Al final, sin embargo, Anezka tenía razón porque, después de mucho, dimos con una superficie dura, que correspondía a la tapa de un cajón de respetables dimensiones, recubierto con latón grueso, tachonado de refuerzos y provisto de chapas de seguridad.

Para el tiempo que había transcurrido, la verdad es que su estado era bastante bueno. Aparte de las chapas, el cajón tenía un enorme candado como cerradura adicional, completamente oxidada. Después de limpiarlo un poco, trasladamos el pesado cofre al auto para llevarlo al departamento.

El día siguiente me conseguí herramientas para abrirlo junto a Hana. Nos costó vencer sus resguardos. El cajón era tremendamente firme y la tapa presentó mayor resistencia que la prevista al comienzo. Al final, no obstante, lo abrimos y comprobamos que el contenido efectivamente correspondía a un tesoro. Había allí una enorme cantidad de monedas americanas y checas de oro y una colección de miniaturas y cajitas labradas en metales preciosos y materiales nobles. Eran trabajos finísimos de orfebrería. El botín se hacía acompañar de gruesos fajos de billetes de dólares norteamericanos –algo así como 30 mil dólares–, en su mayoría semidestruidos por la humedad de la tierra. Estaba claro que ni las monedas ni los billetes podían provenir de las arcas del zar.

Fue increíble la historia del tesoro. Con Hana decidimos que debíamos tomar una caja de seguridad en un banco y ahí dejamos depositado el botín. Anezka tuvo una generosa recompensa. Era lo menos que podíamos hacer. Por esa época, Hana ya había vuelto al teatro y estaba ganando un buen sueldo. Mis ingresos como albacea de la herencia familiar también eran más que suficientes, de suerte que nunca nos vimos en apuros. Excepcionalmente, para financiar gastos extras, solíamos vender con Hana algunas monedas de oro.

Con los caudales depositados en una caja fuerte del Legio Bank, nada teníamos que temer. Pero la historia del tesoro no pararía ahí.

Reencuentro sin destino

Pasadas algunos meses de mi regreso a Praga, mi mejor amigo de tiempos del colegio, Milos Pokorny, me invitó a almorzar a la casa de sus padres. Yo los quería mucho y todo hacía prometer un encuentro grato y distendido. Pero no lo fue. Porque mientras charlábamos, antes de sentarnos a la mesa, se abrieron las puertas del salón y apareció quien menos podía imaginarme: Jitka, mi antigua novia. La propia Jitka.

Estaba bellísima, es cierto, pero a esas alturas para mí ya era una figura inexistente. Había soñado con ella durante tanto tiempo, me había ilusionado tanto primero y decepcionado tanto después, que ya no figuraba en el mapa de mis afectos. Al verla no sentí emoción alguna. Creo que ella advirtió de inmediato mi indiferencia. Fui frío y distante, educado y aséptico. Y ella no estaba preparada para un saludo así, porque empezó a llorar desesperadamente. Me sentí en todo caso muy incómodo. Reprendí con la mirada a mi amigo por su descriterio de exponerme al reencuentro sin aviso. El se acercó y me dijo que Jitka le había rogado que la invitara y que a él los sentimientos de la chica le parecían respetables.

No me cupo la menor duda de que mi relación con Jitka estaba muerta. En los años trascurridos desde que nos separamos, yo me había endurecido por un lado e hipersensibilizado por el otro. Jitka tenía mucho que ver en estos procesos. Desde que me sentí abandonado y traicionado por ella, creo que empecé obligadamente a mirar la vida de otro modo. Ella me había dejado cuando más la necesité y su actitud me volvió aún más indefenso para las experiencias que tendría que vivir después.

No sentí frente a Jitka ni odio ni amor, sino simple indiferencia. Pero como el episodio se volvía cada vez más ingrato, me despedí de los dueños de casa y mi amigo me salió a dejar a la calle entre explicaciones y excusas. El almuerzo naufragó. Jitka se limitó a llorar.

Pocos días después, al llegar al departamento en la noche, me encontré de nuevo con ella. Fue de lo más extraño. En casa no había nadie. Hana volvía siempre tarde del teatro. Me imagino que Anezka le abrió la puerta y le permitió que me esperara adentro. Cuando llegué, todo estaba oscuro y vine a verla una vez que prendí la luz. Por cierto que me asustó.

–Quería verte, Milan –me dijo Jitka.

Sin agregar nada, se desvistió y se metió en mi cama. Hicimos el amor. Para mí fue como un trámite. Y se lo dije:

–No esperes nada de mí. Lo lamento, pero lo nuestro ha terminado.

–Dame cinco minutos, no más.

–Dime lo que quieras.

–Mi mamá, que te adoraba, temió que nuestra relación nos llevara a la muerte. Soy su única hija y tuve que jurarle no volverte a ver. Para mí fue muy terrible, compréndelo. Lloré muchísimo y no hubo día en que no pensara en ti. Lo único que quería era volverte a encontrar para decirte que te amo.

–Cometiste un tremendo error, Jitka –le dije–. Si me hubieras dado una sola señal para decirme que me amabas y que me esperabas, todo habría sido distinto. Te hubiera comprendido. Reconozco que nuestro idilio era peligroso, pero para ti y para mí era el primer gran amor y parecía no tener límites. Pero tú desapareciste de una semana a otra y te negaste incluso al teléfono, sabiendo que te buscaba con desesperación. Te estuve esperando por espacio de semanas, meses y años. Mi amor por ti ya se extinguió. Hoy entiendo a tu mamá. A lo mejor hasta tenía razón, pero tú me debías una palabra o un gesto. Pasaron tres años que para mí fueron una eternidad. Ya no soy el Milan que tú conociste. Además, ahora quiero reorganizar mi vida y mis afectos con calma. Lo siento.

Hacia la normalidad

Fatalmente Hana concluyó que era muy improbable que su marido estuviera vivo y al poco tiempo volvió al teatro. Era lo suyo y en el fondo esta actividad constituía la mejor terapia para su recuperación definitiva. Por fortuna, no le fue difícil reincorporarse a las tablas. Era una actriz connotada y tenía muchos amigos en el ambiente.

Hana adoraba a su marido, Alexander Munk. Lo buscó durante un año y nunca consiguió pistas concretas para establecer qué había sido de él. Buscaba a Alexander y también al que había sido el mejor amigo de su esposo, Fricek Gratum. Pienso que si sólo Fricek hubiera sobrevivido, se habría casado de todas maneras con Hana. Siempre había estado enamorado de ella y Hana también lo quería mucho.

Pasó más de un año y Hana logró rehacerse. Estuve muy próximo a ella durante ese tiempo. El año 46 se volvió a casar. Su segundo marido fue un actor prominente y famoso, compañero suyo en la compañía de teatro, Jirka Pravda, con quien había estado saliendo algún tiempo como amigo. Poco después, a fines del 47, tuvieron un hijo, también Alexander, Sasha, que en la actualidad vive en Inglaterra, tal como Hana. Pravda padre, lamentablemente, murió hace varios años.

Por mi parte, la vuelta a la normalidad también fue acelerada. Luego de informarme un poco de las condiciones existentes para recuperar los bienes de mi familia, contraté una oficina de abogados. Era un estudio importante, encabezado por el Dr. Brumlik, un hombre que se libró del holocausto porque alcanzó a emigrar a tiempo a Australia. Es como si ahora lo estuviera viendo: era pequeño de estatura, inteligentísimo y agradable. Terminada la guerra, volvió a Praga, montó su nueva oficina con cinco o seis abogados de prestigio, especializada en los procesos de restitución de los bienes expropiados por los nazis a ciudadanos judíos checos. En manos de ellos quedaron todos los trámites para recuperar los derechos patrimoniales de la familia, de la cual Hana y yo éramos los únicos sobrevivientes directos.

En realidad Hana era heredera única de la fortuna de su padre, José Beck. Yo, por mi lado, era el heredero también único del patrimonio de los Platovsky y ambos, por partes iguales, compartíamos los derechos de los bienes pertenecientes a las familias Stein y Polak.

Como eran muchos los casos que se empezaron a acumular en los juzgados de Checoslovaquia, los jueces actuaron con suma rapidez. Los procedimientos se simplificaron y fue evidente el propósito de ayudar a quienes habíamos sido víctimas de despojo por parte de los nazis.

Dentro de este contexto, y con la aprobación de Hana, los tribunales me nombraron albacea de todas las herencias, con excepción de la de José Beck, que pasó a ser manejada exclusivamente por Hana.

La fortuna de mis tíos Oto y Olga Polak –un matrimonio sin hijos– consistía principalmente en propiedades cuya administración no requería mayor trabajo.

Por lo mismo, mis responsabilidades como albacea se concentraron en las propiedades de mi tío Franta Stein y su familia. Los tribunales me nombraron gerente general de las industrias de mi tío, asignándome una buena remuneración con cargo a los bienes de la herencia. Se trataba fundamentalmente de dos industrias –Pragoferra y Amta– cuya gestión asumí como desafío personal. Ambas compartían el mismo terreno y algunas instalaciones, y tenían una sola entrada principal. Los dueños originalmente fueron tres socios: mi tío Franta, Alfredo Liebermann, a quien yo también llamaba tío, y un checo no judío cuyo nombre no recuerdo.

Pragoferra, la fábrica más antigua, producía equipos de ventilación para las minas y era representante exclusivo en Checoslovaquia de Ingersoll Rand, la famosa industria americana de compresores. También producía ductos de aluminio y otras instalaciones para purificar el aire en recintos industriales. Amta, por su parte, era una empresa mucho más nueva y se había especializado en mecánica fina.

Con su título de ingeniero mecánico, tío Franta había tenido habilidades de sobra para administrar ambas empresas. Hombre brillante, encantador y muy querido tanto por sus socios como por sus trabajadores, cuando debió alejarse de la función ejecutiva dejó un vacío que nadie pudo llenar.

Tras la invasión alemana a Checoslovaquia el año 39, los dos socios judíos, mi tío Franta y Liebermann, hicieron una venta ficticia al socio checo para salvar las empresas de la confiscación nazi. El esquema funcionó bien al principio, pero cuando comenzó la guerra los alemanes incorporaron las dos industrias entre los proveedores de sus necesidades bélicas. Por esa época mi tío Franta, como judío, no pudo ni acercarse a las industrias y perdió todo contacto con su ex socio checo. Amta recibió el encargo de producir piezas y partes para los aviones de guerra alemanes Messerschmit y el nivel de actividad creció a extremos inverosímiles. La empresa y el checo ganaron mucho dinero y, entusiasmado, el socio checo terminó colaborando resueltamente con los alemanes. Quizás no tenía otra alternativa. Liebermann, que vio venir el desastre, se salvó del holocausto porque se fue el mismo año 39 con su esposa a Estados Unidos, donde americanizó su nombre y pasó a llamarse Fred Libra.

Derrotada Alemania y liberada nuevamente la república checoslovaca con el presidente Benes a la cabeza, fueron intervenidas las empresas checas cuyos dueños habían sido declarados colaboradores de los nazis. Tanto Amta como Pragoferra quedaron a cargo de funcionarios del gobierno, hasta el momento en que aparecimos Hana y yo y me entregaron el control de ambas como albacea.

Poco después llegó a Praga Fred Libra con su esposa, para ayudarme en la gestión. Se quedó esa vez unos tres meses y me dio su respaldo para ejercer la gerencia general. Me dijo que no tenía mayor interés en participar en la gestión de las firmas. Le iba demasiado bien en Norteamérica y estaba aprovechando, entre sus múltiples negocios, las oportunidades abiertas por el Plan Marshall. Vendía equipos americanos a los franceses, holandeses y alemanes y no tenía intenciones de perder sus negocios de Nueva York. Hombre ya de cierta edad, confiaba en mí y, mientras estuvo en Praga, me ayudó a establecer contactos, conseguir clientes y elegir ejecutivos. Pienso que debe haber querido mucho a mi tío Franta, porque siempre sentí que, con su señora, me trataban como a un hijo. Afectuoso y servicial, a él le debo mucho. La primera persona a quien se me ocurrió acudir para indagar la posibilidad de cambiar o revalidar los carcomidos dólares del tesoro de José Beck fue a él. Se llevó consigo los billetes a Estados Unidos. Yo veía muy inciertas las posibilidades de recuperación de los dólares. Pero Fred Libra hizo una excelente gestión ante el Federal Reserve. A las pocas semanas me escribió para contarme que la autoridad monetaria americana, evaluando los antecedentes, la presentación que hice por escrito, que Hana firmó conmigo, y lo mucho que debe haberse movido mi tío Fred, había aceptado cambiar los billetes. Eran unos 30 mil dólares. En esos años, una fortuna.

No fue aquella la última oportunidad en que Fred Libra me tendió la mano.

Reorganizar las empresas fue un desafío considerable. Había que reorientarlas a una economía de paz y mi tío

Fred estaba muy confiado de las perspectivas comerciales europeas que se abrían a través del Plan Marshall, con el cual Estados Unidos colaboró a la reconstrucción de Europa –incluida Alemania– y Japón.

Como poco antes de la caída de Alemania, había muerto el socio checo que tuvo a su cargo las empresas durante la guerra, el negocio fue continuado por la viuda y un hijo. Pero ambos se hicieron humo al momento de la restauración democrática. El gobierno intervino todas las empresas pertenecientes a los inculpados de colaboracionismo con los nazis. Yo no me acuerdo ni del socio ni de su familia. Sólo al cabo de un año se presentó un abogado en representación de la viuda y el hijo para explicar que se habían visto obligados a actuar como lo hicieron. El cuento no era muy convincente. Durante la guerra el socio checo se había enriquecido de espaldas a sus socios. Nunca les pagó un céntimo. El abogado, sin embargo, solicitó una compensación por el tercio de sus representados y, puesto que a mí me parecía que el delito del socio y su familia había sido venial en comparación a otras canalladas cometidas contra los judíos, acepté, con el acuerdo de Fred Libra, llegar a un razonable avenimiento, pagadero cuando las industrias pasaran a poder nuestro.

Cuando me hice cargo de Pragoferra y Amta en 1945, yo no tenía ninguna experiencia empresarial. Pero tuve la suerte de heredar en las dos empresas cuadros de excelentes ingenieros que estaban allí desde los tiempos de mi tío Franta y que se convirtieron en buenos ejecutivos. Elegí, además, gente nueva en distintas especialidades. Con la ayuda de ellos, empezamos a buscar nuevos productos en reemplazo de las piezas y partes para aviones alemanes en que se había trabajado en el último tiempo. Había quedado un fuerte stock de producción que fue imposible vender. La única ventaja era que Amta durante la guerra había sido equipada con maquinaria moderna y que por lo tanto estaba en condiciones de fabricar cualquier producto de mecánica fina. Descubrimos que en Alemania, gracias a la ayuda americana, empezaba a desarrollarse la industria de las copiadoras y que existía la posibilidad de adquirir una licencia para comenzar a producirlas también en Checoslovaquia. Al final llegamos a un buen acuerdo con la empresa Ormig y al cabo de poco tiempo empezamos a producir copiadoras con gran éxito. Pronto comenzamos a exportar a Francia y otros países. Además, conseguimos la licencia exclusiva para el mercado checoslovaco de las calculadoras suecas marca Facit y comenzamos a producir máquinas de escribir de nuestro propio diseño.

Mi trabajo no era técnicamente complicado. Debía juntar a los ingenieros y ejecutivos, ponerlos de acuerdo y en conjunto planificar las actividades. Tenía buenos contactos, llegada directa a los ministerios y no había problemas para conseguir fondos a través de los bancos, en especial del Legio Bank. Existía un clima de gran estímulo a la actividad empresarial.

La verdad es que tampoco necesitábamos gran cosa en materia de financiamiento. Todo se compraba y vendía al contado, y en todos los mercados la escasez tenía contornos dramáticos. Checoslovaquia era un país con demanda insatisfecha en una infinidad de rubros, de suerte que si alguien producía algún producto de buena calidad, las ventas estaban aseguradas. Ese era el caso nuestro. En realidad no dábamos abasto para cumplir con todos los pedidos. Hay que considerar que la mayor parte de las industrias occidentales, sobre todo las alemanas y en menor medida las francesas, estaban destruidas. Eso explica que en muy poco tiempo nosotros hayamos entrado directamente al boom.

Yo también era titular de algunos derechos en los astilleros que mi papá había fundado y que, antes de morir, alcanzó a vender en su mayor parte a CKD, un consorcio enorme, con más de 20 mil trabajadores. Durante la guerra los alemanes obviamente confiscaron el astillero, poniéndolo al servicio de sus planes bélicos, pero CKD recuperó el dominio el año 45. La parte que mi padre se había guardado para sí también estaba siendo tramitada, con el fin de adjudicármela junto con las empresas del tío Franta. En el patrimonio de mi familia figura además un fundo y varias cuentas bancarias de ahorro que habían sido confiscadas por los nazis. El único documento que faltaba para que se materializara el traspaso de los bienes de mi familia a nombre mío era la certificación de la muerte de mi hermano y de mi madre, efecto para el cual debían transcurrir un plazo de tres años. Los años 45, 46 y 47 fueron destinados a aclarar las desapariciones. El plazo vencía en junio del 48, pero esos astilleros, y en general toda empresa checoslovaca, fueron arrebatados por los comunistas en febrero del 48.

Nunca, ni yo ni Hana, fuimos realmente dueños de la enorme fortuna que pertenecía a la familia. Nunca lo lamentamos mucho tampoco, puesto que jamás sentimos que estos bienes fuesen nuestros.

Historia de una familia

Mi tío Franta Stein y su hijo Jirka, al cual me unían muchos recuerdos de la infancia, puesto que teníamos la misma edad, murieron con apenas unas cuantas horas de diferencia. Fue al día siguiente de terminada la guerra. El deceso de ambos es una de las más crueles ironías de la contienda que conozco.

Tío Franta y su esposa Bozena, junto a sus dos hijos, Jirka y Jarmila, fueron enviados originalmente a Terezín. De allí, el año 43, los trasladaron a Birkenau, donde mi tía no pudo sobrepasar el primer examen. Mengele la mandó a la fila del lado izquierdo, que iba directo a la cámara de gas.

Jarmila, separada de los hombres, posteriormente fue enviada a un campo polaco de trabajos forzados. Tenía 15 años solamente. Supimos que después tuvo que marchar, junto a un numeroso grupo de mujeres, a otro campo en Alemania. Ahí encontró la muerte, con ocasión de un bombardeo aliado: los S.S., como he señalado, no permitían a los presos esconderse durante los ataques aéreos. Dos amigas suyas que sobrevivieron me contaron después de la guerra su martirio. Según ellas, formaban con Jarmila un trío inseparable, tal como el mío con Prusa y Baldik. En abril del 45 las tres estaban prestando servicios en una fábrica de granadas y de pronto comenzó un bombardeo. No era la primera vez que ocurría, pero esa vez a Jarmila le dio pánico. Las bombas estaban explotando muy cerca y ella, poseída por el terror, arrancó al patio de la fábrica. Una bomba le cayó encima y su muerte fue inmediata. A las otras dos amigas, que no se movieron, nada les ocurrió. Si Jarmila no se hubiera separado de su grupo, seguro que todavía viviría.

La suerte de tío Franta y mi primo Jirka fue menos dramática, pero no menos trágica. Luego de haber sobrevivido ambos a una marcha de la muerte semejante a la nuestra –de Polonia a Alemania– fueron llevados al campo de Dachau, en las cercanías de la frontera checa. Los evacuaron de ahí en abril del 45, cuando los aliados avanzaron, poco antes del armisticio, llevándolos en dirección a Terezín. Agotados, hambrientos, debilitados en grado extremo, ni el papá ni el hijo soportaron esa marcha bestial. El grupo donde iban cruzó la frontera checa justo el 30 de abril del 45, en momentos en que las tropas alemanas se estaban rindiendo a las fuerzas del general Patton. Al día siguiente murió mi primo y puedo imaginarme la desesperación de mi tío al verlo muerto. Tiene que haber sentido un dolor tan intolerable que horas después él también moría, a pesar de los esfuerzos que realizó un equipo médico norteamericano para salvarlo. Es obvio que tío Franta no quiso seguir viviendo sin su hijo.

La crónica de la desaparición de la familia Stein es una de las pocas que se conoce con precisión y detalle. Cada una

Mi primo Jirka Stein. Logró sobrevivir a la guerra, pero murió al segundo día de firmada la paz.

de las muertes fue informada oportunamente por testigos y en todos los casos quedó registrado el día del deceso. Millones de víctimas del holocausto tuvieron, en cambio, una muerte anónima. Nadie conoció las angustias que padecieron, nadie posiblemente los asistió en sus últimos momentos y, en buena parte, las defunciones ni siquiera quedaron registradas. El tema es terriblemente doloroso. Lo que aquí está en juego no sólo son seis millones de muertes. El holocausto significó sufrimientos, separación de padres e hijos, soledades y desarraigos, masacres indiscriminadas de gente inocente. Murieron seis millones de personas que tenían nombre, alma, familia, ideales y sueños. Por la escala del genocidio y la organización de la masacre, nada parecido se encuentra posiblemente en la historia universal.

Las primeras tensiones

Después de la guerra quise reiniciar mis estudios. Siempre había tenido el propósito de seguir una carrera y me sentí humillado cuando los nazis me impidieron terminar mis estudios secundarios. De suerte que cuatro meses después de volver a Praga, en septiembre del 45, aprovechando las facilidades que se estaban dando, me inscribí en la universidad para estudiar medicina. Tuve que hacer un pequeño trámite para que me reconocieran el examen de bachillerato que yo no pude hacer debido a la invasión nazi. Sí me reconocieron haber cursado el último año de educación media en el colegio judío de Brno. No me pusieron ningún problema, porque el ánimo existente en todos los círculos, y sobre todo en el sistema educacional, era brindar las máximas facilidades a las víctimas de la guerra para completar sus estudios.

Bastó que certificara que había rendido exámenes del último año para que quedara listo para entrar a la universidad. Me dieron, incluso, excelentes notas y quedé en condiciones de escoger la carrera que quisiera.

Por eso me fui a medicina. Había sido siempre mi mayor aspiración y sentía que era la profesión que mejor cuadraba con mis aptitudes vocacionales. Así llegué a la Universidad Carlos IV, la misma donde había estudiado ingeniería mi padre. Al final, alcancé a estudiar un año medicina y sólo porque desplegué un tremendo esfuerzo.

Después de medicina, me cambié a leyes. Lo hice por dos motivos. Primero, porque los estudios de leyes podían ser vespertinos. Y segundo, porque vi que era totalmente incompatible mi actividad empresarial con los estudios de medicina.

No obstante que entre ambas profesiones no existía relación alguna, me reconocieron el año de los estudios hechos en medicina para poder ingresar al segundo año de derecho. Ahora me doy cuenta que daban tantas facilidades en la universidad que si hubiera terminado cualquiera de las carreras habría sido un profesional incompetente. Era casi imposible no aprobar un examen. Ayudaban más de la cuenta. No sé si dábamos pena o si existían órdenes superiores de suplir a cualquier costo la dramática escasez de profesionales en el país, luego que las universidades habían estado cerradas durante mucho tiempo.

Si la acelerada politización era un dato relevante en la universidad, en las fábricas constituía un verdadero problema. Poco a poco el país comenzó a perder la paz social. Primero empezaron las presiones por sueldos y las amenazas de huelga. Después, a mediados de 1947, las calles se convirtieron en escenario de protestas y desórdenes. La prensa entró al túnel sin retorno del dogmatismo y las polarizaciones.

En las primeras elecciones, el efecto sicológico de la liberación de Checoslovaquia por parte de los rusos permitió a los comunistas convertirse en la fuerza política más importante, con un 35 por ciento de la votación.

Llegaron de Estados Unidos e Inglaterra los políticos exiliados que se fueron el año 39 con la invasión alemana y que habían formado, con el presidente Benes a la cabeza, un gobierno en el exilio. Su orientación era de centroderecha, pero al obtener los comunistas esa mayoría, Benes no pudo menos que llamarlos al gobierno, lo que les permitió hacer una serie de juegos y movimientos para enrarecer el ambiente.

Yo estaba demasiado concentrado en las fábricas a mi cargo y no se me pasó por la mente que pudieran iniciarse huelgas y cosas por el estilo después de las terribles experiencias que habíamos pasado. Pero, desde el año 47 en adelante la situación fue poniéndose antipática. Si bien a nivel nacional los problemas eran artificiales, sus repercusiones generaban objetivas distorsiones en el desenvolvimiento de todos los sectores de actividad. Yo, que todavía simpatizaba con el marxismo, no sentía aún el verdadero peligro que esta situación envolvía para la actividad privada. Fui un ingenuo. Ingenuo por enésima vez.

Las demandas de todos los sectores se hicieron constantes. A mí, los obreros me empezaron a exigir mil cosas, y muchas veces, al hacerlo, me advertían que sus peticiones no surgían de la convicción propia sino de estrictas instrucciones partidarias.

–No lo tome usted en forma tan seria. No le vamos a hacer daño a esta empresa –aseguraban.

En Pragoferra y Amta yo tenía a mi cargo 506 trabajadores en total, pero ignoraba que esta dotación me iba a traer problemas a corto plazo, sólo por el hecho de sobrepasar una planta de 500 personas.

Prusa de uniforme

Franta Prusa después de la guerra volvió a lo suyo y se reincorporó al ejército. Pasó un tiempo en el cual no lo vi, porque estuvo lejos de Praga, pero luego tuvimos mucho contacto. El reencuentro demostró que seguíamos siendo tan amigos como antes, con la diferencia de que ahora, aparte del pasado compartido, también podían unirnos algunos momentos de alegría. El era teniente y muy pronto lo ascendieron a capitán. Cuando desde el año 46 comenzó a venir a Praga con más frecuencia, le encantaba prestarme uno de sus uniformes y los dos salíamos de juerga vestidos de militares. Hay mujeres para las cuales un uniforme es irresistible y el traje, si bien un poco estrecho porque estaba más gordo que mi amigo, me quedaba bastante bien. Al menos yo me sentía muy seductor en él y las conquistas nos llovían. Prusa era tan amigo que cada vez que venía a Praga traía un uniforme completo de repuesto en la maleta, especialmente para mí. La broma transgredía abiertamente las disposiciones que penaban el uso indebido de uniformes militares, pero nosotros nos divertíamos tanto con nuestras payasadas que en ningún momento nos dimos cuenta de estar jugando con fuego. Prusa en este plano era mucho más irresponsable y por su propia condición de capitán corría el riesgo de perder mucho más que yo. Por fortuna jamás tuvimos ningún problema. ¿Quién iba a atreverse a importunar a un oficial de ejército?

Me imagino que en algún momento crecimos, porque fuimos dejando de lado estas jugarretas. Prusa se serenó y un buen día me anunció que se casaba con Hana, una joven checa, no judía, hija de una familia de abolengo. Me pidió que fuese testigo de su boda y recuerdo haber ido a su pueblo –Vrany– con ocasión de la sencilla y sentida ceremonia civil.

Cosas de la vida: Prusa, una vez readmitido en el ejército y, más aún, una vez casado y con los comunistas en el poder, negó su pasado judío. Prusa es su apellido por adopción, después de la guerra. En realidad él se llamaba Franta Propper. Fue lo que hizo mucha gente, si es que no la mayoría de los judíos checoslovacos. Baldik también hizo lo suyo. Renunció al apellido Meisel y en 1948 pasó a llamarse Jirka Melan.

Cuando yo volví a mi patria el año 90, y fui a ver la lista de la colonia judía de Praga, descubrí que no quedaban más de ochocientos. Demasiado pocos para ser cierto. Necesariamente muchos deben haber cambiado su identidad. La razón que Prusa me dio era que en el ejército tenía más posibilidades llevando un apellido no judío. Pero es posible que el asunto haya sido más profundo que eso. Es cierto que cuando cambiaron de identidad, venían saliendo de una tragedia horrorosa, asociada precisamente a la filiación judía. Pero todo indicaba que la pesadilla había llegado a su fin. ¿Temían Prusa y Baldik que el desastre reapareciera? La verdad es que no lo sé. En ese tiempo, cuando cambiaron su apellido, todavía el antisemitismo de Stalin era un dato larvado, que sólo tiempo después se hizo patente, y de modo muy brutal, de suerte que difícilmente este factor puede haber pesado en la decisión.

Nunca le di importancia al asunto. Después de lo que nos había pasado, a mí cualquier cosa que sirviera para mejorar las expectativas me parecía positivo. Además, con mi escepticismo religioso, nunca me había sentido un judío químicamente puro y, por último, hicieran lo que hiciesen, Prusa y Baldik de todas maneras iban a seguir siendo mis más íntimos amigos.

Creo que Prusa ha sufrido bastante con todo esto. No por mala conciencia o razones parecidas, sino porque todavía siente en su historia familiar una herida. Nunca quise indagar mucho en ella y las veces que se lo he preguntado, Prusa se emociona.

Sé, sin embargo, que una parte de sus penurias en los últimos años estuvieron relacionadas con una de sus hijas. La chica se casó con un ruso medio checo que se hizo muy amigo de Prusa, su suegro. Pero el tipo dejó de saludarlo el día que se enteró de que era judío. Nunca volvió a dirigirle la palabra ni a entrar a su casa.

La fiesta inagotable

A los dos o tres meses de volver a Praga, recuperé mi capacidad sexual. Lo curioso es que el tema nunca me quitó el sueño. Sencillamente no tenía deseo. Creo que si el efecto de las sustancias que ponían al principio en la comida de los campos de concentración nunca se me hubiera pasado, habría vivido como un eunuco. Con una tranquilidad beatífica y sin mayor problema. Nunca me habría excitado y, por lo tanto, jamás habría tenido la urgencia de relacionarme sexualmente con una mujer.

Los médicos que me examinaron, en todo caso, siempre me encontraron totalmente sano y aseguraron que todo era cuestión de tiempo. A corto plazo, según ellos, el deseo iba a volver. Pienso que también influía la tremenda desnutrición durante los últimos diez meses de la guerra.

Y efectivamente volvió. Lo supe cuando me sentí atraido por una vecina, cuyo encanto me trajo de vuelta al mundo de la sexualidad. La veía pasar con frecuencia y comencé a cruzar con ella miradas de complicidad. Era atractiva. Vivía con su hermana. Ambas eran judías y ambas sobrevivientes de campos de concentración.

Se llamaba Eva y tenía 29 años, cinco más que yo. Su hermana era actriz y también muy bonita. Con Eva no tardé en iniciar una relación estable y oficial. Creo que siempre estuvo más enamorada de mí que yo de ella. Nos entendíamos muy bien, especialmente en el terreno sexual. Era fantástico, porque ella lo necesitaba tanto como yo. El sexo puede ser una excelente catarsis y no cabe duda que es la más gozosa de todas. Lo pasábamos muy bien. Salíamos a comer, a bailar y a todos los lugares de entretención. Además, Eva vivía en el edificio que estaba frente al mío, y esto hacía más cómoda nuestra relación. La hermana de Eva, al ser actriz, pronto se hizo muy amiga de Hana. Si bien no estaban al mismo nivel profesional, puesto que mi prima era una actriz conocida incluso desde antes de la guerra, Hana le tomó mucho cariño y solía aconsejarla.

Eva era inteligente, más bien intelectual, cariñosa y una mujer con gran sentido del humor. Antes que yo apareciera en su vida, había tenido varias relaciones. Según me dijo una vez, llegó a querer mucho a uno bastante mayor que ella.

Físicamente Eva era bonita. Estaba lejos de ser, como su hermana, una belleza espectacular, pero tenía unos lindos ojos azules, el pelo castaño y un cuerpo muy proporcionado. Nunca quise sin embargo irme a vivir con ella. Prefería que la relación se mantuviera en el plano en que estaba; si algo yo no quería en ese momento era un compromiso perdurable. Además, por el hecho de ser ella cinco años mayor, creo que nunca pensé en proponerle matrimonio. Eva, en cambio, sí que estaba muy esperanzada en que hubiera boda y tiendo a pensar que nuestra diferencia de edad la acomplejaba un poco. Yo no era un tipo fiel y ella lo sospechaba. Sin tener ni por asomo la contextura de un don Juan, pronto me empecé a acostar con otras mujeres, en relaciones totalmente pasajeras. Creo que era un intento por recuperar los años perdidos. Hoy día sería incapaz de recordar nombres, rostros y figuras de mis conquistas de esa época. En este plano la memoria de todo seductor es frágil y la lógica de la conquista es paralela a la del olvido.

El año 47 fui en dos o tres oportunidades a Francia. La última vez volví en diciembre de ese año a Praga, cuando la situación política en mi patria iba derecho al despeñadero. A París se viajaba en tren: en el Orient Express. Primero se pasaba por la Alemania ocupada por los americanos y después se entraba al territorio francés. Viajar en tren era magnífico y a mí me encantaba. Los carros eran lujosos y en el comedor, antiguo y elegante, se comía magníficamente. El paso por las fronteras era simple y ni siquiera nos despertaban cuando estábamos durmiendo: bastaba con entregar el pasaporte al conductor.

Fui a Francia por un período más largo –tres meses– porque el presidente de la empresa americana a la cual le comprábamos los compresores, Mr. Lorn A. Green, me invitó a que me interiorizara de su fábrica en París. Green había estado con su mujer en Praga y ambos me tomaron un inmenso cariño; él se convirtió en una suerte de tío y siempre se mostró dispuesto a ayudarme. A raíz de esa visita y de lo bien que le caí, un día me dijo:

–Milan, yo quiero que vayas tres meses a París y aprendas algo de marketing y de todo el desenvolvimiento de la fábrica que tenemos allí. Te proporcionaremos toda la información que tenemos y toda la que tú requieras. Te va a hacer bien. Conocerás toda nuestra red de distribución en Francia y Europa, lo que te servirá para hacer nuevos y buenos contactos. Yo sé que no necesitas dinero, pero igual te voy a pagar un sueldo y los viáticos correspondientes mientras estés allá.

Cuando ya estaba jubilado y bastante viejito, él y su señora vinieron a visitarme en Chile. Era una bellísima persona y tengo un cálido recuerdo de ambos.

Mis tres meses en Francia fueron, aparte de interesantes en el plano empresarial, un tributo a la disipación. Ahí entendí por qué Francia podía ser el paraíso para un libertino, en ese tiempo al menos. Llevé durante los tres meses una vida sexual desatada y descubrí que las francesas, en ese sentido, podían ser maravillosas.

A raíz de uno de los viajes, me correspondió pasar el 14 de julio del 47 en París y esa experiencia me abrió los ojos. Los ojos y los apetitos. Fue la mejor fiesta que yo he visto en mi vida. No estuve en la celebración de 45, pero dudo, con todo lo monumental que debe haber sido, que superara a la de 47. Después he estado en otros 14 de julio, pero han sido otra cosa. Muchos fuegos artificiales y mucho programa preparado al detalle, pero sin ese espontáneo sabor popular y orgiástico que yo vi en aquella ocasión.

La celebración fue una locura en la calle. Textualmente: una locura. Yo ya hablaba más o menos el francés y salí de parranda con un grupo de amigos. Salíamos a tomar Pernod. Ibamos a bares donde ya nos conocían y donde lo habitual era que cada uno pagara una ronda de tragos para todos los integrantes de la pandilla. Según ellos, si yo quería pasar un auténtico 14 de julio, debía acompañarlos a la Place de La Bastille, que era donde confluía todo el mundo, desde gente elegante hasta vagabundos. El ambiente era de alegría total. La gente bailaba a destajo tomada por los hombros. Todos se besaban con todas. Las botellas corrían de mano en mano y, si uno lo quería, podía embriagarse gratis en cosa de minutos. Los abrazos abundaban por igual entre amigos que entre desconocidos, todo esto sin parar, sin decaer nunca el entusiasmo ni el ritmo frenético del delirio. No había límites. Era más que un carnaval. Nosotros dejamos un poco de lado el ímpetu sexual y nos dedicamos a bailar toda la noche, aprovechando que había orquestas por todos lados y que todo París era una fiesta.

Lo pasé muy bien en Francia. Reconozco que los franceses no siempre son simpáticos con las visitas, pero creo que si a alguien lo incorporan a su mundo, como a mí, esa persona lo va a pasar estupendamente bien. Vivía en un hotelito pequeño cerca de la Gare Saint Lazare, el Hotel de L'Europe. Tenía encanto y era barato. Al frente funcionaba un restaurant sensacional, donde a veces iba a comer solo. Allí conocía a la hija del dueño, Jeanette. Simpatizamos pronto y un día me sugirió que la invitara a mi hotel. Con esta chica, muy atractiva y un poco mayor que yo, terminé muchas de mis agotadoras jornadas parisinas. Era muy simpática e imaginativa en el arte del amor. Tenía un novio bastante mayor y esto daba mayor libertad y comodidad a nuestra relación. Ese factor me salvaba de compromisos mayores y me prevenía del riesgo de que quisiera andar pegada a mí todo el tiempo. La chica llegaba a mi dormitorio, por ejemplo, a las 11 y se iba a la una de la madrugada, con lo que me daba tiempo para dormir tranquilamente, sin necesidad de trasnochadas excesivas que desordenaran mis actividades del día siguiente; ni siquiera tenía que ir a dejarla. Fue una relación que contribuyó a que Francia me resultara entretenida.

Puedo haber sido infiel, pero no era ingrato. De Eva me acordaba bastante y con frecuencia la llamaba por teléfono. En mi relación con ella, tenía sentimientos encontrados. Por una parte, como no estaba totalmente enamorado, pensaba que nadie podía limitar mi libertad. Pero, por otro lado, la quería y me habría dolido si ella hubiera interrumpido nuestra relación. Yo consideraba estar ejerciendo los derechos sexuales que me confería la "libertad estadística". Así la llamaba yo. Entendía que era justo, puesto que había perdido varios años de vida normal, que me tomara mis licencias para recuperar de alguna manera el tiempo que me habían robado. En Praga no se me hubiera ocurrido salir a bailar o a comer con otras mujeres. Me acostaba con otras muchachas, es cierto, pero sin involucrarme sentimentalmente. Para mí era sexo estadístico solamente.

Por esa época me hice amigo de Jirka Stern. Yo lo ubicaba de antes, de Praga, pero nunca había alternado gran cosa con él. Mi mamá había sido muy amiga de la suya. Era un judío checo y también había sobrevivido al holocausto. Como simpatizamos de inmediato y él no vivía ni mucho menos en la opulencia, decidí hacer algo que me iba a ser de gran utilidad después: arrendé a medias con mi amigo un buen departamento amoblado de dos dormitorios en el barrio de la Torre Eiffel. Me había gustado tanto París, me había enamorado a tal punto de sus calles y lo había pasado tan bien, que supuse que frecuentemente iba a estar volviendo a esta ciudad, una vez que me reintegrara a mi trabajo en Praga. Por tales motivos, y ante la oferta de mi amigo, decidí compartir el alquiler del departamento, pagué por anticipado varios meses y dejé ahí parte de la ropa y varios de los efectos personales antes de volver a Checoslovaquia. El trato al que llegué me era ventajoso, puesto que, por un lado, me salía más barato que el hotel, y por otra parte, tenía la posibilidad de dejar muchas de mis pertenencias de uso diario en París, lo que simplificaría los constantes viajes que pensaba realizar. Confieso que había una tercera ventaja: en una ciudad así, siempre era conveniente disponer de una pista de aterrizaje para amoríos imprevistos y ese departamento no estaba mal como cuartel general de dos competentes seductores.

Jirka Stern apareció en los días finales de mi beca en París. Me lo encontré en el Café de la Paix y ahí mismo comenzamos a hablar sobre Checoslovaquia y la guerra. Había estado en Birkenau y tenía en el brazo marcado el número B 11773. Debe haber llegado a ese matadero muy poco después que yo. Desde Birkenau lo habían trasladado a otro campo y, al término de la guerra, lo habían liberado. Sobrevivió él y también su hermano, Karel, que continuaba viviendo en Praga. Me llamó la atención la visión clara y pesimista que tenía sobre el desmedido protagonismo de los comunistas en la vida política del país. Según él, eso iba a traer nefastas consecuencias en el futuro inmediato de nuestra patria.

–Yo no voy a volver, Milan –me decía–. No te engañes, eso va a terminar mal. Además, me costó tanto legalizar mi situación aquí que no voy a tirar así como así todo el tiempo y el dinero que invertí para conseguir la residencia. Y estoy feliz de haber venido, porque te insisto, en Checoslovaquia la cosa va a terminar mal.

No era común encontrarse con personas que tuvieran esta visión del futuro de mi país. Lo que abundaba era lo contrario: gente eufórica con el fin de la guerra, con el ejercicio de las libertades y con el esplendor económico; hombres y mujeres inocentes e ignorantes, que minimizaban los alcances del Kremlin. Entre estos –ahora lo sé– también me contaba yo, que ya había sido ingenuamente incauto con los nazis y que volví a serlo con los comunistas.

–El presidente Benes es un buen hombre –decía Jirka–, pero en el fondo es débil y los comunistas se han dado cuenta. Le va a ser imposible dominar la situación, lo que traerá como consecuencia que Checoslovaquia caerá para siempre bajo la dictadura y la miseria marxista...

Aun cuando en ese momento estaba lejos de suscribir su deprimente pronóstico, sus palabras me quedaron grabadas en el subconsciente y creo que al cabo de poco tiempo me ayudaron a tomar la decisión que correspondía, cuando era evidente que los vaticinios de Jirka se estaban cumpliendo.

La república popular

Cuando volví a Praga desde París en diciembre de 1947, noté que el tiempo no había pasado en vano. El ambiente ya era distinto. Había operado un profundo cambio en la vida de mi país. Era evidente una grave y profunda intranquilidad laboral; cualquier operario mostraba un nivel de rebeldía, telecomandada desde otros ámbitos, absolutamente insoportable. Eran habituales en la calle las manifestaciones obreras contra el presidente Benes, organizadas por los comunistas y dirigidas sin gran disimulo por ideólogos soviéticos.

Nunca pensé que un cosa así podía ocurrir. La gente de trabajo nunca imaginó que el régimen político, y sobre todo la economía, podía dar semejante vuelco en el país. En términos comparativos, Checoslovaquia era una nación próspera. El futuro parecía prometedor, no había cesantía y aún perduraba la euforia de la liberación. La recuperación de la libertad y el retorno del exilio del presidente fueron hechos celebrados por todos. Pensábamos que había que estar loco para querer cambiar estructuras que probadamente estaban funcionando bien. Y, sobre todo, había que estar demente para cercenar el valor de la libertad. Nos había costado mucho recuperarla. Habíamos sufrido terriblemente cuando la perdimos. Y no nos cabía en la mente que alguien quisiera perderla por pura miopía y obstinación.

No contábamos, claro, con el fanatismo y la irracionalidad comunistas. Para los soviéticos, Yalta había sido un regalo que colocaba bajo la tutela de ellos todas las naciones de Europa central. Las cartas estaban echadas. Quisiéralo o no, Checoslovaquia debía reconocer filas dentro de esa hegemonía ante la mirada indiferente y lejana de Occidente.

El golpe comunista se produjo el 25 de febrero de 1948. En menos de una década, Checoslovaquia volvía a recibir una bofetada feroz. Antes del asalto al poder, los comunistas habían hecho un diabólico trabajo de joyería, pudriendo instituciones, defraudando principios y engañando la buena fe de las personas. Trabajaron en silencio y contra el tiempo, puesto que todo indicaba –los sondeos, las encuestas, el ambiente– que el apoyo popular al partido se estaba evaporando. La consigna era aplicar una política de hechos consumados antes de que las elecciones municipales previstas para el mes de mayo de 1948 reflejaran una pérdida del caudal electoral del partido. Estaban, por lo demás, en óptima posición para hacer su trabajo. Jugaba en favor de ellos el liderazgo que reivindicaban de la lucha antinazi, la confianza que les entregó Benes después de las elecciones parlamentarias y las facilidades que se les dieron para infiltrar, manipular, extorsionar y presionar a la sociedad civil, a los trabajadores y al ejército desde los ministerios de Interior, Información y Defensa. Además de la jefatura del gobierno, confiada al primer ministro Klement Gottwald, líder del partido comunista, el presidente Benes les había dado estas carteras suponiendo que con ello lograría fortalecer el gobierno. El efecto fue precisamente el inverso: la participación comunista lo desestabilizó todavía más. Embarcado en un doble juego, apostando al poder al mismo tiempo que a la oposición, el Partido Comunista llevaba todas las de ganar.

Cuando llegué en mi auto a la fábrica el día del golpe, me encontré en la puerta de la industria con obreros armados. Uno de ellos se acercó a mi ventanilla y me dijo:

–Camarada Platovsky, adelante.

–¿Qué está pasando hoy aquí? –atiné a preguntarle.

–Por orden del camarada Gottwald, todas las empresas privadas con más de 500 trabajadores desde hoy pasan a ser estatales. Pero con usted no habrá problemas, camarada. Usted es nuestro amigo. Adelante. Entre, por favor.

Durante tres días reinó el más completo desorden en Praga. Los comunistas, en una acción sagazmente organizada, colmaron con manifestantes provenientes de todo el país la plaza Wenceslao e instaron a estudiantes y obreros a tomarse el castillo Hradcany, sede de la Presidencia de la República. En una reunión a puertas cerradas en ese mismo lugar, el premier hizo valer ante el mandatario la presión de las masas. El presidente Benes cedió a sus exigencias y quedó como rehén en su residencia. En ese mismo momento llegó a su fin la efímera segunda oportunidad de la democracia checoslovaca.

Eduard Benes era un demócrata hasta los huesos. Hijo de campesinos, trabajó y logró cursar estudios superiores en la Universidad de Praga y en tres grandes institutos franceses. Cofundador de la república checoslovaca después de la Primera Guerra Mundial, fue por mucho tiempo ministro de Relaciones Exteriores. Había sido formado por Tomás Garrigue Masaryk, el creador de la república en 1918. Estuvo en Estados Unidos e Inglaterra durante la guerra, y en Londres formó un gobierno en el exilio. En esos países fue muy bien considerado, pero se llevó la decepción de no poder convencer a los líderes occidentales para que resistieran con coraje en Yalta las presiones de Stalin. En definitiva no lo logró y todo se hizo como Stalin quería. Checoslovaquia también fue incluida en el paquete de los países entregados a la órbita soviética. Fue una concesión vergonzosa que él ni ningún checoslovaco pudo impedir. En Yalta se tejió lo que Churchill después llamaría la Cortina de Hierro. Si Roosevelt hubiese tenido un poco más de energía, el desenlace probablemente habría sido distinto. El presidente americano, además de débil de carácter, ya estaba muy enfermo. Con él ocurrió algo similar a lo que había sucedido con Wilson al final de la Primera Guerra Mundial, cuando el mandatario llegó a Europa con todas las cartas en la mano y regresó a su patria doblegado por la recia voluntad de Clemencau, cediendo ante él en principios que, antes de pisar suelo europeo, consideraba fundamentales dentro de su plan de paz. Wilson al menos tenía cierta visión de lo que le convenía al mundo para evitar futuras guerras. Sólo que le faltó temple y habilidad negociadora. Pero al pobre Roosevelt le faltó casi todo en los últimos años.

Al terminar la guerra, Churchill aconsejó a Benes que fuera con todo su gobierno a Moscú y pidiera allí ser ratificado por Stalin. En el Kremlin lo reconocieron como presidente, pero teniendo en cuenta que miles de rusos habían perdido la vida en la liberación de Checoslovaquia, le insinuaron que debía mantenerse leal con la Unión Soviética.

La situación de Benes era precaria. Tampoco la salud lo acompañaba. Estaba viejo, había sufrido dos ataques de apoplejía y su temperamento se había vuelto voluble. Abandonado por Occidente y acorralado por los rusos, su campo de acción era muy pequeño.

A fines de 1947, los hechos se precipitaron, manejados por la fría dirección de los comunistas. Sus cuadros movieron los peones sin dificultad. Gottwald, premier y secretario general del Partido Comunista checoslovaco, aprovechó la renuncia de los ministros no comunistas y la debilidad patológica de los socialdemócratas –sobre todo de las facciones más izquierdizantes– para exigir a Benes que el gabinete quedara integrado por "los representantes de los organismos democráticos dispuestos a realizar el programa del Frente Nacional". Para respaldar esta petición, los sindicatos industriales ordenaron huelgas. El presidente cedió y desde ese momento se acentuó el plan de nacionalizaciones fabriles y la reforma agraria.

Así llegó el 25 de febrero de 1948. Radio Moscú informó esa misma noche: "El peligro de una restauración del capitalismo burgués en Checoslovaquia ha desaparecido para siempre".

6
Esto no me gusta

Por segunda vez en menos de diez años, a partir del 25 de febrero de 1948 me volví a sentir extranjero en mi propia patria. Tal como a raíz de la invasión nazi, el ambiente en Checoslovaquia cambió de la noche a la mañana. Quedaron atrás los mil días de vida democrática. Las imágenes de un país jubiloso de su libertad reconquistada se convirtieron en motivo de nostalgia. La confianza del pueblo checoslovaco en su propio futuro se disipó en cuestión de horas y el optimismo de la gente fue reemplazado por el triunfalismo de los vencedores. En la prensa, en la radio, en los sindicatos, desaparecieron de un día para otro las voces disonantes. Se impusieron las versiones oficiales. Ya a fines del año anterior los comunistas habían reorganizado las Milicias Populares, que habían sido disueltas después de la guerra, para presionar sobre las instituciones de la democracia liberal. Desde entonces estos cuerpos armados ejercían el control de las calles. Después del golpe sus fueros y arrogancias se ampliaron todavía más. Se impuso en las fábricas y en los barrios, en los medios de comunicación y en las organizaciones intermedias, un artificioso clima de alegría ordenado por el Estado y sustentado en la retórica comunista. Hasta las más inofensivas expresiones de escepticismo llegaron a ser mal vistas. Varias palabras del vocabulario –pueblo, camarada, patria, socialismo, república popular, trabajadores– comenzaron a escribirse exclusivamente con mayúsculas.

Al final, el gabinete del 25 de febrero quedó compuesto mayoritariamente por incondicionales a Moscú. Casi todos los ministros eran comunistas, pero figuraban también unos pocos tránsfugas que habían desertado de los partidos democráticos.

Dentro de ese cuadro de figuras manipuladas a dedo, la única excepción era el ministro de Relaciones Exteriores, que continuó siendo Jan Masaryk, hijo del fundador de la república. A esas alturas ya era un hombre de salud muy quebrantada. Posiblemente estaba muy desmoralizado desde que en el verano del 47, de visita en Moscú, había sido notificado por el propio Stalin de la terminante negativa soviética a que Checoslovaquia aceptara ayuda norteamericana del Plan Marshall. Fue como un balde de agua fría para él. Frente a eso, era poco lo que él podía hacer: cuando en tres cuartas partes de la frontera del país estaban estacionados tres millones de victoriosos soldados rusos, parecía ciertamente una locura tomar decisiones muy heroicas. De suerte que no le quedó otra cosa que agachar la cabeza. La diplomacia occidental, por otro lado, fue débil, de manera que tampoco podía contar con ella. Ahora, buena parte de la crisis la había pasado en cama y no fue fácil convencerlo para que prestara su nombre al gabinete. Hasta el final consultó al presidente Benes si debía aceptar o no el ofrecimiento del premier y, por desgracia, de ahí no sacó más que evasivas y ambigüedades. Temía prestarse para lo que terminó siendo: un dócil y efímero símbolo de la tradición democrática al servicio de un gobierno antidemocrático. Cuando se dio cuenta de que había caído en la trampa, ya era tarde. Sufrió una honda depresión nerviosa y, pocos días más tarde, la noche del 9 al 10 de marzo, el ministro, según la versión oficial, se

220

suicidó, lanzándose desde una de las ventanas de su despacho en el cuarto piso de la cancillería. Investigaciones posteriores confirmaron, sin embargo, que fue asesinado.

Después del golpe y de la muerte de Masaryk, la situación política se radicalizó de modo casi fulminante. Antes de disolverse, el parlamento despachó en tiempo récord la nueva constitución y el 30 de mayo los comunistas convocaron a nuevas elecciones. Las elecciones tuvieron lugar tal como ellos las prefirieron siempre: con lista única. El pueblo debió elegir sólo entre los candidatos del Frente Nacional. El presidente Benes, enfermo y definitivamente deprimido, renunció una semana después, el 7 de junio. Al final se redimió ante los ciudadanos demócratas negándose a promulgar la nueva constitución. Moriría muy pronto, el 3 de septiembre del 48. Pero eso no fue problema para los comunistas, porque inmediatamente después de la dimisión del mandatario, la Asamblea designó a Klement Gottwald, secretario general del Partido Comunista, como segundo presidente de la segunda república. El cambio respetó todas las formalidades. No corrió sangre ni se produjeron asonadas. Pero Checoslovaquia se había convertido en una *democracia popular.*

Todo un jerarca

Tres días después del golpe fui confirmado como gerente general de las fábricas ahora estatizadas. Aunque siempre había sido respetado por los trabajadores, ese decreto fortaleció mi autoridad. En ambas empresas, a raíz de los acontecimientos políticos, la actividad se había relajado un poco pero mi nombramiento ayudó a restituir el respeto y la disciplina laboral.

No moví un solo dedo para este nombramiento, pero tiendo a creer que mi amistad con Antonin Zapotocky fue determinante. Zapotocky se había convertido en uno de los hombres fuertes del régimen. Era miembro del comité central del PC y presidente del Movimiento Sindical Revolucionario, la única central de trabajadores reconocida por el gobierno comunista.

En los tres años de normalidad política, casi no vi a Zapotocky. Coincidí con él en un par de actos y a lo más hablamos alguna vez por teléfono. La paz nos había distanciado. El ahora era una figura muy prominente, dedicada por entero a la política, y yo estaba concentrado en mis estudios y en las fábricas. Así y todo, las pocas veces que me encontré con él dieron lugar a momentos gratos. Era un tipo agradable. Hicimos recuerdos de la guerra y del tiempo que habíamos compartido en Sachsenhausen. Se notaba que me tenía simpatía: yo era todavía un muchacho y él un hombre mayor y con mucho poder.

Después del 25 de febrero, sin embargo, tuvimos más contactos. Era el único que yo conocía bien de los hombres del nuevo régimen y varias veces respondió a mis llamados telefónicos. Estoy seguro que su amistad debe haberme procurado ciertas ventajas sin que yo lo supiera y que de alguna manera su influencia me protegía.

A comienzos de marzo de 1948, pocos días después del golpe comunista, se comunicó conmigo la esposa de un socialdemócrata a quien yo había conocido junto a Zapotocky en Sachsenhausen. Juntos habían estado presos de los nazis por espacio de seis años. No recuerdo su nombre, pero sí de la llamada que me hizo su esposa –Vera– para contarme que la policía había allanado su casa y lo había detenido. Vera había ido a indagar a los cuarteles policiales, pero de todos lados había sido expulsada en forma grosera. Me pidió entonces que intercediera ante Zapotocky. Lo cierto es que las detenciones después del 25 de febrero afectaron a mucha gente, sobre todo a políticos de la izquierda no comunista.

Pedí la audiencia para realizar la gestión y Zapotocky me recibió de inmediato, tan cordial como siempre. Al comienzo fue especialmente atento, pero algo me hizo sentir que ya no era el mismo que yo había conocido.

Estaba transformado en un auténtico jerarca del régimen. Vestía con la rudeza del burócrata triunfador. Tenía una gran oficina y para llegar a él había que cruzar varias antesalas. Lo rodeaba una pequeña corte de secretarios. Era un pequeño césar. Cuando quedamos solos, le expuse el caso. Me dejó hablar, pero a medida que le contaba el caso se fue poniendo intranquilo. Cuando le hablé del arresto de nuestro amigo, miró el reloj, apagó la luz de su escritorio, se levantó de su asiento y me dijo:

–Por favor, Milan, no sigas hablando. No quiero tener problemas. Te voy a pedir que no me vuelvas a molestar por cosas así. Pídeme lo que quieras, pero no te involucres en situaciones con gente detenida ni en líos políticos. Entiéndeme: la causa es más importante que la vida de las personas. Y métete en la cabeza otra cosa: ningún dirigente, por muy importante que sea, tiene más poder que la causa. Por favor, no hables más porque ambos podríamos terminar en Siberia. Y ahora te dejo, porque tengo muchos asuntos que atender. Perdóname.

No había dónde equivocarse. En ese instante comprendí que estaba perdiendo el tiempo. Los hechos me estaban dejando sin alternativas. Mis simpatías con los comunistas se desvanecieron. Una cosa era lo que decían en la teoría y otra la que hacían en la práctica. En este escenario no me quedaba otra cosa que abandonar definitivamente Checoslovaquia. Los comunistas eran bastante parecidos a los nazis.

No quiero decir que la decisión de huir se me haya ocurrido en ese momento. No, esta idea había germinado el mismo día que los comunistas tomaron el poder. Pero la entrevista con mi encumbrado amigo fue determinante.

De no mediar sus palabras, dudo que hubiera podido decidirme tan temprano. Para mí, dejar Checoslovaquia en forma definitiva, sin siquiera volver la vista atrás y despidiéndome de toda posibilidad de volver, representaba un dolor muy profundo. Siempre creí que los sobrevivientes del holocausto habíamos desarrollado un vigoroso sentimiento de pertenencia al volver al lugar del cual nos habían arrancado. Ese al menos fue mi caso. La guerra no me hizo menos checoslovaco. Por el contrario, fortaleció mi sentido de nacionalidad. Por otro lado, a la vuelta de los campos de concentración, sentía que había tenido una vida muy privilegiada. No tuve problemas de adaptación y todo lo que estaba haciendo me parecía entretenido. En esas circunstancias, la perspectiva de un salto al vacío no era muy cautivante. El problema no sólo era de orden económico, porque a los 25 años esta dimensión no es la que manda. Mucho más importante que eso, sentía que estaba en juego la cercanía a mi gente –Hana, mi tía Marta, mi prima Sonia, Prusa, mis otros amigos, los ejecutivos y el personal de las dos fábricas– y también mi crecimiento en el plano profesional.

Si me quedaba en Checoslovaquia, la situación no se perfilaba mala, por lo menos en el corto plazo. Al contrario, era engañosamente buena. Por la influencia de mi amigo Zapotocky, yo no había estado entre los perjudicados por el golpe comunista. Seguía siendo el gerente general de las empresas e incluso el régimen me cortejaba para que entrara al partido. Jugaban a mi favor, asimismo, mis antecedentes como prisionero de los campos de concentración. Por esa época, los comunistas todavía no eran antisemitas, como sí lo fueron diez años más tarde, cuando acusaron a los judíos de "desviación de pensamiento" y la Cistka, una palabra checa que significaba limpieza, produjo estragos entre la comunidad judía comunista.

Con todo, más allá de los inconvenientes, nada de lo que estaba ocurriendo me gustaba. Me gustó mucho menos aún que el presidente del sindicato de Pragoferra fuese instalado en mi propia oficina, "para que me ayudara", según me dijeron. El tipo no tenía la menor idea de gestión empresarial. No era una mala persona, pero aparte de ignorante, a menudo era un poco rastrero. Me decía a todo que sí con una eterna sonrisa. Su presencia fue una decisión muy poco sutil de las nuevas autoridades para colocar un **comisario** al lado mío. Estaba claro que, mientras no militara, me iban a tener en observación constante. Y, lo más importante, estaban las palabras de Zapotocky:

–Por favor, Milan, no me vuelvas a hablar de este asunto, porque si no tú y yo vamos a terminar en Siberia. La causa es más importante que la vida.

Fue así como, en un ambiente general cada vez más policíaco, planifiqué fría y calmadamente un plan para dejar Checoslovaquia.

En ese plan, la regla número uno debía ser el secreto. Nadie, o casi nadie, debía conocer mis verdaderas intenciones. Como regla número dos, tenía que continuar mi vida acostumbrada, sobre todo en el trabajo, como si nada hubiera ocurrido, dando la impresión de que el compromiso de mi vida era el éxito de las empresas, la grandeza del Estado y, al final, la apoteosis del socialismo.

Si bien el día del golpe fueron estatizadas sólo las empresas con más de 500 trabajadores, al mes siguiente siguieron el mismo destino las que tenían más de cien. Muy poco después no quedó ninguna en el sector privado. La propiedad privada se circunscribió a los derechos sobre las casas y departamentos habitados. Pero aun esto después se relativizó. Quien tuviera una casa de cuatro dormitorios y dos baños debía recibir, por ejemplo, a una o dos familias más. Se compartían baños y cocinas. Poca gente puede imaginar el tipo de vida a que este hacinamiento daba lugar.

Cómo huir de una democracia popular

Había dos maneras de escapar del país. Una, sencillamente, era atravesar la frontera terrestre en forma clandestina. Constituía una alternativa peligrosa, que por ahora pospuse pero que, llegado el momento, podía llegar a imponérseme.

La otra alternativa era tratar de salir con los papeles en regla y el permiso de las autoridades, pero sin ninguna intención de volver.

El camino de la frontera se había vuelto cada vez más riesgoso. Lo primero que hicieron los comunistas al tomar el poder fue lo que siempre hacían: cerrar las fronteras, instalar alambradas. Además, sembraron de minas los pasos por los cuales algunos ciudadanos habían huido. Y, por otro lado, dada mi posición, pensé que podía ser fácil inventar la necesidad de un viaje al exterior. Si en el camino se presentaban problemas y no lo lograba, siempre iba a tener la posibilidad de cruzar la frontera en forma ilegal, con los riesgos, claro, que eso suponía.

Establecida la estrategia de evasión, empecé a bordar el plan táctico para que oficialmente me permitieran salir.

Había un punto sí que debía resolver antes. Se relacionaba con el aspecto financiero y con la necesidad de dejar resuelto el asunto del tesoro.

Lo primero que hice, a los pocos días del golpe, antes que el régimen introdujera absoluta inflexibilidad en las operaciones bancarias, fue retirar los valores que había dejado en la caja de seguridad del banco. El tesoro volvió al departamento que compartía con Hana, su marido y su hijo. Con la más absoluta reserva, y con el conocimiento de mi prima, fui a la casa de descanso que tío Franta había tenido en las afueras de Praga, hice un hoyo profundo en el bosque y lo enterré. Sólo le dejé afuera a Hana la colección de cajitas de oro con piedras preciosas, para que la mantuviera como reserva por si los tiempos se ponían difíciles.

Había previsto, en todo caso, el envío de algún dinero mío al exterior para cubrir mis necesidades una vez que me evadiera. Poco antes tuve la suerte de conocer a un periodista checo de visita en Praga, el conde Czernin, que estaba radicado desde hacía años en París. Trabajaba como corresponsal extranjero y era un tipo de modales refinados, perteneciente a una ilustre familia checa venida a menos. Conversé varias veces con él y me pareció una persona confiable no sólo por sus antecedentes aristócratas sino también por sus opiniones. Una vez que pudimos hablar con más confianza, me dijo que miraba con mucho escepticismo lo que estaba sucediendo en Checoslovaquia. Creía que nada bueno iba a salir del frenesí de expropiaciones en que había caído el régimen.

Con estas garantías –en realidad, ninguna– y ya cuando el conde estaba por terminar la misión que lo había traído a Praga y tenía fecha para volver a París, me atreví a pedirle un servicio. Puesto que su status en ese momento era el de un corresponsal extranjero, era muy difícil que la policía llegara a revisar su equipaje. Le pregunté entonces si podía hacerme el favor de llevar consigo tres mil dólares a París, para que una vez allá los remitiera, a través de un banco, al tío Fred Libra en los Estados Unidos. Le di los detalles de la cuenta y le ofrecí 500 dólares por su gestión. El conde aceptó el encargo, no tanto por el dinero según me dijo, sino por la simpatía que me tomó.

El gran escape

A pesar de haber sido más favorecido que otros empresarios, se me hizo difícil manejar las fábricas después del golpe comunista. De partida, había perdido privacidad, con esa especie de comisario que pusieron a mi lado. Si bien el tipo era humilde y servicial, la situación era molesta porque sus funciones no estaban definidas. Lo único que hacía era fisgonear. Yo diría que su principal tarea durante el día era ponerme la solicitud de ingreso al partido encima del escritorio para que la firmara. No fallaba nunca y yo todos los días le mentía:

–Le agradezco, camarada. Créame que para mí su invitación al partido es un gran honor. Pero todavía no me siento digno ni capacitado. Quiero entrar una vez que esté total y absolutamente listo para asumir un trabajo dentro de la organización. Usted me conoce: yo por temperamento no duro mucho como espectador. Me gusta hacer cosas y me gusta entregarme por entero a los ideales que abrazo.

Cuando entre, no quiero ser uno más, sino que quiero ser un real aporte al partido.

Me cuesta pensar que esta palabrería lo convenciera, pero por lo visto me creía. Eso sí que me creía por poco tiempo, porque pasados unos días nuevamente tenía la famosa hoja de adhesión sobre mi mesa.

Era un hecho que no iba a poder mantener mi actitud por mucho tiempo.

Como en razón de mis funciones tenía relaciones comerciales con varias empresas extranjeras, sobre todo de Francia, llamé a todos mis amigos, cuando todavía las comunicaciones no estaban intervenidas, para que hicieran presente por carta su preocupación por el futuro de las empresas nuestras después del vuelco político y económico del 25 de febrero y por la continuidad de nuestras relaciones con ellos. En las llamadas, les pedí que solicitaran mi visita a París para asegurarles que los embarques serían cumplidos. Hablaba en francés y nadie en la empresa, partiendo por el siempre sonriente comisario que me acompañaba, entendía una palabra.

La correspondencia que esperaba recibir era fundamental para justificar la solicitud de viaje y obtener autorización de salida. La otra manera de escapar, subrepticiamente por la frontera, cada día se estaba haciendo más difícil y peligrosa. La prensa empezó a divulgar casi a diario, con amplia cobertura periodística, noticias sobre detenciones y muertes de gente que intentaba arrancarse en forma clandestina. Además, se daba gran difusión a la tala de árboles cerca la línea fronteriza y a la instalación en esos lugares de todo tipo de artefactos explosivos. Esto, se decía, era necesario hacerlo, sobre todo, para que no entraran agentes extranjeros a confundir con su mentalidad "reaccionaria y burguesa" el éxito de la revolución proletaria que estaba en marcha.

Efectivamente las cartas de nuestros clientes comenzaron a llegar en los términos que había pedido. A todas respondí diciendo que por el momento los viajes al extranjero estaban suspendidos, pero que tan pronto fuera levantada esa prohibición, estaría encantado de darles personalmente todas las garantías necesarias que pedían.

Paralelamente a estas respuestas, presenté en el respectivo ministerio, a nombre de Pragoferra y Amta, una solicitud de permiso para viajar al extranjero, exponiendo los motivos y acompañando las cartas recibidas. Pasado un tiempo, calculo que un mes, recibí la autorización. El permiso era por siete días y con ese documento pude comprar el pasaje en Air France, Praga-París-Praga.

Como aparte de la cuota de viaje quería llevar algunos dólares adicionales, preparé cuidadosamente mis efectos personales. En este aspecto triunfaron en mí las películas de espionaje, porque coloqué en un preservativo, perfectamente enrollados, quinientos dólares en billetes y, con mucho cuidado, los metí dentro de un tubo de pasta de dientes. Hice dos o tres pruebas. Cuidé de que el tubo funcionara bien, o sea, que la pasta saliera y que el heterogéneo contrabando no obstruyera la garganta del pomo.

Hasta ese momento el plan iba bien encaminado. Seguí viviendo normalmente con mi prima Hana que a esas alturas tenía un bebé de tres meses de su segundo marido, Jirka Pravda. Era un hombre muy simpático e inteligente. Sus ideas, como las de muchos artistas, eran de izquierda, pero tenía fuertes reservas frente a los comunistas. Como mi prima también navegaba en los mares de la izquierda, ambos hicieron de la política un terreno de afinidades y, a las pocas semanas del golpe comunista, empecé a ver en ellos un proceso paulatino de desilusión. Los dos empezaron a comprobar que, en el ambiente teatral, empezó a valer mucho más el carnet del partido que el talento y la trayectoria. Idealistas como eran, vieron en esta práctica –tenue y disimulada en un comienzo– una puñalada al arte que cultivaban y así fueron incubando la semilla del descontento.

Realicé todas las gestiones relacionadas con el viaje, desde la adquisición del pasaje hasta la tramitación del pasaporte y la visa, por medio de la secretaria, tal como si fuera un asunto de rutina. No pude mostrarme más indiferente. Mi mente tenía que aparecer concentrada en el desarrollo de la empresa, no en las perspectivas del viaje.

Mi comisario, el hombre de la acostumbrada sonrisa matinal, parecía no tener objeción alguna a mi visita a París. Incluso más, daba gran importancia a las gestiones que yo iba a realizar y seguramente creía que me esperaba un papel importante en el partido. Como sabía que me vigilaba, en su presencia siempre tuve cara de jugador de póker. Era absolutamente impenetrable y no traslucía emoción alguna.

Tenía todos los trámites cumplidos y todos los papeles en orden. Había hecho la reserva de hotel y comunicado a las personas más cercanas a mí, familiares y gente relacionada por trabajo o amistad, que me iba por una semana a París para atender asuntos de la empresa.

Pero un día antes del vuelo me comunicaron desde el ministerio que mi viaje había sido suspendido hasta nuevo aviso. Quedé con mis efectos personales listos. En un pequeño bolso de viaje había puesto la ropa necesaria para la semana parisina y entre los artículos de baño, como un pequeño caballo de Troya, estaba el tubo de pasta dental,

No mostré la menor contrariedad ante la suspensión. Recibí la noticia con buenas maneras y, en la oficina, como de pasada, hice el siguiente comentario, sabiendo que había oídos muy atentos que querían escuchar mis palabras:

–Si no solucionamos luego este asunto, ojalá alguien de la empresa pudiera viajar en reemplazo mío. Temo que nuestros clientes suspendan pronto los pedidos.

Seguí trabajando con más dedicación que nunca, sin delatar ni con un pequeño gesto el propósito que me animaba. Sólo dos personas conocían mis reales intenciones. Una era mi amigo Prusa. Entre yo y él no podía existir ningún secreto.

Mi segundo confidente fue Antonin Schott. Tonda, como le decía yo, era un personaje singular y con él tampoco podía actuar con las cartas tapadas, entre otras razones porque él andaba en las mismas. También quería arrancarse. Schott no era judío, tenía cuatro años más que yo y había sido compañero de curso de mi hermano Jirka. A pesar de tener él un hermano menor que a su vez había estado en mi curso, yo fui mucho más amigo suyo que de mi compañero.

Cuando decidí irme y le conté mis planes, me propuso:

–Antes de irte quiero que establezcamos una vía de comunicación secreta entre París y Praga. Quizás nunca la usemos, pero quiero que exista para recurrir a ella cuando sea necesario. Cuando lo tenga todo estudiado, te contaré cómo va a operar el sistema.

Días después me explicó su plan.

–En los baños del Orient Express, los depósitos de agua tienen suficiente espacio atrás como para poner una carta u otra cosa. Cuando quiera hacerte llegar algo, mandaré un telegrama desde la empresa estatal donde trabajo a Ingersoll Rand, a nombre de Lorn A. Green. Ahí comunicaré que salió el despacho número tanto en tal día. Esa será la clave: el número del despacho indicará el número del vagón en que va el envío.

Con el tiempo, el sistema de comunicación en clave con Antonin me prestaría innumerables servicios.

A pesar de confiar ciegamente en Hana, a ella no le dije una sola palabra de mi plan. Pensaba que si lo hacía, pondría a mi prima en eventuales apuros cuando la policía investigara mi fuga. Su complicidad con mis intenciones podía representar un peligro para su carrera y la de su marido.

Dos semanas después de la suspensión del viaje, recibí una nueva autorización para salir. Esta vez no hubo notificaciones fuera de programa el día anterior, de modo que me fui temprano al aeropuerto con mi liviano equipaje de embarque. Allí mismo estaba previsto que pudiera comprar la cuota en moneda extranjera que autorizaban para viajar. Parecía que todo iba bien, pero al llegar al mostrador de la policía para que me timbraran el pasaporte, el funcionario a cargo me comunicó que mi viaje había sido cancelado por el momento.

Recibida la noticia me fui directamente a la oficina. Me limité a manifestar una contenida y calculada contrariedad, pero trabajé hasta tarde, como todos los días.

Me volvieron a llamar de Francia para saber qué había pasado y, aprovechando que estaba solo en mi despacho, les pedí que enviaran de nuevo un telegrama enérgico reclamando mi presencia.

No sólo hicieron eso, sino en el texto agregaron que querían abrir un acreditivo por una cifra muy importante, es decir, una carta de crédito por la cual un banco pagaría el valor de sus compras contra la presentación de los respectivos documentos de embarque. Señalaban, sin embargo, no harían ninguna gestión bancaria mientras yo no me entrevistara con ellos; expresaban también que no les agradaba la informalidad de anunciar visitas que no se cumplían.

El telegrama, junto al resto de la correspondencia justificatoria del viaje, partió el mismo día al Ministerio del Interior a través de mi secretaria.

Mañana volamos, camarada

No sé si la presión de tanto documento extranjero reclamando mi presencia en París u otros factores desconocidos y que tal vez se cocían a fuego lento en la trastienda del régimen, el asunto es que una semana más tarde se comunicó telefónicamente conmigo un funcionario del Ministerio del Interior.

–Camarada Platovsky, pasado mañana "volamos" a París. El avión sale a las 10,30 horas y por lo tanto "nos encontraremos" a las 8,30 horas. No se preocupe del hecho de no conocerme porque yo lo ubico bien a usted.

Llegué a la hora convenida al aeropuerto y se me acercó un señor de edad mediana y con cara, cuerpo y ropa de funcionario de segundo nivel.

–Camarada Platovsky, buenos días. ¿Tiene usted su pasaporte?

–Sí, aquí lo tengo.

–Pásemelo, por favor. Yo voy a recoger el dinero para el viaje. Aquí tengo su permiso de salida y me encargaré de hacerle todos los trámites de aquí en adelante.

Obviamente el intruso no estaba en mis planes y constituyó un factor adicional de tensión. Yo llevaba como siempre mi pequeño maletín donde iba el ahora nervioso tubo de pasta de dientes.

Daba la impresión que esta vez sí –¡por fin!– el éxito de la operación se aproximaba, pero los escollos que aún tenía que salvar me parecían cada vez peores. Quedaban dos grandes dificultades por superar. Una era la presentación y revisión de mi equipaje en la aduana. La otra era ver modo de deshacerme del intruso a su debido tiempo, una vez que llegáramos a París.

Se me hizo eterna la espera en el aeropuerto. El tiempo corría con lentitud. Los burócratas apenas se agitaban.

La gran debilidad que tenía mi viaje a los ojos del régimen era que yo no dejaba a nadie como rehén en mi país. No tenía padres, no tenía hermanos y no estaba casado. La persona más cercana afectivamente era mi prima y ese parentesco era lejano a ojos de los burócratas a cargo del caso. Yo sabía que había opiniones contrarias a mi salida al exterior. Por eso me habían hecho todo tipo de pruebas. Me habían vigilado, me habían hecho cumplir cualquier cantidad de requisitos. Hasta tuve que presentar un documento firmado por todos los trabajadores de Pragoferra donde se certificaba que yo era un hombre de absoluta confianza, que había sido prisionero de los nazis y luchado junto a los comunistas, y que ellos, los trabajadores, aprobaban y consideraban indispensable el viaje para el bienestar de la empresa.

Finalmente apareció mi acompañante diciendo que todo estaba en orden, reteniendo mi pasaje, mi cuota de dólares y mi pasaporte.

Me hicieron sacar las cosas del maletín y las revisaron una por una. Con disimulo o sin disimulo, la verdad es que no lo sé, sólo miraba el estuche que contenía mis artículos de aseo. El funcionario lo tomó y esparció el contenido sobre el mostrador.

La revisión fue minuciosa. Tomó la maquinilla de afeitar y la abrió. Lo mismo hizo con la jabonera. Cuando le llegó el turno al tubo del dentífrico, creí que ahí terminaba todo. Pero, no. No lo abrió ni lo apretó.

–Adelante y que tengan buen viaje.

Fue un inmenso alivio. Pero era prematuro cantar victoria. Transpiraba entero; menos mal que era junio y mi sudor se podía atribuir al calor matinal.

Llamaron a embarcar. Cada ruido del motor del avión, cuando éste se puso en marcha, cada detalle y cada detención de la máquina en la losa del aeropuerto antes del despegue fue motivo de angustia.

Al fin el aparato se elevó, pero sólo sentí un cierto alivio cuando, media hora más tarde, vi que ya habíamos traspasado la frontera checa.

Fue el viaje más largo del siglo. Mi chaperón, pegado al lado, de vez en cuando me conversaba:

–Tengo las reservas del hotel, pero me gustaría saber el programa que tenemos por delante.

–Muy simple. Una vez que estemos en París, voy a comunicarme con las personas que me esperan y concertaré las entrevistas.

Los pocos diálogos que tuvimos fueron todos tan opacos como éste. No sé si en otras circunstancias, hubiera estado más chispeante. Pero estaba agotado con la tensión y mis nervios ya no estaban para simpatías.

Al pisar suelo francés me sentí definitivamente libre, aliviado y revitalizado. Había triunfado, había salido.

Mientras, eufórico, caminaba por el edificio del aeropuerto parisino me acordé, agradecido, de Zapotocky. Suponía que había sido determinante para que yo pisara en aquel momento ese suelo de libertad. Sabía que el lazo que se había creado en Sachsenhausen y en la marcha final era casi irrompible por ambos lados y que ninguno de los dos haría algo para perjudicar al otro.

Al llegar al mesón de la policía francesa mi poco seráfico ángel de la guarda puso los pasaportes encima del mostrador. Aproveché ese momento para estirar mi brazo y tomar rápidamente el mío.

–¿Qué pasa?

–Nada, tú pasas el tuyo y yo el mío.

Nos timbraron los documentos y cruzamos al otro lado del mesón.

–¿Qué ha pasado? –me volvió a decir.

–Nada. Sólo que la farsa terminó. Yo ahora me quedo en Francia y tú te puedes volver enseguida a Praga, si quieres. Pero antes, me tienes que devolver mi dinero, si no quieres que te pegue aquí mismo y hagamos un escándalo.

Mientras me daba mi cuota, me decía:

–Esto no puede ser. Me estás arruinando la vida.

–No es mi problema, amigo. Ni siquiera sé quién eres.

–Yo pertenezco a la policía secreta.

–Si quieres, nos sentamos en alguna parte y conversamos, pero en otro tono y sabiendo que estamos bajo otras condiciones. Ya no estamos en Praga.

Aceptó y buscamos un lugar para intercambiar opiniones.

–Milan, yo entiendo lo que estás haciendo. Tampoco soy comunista. Este trabajo lo hago porque me conviene y nada más. Entiende, soy casado y tengo hijos. Esta era una oportunidad para mí y la aproveché. Por esa misma razón entré al partido. Pero con lo que estás haciendo, no sólo me cortas el futuro, sino que, además, me mandas directamente a la cárcel.

–Bien, me hago cargo de eso. Me alegra que estemos hablando otro lenguaje. Ahora yo mando y tú obedeces.

–De acuerdo, pero quiero que me ayudes.

–Supongo que no estás armado.

—No, por supuesto. Y de haberlo estado, tampoco te habría disparado.

Se quedó un momento en silencio, alzó una mano que apretó mi brazo y agregó con el tono de voz más persuasivo que pudo:

—¿Por qué no vuelves? No te puedes imaginar la posición fabulosa que puedes llegar a tener. Fíjate lo joven que eres y donde estás ya colocado. En ninguna parte del mundo vas a poder hacer una carrera como la que te espera allá.

—No me trates de convencer, por favor, porque lo he pensado mucho. Creo que el comunismo no tiene nada rescatable. Y como ya tuve una horrible experiencia con los nazis, no quiero que algo parecido me vuelva a suceder. Es una decisión irrevocable la que he tomado. Lo que tú puedes hacer es quedarte conmigo y pedir asilo, tal como yo.

Al escuchar esto último, abrió los ojos en forma desmesurada y me preguntó:

—¿Puedo?

—Claro que puedes, por supuesto.

Me miró fijamente, muy fijamente, y entonces comenzó a llorar.

Cuando ya se hubo calmado un poco, me dijo:

—Lamentablemente no me puedo quedar. Jamás dejarían salir a mi mujer y a mis hijos.

—¿Sabes una cosa? Yo tampoco te quiero perjudicar. En este momento soy incapaz de darte un consejo, pero yo tengo aquí muchos amigos. En vez de ir al hotel, vamos a dirigirnos en un taxi a un departamento que yo tengo arrendado en París, cerca de la torre Eiffel. Deja de llorar, que allá con calma y la ayuda de algún amigo trataremos de buscar una salida a tu situación.

Así lo hicimos. Al llegar, Jirka Stern dio un salto, me abrazó y con voz que se escuchaba en toda la cuadra me decía:

—Finalmente llegaste, desgraciado. ¡Tanto que te hemos esperado! Que venías, que no venías. ¡Por fin saliste de esa cárcel! Esto hay que festejarlo.

Cuando se dio cuenta que venía acompañado, me preguntó:

—Perdón, no he saludado a tu amigo. ¿Quién es?

—Un agente secreto comunista.

—¡Nooo! ¿Y por qué lo trajiste aquí?

—Porque hay que ayudarlo.

Y le conté la historia. Al terminarla le dije a Jirka:

—Creo que merece que le echemos una mano. No ha hecho nada malo contra mí.

—Ayudémosle, entonces.

Historia de un doble agente

Jirka tenía buenos contactos. Era amigo de uno de los jefes del Deuxième Bureau, una especie de CIA francesa. Yo también lo ubicaba porque había estado preso en Sachsenhausen por pertenecer a la Resistencia francesa. Jirka lo llamó, le contó la situación y el amigo le dijo que al día siguiente se contactaría con nosotros un ayudante suyo.

Después salimos los tres a comer unos sandwiches. Más tarde paseamos un poco al ex chaperón por París. Lo más probable es que el tipo nunca más tuviera la ocasión de visitar la ciudad.

Cuando terminamos el paseo, le dije al policía checo:

—Lo mejor es que te vayas al hotel donde tenemos reservado. Mientras tanto, nosotros seguiremos haciendo las gestiones para ayudarte. Apenas tengamos noticias, te llamaré. No te alejes mucho del teléfono.

Tal como lo prometió el hombre del Deuxième Bureau, al día siguiente llegó a nuestro departamento su ayudante. Era un judío francés bastante joven que había luchado en la Resistencia y nunca había sido detenido.

Después de explicarle detalladamente el problema, nos propuso:

—Nosotros podríamos solucionar el asunto haciendo como que tú —se refería a mí— caes enfermo de tifus.

Nuestra oficina arreglará todo con un hospital para que aparezcas como ingresado y con prohibición de recibir visitas. Por órdenes médicas se te considerará en cuarentena y nadie podrá tener acceso. Mientras tanto, no te muestres demasiado por París. Tú sabes que la embajada checoslovaca está a sólo dos cuadras de aquí. Aunque no te conocen, siempre es preferible mantener ciertas precauciones.

–¿Y qué tiene que hacer el agente checo?

–Muy poco. Debe ir a la embajada de su país a explicar el percance. Lo más seguro es que ellos comprueben la información con el hospital. Y ahí verán si lo tienen cuarenta días en París o si lo mandan de vuelta de inmediato. Lo más probable es que vuelva en seguida, pero...

Sacó unos caramelos del bolsillo y nos convidó.

–Pero tenemos que hacer algo muy importante antes. A nosotros nos interesa este tipo en Praga. Esto no va ser gratis. Tendrá que hacer una confesión ante testigos. En ese documento deberá contar la verdad de lo que pasó contigo. Además debe decir que no es comunista y que entró al partido movido por puro oportunismo.

Llamamos al agente checo, le expusimos el plan y se mostró de acuerdo. Después que firmó una confesión sobre su ingreso al partido, el viaje a París, la falsedad de mi enfermedad y todo cuanto pudiera involucrarlo, el detective se dirigió a él en un francés que debí traducirle:

–Ahora, amigo, quedas libre y seguro que no te va a pasar nada. Pero ya sabes qué significa lo que has firmado. Tendrás que hacer lo que te pidamos y esperamos tu cooperación. Anda mañana a la embajada y reporta lo de la enfermedad de Milan. Cualquier noticia que tengas la comunicarás tanto a mí como a Milan. Ten cuidado, sí, desde dónde llamas.

Cuando terminó de hablar, y luego que Jirka y yo firmamos el documento en calidad de testigos, manifesté la preocupación que desde hacía tiempo me rondaba, con una buena carga de culpa, por la cabeza:

—Tengo una prima que sobrevivió a Auschwitz, que es actriz y que tiene un bebé de cuatro meses. Su marido también es actor. Pueden recibir represalias por lo que yo hice, puesto que yo vivía con ellos. No sé qué consecuencias tendrá para ellos mi huida, pero estoy seguro que van a querer exiliarse. Me gustaría que este agente checo ayudara a la familia de mi prima a salir de Checoslovaquia.

—Okey. En su momento lo conversaremos.

Después de darnos la mano, el agente francés se despidió. Con Jirka, nos quedamos conversando con el checo, ahora aliado nuestro, y le expliqué que necesitaba que ayudara a Hana, su marido y el bebé a salir de Checoslovaquia.

—La responsabilidad de la salida de los tres va a ser tuya.

Al día siguiente recibí una llamada telefónica.

—Ganamos.

Era el agente checo. Todo había salido según lo planificado. La embajada había llamado al hospital y desde allí habían confirmado la internación del paciente Milan Platovsky, con síntomas aparentes de tifus. Dijeron que nadie lo podía ver y que, en caso de confirmarse las sospechas de tifus, debía permanecer varias semanas en recuperación.

—Me han dicho que no vale la pena que esté tanto tiempo y que ellos se harán cargo del caso. Además me autorizaron a quedarme un par de días para conocer la ciudad.

—¡Qué bien! No te olvides, eso sí, de nuestro acuerdo.

—Te juro que haré lo que pueda. Pero tú me debes jurar que la declaración que firmé jamás será conocida por nadie que me pueda dañar.

—Cuenta con eso, siempre que tú cumplas tu misión.

Me dio todas sus direcciones y teléfonos y nos despedimos. En ese momento me di cuenta de que le había tomado cariño. Entendía su situación y sabía que en Praga no lo aguardaba precisamente el mejor de los mundos. Pero yo nunca más lo volvería a ver.

Una vez que colgué el teléfono, llamé al agente francés para agradecerle la excelente gestión.

Ahora sí era libre. París era ahora mi París. Me había costado llegar hasta acá, pero lo había logrado. Ya vería qué hacer y cómo vivir. De momento confiaba en el respaldo que me darían los dólares que había enviado al tío Fred Libra a través del conde. Eso no resolvía mi problema para el futuro, pero ya era algo. Sabía, además, que podía contar con Lorn A. Green. Tendría que buscar alguna actividad. Pero tenía tiempo. A cada día su propio afán.

7

Escenas de la vida parisina

Si la experiencia de la guerra me colocó al interior de una tragedia, en realidad Francia me cambió drásticamente de escenario. Me convertí en un personaje de novela picaresca. Se dieron todos los ingredientes para la transformación: un medio ambiente tentador, gran ansiedad de mi parte para vivir en poco tiempo lo que no había vivido en años, pocas ataduras familiares y afectivas y un grupo de buenos amigos expertos en el arte de la *joie de vivre*.

Mi aterrizaje como exiliado político en París fue fácil. La ciudad no me planteaba ya incertidumbres mayores y seguía siendo tan grata como la recordaba. Pasado el ajetreo de la llegada, con todas las implicaciones policiales que tuvo, me aboqué a definir mi futuro económico y laboral. De momento tenía menos de 800 dólares en el bolsillo: los 500 que había sacado en el tubo del dentífrico y algo menos de los 300 que me autorizaron a sacar en Praga. Eso era todo. La cifra daba para vivir un cierto tiempo, pero no era un capital como para estar tranquilo.

Así es que fui a conversar con mi buen amigo Lorn Green. Posiblemente en su empresa podía haber un lugar para mí.

El ejecutivo me recibió con la calidez y el cariño de siempre. Se alegró de verme y celebró los detalles de mi huida. Llegado el momento me dijo:

—Puedes empezar a trabajar cuando quieras conmigo. Mañana mismo, si lo deseas.

—Me encantaría, señor Green. ¿Qué quiere que haga?

—Bueno, vas a tener que empezar de abajo. Al comienzo, desde luego, no vas a ganar mucho.

Me dio una cifra que sólo alcanzaba para una vida muy modesta. Y se lo hice presente.

—Te entiendo. Pero me gustaría que trabajaras para mí. Si lo que te ofrezco no te alcanza, puedes incluso venirte a vivir a mi casa como invitado.

—Se lo agradezco mucho, pero creo que primero trataré de buscar otra cosa. Algo más independiente.

—Tú eres libres de decidir. No te voy a presionar, por supuesto. Pero si no encuentras nada, recuerda que aquí te espera un amigo. Aunque no trabajes aquí, las puertas de mi casa estarán siempre abiertas para ti. Mi mujer y yo te queremos mucho. Ven a vernos y no te pierdas.

Creo que entendí a Green. Para mí la entrevista fue una lección de realismo. Una cosa era ser un sólido empresario de Praga y otra, muy distinta, era ser un inmigrante en busca de empleo en París. Fue sano, por supuesto, aterrizarme de partida en esta realidad. La cosa era así y así había que entenderla, al margen del aprecio que él me tuviera.

¿Dónde está el conde?

Después de llegar a París le escribí a Fred Libra para informarle de mi exilio y preguntarle por mis tres mil dólares. A los pocos días recibí de su parte un telegrama felicitándome por la huida, pero diciéndome que no sabía de qué dólares y qué conde le estaba hablando. Le aclaré el asunto en un telegrama y su conclusión fue que el conde me había estafado.

En Praga, el conde Czernin me había dado su dirección parisina. La calle efectivamente existía, pero el número no. A lo mejor este desenlace estaba dentro de las reglas del juego que yo y mi prima habíamos elegido, pero obviamente no me iba a quedar tranquilo dejándome usurpar tanto dinero. Tres mil dólares en París y en 1948 eran casi una fortuna.

Me di a la tarea de ubicar al tramposo. No tenía, en realidad, ninguna pista para dar con él. Los datos que me había dejado en Praga demostraron ser totalmente falsos. El tipo sabía hacerlo. Lo único que al final conseguí, forzando la memoria, fue recordar que alguna relación tenía con American Express.

Siguiendo esa hebra, fui a la sede de American Express en París. Conté que necesitaba urgente hablar con él y, después de vencer distintas barreras, comprobé con la funcionaria que me atendió que efectivamente el conde recibía correspondencia en esa oficina y que habían en ese momento cartas para él. Alguien se llamaba Czernin, al menos.

El dato no era malo. Con este antecedente me fui donde el amigo agente del Deuxième Bureau, para que me ayudara en mi nuevo trance. Afortunadamente era servicial. Me dijo que lo único que él podría hacer por un tiempo era poner un guardia de punto fijo en la oficina bancaria, para detener al tipo en cuanto viniera por sus cartas.

Así lo hizo. El plan consultaba que cuando el conde apareciera, el policía de guardia me avisaría. La idea era llevarlo después no a la policía sino a nuestro departamento, darle una buena paliza y tratar de recuperar algo de lo que me había robado. Fuera de eso, el asunto no tenía mayor destino. Resultaba casi imposible emprender una acción judicial, puesto que carecía de todo elemento de prueba.

Fueron pasando los días y el conde no aparecía. El guardia fue retirado al cabo de una semana. Jirka y yo nos turnamos por otra semana adicional para esperarlo. Mis tres mil dólares se perdieron. Los 500 que había pagado, también. Nunca más supe del conde.

Operación rescate

Desde que pisé suelo francés el destino de mi prima y su familia se convirtió para mí en una obsesión. No me parecía justo que mientras yo disfrutaba de la libertad de París, ella –que durante la guerra había sufrido tanto como yo– tuviera que estar tolerando la mediocridad y el cautiverio comunista en Praga. Su suerte y la de Sacha, el bebé, y la de Jirka Pravda, su marido, me preocupaban mucho y sentía la obligación moral de ofrecerles la posibilidad de emigrar.

Mientras más días pasaran, pensaba, más difícil iba a ser el rescate. Como había que actuar pronto, decidí entregarme a la tarea de preparar la fuga de esa pequeña compañía teatral que era la familia de mi prima. Daba por descontado que era lo único que deseaban y me animaba la seguridad de contar con la ayuda del agente que había llegado conmigo a París.

Jirka Stern tomó el caso como causa propia. Me apoyó con todos sus contactos en la cúpula de la policía secreta francesa y su aporte fue clave, por cuanto la ayuda del Deuxième Bureau no se hizo esperar. De manera no oficial, el organismo asignó al caso un agente, a quien yo conocí como Georges Peker. Ignoro si era su verdadero nombre.

Cuando me reuní con él y Jirka Stern, consideramos varias alternativas para que los Pravda pudieran traspasar las fronteras checoslovacas. Como Jirka Pravda era un actor famoso fácil de reconocer, el asunto era complicado.

La oportunidad finalmente la encontramos en una celebración deportiva –el Slet– que el régimen comunista jerarquizó con fines propagandísticos. Desde los tiempos de la república, la organización deportiva más prestigiosa de Checoslovaquia era Sokol, a la cual pertenecía gran parte de la juventud del país. Cada cuatro años Sokol organizaba el Slet, algo así como un mundial de la gimnástica. Era una cita a la cual concurrían miles de visitantes de provincia y un espectáculo atractivo para los extranjeros. Los estadios se llenaban. Cada delegación competía en coordinación e inventiva en sus cuadros de gimnasia rítmica y a veces los despliegues incluían a miles de jóvenes en rutinas de gran colorido y sincronización.

Teníamos, eso sí, pocos días para operar. El primer paso estuvo a cargo de Georges, cuando se presentó en el consulado checoslovaco para indagar sobre la posibilidad de ir como turista al Slet. Le dijeron que no había problemas. En seguida, nuestros amigos del Deuxième Bureau nos mandaron un pasaporte francés en blanco. Después, a través del sistema de comunicación secreto entre Praga y París que había establecido con Tonda Schott antes de abandonar Checoslovaquia, hice saber a Hana que estuviera preparada para la fuga. Bastó para eso un simple e inocente telegrama:

–Orden de Despacho Nº 14 fue emitida el 22 de junio.

Eso significaba que Tonda tendría que recoger en el baño del carro 14 del Orient Express una carta que debía entregar a mi prima a la brevedad. Ahí le pedía que ella y su marido me enviaran a la brevedad fotografías tipo pasaporte.

Tres días después me llamaron de la empresa de Lorn Green para comunicarme que había un telegrama para mí, en el cual Schott identificaba el carro que traería el envío. Cuando me llegaron las fotos, Georges llenó el pasaporte en blanco a nombre de Hana y su hijo y llevó éste y el suyo al consulado para obtener la visa.

El pasaporte para Jirka Pravda lo conseguimos por conducto de un amigo nuestro, ciudadano de Malta, a quien le pedimos que solicitara visa para el Slet.

–Necesitamos sacar una copia del timbre que le ponen ahí –fue el pretexto que le dimos.

Este es el pasaporte falsificado con el cual mi prima Hana logró salir de Checoslovaquia en 1948.

Cuando nuestro amigo maltés consiguió la visa, le pedimos el documento con el pretexto de copiar el sello que le habían puesto. Pero no era eso lo que nos interesaba, porque de inmediato Peker sacó la foto original del maltés y puso en su lugar la de un Jirka Pravda maquillado, con pelo negro y casi irreconocible. La adulteración fue perfecta.

Mientras tanto, la policía secreta francesa detectó que en las fronteras checoslovacas timbraban los pasaportes con un distintivo diferente cada día, con la evidente finalidad de prevenir las falsificaciones. Esta fue la razón por la cual Georges Peker tuvo que llevar consigo una caja de chocolates de doble fondo que contenía una verdadera imprenta. Tintas de distintos colores y varios elementos para falsificar timbres y visados.

A todo esto, le mandamos a Tonda una foto de Georges para que lo reconociera cuando lo fuera a recibir al aeropuerto. Decidimos que él viajara por vía aérea y volviera con los exiliados por tren a París. La idea era descartar toda posibilidad de que la policía checoslovaca recordara haberlo visto entrar solo, sin mujer ni hijo. Era mejor que la puerta de entrada y la de salida de Checoslovaquia fueran distintas.

Ya estaba todo listo. Lo único que faltaba era comprar el pasaje y eso fue lo que hice. Cuando partió a Praga, Tonda Schott recibió un telegrama:

–Despacho va por avión mañana.

Poco después el Orient Express me trajo una carta que señalaba que nuestro agente había llegado bien y que todos los papeles estaban en regla.

Peker tuvo en Praga días muy gratos. Schott, que hablaba bien el francés, le dio una cordial acogida y lo alojó en su casa porque no era conveniente que el turista se registrara en un hotel solo y, poco después, apareciera en la frontera con una esposa joven y un pequeño bebé.

Georges reprodujo en el pasaporte falso de mi prima el timbre de ingreso que la policía había puesto al suyo y conoció a los Pravda. Cuando llegó finalmente el día decisivo, yo estaba nerviosísimo. Me fui a esperarlos a la estación de Saint Lazare, sin tener la menor idea de cómo iba a terminar esta película de suspenso.

Pasado un rato, el tren llegó y una inmensa multitud comenzó a descender de los carros. Me pareció imposible encontrar en ese mar humano el rostro de mi prima. Me desesperé, pero en algún momento quedé frente a ella y su hijo. Fue un segundo de felicidad. A su lado estaba también nuestro amigo Peker.

–Milan –me dijo Hana angustiada–, Jirka no pudo venir con nosotros.

–¿Qué pasó?

–Es largo de contar. Ahora necesito mudar a Sacha.

¿Por qué Jirka no está?

Tonda Schott no era el único en Praga que sabía el plan. El secreto también era compartido por el agente checo que había venido conmigo a París para vigilarme. El hombre ya había sido advertido: "Quiero que usted preste su mejor colaboración a este operativo. Si le sucediera cualquier cosa a mi familia, enviaré la declaración que usted firmó a la embajada checoslovaca".

Nuestro agente, que había sido ascendido en esos meses, estaba por consiguiente al tanto de todos nuestros pasos. Conoció a mis primos e hizo buenas migas con Schott y hasta con Georges.

Hana tenía el rostro demacrado. Mientras íbamos en el taxi hacia mi departamento le pregunté qué había ocurrido.

–No sé –me dijo–. Jirka venía en otro vagón. Lo acompañaba ese agente que está trabajando para ti en Praga. Pero, al llegar a Cheb, en la frontera checo-germana, y antes que nos revisaran el pasaporte, él se me acercó y me dijo que era mejor que Jirka volviera a Praga. Después me tranquilizó y me dijo que el asunto iba a quedar en sus manos.

Hana hablaba con voz entrecortada.

–No pude preguntarle nada. Cuando atiné a abrir la boca para averiguar qué pasaba, ya se había ido.

En mi departamento, un poco más repuesta, Hana me contó que ella, el niño y Georges no habían tenido ningún problema al pasar la frontera.

–Cuando revisaron los pasaportes, me puse a cambiarle los pañales a Sacha, de modo que fue Georges quien intercambió algunas palabras con la policía.

Poco después Schott me aclaró lo sucedido:

–Al llegar al puesto fronterizo, tu agente fue avisado de que una comisión itinerante de inspectores estaba revisando, justo en Cheb, los pasaportes de la gente del tren. La comisión domina varios idiomas y su labor consiste en interrogar a los extranjeros. En vista de esa situación, tu agente decidió llevarse a Jirka de vuelta a Praga. Ambos creen que se salvaron del peligro y ese día Jirka Pravda tuvo que volver a trabajar al teatro, como si nada hubiera sucedido.

Pocos días después fue avisado de que debía tomar el tren Praga-París. Al llegar a la frontera, pasó el control de policía sin inconvenientes. Luego tuvo que sortear la revisión del aduanero que pasaba de vagón en vagón y de nuevo debió mostrar el pasaporte. El problema es que el aduanero había estado como prisionero de guerra en Malta y se mostró muy contento de conversar con un maltés:

–Y ¿cómo te las arreglaste para hablar maltés?

–Ustedes saben que yo no hablo ni inglés. Pero como me sé de memoria los nombres originales de todas las obras de Shakespeare, me puse a recitárselas todas. El aduanero, que se preciaba de hablar maltés, probablemente pensó que se le había olvidado el idioma. El hecho es que al final se dio por vencido y se alejó.

Esa noche festejamos nuestro reencuentro al estilo parisino. Los Pravda quedaron bien instalados. Ya les había arrendado un pequeño departamento amoblado y Hana disponía de bastante dinero. Mi prima resultó ser bastante más eficiente que yo a la hora de sacar recursos al exterior.

Para Hana la decisión de exiliarse fue difícil. Sabía que estaba sacrificando en parte su carrera de actriz.

Jirka Pravda, el segundo marido de mi prima. Era uno de los actores más populares de Checoslovaquia.

Fue enviando las cajitas de oro del tesoro a través de un diplomático y a Georges Peker le pidió llevar los dólares del tesoro que había revalidado Fred Libra. Así las cosas, los Pravda iban a tener recursos para un buen tiempo.

Al día siguiente le entregué el pasaporte maltés a Georges para que retiraran la foto de Jirka Pravda y pusieran en su lugar la de su verdadero titular. Devolví a mi amigo maltés su documentación y él nunca se enteró para qué nos había servido.

El de Hana y Sacha, aquel en que aparecen como esposa e hijo de Georges Peker, aún lo conservo en mi poder. (Ver fotografía.)

El último capítulo de esta historia se escribió en Praga, cuando Tonda recibió una carta mía de agradecimientos. En su parte final decía:

–Comunícale por favor a mi contacto en Praga que hoy he quemado el original de la declaración que hizo acá. Me siento agradecido de la valiosa ayuda que nos proporcionó.

Así terminó todo. Después el país entraría a una fase de aislamiento que durante años pareció irreversible. La Checoslovaquia que yo había conocido se fue perdiendo en el tiempo, desplazada por la dura fisonomía de una democracia popular.

Residencia en París

De más está decir que los dólares entregados al conde me habrían venido bien en mis primeras jornadas parisinas. Sin este respaldo, ahora con mayor razón tenía que apurar la búsqueda de una actividad rentable. Mientras la encontraba, decidí iniciar los trámites para regularizar mi situación legal en el país. Ya antes el hombre del Deuxième Bureau me había recomendado no dejarme estar a este respecto.

–Te vamos a ayudar, Milan, pero no se te vaya a ocurrir contar la verdadera versión de tu llegada a París. Por

Aquí estoy en la Costa Azul con Jirka Stern y su mujer, Valerie.

ningún motivo se puede llegar a saber la identidad del agente checoslovaco. Eso nos perjudicaría mucho y nos pondrías en una situación delicada.

Su recomendación era que yo debía presentarme en la oficina de inmigración sin pasaporte y decir que me había salido clandestinamente de Checoslovaquia.

–En Alemania –me había instruido mi amigo– hay enormes campos de refugiados que diariamente acogen a muchos ciudadanos que huyen de los países comunistas. Son miles de húngaros, polacos y checoslovacos, principalmente. Tú debes decir que estuviste en uno de esos campos y que te arrancaste para venir a Francia.

Francia en ese tiempo no tenía problemas en acoger refugiados. Alemania, tampoco.

Después de dejar iniciadas las gestiones para legalizar mi situación en Francia, dando la versión que debía, volví a mis preocupaciones sobre cómo ganarme la vida. La solución la encontré muy cerca de mí: con mi amigo Jirka Stern. Jirka ya llevaba un buen tiempo en París y tenía muchas conexiones como vendedor de toda suerte de mercaderías. El mismo me invitó a que me acoplara a sus actividades, garantizándome que, a partir de ese momento, podría empezar a ganar comisiones.

Pero ambos pusimos empeño, además, en otro negocio, tan arriesgado como lucrativo.

–Aquí hay casinos privados –me dijo un día Jirka Stern– y si uno juega en forma inteligente no tiene por qué irle mal.

Dicho y hecho, aunque cuando empezó a hablar del tema yo lo escuché como si viniera de una reunión de marcianos. El juego no estaba en mis coordenadas mentales y nunca lo estuvo en la austera atmósfera de mi hogar. Pero ya se sabe que nunca es tarde para aprender...

–Yo soy socio –continuó Jirka– del Club de la République. La comida es buena y barata. El negocio del club está en el juego, no en el restaurant. Vamos a ir a echar un vistazo esta noche, vamos a cenar estupendamente y después pondremos cada uno 50 dólares para jugar en sociedad. Si ganamos, nos repartiremos las utilidades a medias.

En la primera incursión hubo utilidades y fueron muy buenas. Esa noche gané 500 dólares y, por supuesto, me encantó el negocio. Desde entonces poco me faltó para convertirme en un jugador profesional. Ibamos al casino una vez a la semana, más o menos, y de verdad comenzamos a ganar dinero. Por otro lado, como comisionista de Jirka tampoco me iba mal.

Con Jirka comenzamos a ganar más dinero de lo que habían sido nuestras expectativas. En ese tiempo nuestro objetivo no era hacernos ricos. Lo único que nos interesaba era el buen vivir. El dinero no era para acumularlo, sino para gastarlo. Nos conformábamos con comer bien, tener dinero para invitar a las chicas y poder llegar al casino con no más de 50 dólares por noche cada uno.

Nuestro balance en el juego era cada vez más auspicioso. El secreto del éxito, según Jirka, era sencillo. No hay jugador que no lo conozca y consiste en establecer claramente el monto máximo a perder. Es la regla de oro. Yo me echaba al bolsillo sólo el equivalente de 50 dólares. Había días de mala suerte en que los perdíamos, pero entonces nos íbamos de inmediato. Nunca tratábamos de recuperarlos el mismo día.

Jirka me había enseñado, también, otras reglas para aplicarlas en las mesas de *chemin de fer*, un juego parecido al bacará, nuestro favorito: no jugar en mesas demasiado erráticas, donde banca y público ganan alternativamente; no engolosinarnos, puesto que así como hay un límite para perder, también hay que poner un límite para ganar, de manera que nunca pretendíamos salir con más de 500 dólares cada uno. Jirka se las sabía por experiencia y por libro. Había estudiado el tema:

—No recomiendo apostar demasiado poco dinero a la vez. Hay que arriesgarse. Es preferible perderlo todo en diez minutos a estar toda la noche dando vuelta la plata, sin ganar ni perder.

Gestor y seductor

Como tenía los papeles de residencia en regla y hablaba varios idiomas –a diferencia de Jirka que sólo hablaba algo de francés y muy poco de inglés–, mi amigo me propuso que hiciera un viaje de negocios a Alemania.

—Tengo un dato —me dijo—. Nadie vende en Francia los lápices Kohinor, que han de estar entre los más famosos del mundo. ¿Por qué no vas tú a Alemania y tratas de traer una partida?

El asunto parecía interesante, pero difícil, porque la idea era no arriesgar ni un solo franco en el negocio.

Fui a Munich y me contacté con la fábrica de los lápices. Era un modelo de austeridad postbélica y de eficiencia germana. Expliqué quién era, hablé de mi pasado empresarial en Praga, regateé los precios cuanto pude y, al final, logré, con un depósito previo de sólo 500 dólares, me entregaran mercadería por 5 mil, pagaderos a treinta días.

Poco después de una semana ya lo teníamos todo vendido y pagado, de modo que comencé a viajar con frecuencia. Poco a poco, fui diversificando las importaciones; no sólo compraba lápices de Alemania, sino cuanta bagatela pudiera tener mercado en Francia.

En París también reanudé una correspondencia frecuente con Fred Libra, mi tío postizo, el antiguo socio de tío Franta Stein. Era un gran hombre de negocios y vivía en Nueva York. Cuando mi vida en Francia se había encarrilado en varios aspectos, puesto que prosperaba desde el punto de vista económico y lo estaba pasando cada vez mejor, me llegó una carta suya instándome a negociar, dentro del Plan Marshall, contratos de venta de maquinaria americana en el Viejo Mundo. Según él, era fácil ganar dinero en este rubro.

—Me dices en tus cartas que estás dedicado a los negocios de importación de lápices y productos de regalo. Creo que con tus condiciones y tu dominio de varios idiomas, estás perdiendo el tiempo. Tengo excelentes relaciones que te pueden ayudar, pero ya que conoces al señor Green, creo que podrías ir a verlo, no para hacer negocios, sino para pedirle contactos...

Seguí su consejo y, por medio de Mr. Green, me contacté con gerentes de grandes empresas, como Francolor, el gigante de la industria química francesa, entre otras.

Así empezó otra etapa en mi vida en Francia. Comencé a intermediar venta de maquinaria industrial. Aunque costaba un tiempo formalizar las operaciones, me aseguraban ingresos muy superiores a los que tenía hasta entonces. Fred Libra me daba la mitad de su comisión por los negocios que yo hacía y que al principio se limitaron sólo a Francia. Pero después extendí mi actividad comercial a Alemania. Jirka Stern también sacaba su tajada muchas veces, puesto que cuando el contacto era suyo, su comisión era sagrada.

Pero la vida, básicamente, no nos cambió. Seguíamos divirtiéndonos del mismo modo. Ibamos a los mismos lugares y seguimos viviendo en el mismo departamento de la Av. Octave Greard. A esas alturas, sin embargo, teníamos totalmente resuelto el tema económico. Llegamos a subir nuestras apuestas máximas en el casino y me movilizaba en un flamante automóvil marca Simca que me había comprado. Fue el primer auto que tuve con mis propios ingresos.

Tuvimos un episodio negativo con el hermano de Jirka, Karel Stern. Era un poco mayor y un hombre muy agradable, que vino de visita a París. Estaba trabajando en una empresa estatal checoslovaca y fue imposible convencerlo para que se quedara. No habría tenido ningún problema en hacerlo, pero siempre sospeché que había entrado al partido. A su juicio, las cosas iban a evolucionar para mejor en Checoslovaquia. Consideraba que nosotros dos éramos unos locos por habernos refugiado y estar haciendo la vida que estábamos llevando.

–Estás equivocado, Karel –le decíamos– y va a llegar el momento en que nunca más vas a poder salir.

No hubo manera de convencerlo. Una tarde de discusión agitada, mientras caminábamos a orillas del Sena, apelamos frente a Karel a un testimonio definitivo de nuestra voluntad de no volver a Checoslovaquia. Sin que nos hubiésemos puesto de acuerdo, Jirka y yo, delante suyo, lanzamos nuestros pasaportes checoslovacos al río. Fue un gesto impulsivo pero de absoluta convicción. Karel dijo que éramos unos dementes y no dio su brazo a torcer. Y esa vez fue la última vez que lo dejaron salir del país.

Al margen de esa experiencia, recuerdo ese período como uno de los mejores de mi vida. Fue diferente a todo lo que había vivido hasta entonces. Diferente y mejor incluso que los tres estupendos meses que había pasado en París el año 47.

En esta nueva etapa no tenía la obligación de ir a un trabajo, no tenía preocupaciones con empleados, no tenía responsabilidades, no tenía sindicatos con los cuales negociar, no tenía horarios fijos, en fin, no tenía ninguno de los costos que hay que pagar para tener un cierto éxito en la vida empresarial. Lo más importante: no necesitaba estar afiliado a nada y podía expresar libremente mis opiniones.

Con Jirka y con otros amigos que a veces nos acompañaban, íbamos a bares o salas de baile casi todos los días. Por las noches nos acostábamos a menudo con diferentes mujeres. Nos gustaba ir a bailar en la tarde al Olympia o a cualquier otro dáncing del centro. En esos locales, entre paréntesis, asistí a los comienzos de la carrera de Charles Aznavour.

Los bailes eran toda una experiencia. Entre las 7 y las 9 de la noche, las chicas se sentaban dos o tres juntas. Cuando empezaba la música tenía que levantarme y preguntar a una muchacha si quería bailar. Si me gustaba mucho, le preguntaba si podía comprometerse conmigo para el *quart d'heure de charme;* los quince minutos de baile lento y continuo.

Logrado este compromiso, todo lo que venía después era carrera corrida. No bien llegaba el momento de la media luz y de la música romántica, se empezaba a preparar nuestro viaje a la cama por esa noche.

Jirka y yo nos hacíamos pasar por argentinos, aunque no sabíamos ni una sola palabra en español. Pensábamos que nos daba más status decir que veníamos de Buenos Aires y que teníamos familia con estancias ganaderas. Consideraban que todos los argentinos eran millonarios y estaban bien cotizados por las chicas francesas.

Mientras bailaba tan apegado como pudiera, había que tantear tanto los espacios físicos como los afectivos. Era en esos instantes cuando se decidía si el flirt iba a ser una carrera corta o una carrera de fondo. Era ahí cuando había que dejar caer la pregunta al oído, jugueteando con el lóbulo de la oreja de la chica:

–¿Ont se mélange? (¿Nos mezclamos?)

Eso no quería decir exactamente vamos a la cama. Pero una respuesta afirmativa daba a entender que, terminado el baile, seguiríamos juntos, aparte de muchas otras cosas: vamos a comer un sandwich, vamos a tomar un trago, vamos a divertirnos, vamos a mi departamento, vamos... En fin, era todo un código de seducción y placer que se activaba de manera natural.

Una de dos: o era una época de oro o yo estaba demasiado ardiente. Posiblemente se juntaban ambos factores. Lo pasaba bien. Extraordinariamente bien. Las cuentas que el destino tenía pendientes conmigo después de los campos de concentración estaban saldándose día a día.

Con Jirka también solíamos ir ocasionalmente al hotel Plaza Athené, unos de los más elegantes de París. Había que ir bien vestido. El escenario y los personajes correspondían a un mundo más sofisticado que el nuestro. Las habitués eran más ricas y también... más viejas. En su mayoría eran damas inglesas o americanas que venían a París a comprar un poco de fantasía erótica, lejos de la mirada de maridos, parientes o amigos.

La atmósfera del hotel era ligeramente decadente. Se respiraba un París de otra época. Todo tenía mucho glamour. El libreto que nosotros interpretábamos ante esas señoras maduras, bien maquilladas y mejor enjoyadas, no tenía nada que ver con el que usábamos ante las muchachas sencillas del Olympia o sitios similares. En el Plaza Athené no éramos argentinos millonarios, sino jóvenes refugiados checos, atenazados por la pobreza y el recuerdo constante de la brutalidad nazi primero y comunista después. Pero sospecho que, más allá de nuestras experiencias, lo que ellas verdaderamente buscaban eran musculaturas fuertes, ardores de potro, pasiones olvidadas.

En una de esas ocasiones conocí una inglesa muy posesiva. Cuarentona, buena moza, fina y culta, creo que se enamoró de mí. Me exigía llamarla por lo menos un par de veces al día por teléfono y creyó que su relación conmigo iba para largo. Salimos juntos por las noches durante dos semanas y reconozco que me gustaba. Era inteligente y entretenida.

–Vente conmigo a Inglaterra –me decía.

Nada podía estar más alejado de mis propósitos que esa idea. De suerte que no me fue difícil decirle semanas después que no la vería más porque debía viajar a Alemania.

Se puso muy triste. Tal vez no era la primera vez que estaba viviendo esa escena y el tiempo jugaba en su contra. Tendría que volver a Inglaterra más sola que antes. Pero, así y todo, fue muy amorosa esa noche y, para que efectivamente no la olvidara, en algún momento metió en el bolsillo de mi chaqueta un Rolex de oro. No me di cuenta y lo vine a descubrir al día siguiente, cuando llegué a mi departamento. Quise devolvérselo, pero ya se había ido. Un perfecto gigolo. Usé ese reloj durante años, hasta que un día se lo regalé a mi hijo Daniel. El nunca supo el origen que tenía. Hasta ahora.

De todo el carrusel de mujeres que conocí en el *dancing*, sólo con dos francesas mantuve relaciones más duraderas.

La primera era una chica de 18 años, inteligente, bonita y... virgen. Con ella, me vino en su momento un repentino ataque de responsabilidad, porque me negué inicialmente a acostarme con ella. Le conté que no era argentino y le resumí la vida que hacía. Parece que mi gesto la impresionó y seguimos saliendo como enamorados por varias semanas. Era hija de un gerente del Credit Lyonnais. Al cabo de un tiempo me invitó a una fiesta en grande que se hacía en su casa. Conocí a su madre y, ante gran parte del beau monde parisino, yo pasé a ser el novio.

A pesar de persuadirla de que en Francia estábamos en niveles diferentes e insalvables, ella decidió en forma responsable tener relaciones conmigo. Me quería mucho y yo también me estaba encariñando. En las relaciones que tuvimos no hubo engaño alguno de mi parte. Tuvimos un pololeo entretenido. Pero, como sucede con los idilios sin futuro, nos fuimos alejando. Llegó el momento en que no la vi más y volví a mi rutina de siempre

La otra chica, también de buen nivel, me presentó a su familia. Su madre era abogada.

Pero yo no estaba disponible para compromisos mayores. Me molestaba la sola idea de enamorarme en francés. No era mi idioma y me parecía incongruente intentar compartir el futuro con quienes ni siquiera compartían mi idioma. En el fondo, quizás presentía que una linda checa me estaba esperando en algún lugar.

8

Historia de un conflicto diplomático

Para los oídos checos, el idioma eslovaco es más suave que el nuestro. A medida que los pueblos eslavos se acercan a Alemania, el habla se endurece; a medida que se alejan, en cambio, la lengua pareciera dulcificarse. El ruso, por ejemplo, todavía más suave que el eslovaco, puede llegar a ser un idioma tan melodioso como el francés.

Con mucho de esa dulzura y suavidad, el 29 de agosto de 1925 nació en la pequeña y bellísima ciudad eslovaca de Banská Bystrica una niña llamada Jana Turek Rocher. Su papá y mamá eran checos y católicos. El, un hombre apuesto, ingeniero constructor, encargado en esos momentos de ejecutar programas camineros de obras públicas en Eslovaquia. Por esa razón residían ahí y no en Praga. Más tarde, siguiendo el curso de las obras, la familia se trasladó a Bratislava y Jana vivió en la capital eslovaca hasta cumplir los 12 años. En esa ciudad comenzó a ir al colegio y aprendió el eslovaco. No sólo eso: durante esos años generó con Eslovaquia una profunda relación de cariño. Desde entonces, defendería a ese pueblo a brazo partido durante toda la vida.

En 1937, los Turek volvieron a Praga. Fue un regreso programado y con buenas expectativas. Pero las cosas se complicaron porque al cabo de poco tiempo el padre de Jana murió en el curso de una operación. Fue a causa de la diabetes. No le alcanzó a coagular la sangre. Desapareció, de este modo, un hombre todavía joven y jefe de una familia de clase media acaudalada, con un nivel de vida holgado sin ser opulento.

A los 15 años, Jana era preciosa, pero ya entonces Praga vivía los sobresaltos de la guerra. Llamaba la atención en cualquier medio y su presencia entre el sexo fuerte era fulminante. Quizás por eso nadie se extrañó demasiado cuando un abogado bastante mayor que ella –Milos Tobolka, 28 años, hijo de un senador– pidió su mano a la familia. Se casaron el año 40 y ella tuvo que salirse del colegio.

El matrimonio duró lo que duró la guerra. Para ellos también fue una época difícil. La esposa se vio forzada a trabajar en una oficina de correos. El año 45, cuando las circunstancias se normalizaron, los cónyuges acordaron separarse civilizadamente. Habían tenido una buena relación, sin hijos, pero nunca lograron proyectarse en el largo plazo. Janita entonces volvió a completar sus estudios, tras lo cual comenzó a estudiar periodismo.

Poco después de su divorcio por la ley civil, Jana inició un idilio con Pablo Glaser, un diplomático checo. Era un joven aventajado y de ascendencia judía por el lado paterno, que se había ganado un expectable futuro trabajando en Londres por la causa del gobierno de Benes en el exilio. Cuando las nuevas autoridades llegaron a Praga el año 45, Pablo entró por la puerta ancha al servicio exterior del gobierno democrático y, por este motivo, durante el período republicano, Jana tuvo acceso a través suyo a todas las fiestas de la comunidad diplomática de Praga. Lo pasó fantástico. Su nombre estaba en la lista de invitados de todas las recepciones y durante ese tiempo hizo muy buenas amistades. Era admirada y querida. Desarrolló además una profunda amistad con la hija de los embajadores del Perú, Consuelo Ulloa, y llegaron a ser inseparables. Hacían panoramas juntas, compartían sus experiencias y Jana llegó a ser en la embajada peruana otra hija más de la familia. Por entonces Consuelo mantenía un noviazgo con un joven checo de alta alcurnia.

Cuando Pablo Glaser, un tipo agradable, refinado y de gran cultura, fue destinado como primer secretario a la embajada checoslovaca en Suiza, nunca imaginó que jamás iba a volver a su patria. También él estuvo entre los sorprendidos por el golpe comunista de febrero del 48. Se enteró de los nuevos acontecimientos en Berna y a los pocos días recibió la orden de volver a Praga. Las nuevas autoridades querían a todos los miembros del servicio exterior de regreso en el país, con la evidente intención de practicar una purga y un descabezamiento general. Pablo no se equivocó al alentar las peores sospechas ante el rumbo que estaban tomando las cosas. Y después de considerar el asunto con más detención, decidió desobedecer la instrucción y quedarse como exiliado en Suiza.

Mejor salir pronto

Hubo miles de personas que asistieron con inquietud y con alarma –por múltiples razones– al montaje del estado represivo de los comunistas. Entre ellas estuvo Janita. En principio era una chica que no tenía gran cosa que perder, pero sola se dio cuenta que corría peligro. Su romance con un funcionario "traidor" era un punto negro y casi imperdonable para el régimen. Además, pronto supo que el régimen comunista, debido a los contactos de Jana en embajadas occidentales, la vinculaba con los servicios norteamericanos de inteligencia y como fiel partidaria del caído presidente Benes.

Fue ponderando junto a su familia estas variables –que ya se estaban incubando para traducirse en acusaciones formales– que Jana se convenció de la necesidad de salir de Checoslovaquia. No le quedaba otro camino. Antes de caer detenida, debía irse. De lo contrario lo iba a pasar muy mal en el papel de la Mata Hari checa.

El tiempo jugaba en su contra y había que darse prisa. Su plan inmediato era irse a Suiza y reencontrarse con Pablo Glaser. Conversó el tema con los Ulloa y los embajadores peruanos no sólo estuvieron de acuerdo sino que ofrecieron toda su ayuda para llevarlo a cabo. Jana no podía continuar un día más en Praga. Los rumores eran cada vez más amenazantes y ellos –le dijeron– no permitirían que algo le ocurriera. Para ellos era otra hija.

El mismo embajador peruano ideó la huida. El plan era muy sencillo. Jana cruzaría la frontera checoslovaca haciéndose pasar por Consuelo Ulloa. Justo en ese momento el embajador tenía previsto un viaje con su señora a Suiza. El asunto era, entonces, partir. Para sacar a Jana de Checoslovaquia lo único que tenían que hacer era poner su foto en el pasaporte de Consuelo. De ese modo Jana Turek pasaría a ser la hija del diplomático peruano.

El día anterior a la salida, el novio checo de Consuelo recogió las dos maletas de Jana de la casa de ella, las llevó a la embajada y las puso en el nuevo auto del embajador. Fue una solución muy bien pensada. Cualquier otro procedimiento se habría prestado para que los ojos espías acusaran que algo raro estaba ocurriendo en la sede diplomática peruana.

Al día siguiente, tal como estaba convenido, el auto de la embajada recogió a Jana en un cruce concurrido. En el vehículo iban el embajador Ulloa, su señora y el chofer, un ciudadano checo de absoluta confianza de los diplomáticos.

Faltando unos treinta kilómetros para llegar a la frontera alemana, un auto de la policía los alcanzó, se puso a la par del vehículo de ellos y los agentes comenzaron a mirar insistentemente a los pasajeros que iban dentro. A todos les pareció extraña la situación, pero el incidente no pasó más allá.

Más adelante el asunto tomó otro cariz. El mismo coche policial esta vez detuvo el auto del embajador y solicitó la documentación al conductor del vehículo. Este y Jana eran los únicos que entendían el idioma y escucharon que los uniformados buscaban un auto cuya patente correspondía al otro coche que tenía el diplomático. El que estaban usando en aquel momento era una adquisición muy reciente y eso explica que todavía no estuviera registrado por la policía comunista. El episodio les pareció raro y Janita se puso nerviosa.

Al cabo de media hora, llegaron al puesto fronterizo. El embajador tomó los pasaportes y se bajó junto con el chofer.

Apenas entraron a las oficinas de la policía y mostraron los documentos, comenzaron a funcionar afiebradamente los teléfonos. Llamadas desde acá y ruido de campanillas avisando que alguien se comunicaba desde allá. Los policías iban y venían. Entraban a una sala, cerraban la puerta y al minuto estaban de nuevo en el hall. Los más cautelosos dirigían miradas de soslayo al diplomático y su chofer.

Como el embajador no entendía una sola palabra de lo que hablaban los policías, ignoraba que todo el ajetreo se relacionaba con su viaje y sus acompañantes.

–¡Qué raro! –le repetía en español al chofer–. ¡Qué raro que se tomen tanto tiempo para timbrarnos los pasaportes!

El chofer estaba mudo. El sí entendía lo que hablaban los policías y sabía lo que estaba ocurriendo.

–Sí, aquí está el señor embajador, pero no vemos irregularidades.

–...

–No, no puedo acatar órdenes tan delicadas por teléfono si no tengo un respaldo por escrito y algún cargo grave contra él y su familia.

–...

–Pero, señor, entiéndame: ¡todo está en orden!

–...

–Le repito: yo no puedo asumir la responsabilidad de una situación como ésta. No tenemos ninguna prueba de lo que usted me está diciendo.

–...

– Sí, claro. También en ese sentido no tenemos objeción. El auto no tiene la patente que usted me indica.

El chofer escuchaba y ni siquiera se atrevía a pestañear. Como en un carrusel, todo se repetía y todo volvía a empezar.

Mientras tanto, en el auto, madame Ulloa intentaba calmar a Jana en inglés. Era un hecho que se habían presentado problemas y, a medida que pasaban los minutos, la inquietud de ambas aumentaba. Llegó un momento en que la chica no pudo más.

–Ya llevan media hora adentro. Algo está ocurriendo, sin duda. Quiero irme. Voy a correr hacia los guardias aliados de la frontera alemana que están allá. Total, la distancia no supera los 50 metros.

– ¡Por favor, Janita, no hagas locuras! Dentro del auto estás en suelo peruano y nada te pueden hacer. Por último, si te descubren, te quedas en la embajada para siempre con nosotros.

Por fin la policía decidió timbrar los pasaportes y entregárselos al embajador. Pero, en el momento que el jefe estiraba el brazo para pasárselos, volvió a sonar el teléfono.

El chofer escuchó que uno de los policía le decía a otro:

–Dicen que han visto a la hija del embajador con su novio en Praga.

–¿Y quién es, entonces, la del auto?

–Mire, puesto que los pasaportes están conformes, yo no puedo detenerlos. Además ustedes me hablan de un auto con otra patente.

Cuando el auto se internó en territorio alemán, después de haber cumplido los trámites fronterizos, el chofer detuvo el auto y dijo, temblando:

–Necesito descansar. Creo que no puedo más.

Al escuchar su relato, los Ulloa recién supieron por qué habían tenido una espera tan inusual. Jana, por su parte, se dio cuenta que no había estado equivocada al apresurar su fuga de Checoslovaquia.

Efectivamente, como lo corroboraron después, había un informante. Y trabajaba en la propia embajada del Perú. Desde el principio el soplón había acusado a Consuelo de ser gran amiga de una presunta agente de la inteligencia americana, y según su versión el embajador Ulloa se estaba prestando para sacar documentos del gobierno de Benes comprometedores para el nuevo orden. Todo el tiempo había estado insistiendo en que algo raro encubría este viaje. Hasta ese momento había concentrado sus sospechas en las maletas que debe haber visto entrar a la sede diplomática la noche antes del viaje, pero ahora daba en el clavo. En realidad, Consuelo fue un tanto imprudente porque se dejó ver con su novio por esos mismos días en Praga, sin tomar en cuenta que comprometía a sus padres y a su amiga Jana. Fue por eso que el soplón supo que no era ella la que iba en el auto con los embajadores.

El incidente trajo cola. Al cabo de poco días, los Ulloa regresaron a Praga. La policía checa de inmediato detuvo al chofer. Lo interrogaron y el hombre confesó que Consuelo no iba en el auto. Dijo desconocer a la chica que la había suplantado y por lo visto le creyeron, porque días después recuperó su libertad.

En seguida, eso sí, el embajador del gobierno de Lima fue declarado persona non grata. Debió abandonar el país en 48 horas. Pero los comunistas se tomaron una revancha adicional, puesto que se opusieron a la salida de Consuelo, aduciendo que en su pasaporte la joven figuraba abandonando Checoslovaquia sin haber reingresado.

Al final Perú terminó rompiendo relaciones con Praga y lo que había partido siendo una prueba de protección y cariño a una jovencita amiga se transformó –a medida que se fueron complicando las cosas– en un incidente que interrumpió las relaciones entre dos estados soberanos por años.

En reparación al trato que el gobierno comunista dio a su diplomático, el gobierno de Lima acreditó luego al embajador Ulloa como representante en París.

Las decepciones de Jana

En definitiva, el embajador Ulloa tuvo que valerse de procedimientos pocos ortodoxos para rescatar a su hija y al novio de ésta. Sencillamente contrató los servicios de un grupo de contrabandistas que sacó a la pareja a pie por la frontera checo-alemana, con todo el riesgo que eso significaba: campos minados, alambradas, perros adiestrados. Y desde ahí la enviaron a Francia. Por suerte todo salió bien. Janita jamás se hubiera perdonado que por culpa suya le hubiera pasado algo grave a su amiga Consuelo.

Los Ulloa dejaron a Jana en Berna, en compañía de Pablo Glaser. Jana tenía consigo su pasaporte checoslovaco, pero sin visa de entrada a Suiza. Sólo tenía desde años antes visa para Holanda, por haber trabajado en Praga en una multinacional holandesa.

En Suiza, Jana tuvo dos grandes desilusiones. La primera fue con el país, que no sólo no accedió a darle asilo, sino que amenazó con devolverla a Checoslovaquia a la semana de haber llegado. Así funcionaba la famosa neutralidad suiza.

La siguiente decepción –de índole afectiva– fue con Pablo Glaser. Ella esperaba contraer matrimonio con él, pero Pablo seguía siendo un joven edípico gobernado enteramente por su madre. Y la señora tenía programado otro destino para su hijo. Pensaba que, de casarse, Pablito no debía conformarse cuando menos con una aristócrata. Jana era bonita, es cierto, pero la sangre que corría por sus venas no tenía el tono azulado que a la mamá de Pablo le gustaba.

Perdido el respeto a Pablo, por sus indecisiones, y presionada por los suizos, Jana viajó a Holanda. Allá se contactó con los ejecutivos de la empresa en que había trabajado. La acogieron de inmediato. No sólo le ofrecieron empleo, sino que la alojaron por espacio de varios días en uno de los buenos hoteles de Amsterdam, el Hotel de l'Europe. Entendieron perfectamente que la chica estaba en una situación muy vulnerable. Había tenido que despedirse, entre gallos y medianoche, de su madre y sus hermanos mayores.

Desde Amsterdam escribió y ubicó por teléfono a una tía suya que vivía en Francia. Era hermana de su madre, la tía Ruzenka, casada desde hacía años con un empleado público francés de apellido Hernández. Esta mujer, de una simpatía extraordinaria, le consiguió la visa francesa a Jana y la convenció para que se fuera a vivir con ellos a Burdeos, que era la ciudad donde residían.

Pero a su paso por París Jana se encontró con otra persona muy familiar para ella. Era la tía Hrazdilova, con quien no tenía parentesco directo alguno, pero a quien ella siempre había llamado tía. Era una mujer de gran carácter, separada de un riquísimo noble y que había huido a Francia por amor, para encontrarse con un funcionario diplomático checo que llegó a ser una figura política importante del exilio checoslovaco.

Jana decidió quedarse en París cerca de tía Hrazdilova. Subarrendó una habitación en un buen departamento próximo al Arco del Triunfo y encontró trabajo en una empresa franco-checo-holandesa. Comenzó a aprender el francés y a ganar un sueldo que apenas le alcanzaba para vivir.

Tía Hrazdilova también vivía bastante mal. Había salido, al igual que su amigo, sin dinero de Checoslovaquia. Eso la obligó a trabajar como gobernanta en la casa de un conde francés amigo de la familia, en las afueras de París. Tenía un sueldo bajo. Pero al menos comía bien y al llegar su sobrina pudo llevarle a ésta, con autorización del conde, alimentos que servían para paliar el hambre de los duros comienzos de una joven refugiada.

Amor a primera vista

Una tarde de enero del 49 decidí ver una película en un rotativo en Champs Elisée. Jirka Stern no quiso acompañarme porque prefirió ir a otra sala. Al llegar al cine, comprobé que la cola para sacar entradas era larga. No tuve más remedio que ponerme en la fila. Era eterna. Pero tuve buena suerte. Porque la joven que estaba delante mío era una belleza extraordinaria y me impresionó. Hacer la cola junto a ella no tenía nada de desagradable. Al contrario. Con una figura tan hermosa frente a mis ojos, hubiera dicho que era preferible comprar entradas para la cola y no para entrar al cine. Pero si mis ojos quedaron encandilados, mis oídos comenzaron a desconfiar ante tanta maravilla. No podía ser lo que estaban escuchando. La estupenda chica que estaba delante mío se dirigía a su madre en... checo. Sí, estaba seguro. La dama también le contestaba en mi idioma.

Justo en el momento que iba a decirles algo simpático en checo, la joven se dirigió a su madre con palabras que echaron mis intenciones por la borda:

–Estoy que me hago pipí.

Por supuesto, no era el momento de intervenir en checo en la conversación. Tendría que esperar un poco, hasta que cambiaran de tema.

–No aguanto más. Creo que buscaré un baño donde sea...

–Espera un poco –recomendaba la señora–. Llevamos tanto tiempo en la cola, que sería una pena que perdiéramos ahora nuestro lugar.

Apenas conversen de otra cosa, pensé, les digo en checo que nunca imaginé que la casualidad podía generar tan buenas sorpresas.

Mientras tanto la miraba y la miraba. Era muy bonita, simpática y bastante sexy.

–Ahora sí que no aguanto más.

–Cruza las piernas, querida, y aprieta fuerte.

No hubo otro tema. Y apenas sacaron las entradas, la encantadora visión que mis ojos tanto habían acariciado corrió al baño, hasta que la perdí de vista.

Decidí levantarme del asiento cuando a la película –¿qué película?– le faltaban unos quince minutos para terminar. Quería estar seguro de encontrarlas a la salida. Nervioso, me paseé por el foyer discurriendo la mejor manera de abordarlas.

Terminó la cinta y empezó a salir la gente. Era un público silencioso y heterogéneo. Pasaban frente a mí señoras, señores, parejas, jóvenes, pero la madre y, sobre todo, la hija que yo buscaba no aparecían por ningún lado. Al final, pasó todo el mundo, el cine se quedó completamente vacío y a ellas no las había visto. Se habían hecho humo. ¿Habría vuelto al cielo directamente desde el asiento?

Desde ese día me dediqué a buscarla. Como primer paso, fui al organismo de refugiados. Pero los únicos datos que tenía de ellas era la descripción física y el hecho que fueran madre e hija. Con elementos tan inconsistentes para hacer una pesquisa, habría sido un milagro que hubiera conseguido algo. Y los milagros no se repiten con tanta frecuencia. Hacía poco ya me había ocurrido uno en la cola del cine y era imposible que en tan poco tiempo estuviera presente en otro.

Empecé a fijarme en la gente que caminaba por las calles. Miraba una por una a las personas que hacían cola en los cines. Volví una y otra vez al barrio donde la había visto. Pregunté a otros checos si ubicaban a dos mujeres que respondieran a la descripción que les hacía. Pero nada. No conseguí ni una sola pista. Di por inútil la búsqueda. Sólo un golpe de suerte podía ayudarme.

Por supuesto, yo seguía trabajando. Los negocios con Fred Libra empezaban a dar sus primeros frutos. Eran retornos de magnitud importante, comparados con el nivel al que estaba acostumbrado hasta ese momento. La importación desde Alemania de los lápices Kohinor, por

No creo mucho en el amor a primera vista, pero en realidad me enamoré de Janita apenas la vi.

otro lado, definitivamente era un éxito. Cada día aumentaba más la cartera de clientes. Incluso, en una ocasión me informaron que una empresa que estaba vinculada con Holanda estaba interesada en comprarnos lápices para ese país. Llamé al gerente y de común acuerdo fijamos fecha y hora para reunirnos.

Eran los primeros días de abril del 49. Llegué a la hora convenida para hablar con el gerente y, al entrar en la sala de espera de la firma, mi pecho se alborotó. Sentada en unos de los sillones estaba la mismísima madre de la joven checa que yo había buscado por las calles de París. Esta oportunidad sí que no la iba a perder.

–Señora –le dije en checo–, hace tres meses que me tiene muy preocupado un asunto. ¿Alcanzó su hija a hacer pipí a tiempo o no?

La mujer dio vuelta la cara y con cara de asombro me dijo:

–Cómo, ¿qué cosa?

–Yo estaba, señora, justo detrás de ustedes en la cola del cine, el día que a su hija le dieron ganas de ir al baño.

Su boca, sus ojos, su cara y su cuerpo, en ese orden, se fueron contagiando de risa. Por la forma y la facilidad con que se reía, en seguida noté que era una persona muy simpática, muy cálida, muy cariñosa.

–No se preocupe –me dijo entre risas–, todo resultó fantástico.

–Esa fue la razón por la que no pude presentarme.

–Qué lástima, pero no se preocupe. Tiene que estar por llegar pronto. Yo la estoy esperando. Quiero aclararle, eso sí, que yo no soy su madre. Ni siquiera somos parientes, pero para mí es una sobrina y a mí ella me considera su tía.

Le dije al gerente que me disculpara por un momento y me senté a conversar con la dama como si fuéramos viejos amigos.

Al poco rato apareció ella. Inconfundible, imponente, inolvidable.

–Te presento a un checo –le dijo la tía–. Estaba justo detrás tuyo el día que en la cola del cine te dieron ganas de ir al baño.

–¡Ohhh!

Y sus ojos hicieron un gesto gracioso, mezcla de vergüenza y picardía.

–Ya ves, tesoro mío, hay que tener cuidado en Francia –le dijo la tía–. Aquí hay checoslovacos por todas partes. Bueno, yo creo que habrá que festejar este encuentro.

–Miren, yo tengo una cita con el gerente en este momento, pero me encantaría que me aceptaran una invitación a cenar esta noche. Después de tantos meses que las he estado buscando, creo que merezco este honor.

–De acuerdo.

Ellas ya se iban y yo estaba entrando a la oficina del gerente de la firma, cuando me volví para decirles:

–Me llamo Milan, Milan Platovsky. Todavía no sé tu nombre.

–El mío es Jana... Jana Turek. Mi tía es la señora Hrazdilova. Libuse Hrazdilova.

Esa tarde la fui a buscar para ir a cenar a un restaurant chino. La tía ya nos había dicho que no podría ir. Debía presentarse a su trabajo y lamentó no poder acompañarnos. El barrio donde vivía Jana me pareció estupendo, pero la habitación era más que modesta.

La velada no pudo ser más grata. Yo estaba eufórico y de excelente humor. Creo que congeniamos muy pronto, de suerte que no me tomé ninguna confianza cuando, al irla a dejar a su casa, me despedí y le dije:

– Me gustaría verte mañana.

– Tengo un novio francés –me aclaró ella–. Incluso en este momento está en Praga, con mi familia, pidiendo mi mano. La fecha de la boda está fijada para mayo.

– ¿Qué quieres que te diga? Lo siento en el alma. Pero como mañana, supongo, el novio no estará de vuelta, igual podemos vernos.

– De acuerdo –me dijo ella, con complicidad.

Mientras me iba a mi casa, mi mente, inagotablemente, empezó a deshojar hojas de margarita.

– Me he enamorado –pensé– eso es indiscutible. ¿Pero... y ella? Eso del novio es preocupante, sin duda, ya que el asunto parece estar muy avanzado. Pero la he visto tan cómoda, tan a gusto conmigo, que puede ser que la cosa no sea irremontable.

–Tú siempre tan optimista, Milan, me dijo Jirka Stern. ¿No ves acaso que se casa el mes que viene?

Para mí era raro que sólo al final me soltó lo de su compromiso. Eso me hacía pensar que no lo quería mucho.

Al día siguiente nos vimos en los Champs Elisées. La vi desde lejos cómo se acercaba sonriendo. Estaba preciosa. Vestía un traje dos piezas de media estación, con pintas amarillas sobre fondo negro. Llevaba además un espectacular sombrero de paja negro. Después sabría que los sombreros eran su debilidad. La estela de miradas que dejaba a su paso producía un surco de admiración casi fosforecente.

Nos empezamos a ver todos los días. Janita se veía cada vez más contenta y relajada conmigo. Hablar en checo y compartir con alguien que tiene las mismas costumbres, la misma historia, la misma educación, nos producía una sensación cómoda, rica, tranquilizadora. Para mí ella era distinta e incomparable con todas las chicas que había conocido en Francia.

Dos días después de la primera salida, ella me confesó:

–Mi novio, en realidad, no es francés. Es árabe. Es un cheik sirio que tiene mucha fortuna. Su familia es de Damasco.

–Y qué tienes que ver tú con un árabe. ¿Será que quieres vivir en un harén?

–Es muy simpático. Ya lo vas a conocer.

–Me parece una manera muy insensata de arreglar tu vida o tu mala situación económica. Siento que no lo amas.

–No lo juzgues así. Es una persona muy agradable, Milan.

En pocos días se había creado entre nosotros un mundo propio. Había miradas, palabras y risas que sólo ella y yo entendíamos. Le conté mi tragedia familiar. Le hablé de la muerte de mi madre y mi hermano Jirka, de los campos de concentración, de mi vida en Praga. Ella también me contó la suya: sus éxitos, sus fracasos, sus decepciones. Resultaba que habíamos vivido sólo a dos cuadras de distancia en Praga y nunca nos habíamos encontrado. Nos acercaba mucho hablar de nuestra ciudad, de sus calles, de tantas cosas que sólo nosotros sabíamos captar en todo su sabor. Y lo hacíamos en checo y no en ese agotador francés que costaba tanto dominar en todos sus matices. Sobre todo para ella, que lo hablaba con menos fluidez que yo. En pocos días la sentía tan mía, que no me imaginaba cómo había podido hasta ahora vivir sin ella. Y sospecho que a ella le ocurría lo mismo conmigo.

Una semana después, y paseando por los Champs Elisées, me dijo:

—Si tú quieres y si nuestra relación es tan seria como yo pienso que es, yo anularía mi compromiso. Pero tenemos que esperar que mi novio vuelva de Praga para que se lo pueda comunicar.

—Creo que no debes esperar mi respuesta para anular tu compromiso matrimonial. ¿Lo amas?

—Amar, exactamente, yo creo que no. Pero lo quiero. Le tengo mucho cariño, sí. Se ha portado muy bien conmigo. Es inmensamente rico y sé que con él solucionaría mi vida. Es un hombre fino, educado y está enamorado de mí. Cualquier mujer estaría feliz de encontrar un hombre con tantas cualidades como las que tiene Faez el Malqui, mi prometido hasta hace un minuto.

Ella sabía mi respuesta. Sabía que me había enamorado de ella desde el minuto que la vi. Pero no le respondí en seguida. Esperé un poco. Nos sentamos en un banco y le dije.

—Sé que te quiero. Este sentimiento que tengo por ti no lo había tenido nunca antes. No quiero ni puedo perderte. Pero no te puedo ofrecer nada, porque no tengo nada. Si bien gano dinero como para vivir bien y darme muchos gustos, no estoy estabilizado y mis negocios son bastante volátiles. Hasta ahora no he ahorrado un céntimo porque en mis planes sólo estaba el exprimir hasta el máximo el aspecto gozoso de la vida que se me adeudaba. Ahora necesito aterrizar y me gustaría que tú me ayudaras a hacerlo... en el matrimonio.

–Sí, la única manera es casándonos.

Acordamos esperar hasta que volviera Faez el Malqui desde Praga. Mientras tanto la seguí viendo todos los días. Como de parte del sirio le llegaban cada mañana 24 carísimas y perfumadas rosas, yo comprendí que no podía competir ante ese despliegue de galantería y riqueza. Decidí, entonces, inclinarme por regalos prácticos que Jana agradecería más: una torta, un queso, un trozo de pollo. Mis presentes no la hacían soñar tanto como la fragancia de los pétalos, pero la ayudaban a dormir mejor.

Porque Jana, según me lo confesó ella misma, a menudo pasaba hambre. A pesar de sus hermosos trajes que había traído de Praga, a pesar de la elegancia que la distinguía, sus condiciones de vida eran muy precarias. Viviendo en la más completa estrechez, sus salidas con el árabe eran como un encantamiento. Teniendo tan pocos ingresos, la abundancia y el lujo de los lugares que frecuentaba con el cheik tienen que haberle parecido irreales. Ella era una chica mundana, acostumbrada a una intensa vida social en Praga. Pero que, de un día para otro, se encontró en París sola y sin dinero.

Había una evidente duplicidad en su vida parisina. En las fiestas con el árabe, el cual le fue presentado por el gerente de la Metro Goldwyn Mayer en París, bastaba dar una palma con las manos para que las bandejas llenas de manjares aparecieran como ordenadas por la varita de una hada madrina. Los restaurantes a los que la invitaba su novio siempre eran los más lujosos y de mejor cocina. Pero al llegar a su habitación se terminaba ese mundo deslumbrante y nuevamente volvía a ser la Cenicienta pobre que vivía entre unas paredes frías, feas y desnudas.

El cheik llegó diez días después de nuestro mutuo compromiso.

–Quiero conocerlo –le dijo a Jana, cuando le comunicó que no se casaba con él, sino conmigo.

La sorpresa y el disgusto que se había llevado eran mayúsculos. Pero no hizo ningún escándalo. Era un caballero. Sus buenas maneras y el sentido árabe de la paciencia y el cálculo le indicaron que tenía que actuar con delicadeza.

Nos invitó a almorzar al Bois de Boulogne, a un fino restaurant. Al local llegó acompañado con una prima que trabajaba como modelo para las firmas más exclusivas de París. Era una chica sensacional. Una belleza exótica y realmente espectacular. Durante el almuerzo tuvo gestos obsequiosos y delicados coqueteos conmigo, pero mi plenitud era Jana y todo lo demás me parecía una feroz pérdida de tiempo. Era un anzuelo demasiado evidente tendido por el cheik. El estaba en su derecho de ponérmelo y yo en el mío de eludirlo.

Faez el Malqui resultó ser tal como Jana lo había descrito: simpático, culto, inteligente. Se notaba que era un tipo mundano y muy dueño de sí mismo. Hablaba varios idiomas y tenía un francés perfecto. Tres o cuatro años mayor que yo, moreno y bajo de estatura, aceptó con sorprendente nobleza y dignidad el cambio radical que, en ausencia suya, Jana había decidido para su vida... y la mía. Su último cartucho para quitarme a la novia lo disparó trayendo como anzuelo a su prima modelo. Fue sólo por si acaso. Porque pronto se dio cuenta que el amor entre Jana y yo era a prueba de cualquier mecanismo cazabobos.

Retrato de bodas

Desde el día siguiente comenzamos a gestionar el papeleo y trámites para casarnos. Así como había sido preciso comunicar a Faez el Malqui la ruptura del compromiso matrimonial, también era necesario avisar a la familia de Jana en Praga. Había un cambio de yerno. Se imponía que supieran que el cheik árabe que habían conocido hacía poco, y que tan bien les había caído, había sido desplazado casi en la meta por un checo judío. Decidimos comunicarles la noticia por teléfono.

Si bien nos tomábamos con humor lo que íbamos a decir, lo cierto es que no podíamos tomar a la broma el uso del teléfono. Era muy posible que todas las llamadas estuvieran interferidas en Checoslovaquia y podía resultar comprometedor para la mamá y los hermanos de Jana que nosotros les habláramos. La mamá de Jana había informado a la policía, al día siguiente de la evasión a Suiza, que su hija había desaparecido. Su versión era que la chica no había llegado la noche anterior y que tal vez se había ido a Eslovaquia, donde tenía muchas amigas. La policía nunca supo quién era la chica que viajó con los embajadores peruanos. Si lo hubiera descubierto, la familia de Jana lo habría pasado mal.

Acordamos por eso llamarles haciéndonos pasar por el matrimonio Hernández. Jana fingiría ser la tía Ruzenka, la hermana de su madre, y yo por mi parte haría el papel de monsieur Hernández.

Como era previsible que ocurriera, la conversación fue un enredo total. La pobre mamá y los hermanos de Jana no entendían nada. Comenzó hablando Jana en checo con acento francés. Su madre le reconoció la voz y se conmovió hasta las lágrimas sin comprender mucho ni lo que quería decirle ni la causa de esa voz tan cambiada.

—No llores, hermanita, te voy a poner en el aparato a monsieur Hernández, mi futuro marido —insistió mucho en futuro, para que cayera en cuenta.

Lo curioso es que yo empecé a hablar en checo porque sabía que ellos no hablaban ni una pizca de francés.

—Espero que entiendan bien lo que les estoy hablando. Mi sobrina está aquí al lado mío. Todos los planes que ustedes conocían no valen. Hubo cambios de última hora. Lo del árabe ya no corre.

Eran tan complicadas estas imposturas que después de un rato las precauciones iniciales se fueron perdiendo. Al final le dije:

–Señora Turek, entiéndame, por favor: usted habla con alguien que se va a casar con su hija.

–Ya me sospechaba yo que eso era lo que trataban de decirme.

–No podemos hablar más en esta ocasión del asunto. Jana ya le contará en otra ocasión todos los detalles de lo que ocurrió. Lo que deben tener claro es que no es el árabe el futuro marido de su hija. Espero más adelante tener el gusto de conocerlos.

–¿Usted quiere mucho a mi Jana?

–Muchísimo, desde luego.

–¿Y quiere ser feliz en su matrimonio?

–¡Por supuesto, señora! Es lo que más quiero.

–Entonces, joven, le voy a dar un consejo: ¡déjela dormir todo lo que quiera!

Después me daría cuenta lo importante que era seguir este consejo. A nadie como a Jana le puede gustar tanto dormir. Y nadie es tan agradecida como ella de un sueño largo, ininterrumpido y reparador.

A mi futura suegra no la alcancé a conocer. Poco después de nuestra conversación falleció en Praga.

Cuando conocí a Pablo Glaser, el diplomático y abogado con el cual Jana salía en Praga y que posteriormente se asiló en Suiza, congeniamos muy bien. Era un hombre fino e inteligente. Cuando supo que Jana pretendía casarse con un cheik, vino a París a disuadirla. No la veía en un harén y pensaba que el proyecto era una locura. Cuando Pablo llegó, en vez de un árabe, se encontró sin embargo, con un checo y judío para más remate.

–Te felicito –me dijo–. Yo, por hacerle caso a mi madre, perdí una gran oportunidad. Jamás encontraré una mujer como Jana.

Invitamos a Pablo a un restaurant donde a esas alturas yo me sentía como en casa. Chez André era el lugar predilecto mío y de Jirka. Ahí almorzábamos o comíamos a lo menos una vez por semana. En ese tiempo era un local muy concurrido pero modesto: excelente cocina, manteles y servilletas de papel café, una atmósfera muy grata. Actualmente lo atiende el hijo del dueño que yo conocí y es uno de los mejores datos en el mapa gastronómico parisino. Aun cuando pasa lleno, ahí siempre hay todavía un sitio para nosotros. Nos consideran de los suyos.

Después Pablo se casó con una mujer de linaje, muy del gusto de su madre. Era una condesa inglesa. Aunque era noble por sus ancestros, no destacaba ni por belleza ni por refinamiento. Más tarde la pareja se fue a Estados Unidos, donde Pablo llegó a ser un importante ejecutivo de United Steel, la multinacional del acero.

Diez días antes de la boda fuimos a Burdeos a saludar e invitar a tía Ruzenska y su marido, Pierre, los únicos familiares de Janita en Francia.

Simpatiquísima, lo primero que le dijo a su sobrina después de abrazarla fue:

– Lo mejor que te podía pasar, Jana, era casarte con un judío. Son los mejores maridos. Gracias a Dios que dejaste a ese árabe. Creo que estabas un poco loca. Yo siempre le decía que estaba mal de la cabeza –añadió dirigiéndose a mí– y menos mal que afortunadamente te encontró. Era una tontería la que iba a cometer.

Pierre Hernández nos recibió con enorme cariño y una mesa de gala. La tía cocinó un plato inolvidable, *gigot d'agnaus,* una pierna de cordero nonato que se deshacía en la boca, acompañado por un vino de veinte años de guarda. Desde entonces, cada vez que voy a París, pido esa delicia para recuperar una parte de estos recuerdos.

Al llegar la noche la tía nos dijo:

–Tengo un solo dormitorio para alojados. Es de ustedes.

No se anduvo con hipocresías ni disimulos. Sabía que lo nuestro desbordaba los convencionalismos y prefirió no hacerse la desentendida.

Esta es una de las pocas fotografías que conservo de nuestro día de bodas. En la tarde fuimos dos veces al cine.

Pocos días antes de la boda, en parte para celebrar la partida suya y en parte para festejar la despedida de soltero mía, volvimos con Jirka Stern al casino del club de La République. Jirka ya se había casado con su novia, Valeria, una muchacha checa también refugiada y muy buena moza. Estaba viviendo con ella en nuestro departamento de dos dormitorios. La pareja se casó luego que ella y él decidieron radicarse en Canadá. Después se fueron a Nueva York y actualmente viven cerca de Los Angeles. Tienen un hijo ya mayor y los visito siempre que voy a California.

Jirka y Valeria partieron a Canadá días antes de mi matrimonio, porque se les vencía la visa. Así las cosas, nosotros nos hicimos cargo del departamento completo y pudimos estar más cómodos.

La última noche con Jirka en el Club de La République no fue fácil. La responsabilidad del matrimonio se había apoderado de nosotros, disipando nuestro estilo de vida libertino. Si como solteros sentíamos que teníamos suficiente dinero para vivir y darnos el lujo de ser descuidados en los gastos, al casarnos el panorama variaba radicalmente. Teníamos que pensar en ahorrar, en crearnos una base más sólida, en tener otra mirada para el futuro. Pero como el casino representaba mucho en nuestra amistad, decidimos clausurar formalmente un modo de vida que dejábamos atrás para siempre.

Al poco tiempo de empezar a jugar perdí ochenta dólares. Sólo me quedaban veinte en el bolsillo. Jirka también perdió otro tanto y me comunicó que se iba. Yo estuve a punto de seguirlo, pero al final decidí quedarme. Eso me costó un reto de mi amigo.

–Te vas a casar y sigues en las mismas tonterías de solteros. Allá tú. Lo que es yo, me largo.

Jirka fue un poco injusto. Yo ya no pensaba igual. Pero era mi última noche ahí y creí tener derecho a exprimirla.

Seguí jugando y poco a poco me fui llenando de fichas. Estaba de pie, como de costumbre. Al acercarme a una mesa escuché que estaban rematando la mano. El juego era *chemin de fer*, que si bien se parece mucho al bacará, no es igual. Pregunté a otro qué pasaba y me dijo que nadie la quería debido a que la banca había salido ¡once veces seguidas! Al no aceptar nadie el carro, su valor había bajado y el crupier lo estaba ofreciendo ya en sólo 400 dólares. Conté mis fichas y los recursos me alcanzaban justo. En una decisión no pensada, instantánea, acepté el mazo de cartas y comencé a jugar.

Fue una noche salvaje. Saqué otras diez bancas más.

A las dos y media de la mañana fui a despertar a mi Janita.

–Tenemos dinero para ir a la Costa Azul de luna de miel –le dije– y puse encima de su cama los 25 mil dólares que había ganado.

El 29 de abril de 1949, en el municipio del Septième Arondissement de París contraje matrimonio con Jana Turek Rocher. Fue una boda colectiva, puesto que nos casamos junto a otras 28 parejas. Cuando fui a reservar fecha, antes de mi visita al casino, el precio de los enlaces en grupo estaba mucho más al alcance de mis posibilidades que el de las ceremonias exclusivas. La nuestra fue una boda múltiple y bastante popular. Un solo discurso sirvió para aconsejar, felicitar y desear dicha y descendencia a los 29 nuevos matrimonios.

Los invitados que asistieron a la boda fueron Hana y su marido, tía Ruzenska y monsieur Hernández, tía Hrazdilova. A todos los invité después a almorzar al restaurante Chez La Mere Catrine, ubicado en la Place du Tertre, en Montmartre. Nos habilitaron una mesa en el jardín y el cielo de París, más luminoso que nunca ese día, se sumó a la fiesta.

Después de almorzar en Montmartre, festejamos nuestro enlace con Janita de manera bastante singular. Nos fuimos al cine. Entramos a la función de vermut y luego, al margen de toda compulsión nupcial, a la función de noche. Lo pasamos estupendo y creo que entre ambas funciones hice mi regalo de bodas a mi esposa. Fue un enorme diamante de cuatro o cinco kilates que me regaló Hana cuando llegó a París y que provenía del tesoro. Ese diamante nos acompañaría hasta nuestros inicios en Chile, cuando la fuerza de las circunstancias me obligó a pedírselo en préstamo a Janita. Recuerdo que lo vendí en algo así como mil dólares, suma que nos sirvió mucho para iniciar nuestra nueva vida. Con el tiempo Janita exigiría la devolución de lo suyo y le compré un diamante de dimensiones mayores.

No salimos inmediatamente de luna de miel. Como yo tenía bastante trabajo por aquellos días, decidimos aplazar el viaje para el verano.

En un Simca nuevo y con mucho dinero en el bolsillo, todo gracias al casino la última noche de mi soltería, partimos Jana y yo en el mes de julio rumbo a la Costa Azul. Viajamos durante un mes y fue un mes de pura felicidad.

A la vuelta, Jana tomó posesión del departamento como dueña de casa y yo retomé mis actividades comerciales.

Los negocios se veían florecientes. Las representaciones que tenía gracias a Fred Libra adquirían progresivamente mayor volumen y, sobre todo, me sentía cómodo en París. No sólo conocía sus secretos para pasar gratos momentos de bohemia. También descubrí con Jana una ciudad maravillosa, muy congruente para una pareja que estaba viviendo un período de plenitud. Yo pensé en quedarme en París para siempre. El destino y Jana, sin embargo, decidieron otra cosa.

El árbol y el nido

A Janita le gustaba París y le encantaba Francia. Pero para visitarla como turista. El enrarecido ambiente político, tan parecido a los días previos de la caída de Checoslovaquia bajo el comunismo, la tenía muy nerviosa. No veía gran futuro en Europa. Su experiencia con los comunistas había sido traumática. La salida de Praga le había dejado lecciones imborrables sobre la pertinacia del totalitarismo. Jana temía que lo mismo se repitiera en Francia y las huelgas, los desórdenes callejeros y el clima de odiosidades políticas parecían darle la razón. No consideraba seguro construir un nido en ese árbol que en cualquier momento podía ser astillado por las hachas de Moscú.

Y la verdad es que tenía razón en sus aprensiones. El ambiente político y social que se respiraba en Francia mostraba todos los síntomas de una descomposición. La situación era especialmente evidente para quienes estábamos sensibilizados con este juego. Muchos lo habíamos vivido ya en nuestros países de origen. Y Jana no quería por ningún motivo repetirse el espectáculo. Ya lo había visto y le había costado muy caro.

Yo reconocía que el peligro existía, la ciudad me seguía pareciendo bella, magnífica y entrañable. Estaba ganando cada vez más dinero y el París del año 49 no era una ciudad egoísta o inalcanzable para quienes desearan gozar sus miles de entretenciones y panoramas. Al contrario. Era cálida, encantadora y romántica.

Para el nivel de mis ingresos, no era ningún derroche salir tres veces a la semana a comer y a bailar, como lo hacíamos con Jana después de casarnos. Los precios eran razonables. Darse gustos que en otros lugares sólo estaban al alcance de los ricos, en esta ciudad no constituían gran dispendio. A nosotros, por ejemplo, se nos hizo costumbre tomar champaña en todas las ocasiones en que salíamos. "Champaña obligatoire" era la premisa de casi todos los locales que frecuentábamos. Como una manera de recordar esos tiempos espumosos, comenzamos a juntar los corchos de las botellas de champaña. Anotábamos en cada uno la respectiva fecha. Entiendo que llegamos a reunir casi doscientos corchos antes de abandonar Francia en mayo del 50.

Dónde invertir

Aun cuando en nuestra luna de miel y en la adquisición del auto gastamos algo de los 25 mil dólares del casino, todavía nos quedaba un buen poco del botín. Era una cantidad suficiente para hacer alguna inversión y recordé que mi amigo Tonda Schott, el checo con el cual me había comunicado a través del Orient Express para sacar a Hana de Checoslovaquia, me había hecho una oferta para asociarnos en una fabrica de perlas artificiales. Yo no le había puesto mucha atención en su momento, pero ahora el negocio me parecía atractivo.

Le envié un telegrama señalándole mi interés. Me respondió de inmediato vía Orient Express, ratificándome que podíamos ser socios en el proyecto. Las perlas eran una especialidad checa celosamente cautelada. Tonda me aseguraba que sólo él tenía acceso a los planos de la máquina que me iba a mandar. Lo importante era que nadie más pudiera copiarla. La gracia del equipo estaba en imitar con vidrio perlas muy parecidas a las naturales y que salían con la perforación perfecta para unirlas a través del hilo del collar.

El Orient Express esta vez asumió el papel de espía industrial. A través del baño de alguno de los vagones, Tonda me fue enviando las especificaciones de la máquina que, según él, nos haría ricos.

Hombre de extraordinaria generosidad, Tonda no me pidió un solo centavo por sus envíos. Y no se conformó sólo con mandarme los planos, sino que al final me hizo llegar el conjunto de piezas que constituía el corazón de la máquina, la parte más importante y reservada. Hasta hoy ignoro como se las arregló para ocultar esos fierros detrás del estanque de agua del baño del vagón. La verdad es que apenas cabían. Lo curioso es que asomaban por todos lados, de manera que la parte más confidencial de la operación estuvo a la vista de mucha gente.

Pude invertir mis ahorros en producir, en distintos talleres de París, para mayor resguardo, un conjunto de seis máquinas que cambiarían nuestra fortuna. Las seis quedaron perfectas. Los artesanos hicieron un buen trabajo, no obstante ignorar para qué diablos servían las piezas que habían fabricado.

Poco tiempo después llegó Tonda con su señora, Lola, a París. Había conseguido permiso para emigrar a Israel y en cuanto llegó a Francia se declaró judío y pudo hospedarse gratis en un hogar israelita para refugiados. Felicité a los Schott por su increíble aventura. El mérito era de Tonda, hombre lúcido, ocurrente y audaz. Todo un personaje.

Tras revisar las máquinas y reconocer que estábamos listos para organizar la producción, Tonda se dio a la tarea de conseguir un socio que pusiera dinero para echar andar la fábrica. No sé bien cómo, pero a través del hogar donde vivía consiguió como socio a un judío francés que aportó capital y puso una gran bodega para que montáramos la industria. El quedó con el 40 por ciento de la

Los meses que vivimos en Francia con Janita corresponden a una etapa de plenitud.

empresa. Tonda y yo con el 30 por ciento cada uno. A los pocos días comenzamos a operar y partimos con el pie derecho. Tonda se hizo cargo de la fábrica y yo continué con los negocios que tenía.

Dónde ir

Como yo acariciaba la idea de tener familia lo más pronto posible, Jana estableció sus reglas del juego:

–Si tú quieres quedarte aquí, Milan, yo no voy a poner problemas. Porque te voy a acompañar siempre. Pero no me pidas que aquí en Francia tengamos hijos. Eso sí que no. A mí me parecería una irresponsabilidad. La situación francesa es demasiado inestable.

288

No había vuelta que darle. Su decisión era irremovible. Y, en esas circunstancias, era imposible proyectar un futuro de largo plazo en Francia. Yo, por otra parte, tampoco tenía todas las cartas a mi favor. Si bien mis papeles estaban al día, la verdad es que apenas era titular de una carta de residencia temporal y de un *titre de voyage*. Se me permitía vivir en Francia y entrar y salir del país cuando quisiera. Pero no era una residencia definitiva. Por otro lado, muchos de nuestros amigos ya se habían ido. Estábamos quedando solos. Jirka Stern y su señora se habían ido al Canadá. Mi prima Hana y su familia partieron poco después de mi boda con destino a Australia, aprovechando las facilidades que daba ese gobierno para atraer inmigrantes. Les pagaban, incluso, la mitad del costo de los pasajes. Hacia Estados Unidos emigraron la tía Hrazdilova y su pareja. El hombre pertenecía al mundo de los melancólicos políticos checos del Café de la Paix y era probable que en Norteamérica encontraran ambos un futuro mejor.

La vida de la mayoría de los checoslovacos exiliados en París era un tanto deprimente. Algo de eso me tocó conocer a través de mi esposa, porque ella tenía amigos en esos círculos. Eran almas plañideras que se pasaban horas y horas en el Café de la Paix. Yo apenas los ubicaba porque desde el primer día que llegué a París intenté trabajar y sacar mi vida adelante. No estaba para llevarme todo el día filosofando sobre la vida y lamentándome por la leche derramada.

Los políticos exiliados eran auténticas viudas de la democracia checoslovaca. Incapaces de ganarse la vida por su cuenta, estaban siempre a la espera de ayuda internacional para reflotar sus vidas. Algunos envejecieron esperándola, pero otros la lograron y se fueron a Washington, invitados por el gobierno americano para trabajar por la caída del gobierno comunista de Praga.

Por intermedio de Jana conocí en París a Pavel Tigrid y su señora. La pareja residió en Francia durante años. Pavel, escritor, ensayista y excelente amigo, fue uno de los principales ejecutivos de la radio Free Europe instalada por los americanos en Alemania Occidental para informar a los países del Este sobre las tropelías del comunismo. Volví después a ver a Pavel en mis viajes a Europa varias veces y me llevé una gran sorpresa en Praga el año 94 cuando supe que era ministro de Cultura de la República Checa. Lo visité esa vez en el Ministerio y recordamos los años de amistad.

Si de Francia debíamos irnos, para mí la primera alternativa fue Estados Unidos. Pero el asunto de las visas ya estaba muy restringido. En el consulado me hablaron de una lista de espera que podía tomar hasta ocho años. En el consulado canadiense no me fue mucho mejor. Allí el plazo era sólo de seis a siete años. Australia, que era una alternativa viable de inmediato, fue rechazada por mi esposa. Le parecía un país demasiado remoto y sospecho que le tenía celos infundados a mi prima Hana. Ahora la entiendo: Hana dominaba una parte de mi pasado en el que Jana se sentía extranjera.

Así las cosas, la situación se estaba complicando. Por otro lado, como no tenía ganas de abandonar Francia, no se me ocurría a dónde emigrar.

La solución –como ocurre siempre– vino por donde menos la hubiera esperado. Un día caminando con Jana por las inmediaciones del Quai d'Orsay, la sede de la cancillería francesa, nos encontramos con el cónsul chileno en París, don Alfonso Fabres. Jana lo conocía y a su señora francesa de sus tiempos en Praga. Don Alfonso nos invitó a un trago en su casa. Cuando se enteró de que estábamos buscando visa a un país en el cual radicarnos, el cónsul nos la ofreció para el día siguiente. De Chile nosotros en ese momento no teníamos la menor idea y el ofrecimiento nos pareció simpático y gentil. Pero no creo que lo hayamos tomado muy en serio.

Después nuestra percepción cambió porque mi esposa recordó que un padrino suyo, Otto Lang, de sangre judía, se había venido el año 39 a Chile, donde tenía una peletería. La idea de Lang había sido traerse a su familia en cuanto sus negocios se estabilizaran, pero terminó viviendo una experiencia dramática, porque su esposa, que era católica, y su hija quedaron atrapadas por la guerra. Sólo después de seis años, cuando terminó la guerra, pudo reunirse con ellas. El asunto es que Jana le escribió a Otto para indagar sobre Chile y él no sólo le respondió de inmediato sino también anunció que pronto pasaría por París en un viaje de negocios.

Cuando vino a visitarnos a nuestro departamento, Otto Lang se deshizo en elogios a Chile.

—A ti que te gusta el esquí —me dijo— vas a tener montañas nevadas a una hora de Santiago. El mar también está cerca. El idioma no es difícil. La gente es simpática y yo te diría que el país se parece a Checoslovaquia.

Nos contó que en Chile había varios checoslovacos, casi todos en razonable situación. Dijo que tenía muchos amigos y que le iba bien. Se notaba agradecido y contento del país que lo había adoptado. Descubrí que teníamos un amigo común, Fredy Singer, a quien yo ubicaba a través de mi familia en Praga. Singer, inmigrante checo-judío, también se había venido a Chile en 1939, con la esperanza de labrarse un futuro. Se vino solo y en sus planes estuvo traerse a su esposa y a sus dos hijos al cabo de un tiempo. Pero no pudo hacerlo y tuvo peor suerte que Lang. Tanto su mujer, Lotte, como sus dos niños fueron asesinados por los nazis en las cámaras de gas de Birkenau. Fredy nunca se perdonó esa fatalidad y siempre fue una persona atormentada. En Chile se estableció con una fábrica de licores, que era el rubro en el cual su familia tenía la experiencia de varias generaciones, y tiempo después se casó en Chile y fue padre de otros dos hijos.

Por mi lado, no había dónde perderse. Después de oír las maravillas que contaban Otto Lang y don Alfonso Fabres, escogí Chile. Seguir en París ya no tenía mucho sentido. Yo ya andaba por los 28 años y quería tener hijos con mi mujer. Vendí entonces mi parte del negocio de las perlas al socio francés, quien me pagó con dos máquinas nuevas. Compré además con mis ahorros todo el equipo complementario para instalar en Chile mi propia fábrica de perlas. Mi futuro industrial parecía estar asegurado. También vendí el auto. Por último, compré dos pasajes en segunda clase con destino a Valparaíso en el Reina del Pacífico. Al final me quedaron setecientos dólares. Guardé quinientos para Chile y dejé el resto para gastos del viaje. Eran sumas reducidas, pero lo cierto es que no necesitaba mucho más porque, en cuanto instalara la fábrica de perlas, mis finanzas se iban a equilibrar. Sugestiva coincidencia: fue también con quinientos dólares que salí de Checoslovaquia y había llegado a París. De nuevo estaba en la misma, con la diferencia de ser ahora un hombre casado. Casado y decidido a comenzar otra vez una nueva vida, en un país desconocido y lejano.

9

El viaje y la incertidumbre

No creo que en su momento hayamos evaluado con mi esposa todos los alcances de nuestro viaje a Chile. Lo que sí sé es que cuando por fin nos sentamos en el tren que nos conduciría a Calais, sentí un alivio reparador. Si bien justo en ese momento comenzaba para nosotros una aventura de desenlace incierto, también terminaban días de enorme agitación y nerviosismo. Cuando la locomotora inició su marcha en busca del barco que nos llevaría desde Calais a Dover, Inglaterra, pesaban más en mí las preocupaciones de las últimas semanas que los hipotéticos conflictos que me pudiera plantear el futuro.

Había tenido horas de mucha tensión en el campo económico y momentos de gran desgaste en el plano emocional.

La maquinaria y el equipamiento para la fábrica de perlas que iría conmigo desde Liverpool a Valparaíso, su embalaje, despacho y flete, además la compra de los pasajes en el Reina del Pacífico, me habían dejado seco, por mucho que los billetes fueran de segunda clase. Ya bastante esfuerzo hacía comprando ésos y no los de clase turista. Todo mi capital se reducía ahora a setecientos dólares, de los cuales quinientos me propuse guardar como "hueso de santo". El resto lo dejé para cubrir los gastos extras del viaje. Las máquinas, a todo esto, ya habían salido rumbo a Inglaterra y en principio no tenía ningún gasto importante que afrontar.

Las emociones de los momentos previos al viaje fueron encontradas. Yo estaba frenético y me sentía muy presionado. Las despedidas de tantos amigos de distintas esferas y el adiós que constantemente le daba a cada rincón de París –una ciudad que aprendí a amar con locura– también gastaron, de alguna manera, parte de mis reservas anímicas.

Afortunadamente, este capital emocional se recuperó apenas vi la felicidad que irradiaba Jana mientras el tren se enrielaba en dirección a Calais. Mi mujer nunca había tenido dudas sobre el camino que estábamos emprendiendo. Siempre había tenido claro que no quería echar raíces en Francia. Ahí se había sentido como pasajera en tránsito. Ni siquiera mis progresivos éxitos económicos la conmovieron. Por eso, al decidir emigrar, me dejé llevar por su intuición, por su olfato femenino. Ya me había equivocado rotundamente antes, en dos ocasiones, no abandonando a tiempo Praga. No quería que ahora, por comodidad o sentimentalismo, me sucediera lo mismo.

Las olas

La travesía de Calais a Dover fue una catástrofe. Ese día de mayo de 1950 las normalmente inquietas aguas del Canal de la Mancha estuvieron más agitadas que nunca. Mi esposa, que tan bien se había arreglado para el viaje, se descompuso total y lastimosamente. Lo mismo le ocurrió a casi toda la gente que iba en la nave, incluyendo una parte de la tripulación. La tormenta movió el barco como quiso. Yo cuidaba de Jana, pero me sentía impotente ante su mareo devastador. En un momento mi mujer me pidió subir a cubierta para tomar aire fresco. Yo sabía que era bastante peligroso hacerlo. El temporal se dejaba caer con especial furia y habían pedido especialmente no abandonar los salones. Olas enormes estaban barriendo el piso de la cubierta y existía el riesgo de que el mar terminara arrastrando a cualquier desprevenido.

Pero igual decidimos subir. Jana se sujetó como pudo a un poste para resistir los movimientos del barco, la fuerza de las olas y despedir lo que ya no existía en su estómago. El tiempo pasaba lento, el temporal no amainaba y llegó la hora del almuerzo. Yo, que me sentía bien, por ningún motivo quería perdérmelo. Estaba incluido en el costo del pasaje y no quería incurrir, si después me bajaba hambre, en gastos extras.

Como no quería dejar a Janita sola, le pedí en francés e inglés a un señor que estaba sujeto a otro poste que se ocupara de mi mujer mientras yo almorzaba. Pero dudo que haya entendido mis palabras. Estaba también tan enfermo el pobre que apenas se dio por aludido. Yo no sabía qué hacer. Quería almorzar y no podía dejar a mi mujer expuesta al furor de las olas. De manera que, a falta de mejor alternativa, até las manos de Janita, bien firmes, a un mástil y me encaminé con la conciencia un tanto culposa al comedor. Los comensales éramos sólo dos. Hasta los camareros estaban mareados.

Comí espléndidamente, pero rápido. Al volver a cubierta encontré a Jana todavía amarrada y empapada. No sé cuántas olas había tenido que enfrentar. Lo concreto es que al terminar el viaje, y ya repuesta, reprochó mi conducta. Tenía toda la razón.

–Me abandonaste, me dejaste sola en pleno mar. Sola en lo peor de una tormenta.

–Necesitaba comer para estar fuerte –me excusé con cargo de conciencia–. Además, te dejé tan bien atada que era imposible que las olas te hubieran llevado.

Estaba acordado que en el tren de Londres a Liverpool nos debíamos encontrar con otra pareja de checos, también en viaje a Chile. Los habíamos conocido en París. Eran José Suk y su esposa Ana. Tenían buena situación y habían hecho en avión el tramo París-Londres. Jana y yo habíamos tomado el barco porque el costo del trayecto estaba incluido en el valor del pasaje marítimo a Chile.

José Suk tenía dinero y siempre pensó invertirlo en Sudamérica. Nunca pensó quedarse en Francia y, por eso mismo, jamás puso el menor empeño en hablar francés. Creo que ambos se sentían muy solos en París. Algo le había hablado yo a él de mi fábrica de perlas y del escaso capital que me había quedado. Incluso habíamos conversado de la posibilidad de asociarnos y complementarnos. El proyecto de emprender algo juntos lo animaba y fue el motivo para que José hiciera coincidir su emigración con la nuestra.

Apenas el barco dejó Liverpool, Janita –como buena hija de un país mediterráneo– se volvió a marear. Lo mismo le pasó a Ana Suk. Poco después nos recomendaron unas pastillas para el mareo, Dramamina, que, según nos dijeron, habían sido prescritas a los soldados del desembarco de Normandía. Jana y Ana las tomaron y el efecto positivo fue inmediato. Desde entonces, la travesía se convirtió para todos en un crucero fantástico.

Mientras navegábamos, me hice amigo de un muchacho chileno que venía a casarse. Viajaba en primera clase y fue quien me enseñó las primeras palabras de español. Era Eduardo Grove, sobrino de Salvador Allende. Allí comenzó una amistad que se prolongó para siempre. Había vivido un tiempo en Londres, trabajando en una naviera. Simpático, culto, agradable, pasaba más tiempo con nosotros que en primera clase.

Una vez que llegamos a América Latina, Eduardo fue no sólo nuestro intérprete sino también nuestro guía. Veinte años más tarde se convertiría, además, en un excelente contacto. Fanático del golf, a través suyo haríamos con varios amigos diversas gestiones en favor de los clubes de golf de Santiago, amenazados por el furor expropiatorio de la Unidad Popular.

Disfrutando todo cuanto podíamos del viaje, siempre tuve claro que no gastaría ni un sólo dólar de la reserva que tenía. Lo cual se cumplió casi en un ciento por ciento. En el barco no compramos nada ni tuvimos consumos extras. Evitamos de mutuo acuerdo con Jana todo gasto adicional.

El nuevo mundo

El viaje fue muy grato. Tengo un recuerdo maravilloso de Nassau, Bermudas, donde hicimos submarinismo. Cientos de multicolores peces de variadas formas y tamaños nos besaban, sin temor, la cara y el cuerpo. La sensación era de paz y ensueño, de silencio y plenitud. Fueron momentos inolvidables que me prometí repetir cuantas veces pudiera y donde fuera, sin saber que las heladas aguas chilenas congelarían para siempre cualquier iniciativa de este tipo. En Chile los peces también pueden ser preciosos, pero vaya que hay que ser valiente para verlos.

En Jamaica tuvimos una experiencia desagradable y que sería profética. Un muchacho, al pasar, le arrebató los anteojos de sol de la nariz a un compañero de viaje y salió corriendo. Apenas comprendimos lo que pasaba. Estábamos tan poco acostumbrados a este tipo de cosas que llegué a dudar de la decisión de radicarme en Sudamérica.

Pero fue cuando pasamos el Pacífico que me horroricé de verdad. La miseria, la suciedad y el atraso me hicieron pensar que había tomado una pésima decisión. Dos cosas me desesperaban: ver que a medida que el barco avanzaba hacia el sur empeoraba la calidad de vida y no tener cómo financiar el regreso a Europa.

Arica fue mi primer encuentro con Chile y, después de lo que había visto, consideré que era un paraíso. Quedé conmovido por la belleza del valle de Azapa en medio del desierto.

–¿No te dije que Chile era otra cosa? –me decía Eduardo Grove, que siempre me alentaba en los momentos de desánimo, luego de presenciar escenas muy poco estimulantes en los puertos que habíamos dejado atrás. Pero no estaba muy convencido de su objetividad. Bien pudiera ser, pensaba yo, que el patriotismo lo obligara a decir una cosa por otra.

Antofagasta me pareció una ciudad bonita y pujante. No la vimos mucho porque estuvimos dedicados a despedirnos de la familia Gómez que venía en nuestro barco, y con la cual iniciamos una amistad que se prolongó por años. Casi todo el tiempo que el barco estuvo recalado lo pasamos en la casa de estos distinguidos amigos nortinos. En ese momento desconocía el peso político que tenían. Años después, Jonás Gómez sería senador de la República y estaría muy de actualidad a raíz de una disputa electoral con Juan de Dios Carmona, también amigo mío más tarde.

La buena impresión que me fueron dejando Arica y Antofagasta se vino al suelo cuando nos llevaron en lancha desde el barco hasta Mejillones. Me impresionaron las calles sin pavimentar y la pobreza franciscana. Todo el tiempo fuimos seguidos por un cortejo de niños andrajosos que repetían una palabra que por supuesto no entendía.

–¿Qué significa chaucha? –le pregunté a Eduardo Grove, para tratar de descifrar el ruego lloroso de los chicos.

–Es el nombre que se le da a los 20 centavos de un peso –me contestó mi amigo.

Sabiendo que un dólar costaba 70 pesos, no pude comprender que unos niños se dieran tanto trabajo por tan poco.

Al llegar al centro de la ciudad, frente al correo, me encontré en plena calle con un pescado muerto. Me pareció el colmo.

–Eduardo, esto es un desastre.

Pero él estaba tan contento de estar en su tierra y de encontrarse pronto con su familia y su prometida que se reía de mis comentarios.

–Espera no más, me decía. Vamos a ver qué te parecerá Viña del Mar.

Valparaíso y Viña me encantaron. La visión de los cerros porteños desde el mar y después desde el plan de la ciudad era fascinante. De las casitas pobres sólo se veía su colorido. La visión de conjunto no podía ser más pintoresca.

En el puerto nos esperaba Otto Lang. Hacía muy poco tiempo que lo habíamos visto en París y fue grato reencontrarnos con él el primer día de nuestro futuro chileno.

El paso por la aduana fue traumático. Al recinto no pudo entrar Otto. Eduardo Grove nos ayudó un poco al principio, pero era tan grande la familia que lo esperaba que pronto se nos perdió de vista. Quedamos entonces solos y a merced de funcionarios poco hospitalarios y que sólo hablaban español. Sorpresivamente nos revisaron como si fuésemos delincuentes. Las prendas de nuestras maletas quedaron en desorden y fue imposible volver a poner las cosas en su lugar. Jana y yo consideramos inexplicable ese trato a dos emigrantes que sólo traían unos pocos bultos. El hallazgo por parte del funcionario de los corchos de botellas de champaña que traíamos como recuerdo de nuestras noches parisinas fue todo un problema. Nunca nos pudo entender de qué se trataba y por qué los traíamos. Cada corcho venía con la fecha en que la botella había sido abierta. Yo trataba de explicarle, primero en inglés, después en francés, que eran recuerdos, que eran souvenirs, pero no hubo caso. El tipo no cedió y, en virtud de no sé qué disposición, confiscó lo corchos y los perdimos.

Al cumplir con el trámite de policía, comprobamos que la visa estaba mal extendida. Se nos permitía entrar al país, pero no podíamos internar la maquinaria para fabricar perlas. Al parecer el cónsul olvidó indicarla. Nunca entendí por qué se inventaban tantos problemas, que perjudicaban a los inmigrantes y al país. Con el tiempo aprendería que en los países no desarrollados la ineficiencia burocrática no tiene límites. El asunto fue mal interpretado. Al final la fábrica de perlas corrió la misma suerte de los corchos y también fue retenida por aduana.

Otto Lang consideró poco feliz la bienvenida aduanera y, como desagravio, nos invitó a almorzar al Hotel Miramar en Viña del Mar. Para solucionar el problema llamó al despachador de aduanas Julio Hopfenblat. Desde ese momento, él se encargó del asunto.

El almuerzo fue espléndido. Lang invitó también a los Suk, a quienes le presentamos al bajar del barco.

–Déjame a mí pedir la comida. Te van a servir algo que en tu vida has comido –me advirtió Otto.

Era palta. Ahora la adoro, pero esa vez no la pude comer. Encontraba que era una especie de mantequilla verde. Jana, sin embargo, no tuvo problemas y la comió con gusto.

El plato siguiente fue un caldillo de congrio que me reconcilió con Chile y me hizo olvidar los malos ratos de la aduana. Me pareció exquisito y el plato, unido al vino blanco chileno, hizo cambiar mi estado de ánimo y consiguió que partiera eufórico a Santiago.

En la capital, Lang nos tenía reserva en el hotel Savoy, que quedaba en la calle Ahumada, entre Moneda y Agustinas. Era bueno. Tanto, que sólo estuvimos una noche. Cuando vi lo que costaba, decidimos mudarnos al día siguiente.

En el hotel tuve una mala experiencia. En la noche dejé en la puerta de mi habitación mis mejores zapatos para que me los lustraran, como es usual en Europa, y comprobé al día siguiente que habían desaparecido. Nadie del hotel me supo dar una explicación.

También recuerdo de esa primera noche, la forma en que se estremecía el edificio. Sabía que Chile era un país de movimientos sísmicos frecuentes y esa noche creí saber lo que eran los temblores. Después me di cuenta, sin embargo, que la causa eran los tranvías que circulaban por Ahumada. Paraban justo frente al hotel, con un terrible chirriar de fierros.

–Esto es muy caro para nosotros y me quiero cambiar –fue lo primero que le dije a Otto cuando al día siguiente nos fue a ver.

Nos llevó entonces a una buena residencial que quedaba en Ismael Valdés Vergara con Monjitas. Era realmente buena y baratísima. Su costo nos permitía tener tranquilidad para buscar la manera de ganarnos la vida y, una vez resuelto esto, encontrar un lugar definitivo para vivir.

Lo pasamos bien en esa residencial. El único problema era el baño, uno solo. El resto era confortable. Ahí estaba viviendo un matrimonio de checos judíos con los que nos hicimos muy amigos, Juan Lamac y su mujer. El, al igual que yo, había estado en los campos de concentración. Su esposa, una mujer muy bella, tenía insuficiencia cardíaca y se hizo amiga de Jana. Más tarde moriría durante una operación al corazón. Juan Lamac se volvió a casar y tuvo un hijo, Miguel, hoy director de la Cámara Chileno-Checa.

El primer domingo en Chile Otto nos invitó a una once-comida en su casa. Era la primera vez que conocía este tipo de agasajo. En Europa se invitaba al té o a la comida, no a una mezcla de ambos. Lang nos presentó a su esposa, Ana, y a su única hija, Alena. Ambas nos recibieron muy cariñosamente y desde entonces tuvimos la sensación de tener familia en Chile.

Los primeros días en Santiago fueron de sorpresas. Lang me pasaba a buscar para ir a su peletería, que quedaba en un segundo piso de calle San Antonio con Huérfanos, cerca del Teatro Municipal. Fue entonces cuando lo acompañé al Correo Central, en Plaza de Armas. Mientras él buscaba su correspondencia, llovía y noté las goteras del edificio. Levanté la vista y vi que el techo estaba lleno de hoyos. Para remediar la avería alguien había tendido una carpa multicolor horrible. Lo curioso era que la carpa también estaba llena de hoyos y que la gente, en vez de protestar, aceptaba resignadamente la situación. La única reacción era hacer una fila enorme que caracoleaba entre medio de las goteras.

–Has visto, me imagino, lo del techo y las goteras –le dije a Lang después, incrédulo.

–Sí, hace tiempo que está así, pero algún día lo van a arreglar –me contestó con toda tranquilidad.

–Otto, eso no está bien. Si no son capaces de arreglar el techo de un edificio como Correos, qué se puede esperar entonces de otras cosas.

Escandalizado, le conté después a mi mujer lo que había visto.

–Janita, tenemos que vender lo que sea y volvernos a París.

–Aquí nos vinimos y aquí nos quedaremos –fue su respuesta rotunda y definitiva.

Después de la decepción, por supuesto me volví a recuperar. Viví en un constante sube y baja de orden anímico. Hojeando "El Mercurio" me di cuenta que entendía gran parte de lo que estaba escrito. Era evidente que mis estudios de latín en la escuela de Praga me reportaban una ventaja que jamás hubiera imaginado. Es cierto que cuando la gente hablaba no entendía absolutamente nada, porque, entre otras cosas, no distinguía cuando terminaban una palabra y comenzaban otra. Pero saber que el lenguaje escrito podía ser accesible me infundió confianza. La necesitaba en un momento en que me debatía en el dramático juego del me quedo-no me quedo, me gusta-no me gusta.

Al quinto día le dije a Otto Lang:

–Es muy grato que me vengas a buscar todos los días, pero necesito aprender a valerme por mí mismo y, más importante que eso, necesito empezar a buscar trabajo.

Al comenzar a manejarme solo comprobé lo extraordinariamente cariñosos que eran los chilenos. Amables, serviciales, se daban por entero al ayudar a un pobre emigrante que no entendía nada de lo que hablaban. Jamás me sucedió que alguien no se detuviera ante algún requerimiento de mi parte. Además siempre lo hacían con buena disposición, con voluntad de ser útiles. Nunca había conocido esta gentileza, este calor humano. Entonces, definitivamente me empezó a gustar el país y la gente que lo habitaba.

También empecé a entender por qué tenían una actitud tan tranquila y poco conflictiva. Eran personas no acostumbradas al turismo, gente pacífica y sencilla que trataban de alivianar y hacerle el quite a los problemas. Preferían no enfrentarlos, si eso les podía acarrear situaciones molestas.

Cuando algo empecé a captar del idioma, me confundía cuando me decían vaya derechito, en vez de decir siga recto. Para mí, derechito significaba ir a la derecha. Pero cuando veían que me equivocaba, rápidamente, venían tras mío y me guiaban correctamente. No sólo una vez, sino muchas, me acompañaron hasta el lugar mismo de mi destino.

Con Jana comentaba el talante cariñoso del chileno y ella concordaba conmigo.

–Que lo hagan contigo no es ninguna gracia –le decía–. Eres buena moza y todo el mundo debe tener deseos de acompañarte. El mérito es que lo hagan conmigo.

Cuando ya llevábamos algún tiempo en Chile, Otto y Ana Lang organizaron una gran fiesta en su casa. Los invitados eran checos residentes en su mayoría. La crema de la colonia local. Ahí reencontré a Fredy Singer y su nueva esposa. Recuerdo que en algún momento dije que la razón por la cual nos habíamos venido era el temor a que el comunismo se apropiara de Francia, tal como lo había hecho de Checoslovaquia.

–Pues tú debes saber que aquí –intervino uno de los invitados– el actual Presidente de la República ganó su elección con la ayuda y los votos de los comunistas. Incluso en su campaña electoral dijo que no habría poder divino ni humano que lo separara de ellos.

Me quise morir. Había viajado miles de kilómetros huyendo de una amenaza de fuego para caer atrapado justo, justo en medio de un incendio. Con el agravante de que si el siniestro se hubiera producido allá, me habría sentido con más defensas, menos desarmado de lo que estaba aquí.

–Pero no te preocupes –intervino otro–. Gabriel González Videla, que así se llama el presidente, pertenece al Partido Radical y con ellos todo tiene arreglo.

Efectivamente así fue. Un año más tarde el jefe del Estado no sólo echaba a los comunistas del gobierno, sino que los detenía. Fueron los tiempos de la Ley de Defensa de la Democracia.

Pensé que con eso Chile desterraba para siempre el peligro marxista. Pero volví a equivocarme. Veinte años más tarde la peor de las amenazas se convirtió en realidad.

Ponderando el nivel de los precios, calculé que con 70 dólares mensuales podíamos vivir. De forma muy estrecha y manteniendo una total austeridad, por supuesto. Eso significaba comprar casi nada y no incurrir en gastos evitables, como andar en bus o tranvía, aunque para eso hubiera que caminar medio Santiago. A pesar de lo dura que pudiera parecer esa forma de vida, era tranquilizador saber que con ese presupuesto, el dinero que traía desde París alcanzaba para unos seis o siete meses, lo que me daba cierto margen de tiempo para buscar trabajo.

Con esta tranquilidad, Jana empezó a buscar un departamento cuyo valor no excediera los 30 dólares al mes. Junto a ella, también hicieron lo suyo las señoras Lamac y Suk.

Mientras tanto, yo me presenté en Grace y Cía. con la pretensión de encontrar trabajo. Llevaba una recomendación de Lorn A. Green, quien conocía al gerente de la empresa en Santiago. Muy atento, el ejecutivo me recibió en su oficina y comenzamos a hablar en inglés.

–¿Habla usted español? –me preguntó en un momento.

–Comienzo a entender un poco, pero no lo hablo.

–En esas condiciones, amigo, no puedo darle ningún trabajo más o menos digno.

–Y suponiendo que lo hablara, ¿cuánto podría ganar?

–Mire, al comienzo... –y se quedó un rato pensando, como haciendo un esfuerzo para aumentar las cifras– usted podría tener un ingreso de unos 50 dólares mensuales.

Fue como un mazazo en la cabeza. Yo, que había calculado que en la mayor de las apreturas necesitaba 70 para sobrevivir, me daba cuenta que con cinco idiomas y una experiencia empresarial más o menos importante en Europa era incapaz de conseguir un empleo con una remuneración que me permitiera alcanzar el mínimo para mantener el alma unida al cuerpo. Y eso suponiendo que dominase el castellano, meta de la cual todavía estaba bastante lejos.

Salí deprimido, desde luego. Ni siquiera me atreví a contarle a Jana este primer intento por conseguir empleo en Chile. Con todo lo ingrato que fue, el episodio me dejó una enseñanza: nunca más volví a pedir trabajo.

Amargado, le conté a Otto Lang lo que me había sucedido.

–Lo que pasa –me dijo– es que tú tienes que calcular que el arriendo de la vivienda no te cueste más allá de un tercio de tus posibles ingresos. En este caso, si no tienes posibilidades de ganar más de 50 dólares, no puedes destinar más de 15 dólares a un departamento.

–¿Y qué se puede arrendar por esa plata? –pregunté.

Fuimos a ver lo que podía conseguir por ese dinero. Me afligí más aún. Por ningún motivo viviría en esas condiciones. Trabajaría en lo que fuera, me sacrificaría todas las horas necesarias, ahorraría hasta en lo que considerara imprescindible, pero no estaba dispuesto a caer en un entorno tan deprimente como el que vi.

–Janita –le dije, cuando volví del paseo con Lang–, no podemos arrendar nada que vaya más allá de los 25 dólares.

–Ya encontré un departamento –me contestó–. Incluso he dado un adelanto para sellar el compromiso.

Fuimos a verlo. Quedaba en calle Amunátegui, detrás del Hotel Carrera. El edificio era nuevo, pero el barrio me pareció desastroso. Una cuadra más allá comenzaba un barrio bravo con numerosos prostíbulos.

–Aquí no voy a vivir –le comenté–. Imagínate que por mi trabajo yo tenga que llegar tarde en la noche. No podría estar tranquilo sabiendo que estás sola aquí. Hablaré con el dueño para ver si me devuelve el anticipo que le diste.

El propietario era un peruano que hablaba un poco el inglés. Muy comprensivo, entendió mi punto de vista y me entregó el dinero que le había pasado mi mujer.

Muy pronto Suk nos dio un dato.

—Vi unos departamentos nuevos en calle Rafael Cañas, en Providencia.

Fuimos a ver uno y nos pareció fantástico. El arriendo costaba 35 dólares y nos quedamos inmediatamente con él. Tenía un dormitorio, baño, cocina, living-comedor y pieza de servicio.

Empezamos en nuestra nueva casa con una cama y nada más. Por sillas teníamos unos cajones fruteros. Más tarde, Lang nos regaló una mesa.

A pesar de nuestras estrecheces, Lang nos presentaba a los amigos como prósperos industriales y gente de buena situación.

—Otto —le dije un día—, yo no tengo dinero y no me gusta presumir de lo que carezco. Mucho menos me agrada hacer alardes de ostentación.

—Aquí, nunca digas que eres pobre. Van a huir de ti. Van a sentir que en cualquier momento podrías pedirles dinero prestado.

Yo notaba que progresaba rápido en el idioma y eso me daba ánimos. José Suk, sin embargo, estaba preocupado.

—No sé nada de español y yo venía un poco con la idea de ser socio tuyo en la fábrica de perlas —me decía.

—Lamentablemente, la aduana me la retuvo. Vamos a tener que buscar otra cosa —le contestaba.

En este primer tiempo lleno de dudas, Janita fue mi gran apoyo. No sólo eso, era la alegría diaria, la belleza, el amor. Nunca se quejaba de nada, nunca tenía necesidad de algo. Con nada, hacía maravillosamente todo. Sus milagros nos mantenían felices.

Vuelta a la vida empresarial

Un día mi amigo Fredy Singer me invitó a conocer su fábrica de licores. Estaba en Pedro León Ugalde, cerca de Avenida Matta. Cuando la visité, Fredy me dijo:

–Tengo un socio que es dueño del cincuenta por ciento de la empresa. No me llevo bien con él. Me encantaría que tú le compraras y te asociaras conmigo.

Hablé con Suk y le propuse que él comprara el veinticinco por ciento de los derechos del socio que se quería retirar –un señor de apellido Holz– y me prestara dinero para yo adquirir otro tanto. No necesitaba que me financiara toda mi participación porque Fred Libra estaba dispuesto a ayudarme.

Suk aceptó de buena gana y llegamos a un acuerdo con Holz. Adquirimos sus derechos en treinta mil dólares. Suk puso quince mil para comprar su parte y me prestó diez mil para financiar la mía. El saldo me lo prestó Fred desde Estados Unidos.

Apenas nos hicimos cargo de la fábrica, analizamos por qué dejaba pocas utilidades. Pronto dimos con la causa. La falla estaba en la distribución. Los dos socios, por no darse el trabajo de salir a vender, tenían un contrato con un distribuidor exclusivo al cual le daban un quince por ciento de la venta, lo que era equivalente a la mitad del margen de la empresa. Obviamente existía una desproporción.

–Fredy –le dije–, nosotros estamos ganando lo mismo que el distribuidor, que no arriesga ni un peso y lo único que hace es poner un vendedor en la calle. Es absurdo. No vas a comparar el riesgo, las instalaciones, las maquinarias y la cantidad de operarios de uno y otro.

–¿Y qué solución le ves, entonces?

–Es fácil. Yo salgo a vender en Santiago y tendremos dos vendedores para provincias. Iré a las botillerías y a todos los puntos de venta. Entregaremos directamente la mercadería. Con eso la empresa prácticamente doblará sus utilidades.

Aquí estoy con Janita y mi gran amigo Fred Libra. El ya residía en Estados Unidos.

Hablamos con un abogado y el distribuidor, luego de un breve tira y afloja, nos liberó del compromiso. Empezamos a vender directamente y comenzamos a ver resultados. Mi español mejoró con rapidez y agradecí a las escuelas de Checoslovaquia los siete años de latín. Muy luego las ventas superaron las del anterior distribuidor.

Después de hacer cálculos, fijamos los retiros mensuales en 10 mil pesos para Suk, otro tanto para mí y 20 mil pesos para Singer. La cantidad que me correspondía equivalía a 120 dólares, cifra mayor de la que yo había estimado como mínimo para vivir. Además, se empezaron a acumular utilidades para ser liquidadas al cabo de un año y con las cuales pensaba pagar a Suk y a Libra. Pero, a pesar de esta holgura, la austeridad en casa siguió siendo total. Nunca usé un bus para ir de la casa al trabajo o viceversa. Este rigor nos permitía ahorrar dos mil de los diez mil que retiraba mensualmente.

A los tres meses, Singer me dijo que no tenía capacidad para cubrir la creciente demanda. Los pedidos llegaban y llegaban.

–Arréglatelas como sea. Echale si quieres más agua a las botellas, pero tenemos que fabricar todo lo que podamos vender.

Los licores no eran quizás de óptima calidad, excepto uno o dos productos. Teníamos como quince variedades de licores. En ese tiempo, como no había competencia extranjera, los chilenos eran poco exigentes. Sobre todo en los sectores populares. Cuando le escribía a Fred Libra le decía que fabricaba y vendía unos licores que se llamaban "Fredy Singer's Poison".

Al cabo de cinco meses era evidente que la fábrica tenía otra cara y otro horizonte. Habíamos modernizado la presentación de algunos productos, aumentado las ventas, subido las utilidades y, en general, mejorado notablemente la gestión. Entonces reapareció Holz. Vino a hablar conmigo.

–Vendí mal la empresa y quiero anular la venta.

–Estás loco –le dije.

–Es que vendí muy barato.

–Vendiste al precio que acordamos y punto.

Estábamos en el patio de la fábrica, ambos de pie. Suk, nervioso, nos acompañaba.

–Yo sé que ustedes trajeron y vendieron bisutería en forma clandestina –nos acusó a Suk y a mí–. Si no me devuelven mi parte, los denunciaré y haré que los echen de Chi...

No alcanzó a terminar la palabra que estaba pronunciando.

–Mira –le dije– yo estuve preso en los campos de concentración y allí, para una bajeza como la tuya, había una sola respuesta.

Le pegué hasta que me tuvieron que parar. Era un tipo de unos 50 años y bastante macizo. No me estaba aprovechando de un enclenque.

Cuando nos separaron y me calmé un poco, le dije:

–Si quieres, nos puedes denunciar. Pero si lo haces, cada vez que te vea te volveré pegar.

No presentó acusación alguna y después, cada vez que me veía, se cambiaba de vereda. Una vez coincidimos en una fiesta que se celebraba en la casa de un checo. Al verme, tomó del brazo a su señora y se fue.

Ese fue mi primer, y creo que único, incidente pugilístico en Chile.

Mi esposa me seguía sorprendiendo. Cada día la admiraba y la quería más. Me tenía impresionado que una mujer tan preciosa, tan elegante, se hubiera adaptado con tanta rapidez y naturalidad a los rigores de la vida que estábamos llevando. En París habíamos vivido como ricos, tomando champaña casi todas las noches; sin embargo, en Santiago no nos tomábamos siquiera un agua mineral. En su vida muy pocas veces le había tocado entrar a una cocina o pasar un paño para limpiar un mueble. Ahora le tocaba hacer de todo, ya que no teníamos empleada: cocinar, lavar platos y ollas, barrer, encerar, hacer las camas, lavar la ropa, fregar los suelos, en fin, toda esa rutina ingrata que injustamente a veces tan poco se valora. Además de esas tareas, diariamente debía hacer las compras, puesto que no teníamos refrigerador.

Pero lo que más me llamaba la atención no eran tanto las faenas que realizaba, sino la actitud alegre y liviana con que las encaraba. Parecía ser la mujer más feliz del mundo y demostraba una inmensa alegría cuando yo volvía del trabajo. Fueron días maravillosos.

Mi mujer fue el gran respaldo y el gran incentivo que tuve para salir adelante. Sin ella, ni siquiera hubiera emprendido la ruta empresarial. Su cariño, su amor, su sonrisa y su cooperación fueron como una fuerza mágica para mí. Su asimilación a los nuevos desafíos llegó a niveles conmovedores. Como a no comprarse nada para vestir en más de tres años.

Desde que llegamos a Chile tuve frecuente correspondencia con Larry Gray. De él me había hecho amigo cuando estuve en París y varias veces hicimos panoramas –a comer, a bailar– con su señora, Anne, y con mi Janita. Larry tenía un hijo de su primer matrimonio, Richard, Dickie para nosotros, y de su matrimonio con Anne nacerían después Laurie, David y Barbara.

Los Gray eran refugiados de la China comunista. Habían llegado a París en el último avión que salió de Shanghai antes que la ciudad fuera ocupada por las fuerzas de Mao Tse Tung.

Judío de origen ruso, Larry tenía una mente poderosa como hombre de negocios. Había vivido toda su vida en China y, tal como nosotros, en la época en que lo conocí estaba rearmando su futuro en París. Era hombre de buenas conexiones. Por intermedio suyo conocí a Walter Kardonski, dueño junto a sus hermanos de Peikard y Kardonski, la mayor empresa comercial de la zona franca de Panamá.

En las cartas de Larry se hacía evidente que su anhelada visa a Estados Unidos se estaba convirtiendo en una pesadilla. La presión de los inmigrantes frente a los consulados americanos en toda Europa era inmensa y las puertas del país apenas se entreabrían.

Nervioso, me preguntó por carta si había alguna posibilidad de radicarse en Chile.

Yo conocía a un hombre encantador de apellido Gómez. Anciano ya, jubilado de Investigaciones y de buenos contactos, amistoso, masón y con amplia disponibilidad de tiempo para hacer gauchadas y gestiones oficiosas, Gómez se preciaba de sus influencias. Por lo visto las tenía porque, apenas le expliqué el caso de Larry, me dijo:

–Yo le consigo la visa a tu amigo.

Así lo hizo. A fines del año 50, el barco que traía a Larry y su familia llegaba a Vaparaíso. En el puerto seguían retenidas mis máquinas para producir perlas. Me preocupaba no sólo que estuvieran inactivas sino también que se estuviesen oxidando.

A comienzos del 51, Chile inició una efímera apertura y se abrieron las importaciones. Larry, que llevaba unas pocas semanas en Chile, todavía con grandes dificultades con el idioma, fue a ver nuestra fábrica de licores.

–Estás perdiendo tu tiempo aquí –me dijo en inglés, mientras la visitaba–. Ahora que se abrieron las importaciones, es el momento de entrar al comercio exterior. Tú tienes experiencia en ese campo y yo tengo grandes contactos. Deja a un lado este boliche. Hagamos una sociedad, tú y yo, en una empresa que se dedique a importar y exportar.

No le costó gran cosa convencerme y le hice caso. Vendí mi 25 por ciento de la fábrica de licores a Suk en 30 mil dólares, el doble de lo que me costó. Después de devolver los quince mil a Suk y Libra y agradecerles sus préstamos, podía disponer del resto.

Mis condiciones para asociarme con Larry fueron claras:

–Aun cuando sólo puedo aportar lo que me quedó de la venta de la fábrica, quiero el cincuenta por ciento de la sociedad que formemos. No quiero ser socio minoritario. Creo que es lo justo. Si bien tú puedes aportar más capital, yo me manejo más o menos bien con el idioma y ya conozco el país.

–De acuerdo. No hay problema.

Larry aportó también quince mil dólares y para completar el resto del capital que se necesitaba, pidió un crédito en el exterior por cien mil dólares avalados por él, pero que serían pagados por nuestra empresa, Gray y Cía. Ltda.

Al echar a andar el negocio dimensioné los fabulosos contactos que Larry tenía en Japón, Hong Kong y Estados Unidos. No necesitaba intermediarios porque mantenía óptima relación con dueños de enormes empresas de Oriente y Norteamérica. Estos, normalmente, eran amigos suyos y confiaban ciegamente en su seriedad comercial. Por esta razón, los clientes empezaron a abrir acreditivos con cláusula roja. Esto significaba que las empresas importadoras del exterior se obligaban a pagar nuestra deuda al banco aun en caso que nosotros no llegásemos a cumplir los compromisos contraídos. Tener esta garantía suponía contar con un inmenso apoyo de los bancos chilenos. Eso, sumado a los cien mil dólares que Larry había conseguido, significaba que su aporte era decisivo en nuestra sociedad.

Arrendamos una oficina en un octavo piso de un edificio casi nuevo de la calle Ahumada y contratamos una estupenda secretaria bilingüe y los servicios de un contador de dedicación parcial. Poco tiempo después esta oficina se hizo pequeña y nos cambiamos a la primera cuadra de esa misma calle. Entonces, hubo necesidad de contratar además un mozo. Yo me dedicaba enteramente a la administración, al manejo financiero, a pagar los compromisos y a buscar productos para importar.

Larry se hizo cargo de las exportaciones. Era un experto en el comercio de cueros, sobre todo de conejo, cabra y pelo de chancho. Este último producto era muy cotizado por la industria elaboradora de brochas, escobillas y pinceles. Es enorme la diferencia de valores que existe según la calidad de las cerdas y esta calidad está determinada por la zona del cuerpo del animal donde crezcan. Las más caras son las que están debajo del cuello del cerdo y se usan para fabricar pinceles finos.

Mi socio se dedicaba a visitar a distintos proveedores. Eran miles los cueros que llegaban a una gran bodega que arrendamos en la calle Grajales. Allí teníamos maquinaria adecuada para procesar la mercadería. Contratamos un jefe y varios operarios, pero la tarea más pesada y delicada la hacía Larry. Consistía en seleccionar las diferentes calidades de los productos que exportábamos. Llegar al filo de lo permitido en cada categoría era en él una habilidad innata, fundamental para que el negocio fuera lucrativo.

Nuestras exportaciones iban al Oriente y los Estados Unidos. Pero no sólo trabajabamos los cueros. También exportamos cera y miel de abeja, con resultados muy satisfactorios.

Larry Gray fue uno de mis mejores amigos. Congeniábamos en todo y constantemente él con su señora Anne y yo con Janita salíamos a comer y divertirnos.

En aquellos tiempos, y mientras me dedicaba a la gestión financiera de la empresa, conocí a don Manuel Vinagre. Por esa época era gerente de comercio exterior del Banco de Chile. Posteriormente fue presidente de la institución. Hombre de muy pocas palabras, me costó ganar su confianza, pero una vez lograda no tuvo reparos en darnos un inmenso apoyo a nuestras iniciativas.

–A ustedes no los conoce nadie en Chile. ¿Cómo van a pretender que el banco les preste? –me dijo la primera vez que nos entrevistamos.

–Don Manuel, tenemos el aval de enormes empresas extranjeras.

–Está bien, pero igual me sentiría mal, porque sería un descrédito para el banco, si ustedes no pagaran y tuviera que recurrir al extranjero para el cumplimiento de las obligaciones que ustedes han contraído.

Me costó convencerlo esa vez. Pero en cuanto nos vio trabajar un tiempo, nos otorgaba los préstamos a sola firma.

Yo pasaba la mayor parte del tiempo en la oficina. Iba a la bodega a ver y aprender lo que Larry hacía. Mi labor fundamental, aparte del manejo financiero, eran las importaciones. Mediante cartas y telegramas me puse en contacto con la gente que conocía en Europa y así logramos traer, como primer producto importado por Gray y Cía., unos tornos ingleses pequeños y de muy buena aceptación. Se vendieron casi todos entre talleres artesanales y obreros calificados que, recién independizados, se estaban abriendo paso en la actividad empresarial

Pero el bombazo fue la importación de las ollas inglesas a presión Hawkins. De todos nuestros éxitos comerciales, este fue quizás el hit, comparable a lo que serían más tarde los televisores. En Chile estas ollas no se conocían. Para introducir el producto hubo que hacer demostraciones que tuvieron un éxito fulminante. La rapidez con que cocinaban, el ahorro de combustible, la comodidad y seguridad que brindaban a la dueña de casa simplemente cautivaron.

Tan pronto la empresa estabilizó sus operaciones, empezamos a ganar dinero. Hacer caminar el negocio fue un tanto lento, porque hubo que mandar y recibir muestras, además de realizar una serie de gestiones y trámites previos al despacho y recepción de los primeros pedidos. Pero cuando ya los embarques empezaron a ir y venir, las utilidades se reflejaron de inmediato en nuestras cuentas.

Yo seguía retirando diez mil pesos. Larry hacía otro tanto. La diferencia era que con ese dinero yo vivía al mínimo, mientras mi socio, apelando a su fortuna personal, se permitía un nivel de vida muy superior. Había traído bastante dinero a Chile. Tenía una linda casa arrendada en avenida El Bosque, sector sin la densidad que tiene en la actualidad, y llevaba una vida muy confortable.

Excelente organizador de entretenciones, Larry y Anne a menudo preparaban en su casa lo que, en ruso, llamaban zakuski. Consistía en un buffet enorme en que había de todo para comer. Toneladas de los más variados y

315

exquisitos guisos se distribuían en una mesa interminable para festejar la vista y arruinar las siluetas.

En aquellos zakuski conocimos a la colonia rusa residente en Santiago. Habían vivido, al igual que Larry, en Shanghai. Me hice muy amigo de ellos. La mayoría eran ruso-judíos y todos habían ganado bastante dinero en China.

Mi socio y yo trabajábamos felices. Teníamos una excelente relación personal. Parecíamos hermanos. Los negocios nos daban un buen margen de utilidades, nos gustaba lo que hacíamos, estábamos pagando con cierta holgura nuestras deudas y teníamos la tranquilidad de empezar a capitalizarnos, de modo que nos podíamos dar el lujo de ocupar cada vez menos los créditos bancarios.

Este proceso comprende un período que abarca casi cuatro años. El comienzo fue lento, aparte de duro. Todo lo hacíamos Larry y yo solos, con la única colaboración de nuestra excelente secretaria. A medida que fue creciendo el negocio, crecimos también en personal y en instalaciones. Nuestras jornadas de trabajo se hicieron más largas y más intensas. Siempre trabajamos contentos, pero siempre también, con los dientes apretados y dedicando las horas que fueran necesarias para que el éxito premiara nuestros esfuerzos.

Tampoco decayó la estricta disciplina que Janita y yo nos habíamos impuesto en nuestra vida privada. El único cambio en nuestro diario vivir lo causó un jeep cerrado, de segunda mano, que compró la empresa y que constantemente nos daba dolores de cabeza por sus continuas averías. Lo ocupábamos para ir a Valparaíso con ocasión de los grandes embarques. Como Larry no sabía manejar, yo lo pasaba a buscar en las mañanas. Los fines de semana, si el vehículo no estaba descompuesto, lo ocupábamos ambas familias juntas, la de mi socio y la mía, para dar un paseo por los alrededores de Santiago.

Las travesuras de Pulsette

No todo fue miel sobre hojuelas y no todos fueron aciertos en estos primeros pasos por el mundo del comercio exterior. También tuvimos dificultades.

Una fábrica alemana nos ofreció una lavadora, más bien un aparato para lavar ropa por ultrasonido, a un precio increíblemente bajo. La marca era Pulsette. Consistía en una especie de vibrador que se colocaba dentro de un tiesto o recipiente que, lleno de agua jabonada y cargado de ropa, se colocaba al fuego en la cocina. Una vez que el agua estaba caliente se introducía el vibrador debidamente protegido, se enchufaba y comenzaba a funcionar. El aparato agitaba el agua, emitía un ruido estridente semejante al de una juguera de motor muy revolucionado y, al cabo de unos minutos, se suponía que la ropa debía salir limpia.

La verdad es que el chillido de la máquina era ensordecedor. Las vibraciones, por su parte, se acusaban no sólo en el agua, sino por toda la casa.

Los dos primeros pedidos, pequeños en cuantía, se vendieron a una velocidad increíble, sobre todo entre la clientela alemana del sur. Animado por este éxito, hice un tercer pedido de un volumen considerable.

Yo había probado la máquina en casa y la experiencia me había planteado dudas. Notaba que las prendas más sucias no quedaban del todo limpias. Había que terminar el lavado a mano. Pero pensé que el error estaba más en mí que en la máquina.

–Si esto está hecho por los alemanes –me dije–, no puede ser una chapuza. Seguramente no le he dado un buen uso a la máquina.

Al hacer el tercer pedido salí al sur para vender el artículo entre el comercio establecido de las ciudades de Rancagua a Puerto Montt. El embarque que nos había llegado era grande y tenía que reforzar la estrategia de ventas para comercializarlo lo antes posible.

Estando en Valdivia con un comerciante alemán que tenía interés en comprarme una buena cantidad, la mujer del dueño del negocio me pidió:

–Señor Platovsky, ¿sería posible que nos hiciera en casa una demostración de su máquina lavadora?

–No faltaba más, señora. Prepare, por favor, un depósito con agua e inmediatamente le lavo la ropa.

La señora hizo lo que le dije. Después de un rato largo que estuvimos viendo cómo funcionaba el aparato, y soportando el ruido que metía, la señora salió del lavadero para preparar una taza de té.

Fue el momento en que aproveché para ver cómo iba el proceso de lavado. Comencé a sacar las prendas y comprobé que sucedía lo mismo que había pasado en mi casa: las manchas más rebeldes no desaparecían.

Puse entonces manos a la obra. Y nunca mejor usada la expresión. Fui rápidamente sacando una por una las prendas del depósito para restregarlas y volverlas a meter.

Cuando la señora volvió, le comenté:

–Yo creo que ya debe estar listo el lavado.

–Veamos qué tan maravilloso es el invento que nos está ofreciendo.

Comprobamos que la ropa había quedado limpia.

–Mire –me dijo la señora–, aquí hay una toalla que aún está sucia.

Era evidente que se me había pasado sin darme cuenta. No la había alcanzado a restregar.

–Debe ser que quedó muy apretada con el resto de la ropa y por eso el ultrasonido no la alcanzó.

–Ah, muy bien. Parece que su invento es realmente maravilloso.

Satisfechos, me hicieron un pedido considerable.

Al volver a Santiago fui donde Larry, que estaba sumamente ocupado con sus cueros y sus productos apícolas.

–Me gustaría que nos sentáramos un rato.

Le conté la experiencia que había tenido con la máquina lavadora, tanto en mi casa como en Valdivia. Y terminé diciéndole:

–Jana me ha devuelto esta porquería porque dice que no lava. Según ella el ruido es tan molesto que teme que se vengan a quejar los vecinos.

Llegamos a la conclusión con mi socio que lo conveniente era esperar un tiempo para ver qué sucedía.

Muy pronto empezaron a llamar distintas tiendas para comunicarnos que devolvían la máquina Pulsette por inservible. Dado que las quejas eran justificadas y para evitar que el desprestigio del producto salpicara a las ollas de presión y al resto de nuestro catálogo comercial, decidimos aceptar todas las devoluciones. Poco a poco empezaron a regresar a bodega casi todas las Pulsette. Las que se habían vendido y las que todavían iban camino a despacho.

Escribí a la fábrica alemana. Por respuesta sólo obtuve unas confusas explicaciones que me dejaron con las ideas francamente desordenadas. Olí nuestro primer revés comercial. Unos amigos me comunicaron que la empresa alemana hacía tiempo que había dejado de fabricarlas. A esas alturas, el fracaso no sólo era una percepción del olfato, sino también un brevaje muy amargo que nos íbamos a tener que tragar.

Una señora de Osorno que compró la lavadora a un comerciante local no sólo devolvió el aparato, porque no lavaba bien, sino que además amenazó con demandarlo porque según ella el ultrasonido de la Pulsette había matado a su canario regalón.

El asunto se complicaba. Si ya era ingrato comprobar que cada día se amontonaban más aparatos en la bodega, vernos enredados en juicios podía ser peor.

Fui en tren a Osorno. Visité a la familia afectada y no me extrañó en absoluto la decepción que tenían con Pulsette. La máquina era malona, es cierto, pero dada la forma en que la estaban usando resultaba imposible que lavara. Dejaban la ropa en un rincón de la habitación –la habitación del canario– y ponían a funcionar sin agua la lavadora en el otro. Pretendían que Pulsette dejara la ropa limpia a fuerza de puro chillido.

El viaje tuvo sus frutos porque se me ocurrió una idea. Al volver a Santiago comuniqué a los distribuidores que seguiríamos aceptando las devoluciones, pero que mucha culpa del fracaso de estos aparatos lo habían tenido ellos, porque no se habían dado el trabajo de explicar a los clientes el uso correcto. Eso calmó un poco el ambiente, pero igual las devoluciones continuaron.

Nos llamaba la atención que curiosamente ningún alemán devolvía la máquina. En el fondo, la colonia local consideraba antipatriótico rechazar un producto respaldado en la nobleza de la industria alemana.

–Larry –le dije un día a mi socio–, tengo la impresión que estos artefactos pueden ser usados para otra cosa. Evidentemente, no sirven para lavar pero estoy casi seguro que tienen alguna otra utilidad.

Comencé a realizar distintas consultas y averiguaciones con este fin. Estas indagaciones me llevaron a una fábrica de pintura. Allí tenía un amigo a quien pedí que probara si Pulsette era capaz de mezclar y diluir los pigmentos que se utilizan en la fabricación de pintura. Mi amigo hizo la prueba y fue todo un éxito. Nuestra cuestionada Pulsette, que era un fracaso lavando ropa, se comportó bastante bien a la hora de mezclar pinturas.

Vendimos todo el stock acumulado a diferentes empresas que necesitaban mezclar polvos, entre ellas, algunas del ramo farmacéutico. Al final nos deshicimos de todas las Pulsette.

Junto al canario muerto, también se enterró el temido juicio. La familia retiró la demanda y con eso la historia de las máquinas lavadoras Pulsette acabó con una lápida, dentro de todo, bastante digna.

Ser padre

Cuando mi situación en Chile empezó a mejorar, mi mujer levantó la veda para tener hijos. Esta decisión en parte fue alentada por la sabiduría popular chilena, que postula que los niños siempre vienen con una marraqueta bajo el brazo. Lo concreto es que en marzo de 1945 Janita quedó embarazada. En la casa lo único nuevo era una hielera para conservar alimentos. Para que prestara utilidad, un carro tirado por caballos nos pasaba a dejar medio bloque de hielo cada dos días.

El 31 de diciembre de 1951 estábamos en una fiesta. Janita no podía estar más feliz. En ningún momento había tenido problemas con el embarazo y esa noche estaba radiante. En un momento la invité a bailar. Salimos a la pista y cuando la tomaba para los primeros pasos, me dijo:

—Milan, creo que voy a tener el bebé.

Nervioso, la llevé de inmediato al jeep y partí a la Clínica Santa María. Antes llamé a ese médico extraordinario que era el doctor Avendaño, y me indicó que hasta que él llegara una matrona se haría cargo de mi mujer.

Eran las diez de la noche. Me acordé que en los diarios y en la radio se publicitaba con gran bombo que la primera guagua que naciera el año 52 tendría fabulosos premios. Entre ellos, el equipamiento completo de una casa, con cocina y refrigerador incluido. La campaña era auspiciada por una marca de artículos de línea blanca.

Bombardeado por esta propaganda me acerqué al doctor para decirle:

—Por favor, no apure el tranco. Trate de conseguir que esta guagua sea la primera del año 52.

—¿Cómo se le ocurre que voy a tratar de hacer eso? Esto tiene que seguir su curso normal —me contestó el médico.

Como me fue mal con el doctor, me acerqué a Janita, en un momento que estaba sola, para decirle:

– Trata de demorar un poco el parto. Mira todo lo que podemos ganar en caso que nuestro bebé saque el premio. Esa debe ser la famosa marraqueta de la que hablan tanto los amigos chilenos.

Por supuesto que ni al doctor Avendaño ni a Janita, que estaba en medio de los dolores, les importaron mis instrucciones. Daniel, mi primer hijo, nació a las once y media de esa noche. Después supe que el premio al primer nacido del año favoreció a un hogar muy humilde. Era más justo que la naturaleza hubiera decidido de esa manera.

La llegada de Daniel me causó una conmoción muy fuerte. Hasta ese momento yo siempre había sido la última generación de los Platovsky. El nacimiento de mi hijo me convertía y me relegaba automáticamente a ser un hombre de la segunda generación. La primera había ya empezado a existir. Por primera vez sentí que había un contingente nuevo detrás mío. Esa misma sensación, quizás más atenuada, la tuve cuando nació mi primer nieto. Entonces pasé a ser un miembro de la tercera generación.

El nombre de pila fue elegido por mi esposa. Daniel es un nombre que está tanto en la tradición judía como en la cristiana. Y la verdad que a mí me encantó su elección.

Una semana más tarde el niño –tal como después lo sería mi segundo hijo– fue circuncidado, aunque no por razones religiosas. La pequeña intervención se realizó en la casa y por estrictos motivos higiénicos y prácticos.

Como no soy creyente, dejé todos los asuntos relacionados con la educación religiosa de los niños en manos de Janita. Siendo católica, sabía que mis hijos serían formados con este credo. Me complacía que Janita les pudiera inculcar su fe, dado que siempre consideré que un creyente tiene más armas para enfrentar la vida y las dificultades que un agnóstico.

La fiesta del bautizo se realizó en un restaurant checo llamado U Kaliny. Estaba situado en calle Condell, cerca de Providencia. Yo estaba feliz. Sentía que tener un hijo con Janita era la plenitud de mi vida. Ella también se veía dichosa y muy orgullosa de su flamante condición de madre.

Me acuerdo que a la celebración acudieron unas treinta personas y que Larry Gray, siguiendo una costumbre de Shanghai, regaló puros a todos los hombres. De lo demás supe poco o nada, porque mis nervios y mi euforia me traicionaron. Esa noche me emborraché por primera y única vez en mi vida. Tan ebrio quedé, que casí perdí el conocimiento y me tuvieron que llevar a lapa a casa. Al día siguiente me contaron que había convertido la fiesta en una película de horror. Nunca más he provocado un bochorno semejante. Normalmente tengo una válvula de seguridad que funciona cuando bebo. Una vez que mi organismo considera que la cuota de alcohol está enterada, echo a funcionar un mecanismo de defensa y el trago me empieza a dar asco. El día que bautizamos a Daniel parece que mis defensas también se asociaron a la celebración.

Con el niño estuvimos a punto de pasar de la felicidad al drama. Al cortársele la leche a Janita, Daniel se vio afectado por una feroz diarrea. Nuestro pediatra, el doctor Jorge Howard, un extraordinario médico, cuyo hijo atiende ahora a mis nietos, llegó a la conclusión que al bebé le hacían mal todas las leches artificiales. Desesperado, cada día recorría las maternidades para recoger leche materna, hasta que el mozo de la oficina, Sergio, me dio la solución.

–Don Milan –me dijo–, mi señora ha tenido una guagua hace muy poco tiempo y le sobra la leche. Ella podría ir a su casa las veces que sean necesarias para amamantar a su hijo.

Fue nuestra salvación. Pronto el niño comenzó a engordar, gracias al alimento de esta mujer generosa, que desde entonces consideró a mi hijo como su ahijado. Tan fuerte y grande se puso Daniel que yo lo empecé a llamar Iván, Iván el Terrible: parecía un robusto cosaco sacado de una típica estampa eslava.

Las perlas de la ruina

Al liberarse las importaciones, terminó la retención de mis máquinas para fabricar perlas. Pagué los derechos de aduana correspondientes y dejé almacenado todo el equipo en la bodega de calle Grajales.

El año 53 me encontré en el restaurante U Kaliny con un checo de apellido Barborak que trabajaba en Cristalerías Chile. Le conté la historia de mis máquinas y del deseo que tenía de echar a andar la fábrica.

–Y tú ¿sabes algo de la fabricación de perlas? –le pregunté.

–En eso, precisamente, trabajaba en Checoslovaquia –me respondió.

–Tengo entendido que el vidrio que hay en Chile no sirve para hacer perlas artificiales. Cuando se enfría, se tapan los hoyitos que sirven para que pase el hilo que une una perla con otra y que necesariamente hay que hacerlos en caliente, en estado líquido.

–Es cierto, pero yo sé qué vidrio hay que comprar en Cristalería Chile. Una vez adquirido, hay que disolverlo y procesarlo debidamente para que pueda servirnos.

Me impresionaron sus conocimientos.

–Si nos ponemos de acuerdo –le dije–, podríamos montar la fábrica en poco tiempo.

Hablé con Larry Gray y acordamos incorporar otro rubro a nuestra empresa. El checo dispuso el diseño de la fabrica, que quedó ubicada en Carrascal, y definió las condiciones que debía cumplir el horno con el cual trabajaríamos. Invertimos bastante dinero en hacerlo. Mucho más del que habíamos presupuestado en un comienzo.

Todo era euforia. Ver por primera vez la máquina de perlas instalada fue como materializar un soñado anhelo. Puro optimismo. Todavía no salía una perla de la fábrica y ya estábamos proyectando a qué países podríamos exportarlas.

Al comenzar a funcionar el horno, aprendí algo que no sabía: que una vez prendido, nunca más se podía volver a apagar; hacerlo significaba casi su muerte. De manera que el cuantioso gasto de petróleo debía ser continuo, se utilizara o no se utilizara, el horno. Pero no me importó. En la borrachera de expectativas que me había creado con esta empresa, el dato pasó a ser sólo un detalle.

Barborak cambió de planes respecto al vidrio.

–Con la materia prima que hay en Chile –me dijo– no necesitamos comprarlo. Perfectamente lo podemos hacer nosotros.

La indicación parecía inteligente y volví a hacerle caso. El tipo preparó los insumos, se echaron a andar las máquinas y poco después salían a la luz las primeras perlas artificiales chilenas. Pero venían con el hoyito tapado. Evidentemente, el vidrio no servía.

–Voy a seguir haciendo pruebas –fue el comentario de Barborak.

–¿Y qué hacemos mientras tanto con el líquido que está dentro del horno? –le pregunté–. No podemos tenerlo ociosamente prendido, mientras tú haces pruebas.

–La solución está en hacer vasos whiskeros. Esa es realmente mi especialidad –me contestó.

–Conforme. ¿Qué necesitas para eso?

–Algunas herramientas, moldes y gente. Necesito sopladores. Conozco algunos con experiencia en Cristalerías Chile y los traeré.

Hicimos la inversión adicional y contratamos cinco sopladores.

Aparecieron los primeros vasos. No eran muy transparentes y tenían fallas visibles.

–Esta mercadería no se puede vender –le dije a Barborak.

–La solución es pintarlos. Pintados se verán estupendos. Necesito un par de hornos suaves, pintura especial y diez personas que sepan pintar.

Incurrimos entonces en nuevos gastos. El único consuelo era que afortunadamente estos hornos sí se podían apagar.

Larry, a pesar de ser socio, no se metía para nada en el asunto. Estaba hasta el cuello con las faenas exportadoras. Fui a conversar con él.

–Estamos metidos en una máquina devoradora. Me he dado cuenta que Barborak no sabe nada y todo lo que ganamos en el comercio exterior lo estamos perdiendo en este asunto infernal.

–Nosotros formamos un equipo. Confío y respaldo tus decisiones. Lo que hagas estará bien hecho.

Empezamos a vender los vasos.

–Mire –nos decían los clientes–, estos vasos están chuecos y ésos tienen fallas en la pintura. Están muy lejos de tener la calidad de los que produce Cristalerías Chile.

Estábamos obligados a ofrecer rebajas para que salieran.

Mientras tanto seguíamos produciendo vidrio, buscando la manera de obtener la calidad requerida para que las perlas salieran con su agujero. Y a más vidrio fabricado, más vasos que había que soplar, pintar y vender.

Hubo que aumentar los turnos. Al final, llegamos a tener arriba de cien personas trabajando. Ningún vaso salía perfecto y a la gente no le gustaba la forma en que estaban pintados. Como salían con fallas ostensibles, había que recargar exageradamente el pintado y el público los rechazaba.

Yo estaba exhausto. Me levantaba a las cinco de la mañana y me iba de la fábrica después de las doce de la noche. Mientras tanto debía seguir atendiendo las importaciones y todo el manejo de la oficina.

Cuanto más sacaba cuentas en la fábrica de perlas o de vasos –porque a esas alturas ya ignoraba el giro– más se fortalecía mi convicción de que Barborak nos llevaría a la quiebra.

Una mañana llegué muy temprano con la intención de distribuir los vasos por todo Chile al precio que fuera. Vi que en los hornos de secado estaban los vasos metidos unos dentro de otros.

–El señor Barborak dispuso esa medida –me dijo un operario–. Hay tantos vasos que ya no se pueden poner uno al lado del otro. Los hornos se han hecho chicos.

Cuando más tarde se intentó despegarlos, fue imposible. Hubo que romperlos y volver a meter los vidrios en el horno grande.

Eso colmó mi resistencia. No dije nada, eso sí. A nadie. Había sabido por un abogado que sólo podía despedir al cinco por ciento del personal al mes. Según eso, necesitaba más de veinte meses para deshacerme de todos los trabajadores. Respetar esa disposición equivalía derechamente a ir a la ruina. Por otro lado, era inminente que los ciento y tantos operarios que tenía me iban a formar un sindicato.

–¿A qué hora se hace la mantención? –le pregunté a Barborak.

–De cuatro a seis de la mañana –me contestó–. A esa hora sólo está la gente que limpia los hornos. Es una labor muy sencilla.

–Mañana quiero hacer personalmente la mantención –le dije–. No quiero que haya nadie a esa hora. Ni tú ni ninguna otra persona.

Llegué en el jeep a la hora. En el vehículo estaba el combo que había metido la noche anterior. Cuando no quedaba nadie, apagué las luces, corté el petróleo y con el combo empecé a golpear con violencia el horno hasta destruirlo totalmente. No quedó en pie ni la chimenea.

Casi estalló un incendio. Llamé a los bomberos, pero la cosa no pasó a mayores. Nada se quemó.

Por el abogado, sabía que la única manera de deshacerse del personal de una empresa era invocando razones de fuerza mayor. La caída del horno era, evidentemente, una causal suficiente para cerrar la fábrica. Sin esa base de producción, la fábrica se paralizaba automáticamente.

Todos creyeron que hubo una explosión. A nadie se le pasó por la cabeza la sospecha de la autodestrucción. Al final, Barborak se quedó con las máquinas, implementos y

327

herramientas sobrantes. No tuvo suerte. Dos años después, un desgraciado accidente caminero acabó con su vida.

Larry fue el único que supo el verdadero final de la fábrica de perlas, que jamás fabricó una perla. La actitud de mi amigo fue de una grandeza conmovedora. Aunque estuvimos al borde de la quiebra, jamás escuché un reproche de su parte, jamás un *la embarraste*, jamás una mirada que señalara su molestia por mi empecinamiento y por el mal paso comercial. Sólo cuando todo terminó me dijo:

–Me alegra que hayas liquidado ese negocio. Veía que no dormías, que te estabas agotando. No te preocupes si tenemos que empezar de cero. Así son los negocios: unas veces se gana y otras se pierde. Tenemos que acostumbrarnos a eso.

10

Cuesta arriba

Liquidada la fábrica, me sentí relajado. Fue como quitarme un fardo de encima. Lo había pasado mal entre tantas tensiones e incertidumbres.

Si bien el episodio de las perlas significó pérdidas importantes para Gray y Cía., la estructura y viabilidad de la empresa quedaron indemnes. Tan pronto terminó la sangría del vidrio y volví a mis funciones, la firma retomó la ruta del éxito. Incluso, empezamos a operar con Larry nuevos rubros y productos, gracias al impulso que nos dimos después del fracaso de las perlas. O de los vasos.

El año 54, el gobierno de Carlos Ibáñez del Campo dispuso la instalación de un puerto libre en Arica. Al saber la noticia, Larry me dijo:

–Milan, creo que esta es nuestra oportunidad. Debemos aprovecharla.

–Yo iré al norte –le contesté.

Fue la primera vez que volé en Chile. El avión era un pequeño DC 3 que hacía escala en Antofagasta.

En Arica, la primera ciudad chilena que pisé al llegar por mar al país, recorrí la calle 21 de Mayo. Era la más comercial, pero el comercio céntrico ariqueño era muy pobre. En una buena esquina y en un local espacioso funcionaba una paquetería. Entré, hablé con el dueño de la tienda y supe de inmediato que su negocio no iba bien.

–Debido a las nuevas disposiciones que hay para Arica –le dije–, tengo interés en instalar un negocio en esta ciudad. ¿Usted me vendería su local?

–No es mío, pero no tengo problemas en llegar a un arreglo. El propietario tiene un negocio al frente. Si quiere, hable con él.

Fui. Era Juan Villarzú, padre del futuro vicepresidente de Codelco y ministro del Presidente Frei Ruiz-Tagle. Cuando terminamos de conversar, había arrendado su propiedad.

Volví a la paquetería. Era un 17 de diciembre y necesitaba amarrar la operación pronto para volver a Santiago antes de la Navidad. Con esta presión, llegué a un rápido acuerdo con el dueño de la paquetería, el anciano señor Klinger, y su hijo.

–Lo que sí necesito –le expliqué– es que usted me entregue el local a más tardar en sesenta días. Ese es el plazo que tiene para liquidar toda su mercadería. Y para que sigamos relacionados, voy a contratar a su hijo como contador de la futura tienda.

Quedaron felices. El padre, por salirse de una tienda ruinosa y a un precio conveniente; el hijo, por la perspectiva laboral que se le abría.

Yo también volví contento. Confiaba en que este nuevo frente de negocio iba a ser importante en nuestra plataforma empresarial. Las franquicias y ventajas que la ley otorgaba a quien pusiera una importadora en Arica eran tan amplias y atractivas que estaba seguro de haber hecho una buena operación. La cara fascinada de Larry cuando supo las novedades me indicó que avanzábamos en la dirección correcta.

Nuestros abogados corporativos, Miguel Weinstein, Carlos Salgado y Sergio Yávar, se pusieron a trabajar. Así nació una nueva sociedad radicada en el puerto libre. Se llamó Arica Trading Company.

La operación tuvo lugar en el momento oportuno. Después de algunos años, poco a poco la mentalidad autárquica de la época, unida al poder que ejercían los grupos de presión, fue enturbiando, mediante diferentes regulaciones, la liberalización inicial. Ya no fue tan libre importar. Comenzaron a fijar cuotas y a dificultar en forma progresiva el comercio exterior.

Tener un verdadero portón abierto por donde ingresar diferentes productos al país, aunque fuera a una sola ciudad, vitaminizó en forma decisiva nuestra actividad.

Fue una excelente coyuntura que fuera Arica la ciudad favorecida con la liberalización. Yo por intermedio de Larry había conocido en París a uno de los miembros de una familia panameña de gran empuje –los Kardonski– que tenía negocios de envergadura en ese país. Entre otros, manejaba una de las mayores importadoras de la zona franca de Colón. Nuestro nuevo enclave importador, situado a una distancia relativamente cercana a ellos, facilitaba el proyecto que algún día imaginamos juntos en París: entablar relaciones comerciales dondequiera que estuviéramos.

Los Kardonski eran cuatro hermanos. Larry los conocía desde sus tiempos en Shanghai, donde había sido representante y proveedor de ellos. Gracias a él, conocí a Walter, el segundo de los hermanos, en París. Era gente de experiencia en comercio exterior. Las bodegas que tenían en Panamá eran inmensas y el surtido de mercadería fabuloso. Había de todo.

Cuando el *Reina del Pacífico* pasó por Panamá también conocí a Sam, el menor de los hermanos, que ejercía de gerente de la importadora en la zona franca de Colón. Gracias a su gentileza hice una de las mejores compras de mi vida: un juego de loza Noritake, compuesto de 144 piezas, y a un costo que consideré como su regalo de bodas: 22 dólares.

Excepto el mayor, los Kardonski eran solteros. Cuando Walter conoció en París a mi esposa, me consta que quedó fascinado con ella. Fue en una comida. Quedaron sentados uno al lado del otro. Y creyendo que la judía era mi mujer y no yo, le dijo:

–¿Cómo pudiste casarte con este *goi?* –usando la expresión yidish que designa un poco despectivamente a los no judíos.

Después de esa primera impresión, en que me miró muy por encima del hombro, mi imagen ante él al parecer cambió. Porque pronto llegamos a ser buenos amigos.

Una vez que Arica Trading Company quedó constituida, Larry fue a Panamá y compró una variadísima y considerable cantidad de mercadería, en condiciones y a plazos muy convenientes.

Por esos días nosotros fabricábamos en Santiago radioelectrolas, un aparato que decoró muchos hogares chilenos de aquella época. Fue un equipo que estuvo muy de moda. Era cotizado socialmente y más o menos caro. Comprarlo se convirtió en un sueño compartido por amplios sectores medios y a poco andar se transformó en símbolo de status. El mueble era llamativo y novedoso y se fabricaba tanto en líneas futuristas como dentro de la más convencional inspiración clásica. Todos llevaban una radio, un tocadiscos, los respectivos parlantes y anaqueles para almacenar discos. Las versiones más imaginativas incluían un compartimento capaz de disimular un pequeño bar. Los muebles los encargábamos a distintos talleres, los tocadiscos los importábamos y las radios se las comprábamos a la RCA Victor. A raíz de esto último, conocíamos a Alfredo Parodi, un tipo muy simpático, lleno de sangre italiana y vendedor de la empresa del perrito y la victrola.

–Alfredo, te voy a proponer algo –le dije un día–. ¿Te interesaría ir a Arica como jefe de una tienda?

Le expliqué de qué se trataba y debo haberlo entusiasmado porque cuando terminé de hablar me contestó:

–Encantado. Estoy casado, pero no tengo hijos. Es una oportunidad la que me ofreces y la acepto con gusto.

Al parecer teníamos todo listo: la parte legal en regla, la mercadería comprada, el local recién pintado y el personal clave contratado. Pero, faltaba algo muy importante. Ponerle nombre a la tienda.

Nos tenía complicado el tema. No queríamos ponerle Arica Trading. La primera palabra sonaba a poca originalidad y la segunda resultaba críptica para el oído nacional.

En eso estábamos, un día, dándole vueltas al tema con Larry, cuando de improviso, mi socio dio un golpe a la mesa, como a quien se le prende la ampolleta de repente:

–¡La tengo! Pongámosle Casa Parodi.

Me pareció estupendo. En marzo se abrió la tienda, atendida personalmente por Alfredo Parodi, que para el público era el dueño.

El éxito fue inmediato. Mientras más comprábamos a los Kardonski, mayor era la facturación que Parodi cursaba con artes de gran vendedor.

Comenzó el boom de Arica. Otras tiendas se pusieron junto a nosotros, dando a la calle 21 de Mayo un dinamismo notable. La clientela, cada vez más numerosa, empezó a aparecer desde todos lados. La ciudad se convirtió en un centro turístico importante. Viajaban oleadas de chilenos, peruanos y bolivianos desde el sur, el norte y el Altiplano. Todos, atraídos y admirados por la variedad de productos importados que podían mirar y comprar a precios bajísimos.

La actividad de Gray y Cía. disminuyó, sobre todo como importadora. Sólo siguimos trayendo productos de venta comprobada. Radios a transistores Sanyo, ollas a presión y cosas así. Pero continuamos con las exportaciones y con la fabricación de las radioelectrolas. El resto de los recursos los concentramos en Arica Trading Company.

No recuerdo bien si fue en 1954 o al año siguiente cuando conocí e hice amistad con Rafael Mellafe Rojas. Tenía un negocio en la calle Alonso Ovalle, dedicado a la venta de instrumentos para aparatos eléctricos y electrónicos, y era uno de nuestros proveedores para la fabricación de radioelectrolas. Simpatizamos de inmediato y recuerdo que teníamos larguísimas conversaciones. Por ahí me enteré de su amistad con el ingeniero ariqueño Sergio Salas y del proyecto que tenía con él de instalar una planta industrial en Arica.

No me sorprendió el plan que tenían. En Arica los negocios comenzaban a proyectarse a otro ritmo y yo mismo me estaba concentrando más y más en el norte. Viajaba continuamente para verificar la forma en que estaba funcionando nuestra tienda. El volumen de ventas subía día a día y pronto empezamos a comprar directamente a las fábricas de Hong Kong y Japón. Seguíamos comprando en Panamá el surtido complementario.

Cuando Rafael Mellafe me contó que habían constituido la sociedad Mellafe y Salas Ltda. y obtenido los permisos para armar instrumentos industriales de medición, él mismo me habló de la alternativa de asociarnos, dado su interés de expandir el giro de la empresa al rubro de radios de auto. Como nosotros por esa época estábamos trabajando con bastante éxito en esta línea y en la de radios a transistores Sanyo de Panamá, su ofrecimiento resultó atractivo.

–Nos interesaría acoplarnos a ustedes –le señalé–. Entre otras cosas, porque no tiene sentido que estemos pagando en Santiago fuertes derechos de aduana, si existen franquicias tributarias y arancelarias para los productos que, armados en Arica, después sean internados al resto del país.

A comienzos del 55, Sergio Salas y Rafael habían levantado con mucho esfuerzo el pequeño galpón en Arica desde el cual comenzaron a operar. En sus inicios la empresa fue montando diferentes aparatos de medición. También armaron radios de autos. En general, era un trabajo sencillo que no requería de gran tecnología.

El negocio que Rafael proponía era interesante. Ellos tenían una serie de permisos que otorgaban ventajas incalculables. En nuestro poder estaban las representaciones y productos que podíamos internar vía Arica.

De manera que nos asociamos, a pesar de la inicial oposición de Sergio. Al comienzo desconfiaba de nosotros. Después hemos sido grandes amigos y celebramos con grandes risotadas aquellos recelos iniciales suyos.

De este modo la sociedad Mellafe y Salas Ltda. pasó a admitir dos nuevos socios. Cada uno se quedó con el 25 por ciento de la propiedad.

–Deberíamos pedir la modificación de los permisos –propusimos con Larry–. Sería bueno ampliarnos y tratar de armar productos de mayor consumo. Pidamos la autorización para batidoras, electrodomésticos, radios a transistores y todo cuanto se nos pueda ocurrir. También televisores. En este momento no hay, pero algún día la televisión tendrá que llegar a Chile.

Conseguimos todo. Las gestiones para ampliar los permisos terminó haciéndolas el abogado Carlos Altamirano, quien con los años llegaría a representar uno de los polos más extremistas de la Unidad Popular. Llegamos a él a través de Guillermo Atria, por entonces fiscal de Condecor. Puesto que estaba impedido de ejercer libremente su profesión, Atria nos recomendó a su socio en el estudio jurídico que encabezaba. Mantuvimos con Altamirano una relación profesional de gran confianza y cordialidad.

Lo que no logramos fue cambiar el nombre de la sociedad. Debía seguir llamándose Mellafe y Salas Ltda., a pesar de la incorporación de Larry y mía. Cambiar la razón social equivalía a perder los derechos ya conseguidos y que eran fabulosos. Las facilidades y franquicias que lograron las primeras empresas pronto se hicieron inalcanzables para los nuevos interesados. Grandes conglomerados instalados en Santiago, por otra parte, tales como Philips o RCA, empezaron a reclamar por el trato discriminatorio al que estaban siendo sometidos y la autoridad, muy pronto, empezó a restringir las enormes ventajas otorgadas en un comienzo.

El deseo de reanimar a Arica como ciudad fronteriza había sido un asunto geopolítico. Eso explica que el gobierno de Ibáñez hiciera tantas concesiones a los inversionistas.

La ley contemplaba, aparte de una liberación de derechos de aduana, exenciones tanto al impuesto a la renta como al impuesto a la compraventa.

El volumen de nuestros negocios en Arica obligó a replantearnos la forma en que estábamos trabajando. Con Larry nos dimos cuenta que el peso de Mellafe y Salas, más la Casa Parodi, superaba al de Gray y Cía. En atención a ello, y de común acuerdo, nos reorganizamos. Yo, desde ese momento, empecé a dedicarme enteramente a los asuntos del norte y Larry a las exportaciones, que requerían de su experiencia y aportes.

Al quedar liberado del tiempo que me absorbía Gray y Cía., me confiaron la gerencia general de Mellafe y Salas. Tanto Sergio como Rafael se preocupaban de preferencia de los aspectos técnicos y no se interesaban mayormente en la administración de la empresa. Sabían que la firma necesitaba una dirección firme en ese plano y estuvieron de acuerdo en darme esa responsabilidad a mí.

Poco después Sergio Salas fue elegido gerente de la Junta de Adelanto de Arica, entidad motor del desarrollo regional. El nombramiento fue un gran espaldarazo para él como ariqueño. Era un puesto importante, de tiempo completo y bien remunerado.

Un chileno en viaje

Yo había vivido en Francia sin pasaporte. En un acto de repudio a la miserable situación de mi patria, había tirado mi pasaporte checoslovaco al Sena. El viaje a Chile lo realizamos con Janita prácticamente sin documentación. Además de la visa para entrar a este país, sólo trajimos un *titre de voyage* que nos autorizó la salida de Francia y que ni siquiera nos permitía volver a entrar.

Por eso, desde que pisamos suelo chileno, inicié los trámites para obtener la nacionalidad. Necesitábamos cinco años ininterrumpidos de residencia para conseguirla. No debía ni podía, por lo tanto, salir al exterior.

El año 55 nos entregaron –finalmente– la carta de nacionalización chilena y el pasaporte a mi esposa y a mí. Fue un acontecimiento fundamental para nosotros. ¡Por fin teníamos patria! ¡Por fin éramos chilenos y podíamos viajar!

Las primeras salidas fueron a Panamá, por estrictos motivos comerciales. Ese mismo año, sin embargo, emprendimos un viaje de placer a Estados Unidos junto a Rafael Mellafe, que todavía no era mi socio, y mi buen amigo Otto Lang. Nos movían objetivos básicamente turísticos, pero no descartamos los comerciales. En el viaje confluían en realidad tres motivaciones: pasarlo bien, conocer Estados Unidos y acompañar a Rafael a Chicago, puesto que quería contactar a Motorola para importar radios de auto.

Había otra razón más para pisar tierra norteamericana: tenía la vaga esperanza de encontrar a mi tío Rudolf, el menor de los hermanos de mi padre.

Nos embarcamos en Cerrillos, con Rafael y Otto, en un DC 4 de la aerolínea Cinta con destino a Nueva York. También contratamos un tour para visitar Buffalo y Chicago.

Una vez en Manhattan empecé ansiosamente a buscar en la guía de teléfonos el nombre de mi tío. No aparecía. Hice algunas llamadas a otros Platovsky que figuraban y tampoco obtuve ninguna pista. Era gente amable que incluso me invitaba a comer, pero que no tenían idea de mi tío. Pasado unos días, debí admitir que mi búsqueda en Nueva York había fracasado. Si no lo encontraba allá, básicamente sólo me quedaba Chicago. Pretender chequear Estados Unidos ciudad por ciudad era ilusorio.

Defraudado, viajamos a Buffalo, para ver las cataratas del Niágara. Todavía recuerdo que en el aeropuerto de Nueva York tomamos un seguro de vida para el viaje, a través de unas máquinas tragamonedas que funcionaban con monedas de veinticinco centavos. Fue una verdadera comedia conseguir la cantidad que requeríamos. Quisimos asegurarnos por el máximo y estuvimos a punto de perder el vuelo. Al final, agotados y ya en el avión, Otto, con ese humor tan suyo, señaló:

–A pesar de lo que nos agotamos con el trámite del seguro, creo que con la mala suerte que tenemos el avión no se va caer.

Después volamos a Chicago. Allí Rafael visitó Motorola y Otto me acompañó en mi búsqueda. Todavía conservaba una pequeña ilusión. Chicago es –después de Praga– la ciudad con más checos en el mundo. Pero todo fue en vano. Las numerosas llamadas telefónicas que hice no dieron resultado.

De vuelta a Nueva York visitamos a unos parientes de Otto Lang. Estábamos preparando ya el regreso a Chile cuando, conversando con ellos, les hablé de mi búsqueda. Entonces supe que Nueva York, aparte de la guía de teléfonos de Manhattan, tenía cinco más.

Ya con poco tiempo antes del regreso, recomencé la pesquisa telefónica. En todas las llamadas hablaba en checo para ahorrar tiempo. Si los que contestaban no sabían el idioma, los descartaba de inmediato y pasaba de largo.

Cuando estaba a punto de rendirme, en la guía de Queens encontré un Rudolf Platovsky. Llamé y contestó una señora que me habló en checo:

–Señora –dije–, me llamo Milan Platosvky y busco a Rudolf Platovsky.

–Me suena tu nombre, dame más datos tuyos, por favor –dijo ella.

–Soy hijo de Leo Platovsky, hermano de Rudolf.

Sentí un suspiro largo.

–¡No te puedo creer! Rudolf en este momento no está, pero llegará pronto. Yo soy su mujer.

Después de conversar un rato, convenimos en que yo esperaría la llamada de mi tío. Cinco minutos más tarde sonó el teléfono de mi habitación en el American Hotel de la Séptima Avenida. Lo único que escuché fue:

–No te muevas. En unos cuarenta minutos estoy ahí. –Y colgó.

Al acercarse la hora fui hasta la puerta del ascensor y ahí lo esperé.

En ese momento dimensioné lo que significaba estar en el país de la libertad y de las oportunidades. Estaba seguro que a mi tío le había ido bien. Y que no había necesitado cambiar su origen ni religión para estar vivo y poder luchar honradamente por su sustento. También estaba seguro que su precaria educación no lo había condenado a ser obligatoriamente un obrero no calificado. Presentía que no había necesitado entrar a la universidad para encontrar otras alternativas de vida digna y holgada.

El abrazo fue emocionante. Con la euforia, a él se le cayó su enorme sombrero. Mientras lloraba apretado a mi cuerpo, yo todavía tenía en mi retina el rostro tan parecido al de mi padre que descubrí al abrirse las puertas del elevador. Más parecía que el ascensor, en vez de subir desde la planta baja del hotel, había bajado del cielo y desde allí venía papá a visitarme.

Instantáneamente noté que era muy simpático y afectuoso. Era más chico que mi papá y yo.

Fuimos a mi habitación. Antes de empezar a conversar, me advirtió que yo no podría irme a ningún sitio sin antes conocer y compartir con su familia.

–Lo último que supimos de ti es que papá te compró el pasaje en Hamburgo para viajar a Estados Unidos.

–Lo que no les dijo es que me dio veinte dólares. Era todo lo que tenía consigo. Con eso me vine.

Cuando desembarcó en Nueva York, recorrió las calles hasta encontrar trabajo lavando platos en un restaurante. Más tarde, fue ayudante de cocina, después muy buen cocinero hasta terminar siendo socio de una empresa de *catering* y de un local para banquetes y fiestas de bodas. Se repetía el sueño americano. Casado con una checa no judía, que había conocido allá, tenía dos hijos, Charles y George, que estaban asociados en un taller de

Acto de fin de año en el Grange, donde estudiaron mis hijos. Desde luego, nos acompañaba Larry Gray.

Aquí estoy en New York, entre Janita y mi tío Rudolf.

reparación de automóviles. Ya había sido abuelo en cinco oportunidades.

Era jovial, alegre, optimista, agradecido de la vida. Estaba satisfecho con lo que había logrado. Apenas había conseguido aprender un poco más que a leer y escribir, estudiando de noche, pero suplía estas carencias con inteligencia innata, simpatía, cariño y una refrescante y sana sencillez.

Cuando consideró que había trabajado lo suficiente y sus hijos ya no lo necesitaban, había liquidado sus negocios, retirándose con su mujer a un buen condominio en Queens. Desde ahí se dedicaba a organizar viajes para jubilados. Gracias a eso viajaba gratuitamente y lo pasaba bien.

No tenía ningún rencor por haberse sentido obligado a abandonar a su familia siendo tan joven. Sabía que así estaban dadas las cosas, y que si en su familia sólo había dinero para pagar la universidad a uno solo de los hijos, los demás quedaban destinados a un futuro poco expectable. Reconocía que mi padre era brillante y se había merecido la oportunidad que le brindaron.

–Por otro lado, si pienso con cruel egoísmo –me dijo–, esa decisión me ahorró dos guerras y me salvó la vida.

A raíz de mi encuentro, tío Rudolf empezó a intercambiar postales con su hermana Marta en Praga, reanudando una relación interrumpida durante cincuenta y tantos años.

Su mujer era una persona buena. Afectuosa y tranquila, se colocaba siempre en un segundo plano. Aportaba la parte suave, discreta, gratamente tibia. Mi tío era el estruendo, la gracia y, sobre todo, un tipo extraordinario en el arte de la cocina. Jamás he comido mejores platos que los suyos.

Después del primer encuentro, lo visité muchas veces. Algunas con Janita y también con mis hijos. Cada vez que iba a Estados Unidos –y empecé a hacerlo a menudo– lo pasaba muy bien con ellos.

Con el tiempo murió mi tía y, bastante después, mi tío, a los 91 años. La relación continuó con mi primo Charles y su familia, con quienes tuve afinidad desde el principio. Más distante fue mi relación con George, a quien, por estar casado con una mujer menos simpática, seguí viendo poco.

Los dos hermanos, muy trabajadores, se llevaban bien. Eran socios de un taller de reparación de autos, C&G, que prestaba servicio básicamente a las compañías de seguro.

Charles, un poco mayor que yo, heredó la simpatía y la calidez de su padre. Casado con una judía, Florence, tenía un ambiente familiar entretenido y acogedor. Fue mi compañero en largas y agradables veladas. Por medio de él conocí a su simpático grupo de amigos.

Pasado el tiempo y después de muchos viajes efectuados con la intención de compartir con mi familia norteamericana, Charles y George murieron de cáncer el mismo año.

Sé que George tuvo tres hijos hombres, pero yo conservo sólo lazos con los hijos de Charles. La mayor, Lynn, es profesora. Vive en pleno Manhattan y tiene buena situación económica. Está casada con un contador auditor y es mamá de una hija adoptada, bella y muy simpática. Cada vez que voy a Nueva York los visito. Otra hija, Kate, es muy cariñosa, y con ella sólo hablo a veces por teléfono. Vive con su familia en Florida. El tercer hijo es Jeffrey, y sufrió la amputación de un brazo, luego de haber sido empujado en el metro. La familia cree que se trató de un error. Un grupo mafioso, creyéndolo de una grupo enemigo, habría querido terminar con él.

Llegó la tele

En Chile se produjo un hito que mejoró mucho nuestra situación: hizo su entrada triunfal la televisión. Si antes nos iba bien, después nos empezó a ir espectacularmente bien.

Junto a otras empresas, Mellafe y Salas tenía permiso para armar televisores en la zona franca industrial de Arica.

Podía hacer uso de franquicias tributarias y aduaneras y el negocio era fantástico. El único problema, y esa era la debilidad del contrato, es que teníamos fijada una cuota máxima de producción por cada artículo. Con el correr del tiempo esas cantidades se hicieron insuficientes. Había mercadería cuyo cupo máximo anual se vendía en menos de un mes.

En vista de eso y conociendo nosotros la presión que ejercían las industrias instaladas en el resto del territorio nacional ante las autoridades para que se suprimieran las exenciones de los armadores ariqueños, propusimos y logramos un cambio en el contrato.

El abogado Carlos Altamirano tuvo a cargo estos trámites. Conseguimos que se nos liberara de los cupos. De esa manera, dejamos de tener límites. Pero, a cambio de eso, nos sometimos a pagar derechos de aduana por internar nuestras mercaderías desde Arica al resto del país. Pasó a ser el único tributo que debíamos pagar. Seguíamos liberados de los otros tributos, el impuesto a la renta, el de compraventa y los impuestos personales.

Dado que con Larry éramos como hermanos, pensé que él necesitaba el apoyo de otro socio.

–Larry –le dije un día– hace tiempo que no hago mayores aportes a nuestra sociedad. Mi tiempo y mi energía se han volcado a Arica Trading y a Mellafe y Salas. Además me gustaría reunir un cierto capital.

Lo convencí de que él necesitaba otro socio que trabajara hombro a hombro con él. De ese modo, vendí mi parte de esa sociedad a John Trevena, un inglés dedicado al comercio exterior. Fue la primera vez en que de verdad vi plata *cash* en Chile. Era bastante.

Los negocios iban tan bien, sobre todo con el impulso que supuso la venta de televisores, que en una ocasión, estando en Arica, llamé a Alfredo Parodi para invitarlo a comer.

–Vamos a festejar un acontecimiento –le advertí.

Era muy amigo mío.

Cuando ya nos habían servido los aperitivos, me preguntó:

–Revélame el misterio. ¿Qué estamos celebrando?

–He cumplido una meta. También un sueño, que parecía imposible. Tengo mis cien mil dólares en el bolsillo.

–Eran de la venta de mis derechos en Gray y Cía.

Lo que no hice fue detener mi carrera empresarial. Estaba y está en mi naturaleza tener esta actividad y nada, excepto una desgracia que me inhabilite, puede detener esa fuerza que llevo dentro y que me ha llevado siempre a reinvertir la mayor parte de las utilidades de los negocios. Me gusta organizar, proyectar y expandir. Es un asunto que va más allá del espíritu de lucro. Posiblemente lo mismo le pasa a todos los empresarios. Nos da una gran satisfacción poder trabajar, hacer negocios y sentir que no sólo estamos beneficiándonos nosotros sino a todos quienes nos acompañan. Sentimos en el fondo satisfacción de contribuir al bienestar de nuestro país.

El año 53, con el nacimiento de mi segundo hijo, Jan, nuestra familia aumentó. Y aumentó en términos aún mejores de lo que yo había imaginado. Jan fue un niño adorable. El parto no tuvo complicaciones y poco a poco el chico fue afirmando, con sus travesuras y su sentido del humor, un notable parecido con su madre.

Años después nació nuestra hija, Katy. El alumbramiento ocurrió casi en un taxi, camino a la maternidad de la Clínica Santa María. Para nosotros fue la gloria. Era la niña que todos estábamos esperando. Janita siempre decía que los varones se independizan muy luego de sus padres y que las niñas siempre se quedan con sus papás. No podíamos saber entonces que Katy, al casarse, se iba a radicar con el tiempo primero en Inglaterra y después Estados Unidos y que la íbamos a ver bastante menos que a nuestros dos hijos.

Katy fue una niñita maravillosa y hoy es una mujer aún más maravillosa.

Otras casas

Nuestra segunda casa en Santiago, en calle Los Claveles, Providencia, quedaba casi frente a la iglesia de El Bosque. Era una propiedad que Gray y Cía. recibió en parte de pago. Se adquirió muy barata y la idea era liquidarla a la mejor oportunidad.

Al concretarse el traspaso de la propiedad, Larry, con su habitual generosidad, me dijo:

–Ocupa mientras tanto tú la casa y pagas un arriendo simbólico. El departamento se te está haciendo chico con los dos niños. Además, Janita está embarazada y necesariamente te vas a tener que cambiar. Sólo te pongo una condición: si hay una excelente oferta por este inmueble, lo vas a tener que dejar para venderlo.

La mudanza nos cambió la vida. Era una casa muy bonita, con jardín y piscina. Ahí empezó para nosotros una convivencia diferente: con espacio, con holgura y con amigos.

Fueron tres años felices. Allí nació Katy y los niños tuvieron condiciones ideales para jugar y relacionarse con otros chicos de su edad. Durante ese tiempo se incorporó además a nuestra familia Albina Castillo. Había trabajado tiempo antes en casa de unos vecinos, también checos, y se quedó con nosotros por espacio de cuarenta años. Mujer cariñosa, excelente cocinera y sumamente trabajadora, se encariñó con nuestros hijos más allá de todo cuanto se pueda imaginar. Hasta el día de hoy Albina se considera una especie de segunda mamá de Katy y, no obstante haber jubilado, siempre vuelve a nuestra casa cuando sabe que mi hija ha venido por algunos días a Chile. En esas ocasiones, jamás deja de prepararnos los platos de la cocina tradicional checa que más nos gustan. Nanita, como la llamamos en la familia, es una mujer maravillosa que volcó en nosotros una inmensa capacidad de cariño.

Si no fuera por el error que cometimos cuando llegamos a esa casa –entusiasmando a todas nuestras amistades

Mi familia a fines de los años 50.

para que vinieran los fines de semana a compartir cuando quisieran nuestra piscina–, todo habría estado perfecto. Pero desgraciadamente llegó un momento en que la rotativa de visitas no paraba y los fines de semana del verano dejaron de ser instancias de descanso para transformarse en agotadoras jornadas de vida social y atención a los invitados. Recuerdo un sábado en que Jana, sin advertírmelo, simplemente desapareció del hogar y optó por irse a descansar a la casa de un matrimonio amigo. Ya no daba más.

La crisis finalmente se solucionó con absoluta sensatez. Hablamos con nuestros amigos y todos nos entendieron. Para ellos la situación era incluso más incómoda que para nosotros. Por lado y lado, lo único que existía era buena fe y de ahí en adelante recuperamos la privacidad que habíamos perdido.

Tres años después de haber llegado a la casa de la calle Los Claveles, apareció en Gray y Cía. un interesado en adquirirla. La oferta era muy conveniente y no había dónde perderse. Pagaban al contado una cantidad muy superior a lo que nos había costado. Equivalía ganar un 200 por ciento en términos de dólares.

El imperativo de la mudanza coincidió con un dato que me dio Otto Lang, a quien seguía viendo a lo menos una vez por semana. Otto me había incorporado al grupo de checoslovacos que jugaba naipes todos los lunes en la noche. Cuando supo que me tenía que cambiar, me dijo:

—Estamos construyendo, en la calle Tarragona, unas viviendas DFL 2 con nuestro amigo Eugenio Voticky. Tú lo conoces, es checo y constructor. Anda a verlas. A lo mejor te podrías interesar.

Era justo lo que necesitaba. La calle no tenía salida y ya estaban casi terminadas las casas. Tenía un pequeño jardín, tres dormitorios, cocina y pieza de servicio. Todo muy acogedor y bien distribuido.

—Sabes Otto —le dije cuando volví a verlo— no voy a entrar al negocio que has montado, pero quiero arrendar una de tus casas.

En eso finalmente quedamos. Fue nuestra tercera casa. Allí transcurrió una larga etapa de nuestra vida familiar. Gozamos de una tranquilidad maravillosa. Como la calle era ciega, los niños podían jugar tranquilamente en el exterior.

Dos figuras inolvidables

Por mucho que uno se acostumbre a nuevas comidas, los gustos asociados a la infancia y a la juventud no se olvidan ni se pierden. A pesar de luchar permanentemente contra el sobrepeso, la mayoría de las veces sin mucho éxito, los sabores checos me son irresistibles. Me devuelven a mi tierra natal, a los olores y sabores de la Praga que yo conocí.

Gracias a unos amigos conocí en Santiago un local que vendía cecinas fabricadas según las tradiciones de la cocina centroeuropea. Quedaba en las inmediaciones de avenida El Bosque. Fuimos con Jana a abastecernos. Mientras esperábamos que atendieran a otros clientes nos pusimos a conversar. En checo, por supuesto. Cuando ya me estaban atendiendo, llegó detrás mío un señor mayor, a quien le escuché decirme en forma simpática:

–*Konecne se nacpes jídlem ktery vypada jako cesky.*

Algo así como "Por fin te vas a llenar la panza con algo que parece checo". Era Otto Heller. Más tarde él y su mujer, Libuse, se convertirían en parte de nuestra familia. Mis hijos, de hecho, los consideraron siempre sus abuelos.

El primer encuentro con Otto fue en esa roticería y no pasó más allá de unas mutuas presentaciones y de un intercambio de teléfonos. Más tarde lo volví a encontrar, gracias a Juan Lamac, el checo con quien compartí la residencial cuando llegué a Santiago. Lamac trabajaba de vendedor de los artículos de cuero que Otto Heller fabricaba.

A partir del segundo encuentro la amistad entre nosotros se hizo muy estrecha. Ya habían nacido Daniel y Jan y ambos les conquistaron el corazón a Otto y Libuse. Porque de ahí en adelante pasaron a ser sus nietos.

Tenían una historia muy triste tras ellos. Una historia atravesada por un dolor muy devastador que sólo la fe religiosa de ambos y la compañía de mis hijos pudo aplacar en cierta forma.

El era judío y ella católica. Mejor dicho, él era muy judío y ella muy católica. Manteniendo ambos su religión, el matrimonio fue autorizado por el papa y celebrado por el arzobispo de Praga en la catedral de San Vito. Tuvieron un solo hijo que se hizo sacerdote católico.

Durante la ocupación nazi, ella se dedicó a prestar ayuda a judíos y no judíos, principalmente, enviando de forma clandestina paquetes a los detenidos en cárceles y campos de concentración. Hasta que fue sorprendida. Libuse era una santa.

Los nazis, pensando que esa familia constituía una célula importante de la Resistencia, encerraron a los tres en las tenebrosas celdas de la prisión establecida en las enormes murallas de Terezin. Las mismas donde estuvo también detenido y fue torturado Jirka, mi hermano. Al padre y al hijo los metieron en la sección hombres y a la madre en la parte donde estaban las mujeres.

La Gestapo no se conformó con detenerlos. Necesitaba información y, para lograrla, se valió de la tortura.

Un día, luego de haber informado a la madre de lo que pensaban hacer y ante los ojos del padre, sacaron al sacerdote al patio y le pegaron hasta matarlo.

Otto Heller y su mujer lograron sobrevivir. Después fueron destinados a Birkenau y otros campos. Terminaron vivos, pero salieron de ahí con heridas en el alma que el tiempo nunca pudo cicatrizar. Porque nunca se pudieron sobreponer a la muerte del único hijo que habían tenido. Las circunstancias deben haber sido demasiado atroces y la única manera de sobrellevar esa tragedia fue consagrando su vida a Dios.

Vinieron a Chile. El traía bastante plata. Al principio tuvo una curtiembre y después empezó a fabricar artículos de cuero.

A pesar que la situación de la pareja era bastante buena, nunca perdieron el rigor de las costumbres europeas. Ambos venían de familias que habían criado a sus hijos en forma extraordinariamente dura y heredaron de sus padres una rigurosa austeridad de vida.

Vivían con una modestia extrema. Por supuesto, jamás tuvieron empleada. La exageración a la hora de ahorrar los llevaba a extremos que causaban risa. Por ejemplo, en verano, Libuse ponía un gran recipiente de agua al sol, para precalentarla y ahorrar gas cuando lavaba la ropa.

A pesar de esas costumbres trapenses, a la hora de atender a mis hijos eran de una generosidad sin límites. Tratándose de los niños, nada era suficiente. El contraste entre la vida que se daban y la que brindaban a sus "nietos" era sideral. Para los niños, cocinaban de modo espléndido y los complacían en todos sus caprichos. Tales gastos

Daniel y Jan junto a sus "abuelos", los Heller.

no les representaban ningún sacrificio. Después de almuerzo, no les dolía para nada el bolsillo pagarles la entrada al cine y después llevarlos a tomar once al Paula o a otro salón de té similar. Y eso ocurría casi todos los fines de semana.

Nos dieron mucho cariño. También nosotros los quisimos mucho. No sólo nos distinguieron con sus sentimientos, puesto que además hicieron posible que Janita y yo hiciéramos una vida más entretenida. Podíamos hacer varios panoramas en pareja. No nos hacíamos ningún tipo de problema: teníamos la tranquilidad y la suerte de poder dejar los niños con los "abuelos". Cuando Janita y yo salíamos de viaje, ellos se mudaban a nuestra casa. A los Heller estas responsabilidades les encantaban y por un momento parecían las personas más felices del mundo.

Con el tiempo Otto Heller se fue descapitalizando. No es que se arruinara, pero sí perdió la mayor parte de su fortuna. Su formación espartana, ajena de todo sentido de la especulación, le impidió defenderse de la inflación cada vez más alta que tenía Chile.

Acostumbraba a comprar al contado. Y para vender se veía en la obligación de conceder créditos, sin cobrar intereses. En una economía donde la inflación no bajaba de 30 por ciento al año, eso era una ruina.

Cuando yo lo veía operar de esta forma le decía:

–Cuidado, tienes que hacerlo exactamente al revés.

No podía. Iba contra su manera de ser y de vivir. Era incapaz de vivir con deudas. Cuando le insistía que al menos debía comprar a noventa días, me respondía:

–El problema no son tanto los noventa días. Son las noventa noches.

Otto murió primero. Durante mucho tiempo tuvo problemas serios de diabetes, pero siempre fue descuidado con su salud. Casi nunca cumplió con las dietas que le recomendaban los médicos ni con las dosis que requería de insulina. Después de una seria operación, su organismo empezó a decaer. Y nunca más se pudo recuperar.

Su muerte fue un golpe terrible para su mujer. Al quedar viuda, se desmoronó vertiginosamente. Desde ese momento redoblamos los cuidados con ella. Por desgracia, pronto empezó a mostrar síntomas de una avanzada arteriosclerosis. Llegó el momento en que fue incapaz de administrar su casa. Le empezaron a robar de todo y perdió la capacidad de reconocer el valor del dinero. El estado de confusión mental se volvió casi permanente. Daba propinas totalmente exageradas por servicios insignificantes. Se le perdían las cosas que tenía enfrente suyo. Tenía alucinaciones.

Conversamos mucho entre Janita y yo sobre la posibilidad de llevarla a vivir a nuestra casa. Al final, después darles vueltas y vueltas al asunto, decidimos que no. Quizás fuimos egoístas. Quizás hicimos lo correcto. Argumentos hay para pensar una u otra cosa.

A pesar de ser católica, yo conseguí que la aceptaran en el Hogar Israelita de Ancianos, donde la atención es excelente. Allí la visitábamos con mucha frecuencia. Al año de su ingreso, murió.

Fueron un par de viejos maravillosos. No puedo olvidar la forma como se recordaban de su hijo muerto. Jamás vi en nadie una tristeza tan contundente en el alma.

Larry deja Chile

Larry siempre tuvo vigente la solicitud de visa para residir en Estados Unidos. Aun cuando estaba muy ambientado en Chile, Anne, su mujer, jamás pudo acostumbrarse. Vivir en Norteamérica era para ella como su sueño incumplido, un deseo demasiado postergado. Al final, la visa llegó el año 1965 y mi extraordinario socio y amigo se fue a Nueva York.

Antes, tuvo que liquidar sus bienes y sus derechos en Mellafe y Salas Ltda. Los vendió a un precio justo, pero que ninguno de los demás socios estuvimos dispuestos a pagar. A lo mejor con esfuerzo yo podría haberlos comprado, pero me habría quedado sin reservas y no quería que eso me volviera a ocurrir. En Chile ya estaban comenzando a manifestarse riesgos e inseguridades en el plano político. La confianza para invertir se estaba enfriando.

Fue Guillermo Schiess quien compró los derechos de Larry, pasando desde entonces a ser socio nuestro. Su incorporación fue muy bienvenida por todos nosotros, puesto que aportó numerosos contactos. Guillermo, objetivamente, es un hombre extraordinario, un empresario nato que siempre se ha manejado en el mundo de los grandes negocios.

Simpatizamos desde un comienzo.

–Necesito una persona como tú para que se incorpore a mis negocios como socio –me decía continuamente.

Para tentarme, una vez me llevó a Europa en un viaje de negocios. Quería que viera las increíbles conexiones que tenía y la forma en que estaba acostumbrado a trabajar. Tenía una linda casa en Ratzeburg, cerca de Hamburgo y próxima a un lago maravilloso. Su señora, Lexa –una mujer sencilla, amorosa y encantadora–, pertenece a una familia aristócrata alemana, dueña de inmensos astilleros, casas de campo y enormes extensiones de tierras.

Guillermo se movía a un nivel casi novelesco para mí. Un poco menor que yo, llegó a Chile también en 1950. Eligió Chile porque aquí vivían sus tíos Lemmerzahl, que tenían un próspero negocio de importación de productos alemanes: línea blanca Miele y tocadiscos Perpetum Ebner. Guillermo trabajó primero con los tíos, pero luego se independizó formando sus propios negocios y su propia fortuna. Los socios de Mellafe y Salas lo conocimos dos o tres años antes que Larry vendiera su parte. Después llegamos a conocerlo más de cerca y desarrollé una gran amistad con él, que se traspasó a nuestras familias. Si bien es alemán, Guillermo en realidad es ciudadano del mundo. Sus hijos fueron a la universidad en Sudáfrica, país con el cual hace muchos negocios. De él aprendí las ventajas del comercio internacional y las oportunidades de las finanzas internacionales. Si las hubiera conocido antes, más aún, si mi padre y mi familia las hubiesen sabido, muy distinta habría sido nuestra suerte.

Al final de la guerra, Guillermo fue soldado del ejército alemán. Aunque unos pocos años antes podríamos habernos matado, si las circunstancias así lo hubieran decidido, nos hicimos muy amigos. Tanto, que me hizo padrino de su segundo hijo, Christophe, que en la actualidad se está haciendo cargo de los negocios familiares y al que quiero como si fuera mi hijo.

En todo caso fue aquí, en Chile, durante el gobierno de Allende, donde Guillermo encontró la oportunidad de adquirir activos muy baratos. Desde luego que la aprovechó, aunque corriendo objetivos riesgos. Eran muchos los empresarios e inversionistas que se estaban yendo en ese momento y los precios descendieron a niveles irrisorios. Es cierto que la ciudadanía alemana le entregaba a él un cierto margen de resguardo, pero es cierto también que si Chile hubiera llegado a la sociedad de formato marxista que el gobierno de la época se proponía instaurar, sus adquisiciones le habrían servido de poco. Guillermo –un anticomunista decidido y absolutamente distante del proyecto de la Unidad Popular, si bien con algunas amistades dentro del régimen– apostó, se arriesgó y ganó.

Guillermo quería que nos asociáramos en igualdad de condiciones. Pero, después de pensarlo mucho, le dije que no. Durante nuestro viaje pude tomarle el pulso a su acelerado ritmo de trabajo. Al lado suyo, yo era una tortuga.

En nuestro viaje no tuvimos un solo momento fuera de programa. Tenía el tiempo milimetrado. Cuando atravesamos Suiza en tren, llegó al extremo de planificar reuniones con empresarios locales entre estación y estación. Se bajaba uno y subía otro. Con todos hacía complicadas operaciones. Con todos se esforzaba al máximo. No había respiro. Apenas quedaba un rato para ir al baño.

–Somos muy amigos –le dije–, pero Mellafe y Salas me ocupa por entero e incluso me desborda. Jamás podría tener tu ritmo de trabajo. Estoy acostumbrado a correr, pero no a volar. Pero, si tú quieres –le dije–, te presentaré a una persona que te podría venir como anillo al dedo.

Fue así como Anselmo Palma se convirtió en socio minoritario y gerente de las operaciones de Guillermo Schiess. Como tal, cumplió una excelente gestión por muchos años. Pero al final terminó agotándose con tanto trabajo y se independizó.

Guillermo Schiess, que tiene una mente de rapidez portentosa, que nunca fue un relajado y que ha dedicado toda su vida al trabajo, sufrió hace algunos años un derrame cerebral, contra cuyas consecuencias ha estado luchando con tenacidad y valentía ejemplares. Aun así, su actividad no cesa. Es impresionante.

11

El tiempo fugitivo

Es complicado ordenar los recuerdos de la etapa de madurez y expansión. Los años 50 y 60 fueron para mí tiempos de mucho esfuerzo. Miro hacia atrás y lo único que rescato son imágenes atropelladas de días que se me hacían cortos y de semanas que se me iban por entre los dedos. La fugacidad del tiempo podrá ser un gran tema de la literatura, pero, al margen de eso, para un tipo impaciente como yo, puede llegar a ser una maldición.

La gente que en su momento sentí más próxima, las casas en que viví, los negocios que inicié, son los hitos de que me valgo para ordenar el pasado. Desde la calle Tarragona sé que nos mudamos a la casa en la calle Vasco de Gama. Esta vez fue una casa propia. Debe haber sido a comienzos de los 60. En ese tiempo el sector correspondía a la periferia del barrio alto y la circunvalación Américo Vespucio aún no estaba del todo configurada.

El traslado tuvo su historia. Un corredor de propiedades nos ofreció una casa semiconstruida. Al propietario se le había terminado el dinero y tuvo que venderla. La compré. Era una excelente oportunidad y había que aprovecharla. Mi situación económica era relativamente ya buena pero no líquida. Nos habíamos recuperado hacía tiempo del desastre de la fábrica de perlas y los negocios marchaban bien. A pesar de eso, aún no tenía suficiente dinero como para terminar la construcción de un día para otro.

Siendo así, llegué a un acuerdo con Eugenio Voticky, el constructor checoslovaco al que me unía una leal amistad. Eugenio, igual que yo, formaba parte de un grupo que jugaba naipes todos los lunes.

–No tengo plata para terminar la construcción de inmediato. Quiero que trabajes en la casa sólo cuando te pase dinero. Cuando no lo tenga, interrumpes las faenas y vuelves a reanudarlas cuando de nuevo tenga fondos.

Estuvo de acuerdo y pasaron casi tres años antes que la casa estuviera totalmente terminada. Al final salió más cara que si hubiéramos comenzado por los cimientos. Las innumerables modificaciones que ordenó Janita fueron encareciendo la obra, pero el resultado final fue muy satisfactorio.

Cuando las faenas llevaban dos años, nos instalamos a vivir en esta nueva casa. Las incomodidades fueron enormes. No hubo más remedio que aprender a convivir con los maestros, el ruido, el polvo y el desorden durante un año. Después de todo, el sacrificio valió la pena.

Al recordar esa casa y esos años, me resulta imposible eludir la incorporación al hogar de un perro que entre nosotros hizo historia.

Historia de Doro

Al menos para nosotros, los orígenes de Doro se remontan al terremoto de 1965, cuando a raíz del cataclismo llegó a Chile un equipo de la Cruz Roja europea con varios perros entrenados. El jefe del grupo era un checo radicado en Holanda, José Toman, quien trajo a su perro Dorobrando. El animal estaba fabulosamente entrenado y sus antecedentes en la prensa europea acreditaban que había participado en numerosos rescates por avalanchas, inundaciones y otras desgracias. Doro sabía buscar gente bajo tierra o nieve. Era capaz de detectarla así fuera que estuviera enterrada a metros de profundidad y, cuando la encontraba, se quedaba parado ladrando justo encima del lugar del entierro. Pero su habilidad iba mucho más allá. Ladraba de manera diferente según fuera que la gente estuviera viva o muerta, con lo cual daba opción a los grupos de rescate para salvar antes a los que todavía estaban con vida.

Doro salvó a muchas personas antes de llegar a Chile. Aquí no encontró gente con vida entre los escombros, pero ubicó varios cadáveres arrastrados por un aluvión en un río desbordado por relaves de instalaciones cupríferas. Muchas familias recuperaron y sepultaron debidamente los restos de las víctimas gracias a Doro.

La prensa y la radio dieron gran cobertura a estos hechos y Doro multiplicó su récord de hazañas. Cuando la búsqueda terminó, el grupo de Toman se alojó en un cuartel de carabineros y recuerdo haberlo llamado con Jana por teléfono un domingo para conocerlo. Creíamos que su apellido era checo y quisimos que él mismo nos lo confirmara.

Era cierto y ese mismo día quedó invitado a almorzar en nuestra casa, dado que en poco tiempo más debía regresar con su gente a Europa.

José Toman nos visitó lógicamente con Doro y no pasaron quince minutos antes que mi familia ya estuviera fascinada con él. La verdad de las cosas es que a Doro sólo le faltaba hablar. Era un ovejero alemán de excepción. Su amo le daba órdenes en holandés o con un simple movimiento de brazos. Doro le obedecía solamente a él. Bastó una orden suya para que el perro se pusiera a jugar cariñosamente con mis hijos. Un rato después, ante otra instrucción, se acercó a Toman y se sentó a su lado. De ahí no hubo quien lo moviera por mucho que lo acariciáramos o lo llamáramos. Minutos más tarde el entrenador lo hizo gruñir y ponerse en posición de ataque. Nosotros no lo

Siempre me sentí orgulloso de mi perro Doro. Era un miembro más de la familia.

podíamos creer. Mis hijos intentaron ganárselo con comida, pero el animal los ignoró. Estaba entrenado para no recibir alimento de ningún extraño.

Quedamos tan maravillados con Doro que convencí a José Toman para que me lo vendiese. Cuando les avisamos que el perro se iba a quedar en Chile, los carabineros celebraron que un perro así quedara en Santiago a mano para cualquier otra emergencia.

En los días que Toman se quedó en el país, Doro continuó a su lado e hizo incluso algunas demostraciones en un estadio junto a los otros tres animales que vinieron en el grupo. Doro era claramente más inteligente que los demás. José, durante esos días, me dio algunas clases muy sencillas acerca de cómo manejarlo. Pero el problema era que Doro, frente a su amo, no me llevaba de apunte. José temía que cuando él se fuera el perro sufriera algún trastorno. Recomendó que fuéramos especialmente cuidadosos al comienzo porque el sentimiento de abandono podía afectar su carácter y anular la increíble disciplina que tenía.

Cuando llegó el día de su partida, Toman trajo el perro a nuestra casa, se despidió y partió de regreso a Holanda. Doro se quedó parado al lado de la puerta de calle y ahí estuvo esperando a su amo durante tres días y tres noches. No se movió, salvo para salir al jardín a hacer sus necesidades. No comió nada, a pesar que le ofrecimos de todo. Al cuarto día nos empezamos a preocupar de verdad. Por esos días yo justo debí someterme a una operación de amigdalitis, de suerte que tuve que observar reposo. No sé cómo convencí a Doro que me acompañara mientras hacía cama, de modo que al atardecer del cuarto día tuvo lugar nuestro primer contacto amistoso. Cuando me levanté para ir al baño, el perro me siguió y le di un poco de agua. Doro la aceptó y me lengüeteó la mano. A partir de ese momento, el perro no se separó de mí y, como yo no podía hablar, me comuniqué con él con señales de brazos y manos.

Doro tenía un año y ocho meses cuando se incorporó a mi familia. Para nosotros llegó a ser como otro hijo más. Siempre habíamos tenido perros en la casa, pero ninguno fue como Doro. Era casi humano. Le encantaba hacer cosas nuevas. Aprendió a descolgar el auricular cuando el teléfono sonaba y ladraba dos veces para que la persona supiera que su llamado era atendido. Acto seguido iba a buscar a alguien de la familia o a nuestra nana para que tomara la comunicación.

Aprendió también a despertar a mis hijos todos los días a las 6:45 A.M. Subía al dormitorio de ellos en el segundo piso, los empujaba con la nariz y, si eso no era suficiente, les ladraba hasta que dieran señales de estar despiertos. Después volvía a la antesala de nuestro dormitorio, que era el lugar donde él dormía.

Desde que el perro llegó a nuestra casa, nunca más volvimos a cerrar las puertas interiores. Las dejábamos siempre semiabiertas, para que él pudiera circular por donde quisiera. Nunca ensució nada y creo que era bastante más ordenado que mis hijos.

Cuando me mejoré de las amígdalas, se produjo un corto conflicto con Doro. Creo que no le gustó que yo comenzara a hablarle. Mi voz era muy diferente de la de José Toman y el animal estuvo de mal humor unos tres días.

Como me había ganado su confianza, cuando volví a trabajar no me atreví a dejarlo solo, porque podía sentirse abandonado, y tuve que llevar a Doro conmigo a la oficina. Pero no hay duda que esto me complicó la vida. De partida, nadie se atrevía a entrar a mi despacho, porque Doro de inmediato se ponía a gruñir. No estaba preparado para la vida corporativa, sin duda. Así que aguanté sólo diez días su compañía y después decidí dejarlo en casa con Janita. El resultado fue que en un mes Doro me cambió por mi esposa y yo pasé a segundo lugar. Mantuvo conmigo una cariñosa amistad, pero el primer lugar de su corazón fue para Janita. Eso quedó en claro muy pronto. Cuando nos acompañaba sentado o durmiendo al lado nuestro, se levantaba de inmediato si Janita se movía. La acompañaba a la cocina, al dormitorio, al jardín, al baño, al auto. La seguía durante todo el día. Se acostumbró a viajar en el asiento trasero del station que ella manejaba. Iba a todos lados con Janita: al supermercado, a la peluquería, al colegio de los niños.

Una vez me llamaron de El Mercurio para pedirme una entrevista. Pensé que querían conversar conmigo, pero quien verdaderamente les interesaba era Doro. Yo sólo servía como una suerte de traductor durante la entrevista. Janita hizo que el perro efectuara una pequeña demostración de sus habilidades. Tenía muchas. Sabía, por ejemplo, llevar los platos sucios de la mesa a la cocina y jamás quebró alguno. Periodista y fotógrafo quedaron impresionados y al domingo siguiente Doro volvió a conocer la fama gracias al reportaje del diario.

De ahí en adelante fue invitado muchas veces a concursos de disciplinas. Lo pedían de los colegios para que lo vieran los niños. Al final nos aburrimos de tanta sobreexposición y retiramos a Doro de la vida pública. Fue una buena decisión. Quizás dónde habría terminado con tanta fama...

Un día me llamaron de mi casa a la oficina porque Doro se había perdido. Janita lo había sacado en la mañana y había trajinado en mil partes con él en compras y diligencias. Regresó a casa tarde y la empleada se extrañó cuando vio que Doro no venía con ella. Janita se desesperó porque no tenía idea dónde podría haber quedado. Había estado en demasiados lugares esa mañana. Me fui a casa de inmediato y salimos con Janita en su busca. Recorrimos todos los lugares donde ella había andado. Cuando llegamos al supermercado en que había estado comprando, vimos una pequeña aglomeración de gente y al acercarnos reconocimos a Doro al medio. No dejaba que nadie se le acercara. Se puso feliz cuando vio a Janita y, entre saltos y ladridos, trataba de lengüetearle las manos y la cara. Tres horas había estado Doro en la puerta del supermercado, donde Janita lo había dejado, y no se había movido un solo metro.

Una noche, como a las dos de la madrugada, me despertó un llamado desde el Ministerio del Interior. En nombre del ministro, pedían con urgencia que les prestara a Doro para viajar al día siguiente a Isla de Pascua, donde se había perdido un arqueólogo de la Universidad de Chile. El drama estaba en la primera página de los diarios y el clima se había enrarecido después que una radio difundió que era probable que los isleños se hubieran comido al investigador... La acusación, desde luego, indignó a los pascuenses y algunos sectores de la isla comenzaron exigir autonomía.

Medio dormido, le dije al funcionario que Doro no iría solo a ninguna parte y que por lo tanto debíamos acompañarlo mi mujer o yo. Le dije también que eso era imposible, pero tanto me rogó que no sé muy bien cómo al final me sacó el compromiso de presentarme a las 7 en punto de la mañana en Cerillos.

Ahí estuve. En el aeropuerto nos trasladaron a un salón VIP y recién entonces dimensioné el tamaño de la aventura. Dejé en claro que Doro no viajaría en la bodega del avión, sino conmigo, y hubo que sacar el asiento que estaba a mi lado para poder acomodar al perro.

Viajamos 40 personas en el avión, un LAN DC-6 con cuatro enormes depósitos adicionales de combustible que le aseguraban la debida autonomía durante las doce horas que tomaba el vuelo a Pascua. El aparato era piloteado por el famoso comandante Parragué.

Doro fue un pasajero modelo. De vez en cuando paseaba por el pasillo del avión y parecía consciente de la admiración que suscitaba. Lo mismo ocurrió cuando llegamos a la isla. El perro, cuya llegada estaba avisada, acaparó toda la atención. A mí nadie me cotizaba. Entusiastas isleñas en sus trajes típicos –mejor dicho, casi sin trajes– nos recibieron con collares de flores. A mí me tocó uno, pero Doro recibió varios.

En ese tiempo la isla no tenía hoteles, de suerte que alojábamos en carpas. Como el clima era muy cálido, no había problemas y esta circunstancia hacía más emocionante la aventura. A mí me gustó y mi perro estaba feliz. Esa misma tarde, Doro y yo tomamos contacto con el capitán de Carabineros de la isla para ponernos a trabajar. No había tiempo que perder. El arqueólogo había desaparecido catorce días antes y en el intertanto ya habían caído varias lluvias.

La búsqueda comenzó a la mañana siguiente. Nos acompañaba, aparte de los carabineros y de un cortejo de turistas e isleños, un colega del arqueólogo extraviado. Visitamos primero la casita donde el infortunado investigador había estado alojado, para que Doro olfateara su ropa y enseres. De ahí salimos unos veinte minutos después, confiados exclusivamente en el olfato de mi perro. Doro andaba suelto y empezó a caminar de un lado a otro con la nariz a ras del suelo. Cada unas dos cuadras el animal se detenía, nos esperaba, y luego seguía su acuciosa inspección. Al cabo de una hora, más o menos, Doro se sentó en la puerta de una vivienda cuya dueña de casa nos dijo que el arqueólogo había venido varias veces a su hogar, porque había hecho amistad con su marido. Me sentí aliviado al saber que Doro no andaba perdido.

El investigador había desaparecido un día domingo. Estaba invitado a almorzar a la casa de unos amigos y nunca llegó. Sabíamos que había alcanzado a reunir numerosas piedras en la habitación donde se alojaba y contábamos con un inventario, hecho por él mismo, de las cosas que había traído a la isla desde Santiago. Por ahí supimos que ese domingo había vestido de sport y con zapatos livianos y no con las pesadas botas de clavos que usaba durante la semana. Comprobamos que entre sus cosas faltaba una mochila liviana que había traído del continente y un par de herramientas para cortar piedras.

Este último dato y el olfato de Doro nos llevó al día siguiente a un volcán inactivo muy frecuentado por estudiosos de la arqueología. Es un lugar donde hay que manejarse con cuidado porque es fácil que se produzcan desprendimientos de piedras. Más allá del volcán surge una cadena de cerros que dan lugar a peligrosos acantilados que dan directamente al mar.

La búsqueda duró tres días y en los últimos dos Doro nos llevó a un terreno peligroso. Tuvimos que amarrarlo con cuerdas a él y amarrarnos también los carabineros y yo para no despeñarnos. Al llegar a un arbusto distante unos cien metros del borde de tierra firme, el perro empezó a ladrar porque había encontrado una lata de sardinas de las mismas que el arqueólogo había traído a Pascua. Después Doro se acercó todavía más al acantilado y sólo yo pude seguirlo arrastrándome sobre el estómago. Al mirar por el precipicio hacia abajo vi que había una roca con signos de fractura y momentos después mi observación fue corroborada por el arqueólogo que nos acompañaba.

Todo indicaba que el arqueólogo desaparecido había andado esa mañana dominical por el lugar. Es muy probable que, sin mucha planificación, haya querido cortar algunas piedras que vio. También tenía sentido que a eso de las once de la mañana se hubiera comido una lata de sardinas. Nuestra hipótesis es que cuando trataba de hacerse de las rocas que le interesaba llevar, perdió el equilibrio, cayendo al mar.

Si esto era así, lo que procedía era seguir indagando en esos acantilados, para lo cual necesitábamos mucho más cuerda y mucho más equipo del que teníamos.

Los carabineros dijeron que debíamos solicitar ayuda a los americanos. Hasta ese momento ignoraba que militares americanos también estaban ocupando, poco más allá, un campamento en la isla. Nos prestaron más cuerdas, cordeles y herramientas que permitieron a dos isleños descolgarse por el acantilado, mientras Doro, los carabineros y yo nos embarcábamos en una lancha para recorrer la playa de abajo. Como el mar no estaba quieto, fue imposible acercar la lancha al borde costero y Doro y yo tuvimos que saltar al agua. El lugar estaba lleno de rocas y correspondía prácticamente a una hendidura en la base de un cerro cortado a pique. Doro reconoció el terreno, escaló el acantilado cuanto pudo y, al final, ya casi topándose con los isleños que conquistaban el acantilado por la parte superior, encontró el martillo perteneciente al desaparecido. Esa evidencia, unida a la composición de las rocas del lugar, no dejaba lugar a dudas que la víctima estaba trabajando desde hacía días en ese terreno y que el domingo del accidente se había despeñado hasta caer al mar.

Doro abandonó Pascua con el prestigio de un héroe. Todo el mundo quería conocerlo. El animal parecía consciente de su hazaña y estaba feliz. Las crónicas para El Mercurio que despachaba Roberto Edwards –que estaba residiendo desde hacía tiempo en la isla– dieron detallada cuenta de nuestra aventura y convirtieron al perro en celebridad nacional.

De regreso a Santiago, tras una semana de paseos y despedidas en Pascua, entregué Doro a Janita, pero reconozco que nuestra aventura generó entre el animal y yo una enorme complicidad. Doro sabía mirar a los ojos y no exagero si digo que tenía expresión facial.

En Cerrillos recibimos los agradecimientos de la familia del arqueólogo que había caído al mar. Si bien fue imposible recuperar su cadáver, sus deudos quedaron más tranquilos una vez que se pudieron establecer las circunstancias de su muerte.

Podría escribir un libro entero sobre Doro. Fue un perro que viajó con nosotros por todo Chile. Nos alojábamos sólo en hoteles donde lo admitieran y a menudo nos acompañaba a Portillo a esquiar. Le encantaba correr detrás de Janita, hasta que dejó de hacerlo cuando se hirió las patas con la nieve dura. Cuando nos fuimos a Buenos Aires, allá llegó con nuestra nana. Esa vez Albina viajó llena de animales: junto al perro, llevaba una buena cantidad de langostas chilenas que fueron entregadas al veterinario de la aduana a cambio de que Doro no quedara en cuarentena. Después el perro nos siguió a México y volvió con nosotros a Chile en diciembre de 1973.

Doro tenía 14 años cuando se enfermó del hígado y, a pesar que acudimos a los mejores veterinarios, no hubo forma de salvarlo. El animal quedó enterrado en nuestra casa de Vasco de Gama. Nunca más tuvimos otro perro. Probamos con varios, pero ninguno pudo reemplazarlo. Era irreemplazable.

Desarrollo empresarial

Como casi siempre ocurre en los proyectos empresariales que permanecen, los comienzos de Mellafe y Salas fueron difíciles. Difíciles y modestos. Comenzamos arrendando una pequeña bodega, de unos 80 metros cuadrados, en pleno centro de Arica. Las instalaciones eran muy sencillas

Nuestros inicios en Mellafe y Salas. Estábamos viajando a Estados Unidos Rafael Mellafe, yo, un ejecutivo de Motorola y Armando Vallarino.

Arica. Personal de Mellafe y Salas.

pero apropiadas para armar los tocadiscos Perpetum Ebner y después los famosos Garrard. Fueron los primeros productos que entregamos al mercado chileno y ambos encontraron excelente acogida.

Tras esos comienzos casi artesanales, pronto nos dimos cuenta que necesitábamos más espacio. Y como la empresa ya tenía recursos para enfrentar una inversión inmobiliaria, decidimos ampliarnos. Adquirimos entonces un terreno enorme, de unos treinta mil metros cuadrados, al borde de la carretera que va de Arica a la frontera peruana.

Ahí levantamos nuestro primer galpón propiamente industrial. Al comienzo, la construcción estuvo a cargo de Sergio Salas, ingeniero y socio. Pero después la responsabilidad quedó a cargo de otros profesionales, cuando Sergio se hizo cargo de la Junta de Adelanto de Arica.

Ese primer galpón fue sufriendo sucesivas ampliaciones. Al final, la planta tuvo más de diez mil metros construidos. Se convirtió en una de las fábricas más grandes de Arica y llegamos a tener hasta mil trescientos trabajadores.

El gobierno de Frei Montalva modificó algunas de las condiciones en que operaba la industria armadora de Arica. Tuvimos que incorporar a los productos, como mínimo, un 40 por ciento de componentes fabricados en Chile. En el caso nuestro, la disposición nos obligó a crear una nueva empresa: Coelsa, Componentes Electrónicos S.A.

Las nuevas reglas del juego obligaron a quienes éramos los competidores del rubro de la electrónica en Arica a unirnos. Ninguno de nosotros tenía capacidad de absorber para sí toda la producción de una planta elaboradora de piezas y partes. Teníamos que repartirnos el trabajo entre varios. Lo que una empresa fabricaba debía ser adquirido por las demás. Así, los competidores nos hicimos interdependientes. Todos nos vendíamos y todos nos comprábamos recíprocamente. Nos empezamos a necesitar unos a otros.

Aunque esta correlación estaba determinada por exigencias mínimas de racionalidad económica, en muchos círculos fue mirada con sospecha. Desde luego no le gustaba al resto de los industriales del sector. Pero además inspiró reservas en diarios de izquierda y en algunos círculos políticos. Se nos acusó de haber constituido un cartel monopólico e incluso la Cámara de Diputados llegó a constituir una comisión investigadora para aclarar lo que muchos suponían un negocio turbio. Pero los parlamentarios, luego de verificar cuánto estábamos produciendo y el nivel de utilidades que teníamos, comprobaron que no había irregularidad alguna. De este episodio, del cual salió el control de precios para los televisores, yo gané un muy buen amigo, Fernando Sanhueza, por entonces presidente de la Cámara Baja.

Para enfrentar las adversidades comerciales y de opinión pública, y para defender como grupo nuestros derechos, los armadores formamos la Asiel –Asociación de Industriales Electrónicos de Arica– con el doble propósito de defendernos de la permanente presión que ejercían los industriales del resto del país, para que nos quitaran las franquicias, y de servir a la causa de la empresa privada. Esta función llegaría a ser crucial en los días de la Unidad Popular.

Los empresarios que armábamos televisores y fabricábamos componentes éramos cinco: Enrique Cantolla, Enzo Bolocco, Fernando Gil, Geloso y nosotros, que fabricábamos el Motorola.

Uno de nuestros competidores en Santiago era la poderosa RCA Victor, empresa que desde hacía muchos años estaba instalada en Chile como propiedad de la transnacional norteamericana.

Al asumir la Unidad Popular ocurrió una cosa insólita. Sin que ninguno de nosotros supiéramos, RCA negoció secretamente con el gobierno la venta de su fábrica. En forma sorpresiva, el Presidente Allende anunció un día que el Estado la compraba a los gringos y que la empresa estatal iba a producir televisores populares a precios subsidiados y al alcance del pueblo.

Los industriales electrónicos, tanto ariqueños como del resto del país, quedamos indignados. Era claro que el gobierno, por razones políticas, quería que los hogares chilenos tuvieran televisión como escenario para sus planes de propaganda y adoctrinamiento ideológico. De paso nos dimos cuenta que esta competencia desleal iba a llevar a la quiebra a los empresarios privados. Simplemente no podíamos competir con los precios subvencionados.

Nuestra indignación fue, en primer lugar, contra el gobierno de Allende. Sabíamos perfectamente bien que nuestros reclamos harían reír al ministro Vuskovic y a los sectores más radicalizados del régimen. Sin embargo, nuestra indignación más profunda era contra la empresa americana. Nos parecía contradictorio que un gigante industrial privado americano cooperara de esta forma con el gobierno estatizante, sin tomar en cuenta el enorme daño que estaban causando a sus colegas empresarios chilenos.

En un viaje posterior a Nueva York, pedí audiencia con el ejecutivo máximo de RCA y a él le represente la decepción y molestia de los empresarios privados chilenos. Le expliqué que estábamos luchando para sobrevivir bajo el gobierno marxista y que la venta de RCA Victor iba a hacer nuestra lucha casi imposible.

El ejecutivo me escuchó con atención y me dijo que deploraba lo sucedido. Lamentaba que alguien no le hubiera explicado antes el problema, pero como dijo al final, todo estaba consumado.

–It's too late now. I'm sorry.

No había más que conversar y nada pude hacer.

Son arduos los dilemas de la vida empresarial. El empresario tiene que caminar por un sendero lleno de bifurcaciones. Ante cada disyuntiva no tiene más remedio que elegir, lo cual siempre entraña riesgo. El empresario no circula por una autopista ancha y cómoda, sin cruces ni interferencias, donde todo está señalizado perfectamente, de modo que nadie se pueda equivocar. Al contrario, en el camino de un hombre de negocios no existen indicaciones totalmente confiables y seguras. Sólo indicios, que se pueden interpretar de diferentes maneras, según sean los conocimientos, el rigor técnico y el grado de decisión de quien los analiza.

Ante tanta incertidumbre, tiendo a pensar que la mejor orientación para el hombre de empresa proviene siempre de los grandes valores de la actividad empresarial: el culto al trabajo y la voluntad de innovar, el compromiso con la libertad y la competencia leal, el respeto a la palabra empeñada y la buena fe, la austeridad y el ahorro. Soy un convencido que quien opta por estos valores más temprano que tarde tendrá que salir adelante.

Césped y distensión

Soy un fanático del golf. Siempre he sido deportista. De niño practiqué ski, tenis, voleyball y natación. Pero a medida que avancé en años, me di cuenta de que el golf es un deporte que uno puede hacer casi hasta la muerte, mientras pueda caminar y moverse sin problemas.

Debo al golf muchos momentos entretenidos, unas piernas que no se cansan con facilidad, una mente oxigenada para el trabajo y gran cantidad de amigos.

Corrían los años 60 cuando comencé a tomar clases de golf con profesores del Sport Français. Eramos cuatro o cinco los novatos que nos estábamos iniciando juntos. Al poco tiempo –dos o tres meses– el deporte nos conquistó. El golf es así. Hay mucha gente que toma clases, pero que finalmente decide no continuar porque no es capaz de dominar los múltiples movimientos que deben ser armonizados para conseguir que la pequeña bolita blanca vuele derecho y a la distancia que corresponde.

Todos presentamos juntos la solicitud de ingreso al club. Yo era el único chileno de ascendencia judía del grupo. A los demás les llegó muy pronto, casi de forma inmediata, la carta de aceptación. La decisión respecto de mí, sin embargo, comenzó a tardar más de la cuenta.

Empecé a encontrar extraña la situación. No tenía ningún antecedente negativo como para que me segregaran del resto del grupo. A esas alturas no se me pasaba por la mente que mi sangre judía podía ser causa de un rechazo social. Sobre todo en Chile, un país tan libre de odiosidades como Checoslovaquia.

Sólo ahí empecé a olfatear que algo raro estaba ocurriendo. Tenía muchos amigos socios del Sport Français. Entre ellos Orlando y Santiago Mingo, en especial el primero, que más tarde sería mi consuegro por partida doble. Sus dos hijas –Anita y Angelina– se casaron años más tarde con mis hijos Daniel y Jan. Fue Orlando quien se me acercó y con franqueza me dijo que no me iban a aceptar por ser judío.

Y así fue. Me dolió escucharlo. Siempre había creído que Chile estaba libre de esta gangrena. Reconozco que recibí muchas muestras de solidaridad. Mucha gente me manifestó su apoyo, pero nada se pudo hacer. Me alejé entonces del Sport Français. Durante años me negué a traspasar sus puertas ni siquiera como invitado. Sólo más tarde, cuando ya era socio del Country y director del Club de Golf La Dehesa, he vuelto a jugar algunas veces como invitado de algún director o del capitán. Pero reconozco que hasta ahora me siento algo incómodo ahí.

Lo que ocurrió conmigo y otros judíos fue el germen para que después, a fines de los años 60, se creara el Club de Golf La Dehesa. La iniciativa correspondió a Emerico Letay y a un grupo de amigos suyos, entre los cuales se contaba Salvador Pubill y yo. Letay, un notable hombre de negocios de origen húngaro, era posiblemente la mayor fortuna de la colonia judía en Chile y asumió este proyecto como un desafío personal. Más tarde vine a saber que él también había sido rechazado por un club, y por eso su idea era fundar otro de caracteres ejemplares: selectivo en calidad humana, pero enteramente abierto a todo el mundo.

Fiel al legado de Letay, en el Club de La Dehesa la propiedad mayoritariamente está en manos de socios de ascendencia judía. El solo hecho de ser judío no necesariamente garantiza la condición de socio, pero definitivamente nunca va a ser la única razón de rechazo. Lo único que se exige para entrar es honorabilidad, educación y solvencia, ya que el golf es un deporte caro. Hoy, después de más de treinta años, creo que el legado de Emerico Letay se cumplió en un cien por ciento. La convivencia entre los socios, de cualquier origen, ha sido fantástica. Todos somos amigos. Me tocó ser director, vicepresidente y presidente del club por muchos años. Mi hijo Jan también lo encabezó por un tiempo. El club está abierto a personas de distinto credo y raza. Después de lo que viví, le asigno enorme importancia al testimonio que nuestra institución está dando. Igual como no permitiremos nunca que alguien quede marginado por el solo hecho de ser judío, tampoco permitiremos que nuestro club se convierta en un ghetto. Por suerte, la gran mayoría de los socios pensamos igual. Siempre he dicho que si el legado de Emerico se dejara de cumplir, yo renunciaría a mi calidad de socio.

De hecho hemos aceptado una buena cantidad de socios no judíos, algunos de ascendencia oriental, y la experiencia ha sido muy positiva.

Personalmente, le asigno enorme importancia a una convivencia de genuina calidad entre los socios del club y en general entre gente de distintos orígenes y opiniones. Esto supone aceptar la pluralidad y superar el espíritu de capilla. Siempre he sido muy crítico de cierta tendencia frecuente en la colonia judía a encerrarse en sí misma y no contaminarse con el llamado mundo *goi*. Ese complejo de ghetto me parece un error, porque la clausura y la autorreclusión también pueden ser perniciosos caldos de cultivo del racismo. A la larga, por esta vía, también se genera odiosidad.

Bailando en el Muro de Berlín

Mis ojos no son los mismos de los años 60. Han aprendido a mirar la realidad política y económica de otra manera. Es natural, entonces, que la visión que tenemos ahora de esos años no coincida con la mirada de aquel tiempo.

Tengo que admitir que mi opinión sobre el rol de la democracia cristiana en la época en que el comunismo se expandía con fuerza ha cambiado bastante. El problema era cómo salvar la democracia en países en desarrollo con millones de habitantes debatiéndose bajo los umbrales de la pobreza y que fueron ilusionados por el marxismo en cuanto a que esta ideología –y sólo ella– tenía la llave para resolver los problemas sociales. El mundo se encontraba en medio de la guerra fría, con el peligro recurrente de una guerra caliente, lo que habría significado el fin de la humanidad, considerando el arsenal atómico que manejan los Estados Unidos y la Unión Soviética.

En ese tiempo me parecía que la democracia cristiana podía ser la gran fuerza política de centroizquierda capaz de enfrentar el desastre del marxismo. Tenía y tengo muchos amigos de jerarquía en ese partido y varias veces conversamos abiertamente y con mucha franqueza mis percepciones, especialmente después de 1964, cuando la derecha perdió totalmente su oportunidad en Chile y todos votamos en favor de Eduardo Frei Montalva porque era la única opción que nos quedaba para parar a Allende y los suyos. Mis amigos DC me decían que debía entrar al partido porque desde adentro se podía tener alguna influencia. De hecho yo consideré seriamente esta alternativa durante un tiempo.

Si bien es cierto que Frei y mis amigos no eran marxistas, también es verdad que jamás compartieron el temor al marxismo que alentaban personas como yo, a raíz de la experiencia que habíamos vivido en Europa en los días de la posguerra. Fundamentalmente por eso, creo que jamás me entendieron cuando les dije que me parecía que estaban bailando sobre el Muro de Berlín y que veía como un peligro inminente que la DC, entre tantos rodeos y vueltas, terminara cayendo, empujada por los socialistas y comunistas, al lado equivocado. Pero fue una opinión que mis amigos nunca quisieron suscribir.

Tuve la oportunidad de conocer personalmente al Presidente Frei Montalva. Jugamos golf en múltiples oportunidades en La Dehesa, en los tiempos en que yo era presidente del club. Desde La Moneda me avisaban cuándo vendría a jugar y nos juntábamos. Era un hombre inteligente, simpático, honorable y bienintencionado.

Reconozco que la mayoría de los empresarios industriales estábamos de acuerdo con el proyecto DC de industrializar el país por la vía de fuertes protecciones aduaneras, que tenían su contrapartida en diversos mecanismos de control de precios. Nosotros, específicamente los industriales ariqueños, fuimos inducidos a fabricar una creciente proporción de partes y piezas de los productos que armábamos y de esa forma nuestras plantas industriales fueron empleando a una subida cantidad de trabajadores. Por lo mismo, quiero reconocer que, con excepción de los agricultores, los hombres de empresa aceptamos sin grandes reparos la política económica de Frei como un camino viable para los países subdesarrollados. Es más: durante los tres primeros años del gobierno DC tuvimos la impresión de que las cosas funcionaban relativamente bien y muchos hombres de empresa valoramos lo que significaba –en un país tan católico como Chile– el apoyo de la Iglesia a la gestión gubernativa.

Recuerdo como un gran tiempo perdido toda la negociación que rodeó al Pacto Andino. Nosotros, los industriales, ayudamos mucho al gobierno a materializar el acuerdo ¡Cuántos viajes, cuántas reuniones, cuántos encuentros! Todo, para algo que al final no serviría de nada. Llegamos a conocer a la mayoría de los empresarios importantes de Perú, Bolivia y Ecuador. ¡Cuántas palabras se pronunciaron, cuántos brindis se hicieron, cuántas agendas se prepararon, cuántas horas se dedicaron, cuánta fatiga se acumuló! Todo, para firmar un tratado que en aquel tiempo se consideraba interesantísimo y que ahora se ve como una alianza comercial amurallada y negativa para los intereses de todos los países asociados.

Nunca entré al Partido Demócrata Cristiano. De haberlo hecho, nada, por supuesto, habría cambiado. Pero no descarto que si hubiéramos entrado cientos de empresarios en forma concertada, en algo habríamos podido gravitar.

Después los acontecimientos se precipitaron de manera muy lamentable. A medida que se acercó la elección de 1970, el gobierno de Frei fue cometiendo errores cada vez más graves. Quizás el error principal fue proponer a Radomiro Tomic como sucesor. Tomic representaba al ala izquierda del partido y la verdad es que cuando hablaba no reconocía mayor diferencia con Salvador Allende.

Tuve la oportunidad de conocer al candidato DC en su calidad de representante exclusivo de las empresas estatales yugoslavas, cuando en Yugoslavia gobernaba el mariscal Tito. Pienso que esta cercanía con Tito lo contaminó. En ese tiempo Tito era visto en los países occidentales como una especie de comunista renovado y tengo la sospecha de que Radomiro Tomic se veía a sí mismo como el Tito chileno.

Por esas casualidades que teje el destino, por varios años tuve como secretaria mía a quien había cumplido estas mismas funciones durante mucho tiempo con Tomic. Ella, no obstante apreciarlo mucho, confirmó todos mis temores. Cuando se hizo irreversible que Tomic sería el candidato de la DC, ella, junto a su marido y sus hijos, decidió emigrar a los Estados Unidos. Se despidió de mí y me dijo que yo debería hacer otro tanto. Entre Allende y Tomic no hay diferencia, me señaló. Y con la derecha dividida y sin un candidato joven, Chile está perdido. No le hice caso, pero nunca olvidé su consejo.

Después de la primavera, el invierno

Hacia fines de la administración demócrata cristiana, en 1968, volví a tener contactos muy frecuentes con la gente de gobierno. Fue muy poco después de producido el lamentable desenlace de la Primavera de Praga, cuando Checoslovaquia volvió a un crudo invierno político de vientos estalinistas.

Durante los caóticos días de la invasión por parte de las fuerzas del Pacto de Varsovia, el 21 de agosto de 1968, día de mi cumpleaños para mayor desgracia, miles de checoslovacos buscaron refugio en la Alemania Federal o en Austria. La experiencia fue muy similar a la del año 48. Los refugiados se convirtieron para esos gobiernos en un problema a cuya solución cooperamos los checoslovacos radicados en el exterior.

Si bien la colonia checa en nuestro país era pequeña, Chile ofreció hospitalidad a varios cientos de compatriotas exiliados. Creo que en este gesto maravilloso influyó un poco mi amistad con el Presidente Frei. La suya fue una decisión muy noble, que puso de relieve la enorme distancia que lo separaba a él del comunismo. Otorgar asilo a quienes huían de este sistema el año 68 exigió una gran dosis de coraje político y don Eduardo la tuvo. Nadie pensaba sin embargo, ni siquiera él mismo, que dos años después el Presidente le estaría entregando el mando a Salvador Allende.

Los refugiados recibieron del gobierno DC alojamiento, comida y clases de español durante meses. Por suerte en su gran mayoría el grupo correspondía a gente muy capaz, que con la ayuda de nuestra colonia se ubicó con relativa rapidez en distintos puestos de la industria y el comercio. A nuestra empresa, por ejemplo, entraron tres excelentes técnicos electrónicos.

En nuestro círculo, todos quedamos muy agradecidos de la receptividad presidencial. Pero la historia no terminó ahí porque, cuando en septiembre del 70 triunfó Salvador

Allende, los comunistas y sus aliados amenazaron con devolver a los refugiados a su país de origen una vez que tomaran el poder.

Es fácil imaginar la alarma y el pánico con que los exiliados y nosotros recibimos esas bravuconadas. Todos nuestros amigos DC entendieron la magnitud del peligro y el propio Presidente Frei Montalva asumió personalmente la responsabilidad de resolver el caso. Si Allende devolvía los refugiados a Checoslovaquia, Chile entero iba a ser cómplice de una decisión infame, porque era obvio que los deportados lo iban a pasar muy mal. De suerte que varias figuras de la DC –gente como Fernando Sanhueza, como Enrique Krauss y los entonces ministros Andrés Zaldívar y Sergio Ossa, de Hacienda y Defensa, respectivamente– gestionaron la salida del grupo con destino a otros países. Al final consiguieron visa para que entraran a Venezuela, gobernada en este tiempo por el Presidente Rafael Caldera, líder del Copei, partido asociado a la Internacional Demócrata Cristiana. La mayoría de los refugiados aceptó este destino, aunque algunos pocos escogieron Perú y otros Australia.

El episodio de los exiliados de la Primavera de Praga pone de relieve la sensibilidad humanista que tenía don Eduardo Frei. Ese rasgo, sin embargo, no siempre se manifestó en su gobierno porque no todos sus colaboradores y no siempre su partido lo respaldó con la debida lealtad. La DC también participó del baile en la cuerda floja tendida sobre el Muro de Berlín. Y al final, sin querer queriendo, Chile cayó al lado equivocado.

La Primavera de Praga fue una tentativa de autonomía y dignidad nacionales. Checoslovaquia quiso apartarse de la disciplina estalinista que regía a las naciones del Pacto de Varsovia. Mientras duró, el régimen se suavizó relativamente y por primera vez en dos décadas los 13 millones de habitantes disfrutaron de una cierta autonomía nacional y mayor libertad ciudadana.

El cambio estuvo lejos de ser profundo y más lejos todavía de ser definitivo. No es casualidad que habiendo ido con mi familia a Europa el año 68, meses antes de la invasión soviética, al final preferimos no arriesgarnos a visitar nuestra patria de origen y terminamos juntándonos con nuestros familiares y amigos en Viena. Constituía un riesgo para mi esposa y para mí volver a un país que habíamos abandonado a la mala, y donde en cualquier momento podía producirse una vuelta de campana.

En definitiva, el Kremlin no toleró los raptos checoslovacos de independencia y vio en la experiencia política que estaba encabezando Dubcek un desafío de consecuencias imprevisibles para su futuro. El temor de la cúpula comunista era que otras naciones comenzaran a imitar a los checoslovacos. Como ningún país podía apartarse ni un milímetro del llamado centralismo proletario, Moscú decidió actuar usando el único método que conocía: los tanques. En esa pugna dispareja entre los ejércitos del Pacto de Varsovia y un pequeño país sometido desde hacía muchos años, el resultado necesariamente tenía que ser desastroso. El más fuerte arrasó sin dificultad con el débil. El ejército checoslovaco, infiltrado de comunistas de lado a lado, no actuó.

La Primavera de Praga no alcanzó a durar más que ocho meses y Alexander Dubcek fue su personaje central. Durante su breve gestión, Checoslovaquia fue cortando de a poco las amarras del estalinismo. Si bien su gestión no fue más allá de entreabrir las puertas de la libertad, el pueblo acogió su gestión con euforia.

El sueño terminó de golpe. Ante el mundo, los comunistas manifestaron que el pueblo checo había pedido la intervención rusa. Sólo los muy serviles, claro, se tragaron la explicación. Entre ellos estuvo el Partido Comunista chileno. Fue uno de los pocos del mundo que siguió siendo fiel al Kremlin, aun en estas circunstancias. También le "creyó" a los rusos, por increíble que parezca, el Partido Radical chileno. El CEN se tragó la versión según la cual los tanques habían sido invitados a Checoslovaquia... a petición de sus trabajadores.

Con el fin abrupto de la Primavera de Praga, el sueño de poder vivir como hombres libres se esfumó en Checoslovaquia. Refiriéndose a eso, un periodista checo escribió con amargura unas palabras proféticas:

–Tal vez lo podamos hacer dentro de veinte años. Por ahora somos extranjeros en Checoslovaquia. Esta es una república rusa.

El conflicto político

Si yo temía al comunismo y lo combatí cuanto pude, los sentimientos de Janita iban mucho más allá. Estaban asociados a espanto, angustia, rechazo y horror.

Por eso, uno de los días más tristes de su vida puede haber sido el 4 de septiembre del 70, cuando las urnas dieron como ganador de las elecciones presidenciales a Salvador Allende.

Estuvo, al igual que yo, de apoderada de mesa en la población José María Caro. Ahí Allende arrasó. Al terminar el recuento de votos, volvió muy triste a la casa e inmediatamente se puso a hacer las maletas. Tres días más tarde, el 7 de septiembre de 1970, se fue en auto con los niños a Mendoza, para esperar allá el curso de los acontecimientos en Chile.

Mi esposa lloró mucho por esos días. Su decepción fue inmensa. El triunfo de Allende, por un lado, arrojó una sombra muy oscura sobre nuestra determinación de radicarnos en Chile en 1950. Por el otro, demostró que todo cuanto habíamos hecho en los años anteriores para impedir la llegada del marxismo había sido inútil.

La lucha de Jana había comenzado bastante antes, cuando trabajó por la candidatura de Julio Durán. A ella y a mí nos parecía el hombre ideal para traer el progreso a Chile. Tolerante, respetuoso de la libertad religiosa, pensábamos que representaba a un partido político capaz de tranquilizar a las masas y, al mismo tiempo, de aplicar una política económica alejada del populismo y de la demagogia.

El derrumbe de su opción electoral, por culpa del "naranjazo", fue la primera señal de alerta para Janita. En las siguientes elecciones, seis años más tarde, ella trabajó tenazmente por el triunfo de Jorge Alessandri. Iba a las poblaciones, con entusiasmo, a organizar consultorios y centros comunitarios. También, a pronunciar discursos. A pesar de su fuerte acento extranjero, los pobladores la escuchaban con simpatía. Les era atractivo que una mujer tan buenamoza tuviera tanto desplante y valentía frente al micrófono.

Además de dedicarnos a tareas de política contingente, Jana y yo hicimos una labor social durante muchos años en una organización católica que tuvo cierto éxito, llamada Techo. La había creado un sacerdote italiano. Su filosofía se basaba en que la gente sin recursos debía aprender a ayudarse a sí misma para progresar y salir de la pobreza. A los pobres se les debía enseñar a valerse por sí mismos, a no esperar que todo les fuera regalado.

Fue Enrique Cantolla quien nos introdujo en este grupo de trabajo. A Janita le tocaba ir a Lo Barnechea. Yo iba a una enorme población que se extendía en paralelo con la avenida Vicuña Mackenna.

Tengo gratos e imborrables recuerdos de numerosas jornadas en que participé con los pobladores en charlas, en trabajos comunitarios y también en fuertes discusiones.

Nuestra acción, desde luego, no era bien vista por los comunistas. Sin embargo, la gente no contaminada nos recibía muy bien, a tal punto que un grupo de espontáneos guardianes, provistos con palos, se quedaba haciendo guardia para proteger nuestros autos. Nunca los escondimos. La instrucción era no ocultar nuestro bienestar, porque las máscaras a la larga siempre provocan desconfianza y rencor.

El holocausto mental

Mi rechazo al comunismo es tan fuerte como el que me inspiró el nazismo. Entre el odio de clases predicado por los hijos de Marx y el racismo genocida de Hitler, la verdad es que no veo gran diferencia en términos de brutalidad. Una vez que se hacen del poder, ambos sistemas son igualmente inhumanos y siniestros.

Así como todavía no encuentro explicaciones satisfactorias para el silencio que guardaron las potencias aliadas respecto de las proporciones del holocausto durante la guerra, así también me parece inexplicable la indolencia e incluso la seducción con que gran parte del Occidente miró la experiencia comunista. Los aliados, por último, enfrentaron al nazismo con una guerra. La reacción que tuvieron ante el comunismo, en cambio, nunca fue muy severa.

Tuve la desgracia de caer medio a medio en ambas plagas. Cuando a duras penas sobreviví a la primera, la otra me afectó dos veces, en Checoslovaquia el 48 y en Chile el 70.

Aunque la experiencia de quienes se quedaron en la Checoslovaquia comunista no es comparable, en términos de bestialidad, a la que yo viví en los campos de concentración, al final igual fue de una bajeza desgastadora. Tengo amigos a los cuales el comunismo les liquidó la vida y la esperanza. Gente que vivió casi toda su existencia en el sobresalto de un estado policiaco y en la miseria física y moral de regímenes pervertidos. Gente que nunca pudo desarrollar las potencialidades que tenía y sobrevivió a costa de renuncias, negaciones y de un proceso gradual de envilecimiento.

Lo que le ocurrió a mi cuñado Tomás puede ser revelador al respecto.

Mi esposa tenía dos hermanos. Tomás Turek, el mayor, era un destacado ginecólogo, especializado en cáncer uterino. El otro, Vasek, era profesor de la Escuela de Bellas

Artes y pintor de renombre. Ambos vivían en Praga. El médico era soltero, el artista casado.

Aunque mi mujer quería profundamente a los dos, su corazón se inclinaba definitivamente por Tomás. Le tenía verdadera adoración.

Tuvimos algunos intercambios de cartas durante años. Eran cartas muy esporádicas, que enviábamos y recibíamos sólo por conductos diplomáticos. Nos llegaban sin firma y sin citar nombres y nosotros procedíamos de la misma manera. Checoslovaquia en aquellos años vivía los peores momentos del estalinismo y las autoridades habían clausurado todo contacto con el exterior.

Las cartas de Tomás eran siempre lo mismo: la terrible situación que se vivía allá, los deseos de escapar de esa asfixia permanente, lo desastroso del sistema, lo problemático que era formar una familia en medio de ese ahogo político y espiritual, el hastío que le producía ese tipo de sociedad...

Leyendo esa correspondencia, lo único que deseábamos era que Tomás tuviera la posibilidad de abandonar ese mundo sórdido que describía con tanta penetración y del cual tanto se lamentaba.

Cierto día la ocasión se presentó. Nos escribió que estaba invitado a un congreso de médicos en Bruselas previsto para una fecha próxima.

–Hay que traerlo a Chile –le dije a Jana.

Me moví rápido. A través de Gómez, el mismo personaje que logró la residencia de Larry Gray, y con la ayuda de Alfonso Fabres, el ex cónsul chileno en París, conseguí en dos días una visa de inmigración para Tomás Turek Rocher.

Apenas la conseguí, solicité que la mandaran al consulado chileno en Bruselas y se la entregaran a Tomás tan pronto como se presentara ahí.

Pocos días después sonó el teléfono.

–Tiene una llamada de Bruselas, me avisó la operadora.

Después de unos segundos escuché una voz que me decía en francés:

–Usted está hablando con un médico belga. Soy uno de los organizadores del congreso al que asiste su cuñado. En este momento estoy llamando desde mi casa. Tomás Turek está junto a mí.

–Por favor, quiero hablar con él.

Se puso al teléfono. Jana estuvo a punto de desmayarse de emoción. Su alegría no tenía límites. Después de muchos años volvía a hablar con una de las personas que más amaba en el mundo.

Como la conversación iba para largo, les pedimos el número telefónico y les dijimos que colgaran para poder llamar nosotros. No queríamos abusar.

–Hay a tu nombre una visa para que puedas entrar a Chile, Tomás. Si decides escapar, te mando de inmediato el pasaje –le dije una vez que reanudamos la conversación y las emociones estuvieron más calmadas.

–Va a ser difícil hacerlo –me señaló–. El panorama que tengo aquí está un poco complicado. Estamos siempre bajo la mirada de comisarios que nos siguen a todas partes. Ni siquiera podemos ir de compras. Me han dejado venir a esta casa sólo porque pertenece a uno de los organizadores del congreso. Pero fue algo excepcional. No creo que pueda volver a repetirlo.

Después de hablar con Tomás, llamé al médico belga. Era un tipo fabuloso. Me dijo que el hermano de mi señora era un gran médico y se comprometió a colaborar en todo lo que pudiera para que escapara del cerco comunista. Desde entonces, mantuvimos con este belga una relación de amistad y correspondencia durante años.

La oportunidad de escapar se dio al terminar el congreso, cuatro días después de haberse inaugurado. Al dirigirse al bus, cada médico iba con su pequeña maleta en la mano. Al momento de subir al vehículo, se formó un pequeño remolino de personas y un ligero desorden. Fue ese el momento que aprovechó Tomás para correr al auto del médico belga que lo esperaba a una corta distancia. De ahí éste lo llevó a su casa y Tomás entró al mundo de la libertad.

No cabía dudas que con su acto Tomás había firmado, sellado y lacrado su exilio definitivo.

–¡Estoy libre! –fue lo primero que le escuchamos cuando nos llamó después de escapar.

Mandé el pasaje y a la semana Tomás estaba en Chile. Un mes antes nos habíamos mudado a la casa de Vasco de Gama. Aterrizó, pues, en medio del desorden de maestros, de un jardín todavía inexistente, lleno de escombros, y en el ajetreo propio de una construcción. Nada de eso le incomodó. Al contrario, gustoso colaboró, y con gran eficiencia, en múltiples faenas de la obra. Sobre todo, en los primeros esbozos del jardín.

Después de unos pocos días, empezó a echar de menos el ejercicio de su profesión. A través de los médicos que conocíamos, habíamos averiguado que para ejercer legalmente la medicina en Chile necesitaba hacer una serie de trámites y aprobar exámenes en la universidad. Desde luego, también era fundamental que aprendiera castellano. Todo eso, calcularon, le llevaría a lo más dos años.

Esa noticia descorazonó a Tomás, porque muy luego se empezó a mostrar incómodo de su situación y desalentado ante el camino que tendría que recorrer.

A pesar de eso, y dado el nivel profesional que tenía, no fue difícil contactarlo con el ambiente médico y académico local. Su experiencia y los conocimientos de su especialidad encontraron buena acogida entre colegas y profesores. Pronto su prestigio trascendió en el gremio. Lo llamaban constantemente y solía estar presente en muchas operaciones. La suya llegó a ser una opinión muy respetada entre sus colegas. Naturalmente, sus servicios no eran remunerados.

No obstante estos avances, y a pesar del aprecio que le demostraba todo el mundo, Tomás no estaba muy contento. Y empezó a extrañar.

–Lo que hiciste, Tomás, no tiene vuelta. Ya no puedes retroceder. Olvida el pasado. Sólo puedes mirar en una dirección: al frente, al futuro –le repetía una y otra vez cuando conversábamos.

Era muy buen mozo. Alto, de atractivas facciones, ojos azules, parecía actor de cine. Además era culto, simpático y entretenido. Se puede decir que no le faltaba ningún atractivo. Los tenía en abundancia para las mujeres. También para circular en sociedad. Caía bien. Introducido a diversos círculos, todos quedaban fascinados con él. Sobre todo, las muchachas. Varias lo quisieron conquistar y una, muy bella, hasta se enamoró seriamente.

Tomás hizo impresionantes progresos con el idioma. En cosa de muy pocas semanas logró notables avances, ante la alegría de todos los que ansiábamos que se ambientara lo antes posible. Mi mujer era feliz. Todos los días su hermano más querido le daba motivos alegría. Notaba que lo querían y que era cada vez más reconocido.

Pero Tomás no vivía en el mismo estado de gracia.

–Me tiene deprimido no poder ganarme la vida durante tanto tiempo –me dijo en una ocasión, cuando recién había cumplido poco más de un mes en Chile–. Me siento un inútil. Un parásito.

–¡Cómo te puedes preocupar de eso! –le contesté.– Me ofendes. Yo no tengo problemas en ayudarte todo el tiempo que sea necesario. Es más, me produce una inmensa satisfacción hacer esto por ti. Además, uno o dos años pasan volando. Y es posible que sea menos el tiempo que necesites para validar tu título en Chile. Has visto que todo el mundo te ha ofrecido su buena voluntad para que regularices cuanto antes tu situación académica y legal. Y no te quepa duda que, una vez que tengas todo en regla, vas a ganar lo que quieras.

Pero Tomás siguió con las quejas, si bien cambió de argumentos. Por entonces, ya había empezado a beber.

–He sido un irresponsable. Mi deserción no tiene nombre. Seguro que mi hermano ya está pagando los platos

Janita y sus hermanos. Tomás y Vasek

rotos por mi culpa. Es pintor y los únicos que compran cuadros en Checoslovaquia son los organismos oficiales y los sindicatos. No tengo dudas que ha sufrido represalias. Y Vasek no tuvo nada que ver en mi decisión.

–Mira Tomás, durante mucho tiempo estuviste escribiendo que te era insoportable el sistema comunista. Siempre decías que querías arrancar. Tu exilio no tuvo nada de arrebato. Fue una decisión muy madurada y masticada. Me parece que tuviste bastante tiempo para calcular las consecuencias. Si estando allá, con todos los elementos de juicio al alcance de la mano, y supongo que sopesando todos los pros y los contras, decidiste escapar, por algo habrá sido.

Nunca me quedé corto en hacerle tomar conciencia de su situación. Las conversaciones de este tipo comenzaron a ser cada vez más reiterativas y prolongadas. En muchas ocasiones daban las tres o cuatro de la madrugada y seguíamos dándole vuelta al mismo tema. Al final, él terminaba borracho y su carácter perdía mucho de la dulzura y fascinación que lo distinguían.

Una noche me dijo algo que nunca antes había mencionado:

–En Praga tengo una chica. La echo mucho de menos.

–Eso es pasado, Tomás. Los tiempos para consideraciones de este tipo ya se fueron. Lo que tu hiciste, sólo se hace una vez. Ahora, los puentes están cortados. Y si volvieras, allá ya no serías el mismo de antes. En tu país dejaste de ser médico, de ser cirujano, de ser prestigioso, de ser considerado, de ser todo. Allá no eres nadie. Eres un traidor para los comunistas, igual que tu hermana o yo.

–Si volviera, yo creo que sólo recibiría una amonestación –me contestó una de las pocas veces en que discutió un argumento planteado por mí–. No creo que el régimen sea tan cruel como para olvidar todo lo que les he entregado. Si me fuera, diría que mi única intención al prolongar un poco más el viaje fue visitar a mi hermana.

Hasta que un fatídico día me dijo:

–Definitivamente, Milan, me voy. Quiero volver.

–Tú no te vuelves, Tomás. No tienes dinero y no te voy a comprar el pasaje. No puedo ser tan loco como tú y permitir que tu vida sea triturada. Voy a tratar de averiguar lo que pasó con tu hermano y, después de eso, decidiremos.

Comenzó una verdadera pesadilla. Nos llegaron informaciones que ya no se aparecía por el quirófano y que había vendido una estupenda cámara fotográfica para juntar dinero con miras a comprar su boleto de avión.

Lo concreto es que su estado anímico iba de mal en peor. Empezó a llorar continuamente y a llegar medio ebrio a la casa. En medio de una de sus borracheras, incluso amenazó con un suicidio.

Por cierto, tuve que hablar con mi mujer.

–Janita, aunque es un desastre permitir que se vaya, no nos queda otro remedio. No podemos asumir la responsabilidad de su eventual suicidio. El ya no es un niño, por lo tanto, nosotros no somos sus tutores. Por muy duro e irracional que sea, habrá que respetar su decisión.

Yo estaba cansado. El episodio se estaba haciendo demasiado desgastador. A veces pensaba que Tomás estaba psíquicamente perturbado. Su actitud ante mi batería de argumentos era pasiva. Nunca los contestaba. Se limitaba a repetir, como un robot, las dos o tres afirmaciones que decía siempre.

Para darle la última oportunidad de meditar con serenidad su decisión, le compramos el pasaje a Europa en barco.

–Tienes un mes para pensarlo –le dije al momento de entregárselo–. Si en cualquier momento te arrepientes, me avisas y te mando un pasaje al lugar donde te encuentres en ese momento. Eso sí, si te vienes, esta vez tiene que ser en forma definitiva.

Se embarcó. El cuadro que tuvo lugar en el puerto fue un drama. Jana lloraba. La muchacha enamorada también. Los amigos trataban de convencerlo hasta el último minuto para que revocara su decisión y yo estaba desesperado.

Al llegar a Amsterdam, Tomás se fue directamente al consulado checo y a partir de ahí se lo tragó la oscuridad del comunismo checo.

Cuatro años después

No supimos nada más de Tomás hasta cuatro años más tarde. En ese lapso nos abstuvimos de reanudar la correspondencia por vía diplomática. No queríamos comprometer a nadie. Después de su viaje a Chile, era posible que Tomás estuviera mucho más vigilado. Por eso, pensamos que era peligroso que alguien actuara como un correo clandestino para llevar y traer cartas suyas.

Vinimos a saber de su suerte mucho más tarde, cuando, a mediados de los 60, la cortina de hierro se entreabrió un poco para dejar entrar algo de aire fresco y.... de dólares.

A raíz de la denuncia de Kruschev contra el estalinismo, se aflojaron muchas de las férreas disposiciones vigentes hasta entonces. Una de ellas relajó la correspondencia directa con Occidente. Eso permitió que Vasek Turek, el hermano de Tomás, nos escribiera. Por él supimos que Tomás se había suicidado.

En mi casa la noticia fue terrible. Mi mujer no la pudo soportar. Se derrumbó y fue una tarea titánica levantarla nuevamente. Nunca lo logré del todo. Aún hoy, cuando se le nombra a Tomás, los ojos se le llenan de lágrimas.

Los pormenores de la muerte de Tomás vinimos a conocerlos tiempo después, en París, cuando invitamos a Vasek. Esta es su versión.

Al llegar al consulado checo en Amsterdam, después del viaje en barco, Tomás fue detenido y enviado con un guardia a Praga. Tan pronto ahí, fue encerrado por la KGB checa y sometido a interrogatorios. Tomás trató de defenderse diciendo que en ningún momento trató de fugarse. Que sólo había querido ir a visitar a su hermana y su cuñado y que problemas de comunicación y dinero le habían impedido volver antes.

Estando en la celda, lo visitó Vasek y vio que tenía un gran golpe en la cabeza. Tomás le dijo que se había pegado en el avión que lo llevó a Praga, pero Vasek quedó convencido de que la policía lo golpeó.

Luego fue sometido a una especie de juicio administrativo muy sumario. Lo sentenciaron a la pérdida de por vida de su título de médico y lo condenaron a vivir una etapa de reeducación política. Para purificarse ideológicamente debía ir durante tres años a trabajar como obrero a una mina de uranio ubicada en Jachimov, cerca de la frontera con Alemania.

En ese juicio, quien más lo incriminó de traición a la patria fue su polola checa. Era una muchacha comunista militante, encaramada en altas esferas políticas. Tomás nunca nos había mencionado este detalle. Tampoco nunca nos dijo que había tenido correspondencia con ella mientras vivió en Chile. Eso también lo supimos en París.

Terminado el juicio, lo dejaron ir a su casa a buscar la maleta. Legalmente no estaba arrestado. Caía en la ilegalidad y en el delito sólo si no se marchaba al día siguiente a las minas, como lo tenía ordenado.

Esa fue la última noche que pasó en su casa. Al día siguiente cuando lo fueron a buscar para trasladarlo a Jachimov, lo encontraron colgado en el garaje. Se había ahorcado.

Dos checos en París

Después de cartas van y cartas vienen, le dijimos a Vasek que Jana y yo iríamos a París y que nos encantaría juntarnos allá con él. Nos contestó que en ese momento era posible conseguir el permiso, siempre que viajara solo. Debía dejar a su familia como rehén. Quedamos en que también se le uniría otro primo, Vasek Bartl.

El único problema era que les daban sólo cinco dólares como cuota de viaje. Le dije que no se preocupara porque yo me haría cargo de los pasajes de ambos. A partir de entonces, comencé a enviarle dinero regularmente.

Lo hacía en la más completa legalidad. Los gobiernos de la órbita comunista ahora estimulaban que sus súbditos recibieran ayuda económica de parientes o amigos en Occidente. Ya entonces las cuentas de las economías del socialismo real eran poco alegres. Los dólares se mandaban al Banco Central, el cual los entregaba al destinatario en la forma de bonos que servían para comprar algunos productos –desde autos hasta cigarrillos– en un mercado especial llamado Tuzex.

Llegamos a París dos días antes que Vasek Turek y su primo Vasek Bartl. El reencuentro de Jana con ambos fue conmovedor. La huida de mi esposa del comunismo, la

390

muerte de su madre sin que ella hubiera podido acudir al funeral, la triste vida de Vasek en un país totalitario y el suicidio de Tomás, sobre todo el suicidio de Tomás, eran experiencias muy presentes en el ánimo de los tres cuando se abrazaron.

Afortunadamente la jovialidad, chispa y buen humor de Bartl relajaron el ambiente y salvaron la situación.

La impresión que daba Vasek Turek, mi cuñado, era bastante penosa. No era tan buenmozo como Tomás o como Jana. Sus facciones eran bastante toscas. Pero lo que impactaba no era eso. Era el estado ruinoso en que lo vimos: sin dientes y con ropas viejísimas, casi de pordiosero. La ropa de Bartl era un poco mejor.

Al subir al taxi tuve otro encuentro con la realidad de los países de la cortina de hierro, cuando en el auto le pregunté en checo al hermano de Jana cómo estaban las cosas en Checoslovaquia.

Mi cuñado se volvió hacia mí con los ojos desorbitados, se llevó el dedo índice a los labios en ademán de indicar silencio y con la otra mano señaló al chofer. Quería decir que ese modesto taxista podía ser un agente de la KGB. Estaba visto que venía de un mundo muy distinto. Estaba habituado a un ambiente policíaco, donde nadie era confiable.

–No seas tonto, le dije. De partida, estamos hablando en checo. Segundo, no somos lo suficientemente importantes para que nos estén espiando. Aquí no hay orejas ni soplones. Por favor, relájate. –Así y todo, no quiso hablar más.

Al llegar al hotel, con una ancha sonrisa anunciaron que nos traían regalos. Abrieron las maletas y sacaron dos grandes panes negros y tres salames. Fue histórico, porque pensaban que faltaba comida en Occidente.

No sabíamos si llorar o reír. Probablemente este par de ingenuos casi se había arruinado comprando el regalo en el mercado negro y nosotros no sabíamos cómo reaccionar.

–No quiero ofenderlos, pero ustedes están viviendo engañados por la propaganda comunista –dije–. Lo primero

Janita en París junto a Vasek Turek y Vasek Bartl.

que vamos a hacer en París es ir al principal mercado para que conozcan el mundo libre.

Nada les hubiera impresionado tanto como lo que vieron en Les Haull. Encontraron cosas que ni se imaginaban que existían.

Volvimos con el taxi lleno de cosas para comer, con el mismo semblante que debe traer Santa Claus el día de Navidad. Se volvieron locos especialmente con los plátanos, que no veían desde hacía años.

–Yo le decía a este imbécil que era absurdo que trajéramos comida –comentaba Vasek Bartl–. Nos tienen más idiotizados de lo que creía.

Fue una semana maravillosa. Los dos Vasek parecían niños en Disneylandia.

–Hueles terrible –le dije al segundo día a mi cuñado.

–Debo confesarte que tengo sólo dos camisas. Una la uso de lunes a viernes y la otra el sábado y el domingo. Por lo demás eso es lo normal allá. Ya sé que tú me estás ayudando con dinero, pero esa plata la quiero ocupar para comprarme un auto en el Tuzex.

Tenían menos ropa que Tarzán. Sobre todo, mi cuñado. Como a dos sobrevivientes de una catástrofe, aprovechamos esos días en París para dejarlos presentables.

Vasek Turek era un hombre bastante atormentado.

–Como pintor, soy famoso y gano dinero únicamente porque cumplo los requisitos que me impone el sistema –nos confesaba–. Cuando hay un concurso acato instrucciones que ya sé de memoria. Si es un sindicato agrícola el interesado en un cuadro, tengo que pintar al tractorista y a todos los obreros que aparezcan en la tela sonriendo. Sólo de esta manera puedo tener opción a que mi cuadro gane la competencia. Otro elemento muy importante para las pinturas es el rojo. Si regateas mucho ese color, las posibilidades de éxito disminuyen. Es penoso para un artista como yo, que me considero de calidad, tener que seguir las instrucciones del jefe de una organización obrera para vender una obra –comentaba–. Creo que esa es la más monumental de las prostituciones.

–¿Y cómo son tus verdaderos cuadros? –le preguntábamos.

–Creo que son buenos. Claro que son tristes, deprimentes y no tienen una gota de rojo. Pero esos nadie los compra.

–¿Y qué les dices a tus alumnos en la Escuela de Bellas Artes?

–Eso es lo más terrible de todo. A los estudiantes debo decirles que la gente debe aparecer sonriendo y eso me da vergüenza. Lamentablemente, si quiero conservar el puesto no puedo enseñar otra cosa.

Vasek Bartl era distinto. Tenía un carácter alegre y optimista.

Antes de la llegada del comunismo, había sido dueño de una imprenta. No se alcanzó a escapar, como lo hizo su hermano, y de propietario de la empresa pasó a barrer el piso.

Pero no se desplomó. Siguió siendo tan amistoso como siempre y eso le facilitó la vida. Se ganó el cariño de quienes lo rodeaban en el trabajo y pudo sobrevivir con relativa dignidad. Nada se lo tomaba muy en serio. Nada podía complicarlo demasiado. Lo suyo era el humor y la autoironía.

Al cuarto día en París fuimos a ver una película americana. Era una comedia que ridiculizaba suavemente a los comunistas. En una secuencia especialmente divertida, Vasek Turek se levantó de la butaca y abandonó el cine. Yo salí tras él, lo alcancé y le pregunté qué le pasaba.

–Cuando vuelva a Praga tengo que contar todo lo que he hecho en estos días en París –me confesó–. No puedo decir que he visto esta película. No me lo perdonarían.

Más tarde, comentando el incidente, el primo me dijo:

–Tenemos que ser comprensivos con Turek. Su situación es delicada. Es artista y depende totalmente de las decisiones del Partido. Para el régimen no es un tipo totalmente confiable porque no ingresó al PC en el debido momento. Hay una gran diferencia entre él y yo. A mí ya no me pueden rebajar más. Estoy en el último escalón de la sociedad. Además, desde hace un tiempo recibo una buena ayuda de mi hermano que se exilió. Con ella, casi no tiene importancia mi sueldo. Turek, en cambio, es profesor en la universidad y corre el peligro de ser degradado.

–Turek también recibe ayuda mía –le dije.

–Eso le puede servir para sus necesidades materiales. Pero él necesita, además, otro tipo de satisfacciones.

Desde ese día no hablamos más de temas políticos delante de mi cuñado. Sólo lo hacíamos con el primo.

Después, muchas veces comenté con Jana si ese tour por París fue positivo o negativo para los dos Vasek. Creo que al primo le hizo bien. Su forma ligera de ver la vida le impidió, seguramente, que a la vuelta se le plantearan contradicciones vitales. Lo pasó bien y ése es el recuerdo que con el tiempo tendría que prevalecer en él.

Tiendo a creer que a Vasek Turek el viaje le hizo mal, porque descubrió que vivía en una gran mentira. Al volver, iba a estar mucho más consciente de las falsedades de su país. Lo triste es que tendría que disimularlo. No sólo eso, tendría que ser un cínico y un cómplice de la situación. A su edad, con su oficio y desde su posición, no le quedaba otra alternativa.

En enero del año 68, durante la llamada Primavera de Praga, nos volvimos a encontrar. Nos juntamos once en total, ahora en Viena. El régimen se había ablandado efectivamente: esta vez dejaron salir a las mujeres. Al encuentro acudió mi prima Sonia y su mamá, tía Marta, y los matrimonios Bartl y Turek. Yo viajé con toda la familia, aprovechando el verano chileno, con la idea de ir a esquiar a St. Moritz después de visitar Viena.

Nuevamente nos impresionó la pobreza en que estaban viviendo los checoslovacos, pero no hubo tiempo para consideraciones muy profundas. Los días se nos pasaron volando haciendo panoramas en grupo y comiendo y riendo como niños de un colegio en excursión. Para ellos fue un gran recreo. Al final nos separamos y ellos volvieron a lo suyo. Por esos años, el comunismo no tenía todavía para cuándo caer. La Primavera de Praga sólo dejaba entrever una débil luz al final del túnel, que puede haber correspondido a un mero espejismo.

12
Despojo y exilio

Más allá del lugar que pueda asignarle la historia, el 4 de septiembre de 1970 significó un terremoto en mi vida. Pocas veces he sentido tanto como entonces que un hecho de orden cívico pueda convertirse en un drama privado. Cuando las urnas dieron como precario ganador de la elección presidencial a Salvador Allende, mi vida cambió. El candidato triunfante iba apoyado por todas las fuerzas que componían el mundo marxista: prosoviéticos, procastristas, promaoístas y todos quienes soñaban con una revolución donde el Estado planificara hasta el ritmo de la respiración. No todos –quiero pensarlo– sabían que ese proyecto estaba dirigido a esclavizar las libertades, empobrecer la vida material y uniformar el pensamiento de los chilenos.

La sacudida no sólo me afectó a mí. Con mayor o menor intensidad, estremeció a la mayoría de la población. A todos los que habían votado por Alessandri y a la mitad, por lo menos, de los partidarios de Tomic, el candidato democratacristiano. Esa mayoría no quería para Chile un sistema totalitario y quedó conmocionada esa noche siniestra. Mi esposa y yo habíamos atravesado un inmenso océano, salpicado de incertidumbres, con el único propósito de poner distancias infranqueables con el sistema que exportaba la Unión Soviética. Todo el esfuerzo, no obstante, pareció en ese momento en vano. Igual habíamos caído en el cepo de esa ideología deshumanizada y tramposa.

Existe la impresión de que Allende y las fuerzas que lo acompañaban eran modelos de fe democrática. En ese sentido, la izquierda chilena fue hábil y convincente. El esfuerzo propagandístico que realizó para dar esa imagen tuvo sus frutos: en todas partes se creyeron la versión inocente, respetuosa y blanca que continuamente fue bombeada desde aquí al exterior. Fue muy poca la gente del Occidente democrático que no se tragó esa farsa, de partida porque toda la intelectualidad internacional y los medios de comunicación deseaban comulgar precisamente con esa rueda de carreta.

El primer malententido radica en que Allende pasaba por socialista y no por comunista. Esta circunstancia sembraba confusión, porque nadie pudo entender que los socialistas chilenos llegaron a estar más a la izquierda del comunismo.

La imagen internacional de Salvador Allende viajó sobre esa ola de mistificaciones. Bien peinado e impecable, vendió la imagen de un demócrata inclaudicable. Incluso más, nadie lo tomaba en serio cuando se declaraba marxista y leninista.

El argumento que usó para exaltar su apego a la democracia se basó en algunos de sus antecedentes: sus largos años como parlamentario y su puesto como presidente del Senado. Sin embargo, fue jefe de OLAS, una organización abiertamente subversiva y antidemocrática que proclamaba su fe en la insurgencia armada. Lo importante para OLAS era instaurar regímenes revolucionarios, de cuño marxista y totalitario en América Latina. Cuba era el gran ejemplo.

Ortodoxia y gradualidad

Al asumir Allende me llevé una sorpresa. Yo creí que repetirían con calco las medidas que se adoptaron en Checoslovaquia al momento en que tomaron el poder los comunistas. Pensé que inmediatamente cerrarían las fronteras y nacionalizarían las empresas. No fue así. Al principio, el país siguió viviendo con aparente normalidad y las instituciones democráticas no tuvieron tropiezos visibles. Yo, incluso, ponía a prueba el sistema viajando continuamente a Argentina para visitar a mi familia y nunca tuve dificultades. Olvidaba que Allende había entrado a La Moneda bajo un estricto marco constitucional y que de un día a otro no estaba en condiciones de romper con la legalidad vigente, ya que en Chile aún existían sólidos resguardos para que la democracia no fuera derribada abruptamente. Se necesitaba una labor destructora más lenta y en esa tarea se puso Allende desde el primer día.

Lo primero que trató de hacer para socavar los pilares del país fue tratar de destruir su economía. Un documento del Partido Socialista decía que "los instrumentos de la burguesía democrática no permiten a un partido marxista construir el socialismo, pero hacen posible destruir las instituciones existentes". Esta primera meta de aniquilación y asfixia se logró con gran éxito. Desde que asumió, el gobierno de la Unidad Popular tomó decisiones que a muy corto plazo sólo podían conducir a una inflación descontrolada, al desabastecimiento total de productos y a la paralización del país. Eso lo logró. "Lo que es crisis para algunos, para nosotros es solución" dijo en una ocasión el ministro Pedro Vuskovic. Claro que la debacle demoró más de lo que yo suponía. Eran tan descabelladas las medidas que se impartían desde el Ministerio de Economía que –así lo pensé– antes de dos meses Chile estaría colapsado. No fueron, sin embargo, dos meses, sino dos años. Por lo visto, el país tenía más recursos de lo que suponíamos y la ayuda soviética permitió prolongar la agonía inevitable.

Un año después de asumir Allende, comenzaron las requisiciones de algunas empresas. El gobierno operó a través de los célebres "resquicios legales", una figura salida del contorsionismo jurídico que, bajo la aparente observancia del texto, violaba el espíritu de la ley. Con ese engaño se despojaba a los propietarios de las empresas requisadas. Es cierto que existía un antiguo decreto de los tiempos de la República Socialista, jamás aplicado, totalmente en desuso, que permitía "la intervención del poder central en todas las industrias productoras de artículos de primera necesidad que han infringido las leyes de libre funcionamiento establecidas por la autoridad administrativa". Pero lo que hacía el gobierno de la Unidad Popular, a vista y paciencia de todo el mundo, era promover conflictos artificiales y hasta ridículos en los centros productivos. Para lograrlo, se valía incluso de personas que no eran trabajadores de las empresas. Con esa burda trampa, conseguía tener un pretexto "legal" para requisar lo que se proponía. De esa manera, para cumplir formalmente con la ley y con ello exportar una imagen democrática, el gobierno de Allende incurría en serios delitos.

Mi mujer y mis hijos se fueron de Chile después que Allende triunfó en las urnas, el 7 de septiembre del 70. Yo me quedé. Al principio mis esfuerzos se encaminaron a lograr una misión casi imposible: convencer a los parlamentarios de los partidos de inspiración democrática que votaran por Alessandri en el Congreso Pleno. Era como agarrarse a un clavo ardiendo, pero no había otra cosa en qué sujetarse. Estos empeños no fructificaron y Allende recibió finalmente la banda presidencial.

Viajé a Buenos Aires el día 2 de noviembre, dos días antes de la transmisión del mando. Lo hice temiendo que Allende ordenara cerrar las fronteras de inmediato, tal como había ocurrido en Checoslovaquia. Pero los acontecimientos evolucionaron de otro modo. Por el teléfono supe que en Chile las cosas seguían siendo normales y que podía volver sin problemas. Fue lo que hice, aunque toda mi familia se quedó allá. Mi esposa no regresó a Chile hasta después del 11 de septiembre del 73 y mi hijo Jan fue el único que por esa época me acompañó en Chile. Le faltaba un año para terminar su educación media y dar la prueba de aptitud académica.

Horas desesperadas

Más tarde todos nuestros afanes se concentraron en salvar Mellafe y Salas. Como antes señalé, cuando el gobierno compró RCA Víctor, empezamos a tener graves dificultades económicas por efecto de la competencia desleal. La otrora empresa americana, ahora en manos del Estado, empezó a producir el televisor popular a un precio muy inferior al costo, sin importarle las cuantiosas pérdidas que podía ocasionar al fisco.

Antes, ya habían empezado otras dificultades. Una de las primeras medidas del gobierno de la Unidad Popular fue subir los sueldos en un cincuenta por ciento y congelar los precios de todos los productos. Como es lógico, la demanda se hinchó como un globo. Sin embargo, pronto empezaron a escasear los productos. Desde ese momento, comenzó de parte nuestra la batalla por la compra de partes y piezas. El problema era que no había suficientes divisas para satisfacer nuestras necesidades. Ya en tiempos de Frei continuamente teníamos el problema de la escasez de moneda extranjera. Unas veces más que otras, siempre era engorroso conseguirla. Pero con las descabelladas medidas del gobierno de Allende el problema se agudizó.

Pronto vino una inflación que comenzó a crecer en progresión casi geométrica. Se terminaron los créditos. Todo se empezó a vender al más estricto contado.

En medio de esta vorágine de cambios, de situaciones inestables y atípicas, donde íbamos dando bandazos de un lado a otro, cumplió una gran labor Enzo Bolocco como presidente de la Asociación de Industriales Electrónicos de Arica. Desde ahí se la jugó en defensa de la empresa privada. Al final, sin embargo, nada se pudo hacer contra la marejada socialista, que arrolló y arruinó todo cuanto encontró por delante. Mientras se pudo luchar, Enzo lo hizo con gran coraje. Yo, como vicepresidente, hice equipo con él. Nuestra situación como empresarios se hacía día a día más crítica. Habían comenzado las intervenciones de empresas y siempre me despertaba con el temor de encontrar la nuestra confiscada. Vivíamos ante un panorama que evolucionaba siempre hacia lo peor. Cada vez era más complicado vislumbrar una salida airosa para el país. Estábamos frente a un gobierno que, como dijo una declaración de la juventud democratacristiana, "todo lo bueno que han realizado lo han hecho mal, y todo lo malo que han realizado lo han hecho muy bien". Mis socios y yo vivíamos en un estado de completa incertidumbre. El control de precios dispuesto por Frei se agudizó con Allende. Negociar con Dirinco las alzas era la labor más difícil, más desesperante y menos eficiente que teníamos.

En el fondo, todo estaba planificado fríamente, puesto que el plan de Vuskovic era liquidar a la empresa privada con la inflación, con los precios insuficientes y las intervenciones. El lugar al que quería llegar no era otro que una economía estatizada, receptiva a la dictadura del proletariado, al estilo soviético, cubano o checoslovaco.

Propuesta de emergencia

Ante esa situación sin salida, opté por plantear una medida desesperada: incorporar a los trabajadores al directorio de la empresa y darles participación en las utilidades. Para llevar a cabo la idea, inicié conversaciones con los distintos sindicatos de nuestra empresa.

Pensé que podía ser una herramienta útil en esas circunstancias.

No soy partidario de la cogestión. Creo que es mala para todos: para los propietarios, para los trabajadores y para los consumidores. Tengo muchos argumentos al respecto. Aquí sólo diré uno: los trabajadores, que generalmente son cortoplacistas, no están dispuestos a hacer sacrificios por el futuro, y una empresa para crecer necesita una mirada distinta al inmediatismo.

En estos momentos los trabajadores deben estar ganando, en términos reales, el triple de lo que percibían hace veinte años. Estoy convencido de que para muchas empresas la coadministración entre trabajadores y empresarios habría significado su desaparición, puesto que habrían dejado de ser competitivas.

No obstante, el Chile de esos años no estaba para pensamientos serenos y normales. Era un tiempo de incendios y eso explica que haya planteado la fórmula de la participación no sólo para Mallafe y Salas sino para todas las empresas del país. Con este propósito participé en varias reuniones empresariales. En varias fui charlista con Hermógenes Perez de Arce. Lo mío era convencer a otros hombres de empresa de las ventajas de mi propuesta. Lo de Hermógenes, describir las consecuencias de las medidas económicas de Allende y el ministro Vuskovic.

Con mi fórmula perseguía dos objetivos. El primero era hacer participar a los trabajadores de las graves dificultades que enfrentábamos y que no eran culpa nuestra. El otro objetivo era de un candor infantil. Creí que por esta vía podríamos conseguir precios justos y detener las expropiaciones. Pensaba que el Presidente no se atrevería a seguir con esos despojos a la propiedad ante la posibilidad de conflictos con los propios trabajadores.

Precisamente porque la aplanadora de la Unidad Popular no se distraía en pequeñeces como el descontento popular o la voluntad de los trabajadores, mi plan de incorporarlos a roles más participativos muy luego fue desaprobado por el gobierno.

En cierta ocasión visité Dirinco. Era el organismo que se ocupaba de fijar los precios de la gran mayoría de los artículos del mercado. Esta repartición, que a la juventud actual le debe parecer prehistórica, existía hasta hacía un poco más de veinte años en Chile. Y no sólo existía. Para el dirigismo económico era un instrumento fundamental.

Fuimos a Dirinco con la directiva completa de los siete sindicatos de nuestra empresa. Eramos unas cincuenta personas. Queríamos que fijaran precios razonables para nuestros productos. En el curso de la reunión los dirigentes sindicales hicieron presente al director del servicio la imperiosa necesidad del reajuste de precios, puesto que estábamos trabajando a pérdida y la situación se había traducido en perjuicios objetivos para ellos.

–Por otro lado, estamos estudiando –le señalaron más adelante– la posibilidad de aceptar la oferta de percibir el 20 por ciento de las utilidades y, tal como van las cosas, no nos convienen las condiciones que ustedes nos están imponiendo.

Al parecer estas palabras –reveladoras de un acuerdo entre un empresario y sus trabajadores– causaron cierto revuelo en los cuarteles de los estrategas del socialismo. A los pocos días, de hecho, el presidente y vicepresidente de Asiel fuimos citados a la oficina del ministro Vuskovic.

Sin saber de qué se trataba, partimos. Entramos a su gabinete y ahí estaban todos: el ministro, Oscar Guillermo Garretón, que era director de Dirinco, el vicepresidente de Corfo –el ahora multimillonario Fernando Flores– y otras dos personas.

Inicialmente fueron muy amables. Después que nos ofrecieron café, tomó la palabra el ministro Vuskovic.

–Hemos sabido que hay un movimiento empresarial que pretende hacer socios de las empresas a los trabajadores. Pensamos que esta idea sólo pretende perjudicar al gobierno. Ante eso, les voy a mandar a todos un mensaje: la justicia social no la van a hacer ustedes, la va a hacer el gobierno. De modo que si no desisten del propósito, haremos todo cuanto esté a nuestro alcance para que tales empresas sean intervenidas.

Al principio quedamos perplejos. Pero Enzo, con su chispa habitual, se rehizo y contestó:

–Es muy difícil entenderlos a ustedes. Quieren que paguemos a los trabajadores y no nos dan las herramientas para hacerlo. Yo entiendo esta situación como un partido de fútbol, donde juegan once jugadores por lado. Ustedes son el árbitro y se sienten los dueños de la cancha. El problema es que ni siquieran nos pasan la pelota para que podamos jugar.

El clima se distendió. Las palabras de Enzo fueron recibidas con sonrisas, pero la notificación ministerial quedó clara. Fernando Flores fue el más simpático y el menos duro. Después de la reunión, Enzo y yo salimos convencidos de que ya nada se podía hacer. El margen de acción para las grandes empresas –sometidas a una contabilidad rígida y controles múltiples– se había cerrado casi por completo. En las empresas de tamaño medio y en las pequeñas la situación todavía no era tan dramática, porque tenían posibilidad de trabajar a la negra y eso les daba tiempo.

Dos días después del episodio me reuní con mis trabajadores y les comuniqué los pormenores de la reunión con Vuskovic.

–Tenemos dos caminos por delante –les dije–. O seguimos con el proyecto de la sociedad entre ustedes y nosotros, y nos arriesgamos a la expropiación, o continuamos tal como estamos, dejando constancia que hicimos cuanto pudimos para mantener este barco a flote.

Por unanimidad la asamblea aprobó que siguiéramos trabajando en las mismas condiciones que hasta entonces.

El trabajador chileno

Para mí no fue sorpresa el irrestricto apoyo que nos dieron los trabajadores. Siempre hemos tenido una excelente relación. En este plano he seguido las aguas de mi padre. Sus consejos, y sobre todo su ejemplo, me marcaron profundamente. Siempre he creído en la comunicación dentro de la empresa y pienso que lo peor es perderla.

Por otro lado, aprecio de verdad la calidad e inteligencia del trabajador chileno. En tiempos de Allende, a pesar de toda la propaganda oficial que lo ponía como principal beneficiario de las medidas populistas, nunca perdió su olfato y supo discernir bastante bien cuándo se le estaba mintiendo y cuándo se le estaba usando. Por desgracia, muchos fueron arrastrados por las consignas de la Unidad Popular.

Mi experiencia con los trabajadores chilenos ha sido positiva. Aun cuando casi siempre sus remuneraciones eran básicamente insuficientes, porque la productividad del país era baja, sabían entender la lógica de la función productiva y las leyes de la economía. Creo que si a los trabajadores se les entrega una clara visión de lo que está ocurriendo en las empresas, mediante un diálogo fluido, la respuesta que se recibe es muy gratificante. Afortunadamente, gracias al crecimiento que Chile tiene desde hace varios años, los ingresos reales de los trabajadores han mejorado en forma paulatina. Pienso además que si la cosa no sufre variaciones, dentro de un tiempo razonable sus remuneraciones deberían irse equiparando a las de países desarrollados.

Con los trabajadores he tenido experiencias conmovedoras. A raíz de la terrible crisis del año 82, cuando la empresa por segunda vez estuvo a punto de quebrar, se me acercó una delegación que venía en representación de todos para decirme que estaban dispuestos a rebajar sus salarios con tal de que no se cursaran despidos. Convenimos esa vez en rebajar todos los sueldos, de capitán a paje, en un tercio. Era una proporción enorme. Ese convenio, suscrito a iniciativa de los propios trabajadores, puede parecer inaudito para quienes no conocen al trabajador comprometido con su empresa y sólo saben de él por referencias periodísticas. O porque se han topado con alguno en asambleas políticas.

La usurpación

Al final ocurrió lo que tenía que ocurrir. Nuestras empresas fueron intervenidas por el gobierno. El resquicio legal utilizado tuvo que ver con las duchas de agua caliente de la planta industrial de Arica. Según los tres inspectores que nos visitaron, las instalaciones no estaban en buen estado y, siendo así, obvio, la empresa debía ser intervenida.

La faramalla correspondió a una burda trampa y fue una calculada medida de represalia. Alguien, un quintacolumnista sin duda, echó a perder nuestras duchas de agua caliente en Arica, que siempre habían funcionado bien. Casualmente ese mismo día se dejaron caer los inspectores para constatar el hecho y configurar el pretexto. De inmediato la empresa fue intervenida mediante un decreto fundado en presunto incumplimiento de la normativa laboral.

En el fondo fue un frío acto de venganza por los antecedentes empresariales nuestros y también por la huelga que nuestros trabajadores habían realizado en solidaridad con el paro de los camioneros de octubre de 1972. Ese paro, en el que ninguno de los socios tuvimos nada que ver, fue decidido libre y espontáneamente por nuestra gente y formó parte de la masiva protesta civil con que la sociedad chilena expresó su repudio al gobierno. Fue para abortar ese movimiento que Allende decidió la incorporación de uniformados activos a su gabinete, abriendo paso a un peligroso juego político que terminaría expulsándolo del poder. Era evidente que los uniformados no iban a tolerar ser manipulados así por largo tiempo.

Dado que nos enteramos de la intervención días antes de publicado el decreto, logramos sacar de nuestras bodegas unos mil televisores y los escondimos en bodegas de amigos. Acto seguido, nuestros trabajadores se tomaron la fábrica de Arica e impidieron la entrada al interventor oficial. Nuestra gente resistió varias semanas. La toma y la olla común que organizamos frente a la fábrica fueron financiadas con la venta de los televisores en el mercado negro. Al liquidar el último televisor, les dijimos a los trabajadores que los recursos se habían agotado y les recomendamos no seguir oponiendo resistencia a la intervención.

Nuestras empresas tuvieron tres interventores: uno para Mellafe y Salas de Arica, otro para Santiago y el tercero para Coelsa, también de Arica. De los tres, el peor fue el segundo. Además de malo, era un ladrón redomado. Armando Vallarino, socio y gerente, pilar de nuestro crecimiento empresarial, fue testigo de sus abusos. Armando se quedó en Mellafe y Salas amparado por un contrato de trabajo que el interventor no pudo desahuciar. Pero fue arrinconado detrás del escritorio más humilde de la empresa. Desde allí observó los desatinos, destrozos y raterías que se cometieron. Mellafe y Salas se sobrepobló de gente que poco y nada tenía que hacer. La producción declinó en forma espectacular y en agosto del 73 la venta del mes descendió a catorce televisores en total, con una planta de 1.300 trabajadores. No había insumos, no había repuestos, la industria se quedó sin piezas ni componentes.

El alejamiento

Después de la intervención, ya nada tenía que hacer en Chile. Me había quedado para luchar y había perdido la batalla. Por tercera vez en mi vida sufría la expropiación de mis bienes y por tercera vez debía desarraigarme. El primer despojo me lo habían hecho los nazis; el segundo y el tercero, los comunistas checoslovacos y chilenos.

Esta última usurpación, sin embargo, tenía rasgos distintos. En las dos anteriores hubo al menos una cierta conciencia mundial sobre los atropellos cometidos contra la dignidad humana. No ocurría lo mismo ahora. El desconocimiento sobre la Unidad Popular en el exterior era abismante. La prensa internacional nunca calibró con mediana objetividad el túnel al cual estaba internándose este pequeño país. Y nunca tomó en serio la explosividad de la situación que se estaba creando en América Latina.

Me llamaba la atención que ninguna democracia objetara las burdas trampas gubernativas a la observancia de la ley. Me sorprendía que nadie denunciara que el aperitivo del comunismo ya se había servido en este país y que ya estaba listo para los platos de fondo. Me impresionaba que no se detectara que la izquierda marxista se estaba apoderando del país a base de un engaño y no de una revolución como en otros sitios. Me defraudaba que el mundo se sintiera feliz diciendo que Chile vivía en democracia y que a nadie le importara saber que esa democracia era falsa.

Me fui a fines del 72, pensando que me iba definitivamente. En el aeropuerto me encontré con Enzo Bolocco y Rose Marie, su esposa. Fueron especialmente a despedirme. Eran de los muy pocos que sabían de mi viaje y entendían que no era uno más de los muchos que había realizado en el último tiempo.

La primera parada fue Buenos Aires, donde estaban desde hace tiempo mi mujer y Katy. Daniel y Jan estudiaban en Estados Unidos.

Desde el día que ganó Allende mi familia, que siempre había estado unida, se desmembró. Daniel se fue a Buenos Aires mientras cursaba el segundo año de ingeniería en la Universidad de Chile. Partió con la intranquilidad de los primeros momentos de aquel 4 de septiembre de 1970. Después no quise que volviera. El ambiente universitario de entonces era pésimo.

El problema es que Daniel estaba desesperado en Buenos Aires. Sentía que estaba perdiendo el tiempo y que sus estudios estaban congelados.

Para buscar una solución a su problema llamé a mi amigo Larry Gray a Estados Unidos. Pensé que tal vez él me pudiera orientar.

–Mi hijo David está estudiando en la Taft's University –me dijo–. Si quieres te averiguo qué se puede hacer ahí.

–No te preocupes. Sólo dame el teléfono de esa universidad –le dije.

Me lo dio. Llamé y pedí hablar con el rector. Mi llamado pasó de secretaria en secretaria y a base de decirle a todas que era una llamada internacional "muy importante", finalmente me comunicaron con Mr. Kramer, el decano a cargo de la admisión.

–Espero que tenga paciencia conmigo –empecé diciéndole en inglés–. Soy un padre desesperado. Mi origen es checoslovaco y soy refugiado del comunismo. Antes sufrí la persecución nazi a los judíos. Vine a Chile a iniciar una nueva vida...

Le conté lo esencial. El decano mostró una comprensión extraordinaria a mi caso y me dio todo el tiempo que necesité para contarle mi drama.

–...finalmente quiero decirle que lo estoy llamando para que le dé una oportunidad a mi hijo Daniel en esa universidad. Quiero que en Estados Unidos pueda formarse como un buen ingeniero y me gustaría evitarle la frustración de vivir en un país que avanza al comunismo.

–Le creo –me contestó– porque esta historia usted no me la podría estar inventando. Estoy muy impactado.

–Quiero decirle, además –le interrumpí–, que mi familia salió de manera intempestiva de Chile y no llevó a Buenos Aires ningún documento que acredite el nivel de los estudios de mi hijo.

–Eso no es tan importante aquí. Usted me dice que él está cursando el segundo año de ingeniería. Eso significa que si su hijo... ¿cómo dijo que se llamaba?

–Daniel Platovsky –se lo deletreé.

–Hoy es viernes. Si Daniel está aquí el lunes a las ocho de la mañana, va a ser aceptado –concluyó.

Apenas corté esta llamada a Estados Unidos, pedí a la operadora que me comunicara con Buenos Aires.

–Daniel –le dije–, te tienes que ir inmediatamente al aeropuerto y tomar el primer avión a Estados Unidos. Tienes que estar, sin falta, el lunes a las ocho de la mañana en Boston.

Afortunadamente nadie de nuestra familia tenía problemas de visa para entrar a Estados Unidos. En eso había sido precavido. Cuando en los últimos años de Frei Montalva la situación chilena se había ensombrecido, pedí al consulado una visa de inmigración para Jana y para mí. El cónsul, que era amigo, me la concedió. El año 69 ingresamos con mi mujer a Estados Unidos como inmigrantes y pronto conseguimos la Green Card. Con ello, nosotros y los niños podíamos entrar en el momento que deseáramos. Fue una maniobra casi secreta. No se lo contamos a nadie.

Daniel no tuvo problemas. En Boston lo estaba esperando David Gray. Al llegar a la universidad le asignaron un profesor y un alumno como guías. De ellos recibiría la orientación necesaria para la nueva vida que iniciaba.

Cuando llamé un tiempo más tarde a Mr. Kramer para agradecerle todo lo que había hecho por nosotros, me contestó:

–Estoy feliz de tener a Daniel como estudiante de la universidad. Es muy buen alumno. Además, estoy orgulloso de haber sido parte en su rescate.

El remate triste de esta historia lo puso David Gray. Era un muchacho maravilloso. Lamentablemente murió al poco tiempo a causa de un cáncer cerebral.

Contaba que me fui a Buenos Aires. La verdad es que me quedé sólo algunas semanas. Si bien era agradable la ciudad, nunca pensé en radicarme. No me gustó el ambiente comercial argentino. Me asustó su cercanía con Chile. Con buenas y malas razones, consideré que a raíz del problema chileno, toda Sudamérica estaba en peligro de caer bajo el comunismo. Además, no me gustaba estar tan lejos de mis hijos. Pero hubo también otra razón de peso por la cual descarté a la Argentina: la corrupción. Me sentía incapaz de trabajar en un país donde esta lacra está tan extendida y arraigada. Realmente no estaba acostumbrado a convivir con ella y no quería verme envuelto en un sistema donde todo es sobornable y todo necesita ser sobornado.

En esa época tenía suficientes recursos en el extranjero como para no apurarme en tomar decisiones. Podía darme el lujo de estar una larga temporada buscando una buena oportunidad, sin tener problemas económicos. Los largos años de incertidumbre en Chile habían activado en mí las alarmas de la precaución. Me había preparado por eso con anticipación para enfrentar sin sobresaltos situaciones como las que estaba viviendo. Presentía que podían llegar en cualquier momento.

En Argentina lo pasé bien. El cariño que recibimos allí fue inmenso. Desde que uno pisaba la tierra transandina, se notaba una especial calidez por quienes veníamos de Chile. Desde los guardias fronterizos hasta la gente encumbrada de la sociedad bonaerense, todos eran extremadamente acogedores.

Días multinacionales

Llevaba menos de un mes en Buenos Aires cuando recibí una llamada telefónica desde Chicago de Ed Reavy, el vicepresidente de productos de consumo de Motorola.

–Te he estado llamando a Chile y me contaron lo que te había pasado. Debes estar muy afectado. ¿Por qué no te vienes a dar una vuelta? Te queremos ver.

Fui a Chicago. Allí, Bob Galvin, el presidente de Motorola; Ed Reavy, vicepresidente de la división de artículos de consumo, y todos los vicepresidentes me ofrecieron un almuerzo fantástico. No tengo palabras para agradecer la simpatía y aprecio que me hicieron sentir. Después de explicarles lo que sucedía en Chile, haciendo un paralelo con lo que había ocurrido en Checoslovaquia, Ed me dijo:

–Necesitamos una persona que hable español y conozca la mentalidad latina. ¿Por qué no asumes la vicepresidencia de la División de Consumo para Latinoamérica? Así, te haces cargo de toda el área, excepto de Chile, donde seguro no querrás volver. De todas maneras, tenemos suspendidos los embarques a tu país. Mientras Mellafe y Salas esté intervenida, nosotros no vamos a vender en Chile.

¡Qué diferencia había entre Motorola y RCA Victor!

Volví a Buenos Aires, conversé con mi esposa y Katy y en el mes de diciembre ya estaba instalado en un estupendo departamento del barrio Las Lomas de Ciudad de México. El motivo de fijar nuestra residencia allí se debió a razones geográficas y tributarias. Fue un consejo de los abogados de Motorola. Pagaría muchos menos impuestos viviendo en México que en Estados Unidos. Además, estaría más cerca de los países a los que continuamente debía visitar, aunque también a Chicago debía trasladarme con frecuencia.

Mi experiencia en Motorola fue enriquecedora por todo lo que aprendí, entretenida por la variedad de ambientes en que me moví, interesante por los intrincados recovecos de una gran multinacional y fascinante por los grandes desafíos que me planteé.

Viajé muchísimo. En México era sólo un transeúnte. Estaba más tiempo en los aviones que en tierra. Por lo menos una vez al mes debía ir a Chicago y además supervisaba todas las representaciones de América Latina. Era mi principal función. Así conocí todos los países de la región.

Vi cómo se maneja una multinacional de más de 60 mil empleados. Fue un aprendizaje impagable. Supe, al ver las exigencias que tenían los demás vicepresidentes, lo que era trabajar al límite, bajo la presión de metas constantes y crecientes y con obligación de rendir siempre al máximo.

Yo era un privilegiado. Tenía un trabajo que me encantaba y además gozaba de un status especial dentro de la empresa, seguramente por las razones y por la forma en que había sido contratado. Esta singularidad me daba ventajas y –al parecer– cierta respetabilidad entre mis pares. Por ejemplo, el acceso que tenía a Bob Galvin, ejecutivo máximo de la corporación, era continuo, llano, sin ningún tipo de interferencias.

Quizás por lo mismo, también quedé al margen de esa suerte de canibalismo gerencial que existe en las grandes transnacionales. Es común que entre los altos ejecutivos se produzcan codazos y zancadillas para desplazarse unos a otros, ya que, muchas veces, la única manera de ascender es poniendo el pie sobre la cabeza del que está al lado o agarrando las piernas del que está más arriba para trepar. Yo no estaba en la *rat race*. Nadie temía nada sucio de mi parte y a nadie, tampoco, se le ocurría cometer una jugada reñida con el *fair play* conmigo.

Uno de los proyectos de Motorola en la región era instalar o comprar una gran planta de producción en algún país de Sudamérica, capaz de producir televisores y otros artículos para el mercado latinoamericano. A esta iniciativa me dediqué desde que asumí en el cargo. Tenía varios países en carpeta para levantar la fábrica, pero el más atractivo era Brasil. Era el único país que no tenía distribuidores de Motorola, por estar cerrado a las importaciones. A pesar de eso, lo visitaba con mucha frecuencia con el objeto de estudiar su situación industrial y ver manera de abrirlo a Motorola.

En una de esas visitas conocí al señor Chama, un brasileño de origen árabe. Era dueño de una de las mayores financieras, especializada en créditos de consumo, y de una empresa que producía unos cuatrocientos mil televisores al año. En Brasil se fabricaban, en ese tiempo, un millón ochocientos mil aparatos al año. Me interesó de inmediato la perspectiva de crear un proyecto conjunto con él. Además, tuve la suerte de congeniar de inmediato con su carácter y nos hicimos muy amigos.

Visité las instalaciones de su empresa y me di cuenta que era un excelente financista, pero no un buen industrial. El mismo lo reconocía. No trabajaba con la última tecnología y sus equipos humanos eran un tanto improvisados. Para mi gusto, no tenían el nivel para manejar una empresa de esa envergadura.

De todas maneras, eran muy atractivas las posibilidades que ofrecía una acción conjunta entre Chama y Motorola, en un Brasil de ilimitadas posibilidades y en una Sudamérica muy grande. De eso ambos estábamos conscientes.

Personalmente, ya no sólo como vicepresidente de Motorola, también me interesaba ese negocio. Estaba un poco cansado de tanto viaje y pensaba que mi destino no era seguir siendo empleado toda la vida. La posibilidad de trabajar en esa empresa americana había venido en un momento muy adecuado, pero no era mi horizonte soñado. Por otro lado, la posibilidad de volver a Chile estaba completamente desechada.

Me fui, entonces, a Chicago a conversar con mis jefes.

–Tengo entre manos algo que me parece atractivo –les dije de partida.

Luego les tracé un cuadro completo de lo que había encontrado en Brasil. De lo bueno y de lo malo. Y, por supuesto, de los valores en que su dueño tenía tasada la empresa, según lo conversado con Chama.

–A mí me parece un proyecto interesante –dije antes de concluir–. Quiero proponerles algo que les puede parecer descabellado. Espero que no se enojen, pero la verdad es que yo no quiero perpetuarme en este trabajo como vicepresidente. ¿Qué les parece, siendo así, que hagamos una sociedad en que Motorola tenga el 45 por ciento, Chama lo mismo y yo un 10 por ciento? Yo me haría cargo de la empresa como presidente ejecutivo a tiempo completo.

–Encantados –me contestaron–. Una de las ventajas de tu idea es que contigo vamos a tener mayoría dentro de la empresa.

–Nuestro próximo socio es una buena persona y no vamos a tener problemas. Se va a meter poco. Su fuerte son las finanzas y está consciente de ser débil en el rubro industrial.

Me comuniqué con Chama, le transmití mi oferta y le conté que había sido aceptada por Motorola. No sólo la encontró atractiva. Estaba feliz.

–Yo también la acepto. Que tú participes en la empresa es garantía de que todo va a funcionar de maravillas.

Partí a Brasil con un equipo de ocho personas. Todos altamente especializados. Estuvimos dos semanas revisando libros, papeles y procedimientos. Cuando estuvo todo completamente auditado, me volví a reunir con Chama. Confirmamos la voluntad de hacer el negocio. Revisamos los valores conversados antes y los bajamos bastante, ya que detectamos errores. Después convenimos que él no recibiría dinero por la venta. La empresa estaba subcapitalizada y era necesario hacer un considerable aumento de capital. No hubo problemas. Y como estábamos de acuerdo en todo, mandamos a redactar los borradores de los contratos.

Una vez que tuve todo finiquitado y sólo cabía esperar el trabajo de los abogados, llamé a Chile a Armando Vallarino para contarle en qué me estaba metiendo. Mi amigo y socio seguía en su sucucho trabajando para el interventor.

–Has oído las inmensas posibilidades que tiene este negocio –le dije cuando ya llevaba un rato largo hablándole–. Brasil es muy grande y todo está en pañales. Además fabricaremos para todo el mercado sudamericano y norteamericano. Con la marca Motorola se pueden alcanzar metas ilimitadas. Y no sólo con los televisores. Hay una gran diversidad de productos que podemos introducir en este fabuloso mercado.

Armando sólo me escuchaba. No me decía nada.

–Ahora bien –terminé diciendo–, yo invierto el 10 por ciento sólo si tú te vienes a trabajar conmigo como gerente de la fábrica y me ayudas en esta tarea gigantesca. Sé que tú eres lo mejor y que nuestra dupla no puede fallar.

Lo convencí. Rezongó un poco por tener que radicarse en Brasil, pero al final aceptó mi ofrecimiento.

Cuando ya estaba todo listo y el texto de los contratos muy avanzado, invité a Chama y su mujer a Chicago para presentarles los hombres top de Motorola.

La recepción que se les dio fue fabulosa y fue en la casa de Ed Reavy en Chicago. Que el negocio se hacía era indudable. Bastaba ver el recibimiento ofrecido. Ya no queda ningún informe pendiente. Todo estaba conforme. Lo único que faltaba era determinar cuándo y dónde se iba a firmar el contrato.

Pero la vida, y más aún los negocios, tienen sus imponderables y sorpresas. Días después de la visita de Chama a Chicago, me llamó Ed Reavy a México para decirme que Motorola había vendido toda la División de Consumo, él y yo incluidos, a Matsushita de Japón. Era un negocio de muchos millones de dólares. Motorola enajenaba todo su complejo industrial de Chicago, con ocho mil trabajadores. Ed estaba sentido con Motorola y me dijo que se quería retirar. Prefería irse a trabajar a otra parte, no con los japoneses. Me pidió, sí, que le diera las explicaciones del caso a Chama.

A eso fui a Brasil. Chama quedó muy decepcionado y quiso que de todas maneras lleváramos a cabo el proyecto entre nosotros dos. Pero, en esas condiciones, se trataba obviamente de otro proyecto.

–Sin Motorola detrás –le dije– esto ya es inmanejable para mí. Por ahora, lo único que puedo hacer es pedirte disculpas.

Volví a México, con la certidumbre de haber perdido una gran oportunidad. Pero el destino me tenía preparada otra mejor. Dos días más tarde me comunicaron de Motorola que debía irme con urgencia a Costa Rica, debido a un problema local. Tuve que volar nuevamente. Era el 11 de septiembre de 1973. Estando en San José supe que las fuerzas armadas habían tomado el gobierno en Chile.

Retorné a Santiago, desde México, en cuanto pude. Antes, hablé con Ed Reavy y le pedí dos semanas de vacaciones.

–No voy a abandonar mis obligaciones ni las cosas pendientes de un día para otro –le dije–. No te preocupes. Pero ahora quiero ir a Chile.

–Te deseo toda la mejor de las suertes. A ti y a Chile. Ambos se la merecen.

En familia

Quizás nunca como cuando vivimos en México tuve tanta conciencia de lo que la familia significaba para mí. Por de pronto, sin ella, jamás me habría esforzado tanto en la vida empresarial y dudo que hubiera tenido el espíritu de superación que me animó.

He estado siempre infinitamente agradecido y orgulloso de la familia que forjamos con Janita. Sin embargo, durante ese período la aprecié, la gocé y la extrañé probablemente con mayor intensidad que hasta entonces. Había visto fascinado crecer a mis tres hijos en Chile y cuando Daniel y Jan partieron a estudiar a Estados Unidos las cosas cambiaron. Volvía a nuestra casa en Ciudad de México después de la oficina o de los frecuentes viajes que debía hacer, y ellos ya no estaban. Viviendo sólo con Janita y con Katy, que nos acompañó siempre, la ausencia de ambos era difícil de sobrellevar. Sabíamos que los dos tenían que estudiar –uno en Boston y el otro en Filadelfia–, pero la distancia era dolorosa.

Los muchachos llegaban a nuestra casa con motivo de las vacaciones o de fines de semana que fueran largos. Por lo mismo, para poder verlos durante la temporada de estudios, tuve que organizar, casi siempre en Nueva York, lo que llamábamos las convenciones Platovsky. Mis dos hijos viajaban el día convenido y se iban directamente al American Hotel de la Séptima Avenida con la calle 49 en

Manhattan. El que llegaba primero se registraba en la suite que había reservado previamente y esperaba hasta que nos juntáramos los tres. La mayoría de las veces yo, que venía de Chicago, era el último.

Le sacábamos el jugo a esos fines de semana. Dormíamos en el hotel viernes y sábado y el domingo por la tarde nos volvíamos a dispersar. Era un panorama fabuloso. Daniel y Jan, que ya estaban totalmente acostumbrados a las siniestras hamburguesas y pizzas de la cocina fast-food, recuperaban conmigo el paladar en excelentes restaurantes neoyorquinos. Una vez se nos ocurrió ir a uno francés que quedaba en la Quinta Avenida a la altura de la calle 50 y que exigía a los comensales corbata y tenida formal. Creo que fue el maître quien socorrió a mis hijos –cual de los dos más desastrado– para que pudieran ingresar decentemente. Recuerdo que lo pasamos estupendamente bien. Estábamos de buen humor, nos reíamos como niños chicos y hablábamos hasta por los codos, en una acelerada mezcla de castellano, inglés y checo. Nos divertimos tanto que llamamos la atención de dos parejas que ocupaban una mesa cercana. Le preguntaron al mozo que de dónde éramos, puesto que se confundían con nuestros giros idiomáticos. Tuvimos que contarles que los hijos estaban en distintas universidades norteamericanas, que el padre era de origen checo y residía en México y que los tres estábamos viviendo el exilio del comunismo en Chile. Nos enviaron con gran simpatía una botella de champaña francés y la velada dio paso literalmente a una noche de película.

Una o dos veces, además, fui a ver a Daniel a Boston. Jan no podía acudir por razones de distancia y yo me iba a un hotel cercano a la residencia donde Daniel estaba viviendo. Era una residencia latina que reunía a unos 25 estudiantes –hombres y mujeres– a todos los cuales recuerdo haber invitado a una gran noche de queso, pan y vino. También fue maravilloso. Hablamos de mil temas y como en algún momento sentí olor a marihuana, quise saber qué tan extendida estaba entre ellos. Daniel me confesó que tanto él como Jan la habían probado una vez, pero que nunca los cautivó. Otros chicos dijeron que la consumían con frecuencia y me llamó la atención saber que, a pesar de eso, eran excelentes estudiantes. Quedé con la curiosidad y en otra oportunidad Daniel, junto a una de sus amigas, me ofreció un cigarrillo de yerba. Creo que no lo había aspirado más de tres o cuatro veces cuando comencé a marearme. Fue un desastre. Me tuvieron que llevar al hotel y por suerte me pude dormir pronto. No entiendo que la gente joven necesite estimulantes, siendo que se vive mucho mejor sin ellos.

Cuando volvimos a Chile, Daniel y Jan continuaron en Estados Unidos y la distancia que nos separaba se hizo mayor. Solamente Katy –mi querida Kacenka, como yo le digo– estaba con nosotros. Era nuestra fiel acompañante y la verdad es que con Janita no nos podemos imaginar cómo habría sido ese período sin ella. Con su alegría, su entusiasmo, su ternura, en realidad era nuestro sol. Se allanaba a todo. Nunca nos recriminó nuestro exilio voluntario. Tuvo su primer pololeo en México con un muchacho de muy buena familia cuyos padres eran amigos nuestros. Una noche, a eso de las diez, sentimos a un grupo de mariachis cantar frente a nuestra casa. Los había traído el pololo. Poco familiarizada con esta tradición mexicana, Katy la transgredió asomándose a la ventana, agradeciendo la serenata a gritos y mandándole besos a su chico. La costumbre ordena que la joven pretendida jamás debe mostrarse durante la serenata al pretendiente y que lo correcto es que apenas deje ver su silueta sólo al trasluz de las cortinas.

En México Katy llegó a la edad en que me pareció conveniente tener con ella una conversación franca sobre sexualidad. Janita, más conservadora, nunca se atrevió a ponerle el tema y recuerdo que una tarde los dos salimos a caminar por el barrio durante varias horas. Le pedí que se cuidara, le hablé de las píldoras anticonceptivas y le aseguré que si alguna vez quedaba embarazada sin estar casada iba a contar de todos modos con nuestro apoyo incondicional. Pero le aclaré que desde luego ese no era un ideal ni para ella ni para nosotros, sus padres. Le sañalé que Janita pensaba igual a mí en esta materia y la única diferencia es que no se atrevía a conversarlo. Le dije también que ninguno de los dos condenábamos las relaciones prematrimoniales, entre otras razones porque tanto mi mujer como yo las habíamos tenido y que atribuíamos parte de la solidez de nuestra relación a esa experiencia previa.

Previniéndola en contra del sexo indiscriminado pero también en contra de la rigidez puritana, la nuestra fue una conversación muy clarificadora tanto para ella como para mí. Le dije que a pesar de mi incredulidad religiosa, yo respetaba la formación católica, pero que en esta materia prefería sobre todo los sentimientos asumidos con responsabilidad. Katy me preguntó si el sexo era entretenido. Yo le respondí que demasiado y que por lo mismo había que tener una disciplina inteligente para no desmerecerlo y abaratarlo.

Concluidos sus estudios en Boston, mi hijo Daniel hizo en Columbia un postgrado en negocios y administración. Jan regresó de Filadelfia convertido en ingeniero comercial y en Santiago obtuvo después un postgrado en la Universidad Adolfo Ibáñez.

Habiendo pololeado ambos en Estados Unidos, el matrimonio los convocó a los dos en Chile casi al mismo tiempo y de la manera más singular. Ambos se casaron con dos hermanas, Anita y Angélica (Quequi, como le decimos en la familia) Mingo Marinetti. Primero tuvo lugar la boda de Daniel y poco después la de Jan. Mis nueras son muchachas adorables y las quiero como si fueran mis hijas. Con Janita hemos sido grandes amigos de sus padres –Orlando y Rosita Mingo– y nos dolió mucho la muerte de Orlando, que fue un distinguido pintor. Anita y Angélica tienen otros cinco hermanos, todos casados y con niños, y por ese lado nuestro grupo familiar se expande bastante.

Katy también se casó con buena estrella. Su marido, Daniel Renner, fue hijo único de Armando Renner e Inés Margolius, ambos de origen judío que se encontraron como inmigrantes en la ciudad de Valdivia. El venía de Hungría y ella de Checoslovaquia. Inés perdió a su padre en el holocausto –de hambre y frío– y ella se salvó porque su madre, Katherina, la Bambi como le decimos nosotros, la llevó consigo a Terezín primero y a Birkenau después, y pudo salvarla con gran sacrificio e imaginación en el campo de concentración con la ayuda de unas judías polacas. Su hija tenía por entonces unos 12 años y es sabido que los niños llevaban todas las de perder en esos espacios de exterminio.

Terminada la guerra, la Bambi se vino con su hija a Chile porque un hermano suyo vivía en Valdivia. Su hija se casó en Chile con Armando Renner, bastante mayor que ella, y de ese enlace al poco tiempo nació Daniel, mi yerno.

La segunda tragedia de la Bambi fue que su hija Inés, en un viaje a la India que hizo con su marido el año 65, murió en un accidente automovilístico. Tenía 41 años. Armando también resultó lesionado, pero por suerte pudo recuperarse. Por entonces Daniel era apenas un adolescente.

No es difícil imaginar los sufrimientos de la Bambi. Después de haber salvado a su hija en los campos de concentración, es una feroz ironía que la haya perdido en un accidente carretero. También le debe haber dolido que su único nieto –que ella educó en Santiago– partiera primero a Inglaterra a estudiar y luego a los Estados Unidos.

Económicamente, la Bambi está bien. Aunque vivía en Checoslovaquia, el hecho de haber nacido en Viena le dio derecho a una buena jubilación como ciudadana austriaca víctima de los nazis.

La muerte de Armando, el padre de Daniel, le provocó hace tres años a la Bambita un ataque cerebral considerado leve. Pero a los 87 años que ella tenía, nada es leve.

Cuando ya no pudo caminar ni cuidarse por sí misma, y teniendo una arteriosclerosis cada vez más pronunciada, la Bambita ingresó por intermedio mío al Hogar Israelita de Ancianos en Santiago. Está bien atendida, pero sus días deben ser larguísimos. Su combinación es fatal: buena la cabeza y un cuerpo que ya no le responde. Lo que vive no es vida. La visito una o dos veces a la semana y siempre me quedo pensando que algo funciona mal en este mundo.

Daniel conoció a mi hija Katy cuando vino a ver a la Bambi, su abuela, mientras estudiaba en Cambridge, Inglaterra. Tal como el mío con Janita, el suyo con mi hija fue un amor a primera vista, que se formalizó antes que él terminara su doctorado. Daniel tiene una gran formación científica y es un profesional de excepción: ingeniero electrónico egresado de la Universidad de Chile, se especializó en el exterior en técnicas de rayos láser. Ambos se casaron por el rito judío en Chile y Katy no tuvo inconveniente para abrazar esta religión. Después del matrimonio, la pareja volvió a Cambridge y cuando él terminó su doctorado se trasladó a Los Angeles, Estados Unidos, donde Daniel —"mi yerno favorito", como yo le digo— ocupa un alto cargo en una corporación que desarrolla tecnologías de punta.

Mis hijos me han dado una docena de nietos. Daniel, mi hijo mayor, y Anita, son padres de Tomás de 18 años, Katerina de 16, Matías de 14, Nicolás de 12 y Daniel de 8. Jan y Quequi tienen cuatro hijos: Josefina de 11 años, Milan de 9, Antonia de 7 y Anita Luisa de 3 años. Katy y Daniel, a su vez, son padres de tres chicas: Inés de 18, Andrea de 17 y Mónica de 13 años.

Esta es nuestra familia hoy. Tres hijos, doce nietos y una gran cantidad de familiares indirectos. Es un grupo maravilloso que le ha dado sentido y un estímulo formidable a la vida de Janita y mía.

13

Chile recuperado

Cuánto me gustó y cuánto me disgustó vivir fuera de Chile desde fines del año 72 hasta noviembre del 73, es algo que nunca me pregunté durante esos meses. No me convenía hacerlo. La respuesta invariablemente me habría remitido a la nostalgia y en esos momentos –que eran de prueba y de desafío– yo no estaba para sentimentalismos.

Abandonar mi patria de adopción fue en todo caso una experiencia muy dolorosa. Me partió el alma dejar Chile, convencido de que nunca más iba a volver. Me indignaba tener que desarraigarme otra vez en la vida por culpa de un régimen obstinado y empeñado en la destrucción de las libertades.

Por lo mismo, recibí la noticia de la caída de Allende con la incredulidad de quien despierta de una pesadilla. Antes de emprender el vuelo a Chile, recibí dos llamadas en México que me llenaron de emoción. La primera fue de mi amigo Anselmo Palma, socio de Guillermo Schiess, para avisarme que la restitución de las industrias intervenidas era inminente. La otra era de un dirigente de los trabajadores, que me habló como portavoz de los siete sindicatos de nuestras empresas.

–Don Milan, queremos que vuelva y se haga cargo. Esperamos su regreso. No se preocupe. Mientras tanto, nosotros cuidaremos la empresa.

Con estas palabras en mis oídos, volví a cruzar las puertas del terminal de Pudahuel. Llegué en el primer Braniff que aterrizó en Santiago después del 11 de septiembre.

Me quedé sólo una semana esa vez. Fue poco lo que pude hacer. El toque de queda comenzaba muy temprano y mis socios estaban todavía en el extranjero. Incluso Armando Vallarino andaba en Buenos Aires. Como pensaba radicarse a instancias mías en Brasil, había decidido tomarse antes unos días de vacaciones. Allá le había sorprendido el cambio de gobierno y no podía volver porque los vuelos estaban suspendidos.

Volví a visitar las oficinas de Mellafe y Salas de calle Alonso Ovalle y las bodegas de Vicuña Mackenna. Fue un momento emocionante y también muy descorazonador. La ruina y el abandono asomaban por todos lados. Pero, por encima de esta impresión, primó el calor de los abrazos del reencuentro. Recibí una bienvenida inolvidable y creo haber vivido en esos días un momento de plenitud.

También fui a nuestra casa de Vasco de Gama. Estaba vacía. Había sido arrendada a un diplomático americano que dejó aparentemente el país pocos días después del 11 de septiembre, con destino a Argentina. Esto facilitaría nuestro retorno, ya que la propiedad estaba disponible.

Antes de regresar a México a entregar mi cargo y nuestra casa, dejé presentados los papeles para recuperar las empresas. El problema era que, aparte del ruinoso estado en que estaban, había una deuda social de seis millones de dólares que debíamos asumir para retomarlas. Consulté con socios y convenimos que era tarea nuestra hacer el sacrificio. Sabíamos que las nuevas autoridades no estaban en condiciones de absorber las pérdidas dejadas por los interventores de la Unidad Popular en las empresas requisadas. Había que ponerle el hombro, hacer sacrificios, para que entre todos pudiéramos reconstruir el país. Los militares habían abierto el camino. Era obligación nuestra pavimentarlo.

Chile en las noticias

Al volver a México me llevé una decepción con la prensa. En vez de comentar que Chile se había liberado del comunismo y que la gran mayoría de la población estaba feliz con lo ocurrido, los diarios y la televisión no sólo lamentaban la caída de Allende, sino que entregaban informaciones tendenciosas y de mala fe.

Se calificaba la intervención de los militares como otra puñalada más a la conciencia democrática latinoamericana. No se hablaba para nada que Allende había burlado la legalidad cuantas veces había querido. No se decía que la Cámara de Diputados poco antes había declarado –copio textual– que "es un hecho que el actual gobierno, desde sus mismos inicios, se ha empeñado en procurar la conquista del poder total, con el propósito evidente de someter a todas las personas al más estricto control económico y político por parte del Estado, y lograr de ese modo la instauración de un régimen totalitario absolutamente opuesto al sistema de democracia representativa que la Constitución establece".

Los manipuladores de la información silenciaban el caótico estado del país. Callaban que el país estaba pidiendo a gritos, a través de los gremios, la renuncia de Allende. Callaban que en Chile, desde hacía más de un mes, más de un millón de personas estaban en huelga: choferes de camiones, microbuses y taxis, maestros, médicos, pilotos de líneas aéreas, empleados públicos, estudiantes, trabajadores del sector privado. Callaban que los líderes más importantes de la coalición de gobierno bravuconeaban en torno a que la guerra civil era inevitable y que estaban preparados para incendiar Chile de norte a sur.

Tampoco los medios internacionales de comunicación publicaban las declaraciones de personalidades como Eduardo Frei Montalva. El ex Presidente justificó y legitimó totalmente la acción militar contra la Unidad Popular en una carta a Mariano Rumor. Señalaba que las fuerzas armadas chilenas eran por tradición respetuosas de la Constitución y sometidas al poder civil. Si habían intervenido para expulsar a Allende, lo habían hecho porque, ante el caos imperante, se había convertido en un deber patrio, ineludible para los uniformados, tomar esa decisión, que no era buscada ni querida por ellos.

Quizás el país tenía que tocar fondo. Al final ese proceso de degradación de la vida cívica permitió que el gobierno militar tuviera que partir de cero en la reconstrucción de la institucionalidad política y económica. En este sentido, lo que ocurrió fue providencial. En otro contexto, Chile tal vez todavía estaría hoy en la misma, entrampado en el populismo y en las fracasadas recetas de la economía intervencionista. Desde este prisma, creo que sin la desastrosa gestión de la Unidad Popular, difícilmente el país estaría hoy tan bien como lo está.

La recuperación

En noviembre me liberé de mi compromiso con Motorola y volví definitivamente a Chile. Mi esposa lo hizo un poco más tarde. Antes, creo que en octubre, ambos vinimos a Santiago en viaje de exploración. La Navidad del 73 fue muy feliz para nosotros. Nuestra verdadera casa volvió a reunirnos nuevamente.

Nos hicimos cargo de la empresa tal como estaba. Ni siquiera se hizo un inventario para que la recibiéramos. Las condiciones económicas del país no estaban para mucha sutileza. Las alternativas eran "lo toma o lo deja". Eso nos costó seis años de duro trabajo. Durante seis años no vimos ni recibimos un solo peso. Durante todo ese tiempo debimos estar pagando a Corfo los desatinos y las fechorías de los interventores.

La fábrica de Arica sufrió un incendio el año 73 que destruyó la planta de televisores, una semana después del 11 de septiembre. Estábamos bien asegurados, pero en pesos no indexados. Como la inflación heredada del gobierno de Allende fue monstruosa, al final la desvalorización monetaria se tragó gran parte de la indemnización. Para reconstruir la parte afectada, que era esencial para la producción de televisores, se tuvo que hacer una inversión extra, que a su turno tampoco se alcanzó a amortizar: la fábrica cerró antes porque Chile inició el camino hacia la liberalización. La industria, año a año, a medida que bajaban los aranceles aduaneros, se tuvo que ir reduciendo. Los artículos electrónicos nacionales fueron perdiendo competitividad frente a los importados. Nuestra planta armadora, en poco tiempo, pasó a ser un conjunto de máquinas inservibles y sin mayor utilidad. Era mucho más rentable importar que armar. Así, el año 78 la tuvimos que cerrar. El desmantelamiento fue muy triste, sobre todo por la gente afectada. Algunos de los empleados pudieron venirse a Santiago, pero la mayoría quedó allá. El inmueble de Mellafe y Salas se lo vendimos después a Wrangler y el de Coelsa terminó como sede de un colegio.

Fue el fin de nuestra experiencia industrial, que cubrió un período de veintidós años. Creo que pocos empresarios pasaron por experiencias tan difíciles y por dilemas tan arduos como nosotros durante esa época. Reconozco que los empresarios nos frustramos a veces con tanto cambio arbitrario en las reglas del juego. Frei Montalva había implementado un ambicioso plan de industrialización basado en protecciones aduaneras. El plan nos pareció interesante y, si bien nos obligó a realizar fuertes inversiones, tuvo para nosotros retornos importantes, aunque imponía a los consumidores costos bastante altos por los productos adquiridos.

Ese era un modelo. Puede ser discutible, y muy discutible, pero tenía cierta coherencia. Después vino el modelo del libre mercado. Me salto el gobierno de Allende porque sus políticas no resisten ningún análisis desde el punto de vista racional. Pues bien, para el gobierno instalado en 1973 el esquema fue exactamente el inverso, puesto que no se contemplaba control de precio alguno y la dinámica estaba basada en la competencia.

Fue un cambio extremadamente dramático. Hasta ese momento, ningún empresario chileno tenía experiencia en una economía de libre mercado. Todo el aparato productivo tuvo que allanarse entonces a una reconversión muy profunda y muy rápida. Nos costaba entender por qué si un gobierno nos había exhortado a invertir en industrias, otro, de cuño militar y todo lo que se quiera, nos inducía ahora a cerrarlas con enormes pérdidas.

Los primeros tiempos del gobierno militar fueron de sentimientos muy encontrados en el orden económico para los empresarios. Apoyábamos absolutamente el derrocamiento de Allende y el clima de orden y seguridad que trajo el régimen. Pero no nos gustaba el libre mercado. Nos demoramos años en aceptarlo y en acostumbrarnos a su lógica. No estábamos preparados para reconocer sus potencialidades de un día para otro. Por rápido que haya sido, nuestro proceso de reconocimiento fue gradual, y habría sido probablemente más lento si es que en el intertanto no hubiéramos visto que el país comenzaba a recuperarse a pasos agigantados. Hoy a los empresarios no nos cabe duda que la economía libre en realidad es el único camino a la prosperidad que tiene una nación. Sabemos además que es el único que combate con efectividad la pobreza. No hay sistema alternativo que sea más eficiente. Por suerte para el país, en principio esto lo suscriben hasta los socialistas renovados y la izquierda no comunista.

La modernización económica chilena fue obra del gobierno militar, con el general Pinochet a la cabeza. Hoy Chile encarna un modelo de desarrollo exitoso dentro de

América Latina y casi todos quienes en su momento se opusieron al modelo por consideraciones de oportunismo político, han terminado abrazándolo.

Los comunistas chilenos, sin embargo, siguen sin entenderlo y siguen combatiéndolo. Están cada vez más solos. Hasta la China comunista se está abriendo a la economía libre. Hasta Castro lo está haciendo a pedazos, no por convicción sino porque ya se le acabó el oxígeno. Pero los comunistas chilenos se muestran impenetrables. Hay dos alternativas: o no son muy inteligentes o son malintencionados. Yo creo que es una mezcla de ambas cosas.

La adaptación

El nuevo escenario económico nos obligó a una drástica reorganización de nuestra actividad empresarial.

Mellafe y Salas, como representante exclusivo de Panasonic de Japón, tenía una camino bien trazado. Al margen ahora de toda limitación, gracias a la apertura comercial, empezamos a importar el enorme surtido de productos que Matsushita –así se llama la empresa– fabrica en unas 85 plantas industriales distribuidas alrededor del mundo.

Coelsa, que originalmente había nacido como empresa productora de piezas y componentes, cambió de giro. Vendimos la planta de Arica y en Santiago pasó a convertirse en otra empresa comercial, representando exclusivamente a la marca coreana Goldstar.

Organizamos el servicio de posventa y de garantía de los productos de nuestras empresas a través de la Red Solectra, que cubre todo el territorio nacional. También creamos la empresa comercial M&S S.A., que importa numerosos artículos de consumo con su propia marca.

Desde hace varios años contamos con una empresa asociada –Teknos– que está especializada en comunicaciones, teléfonos, centrales telefónicas, teléfonos celulares y demás productos del rubro, de distintas marcas.

Hace años también tomamos la decisión de desarrollar la cadena de multitiendas de Comercial Prat, la primera de las cuales abrió sus puertas en Arica. El proyecto nos había sido presentado en esa ciudad por algunos de nuestros ejecutivos, cuando Mellafe y Salas y Coelsa estaban por concluir sus operaciones en el norte. Con los años esos ejecutivos, que entraron como socios al comienzo, nos fueron vendiendo su participación y nosotros hemos seguido expandiendo el proyecto. Comercial Prat ya tiene ocho multitiendas en regiones, instaladas en ciudades que no superan los 250 mil habitantes.

Por razones de lealtad, en Comercial Prat nos hemos autoimpuesto un margen de acción muy delimitado. Dado que el giro principal de nuestro grupo de empresas es la importación y venta al por mayor de bienes durables, nuestra incursión en el campo del comercio minorista sería muy delicada si, en los artículos que nosotros representamos, Comercial Prat llegara a tener menores precios que la competencia. Por nuestro propio prestigio y por el profundo compromiso que tenemos con nuestros clientes, nos cuidamos de que no sea así. Nunca trabajamos con precios de liquidación en los productos nuestros. Las multitiendas de Comercial Prat, además, operan con todas las marcas y las nuestras son una más dentro de las alternativas que ofrecen a sus clientes.

Ultimamente nuestro grupo incorporó otra subsidiaria, Asicom, especializada en el rubro de la informática. El tema de las computadoras y sus programas se ha desarrollado en forma tan explosiva, abriendo tantas oportunidades, que pensamos que no podíamos permanecer al margen. No cabe duda que la informática y las comunicaciones vivirán una etapa de gran efervescencia, cuyos contornos de momento no alcanzamos ni siquiera a vislumbrar. Cuando pienso que durante mi vida he visto nacer los aviones a hélice primero y a chorro después, las radios a transistores, los trenes eléctricos, las computadoras, los celulares, los fax y la televisión satelital, me resulta muy difícil predecir qué vendrá a continuación. Lo único que sé es que la imaginación queda corta y sólo quisiera que esta tecnología fabulosa se usara siempre para el bienestar de la humanidad, no para su destrucción.

Durante varios años también estuvimos muy relacionados en nuestro grupo de empresas con Financiera Fusa. Este fue un negocio en el que partimos el año 74, apenas se liberalizó el mercado de capitales, con nuestros buenos amigos de Constructora Delta. La primitiva razón social de la empresa fue Financiera Prodena y sus comienzos resultaron auspiciosos.

Yo había tenido la oportunidad de conocer por dentro la operatoria del crédito de consumo en Brasil, gracias a mi amigo Chama, en los tiempos en que trabajaba para Motorola. Mi buen amigo había montado una notable organización en este negocio, que necesita bastante especialización y en el cual –como se sabe– es fácil pillarse los dedos.

Justo cuando Prodena estaba partiendo, volvió de Estados Unidos a Chile mi hijo mayor, Daniel. Traía bajo el brazo su título de ingeniero electrónico obtenido en Boston y un postgrado en administración y finanzas de la Universidad de Columbia, Nueva York.

Así las cosas, Prodena fue la primera pista de aterrizaje de Daniel. La empresa poco después se fusionó con Financiera Fusa, que era más grande, y cuyos accionistas eran todos constructores y amigos de Delta. En ese momento Daniel se separó del proyecto y se incorporó a Mellafe y Salas. Fusa quería especializarse en crédito hipotecario, producto que tenía evidente interés para los constructores, pero Prodena aportó una buena experiencia en créditos de consumo. La fusión dio lugar a una muy buena experiencia y en corto tiempo Fusa se convirtió en la sociedad financiera más grande de Chile.

Los delfines

Cuando Daniel entró a Mellafe y Salas, creí bueno ponerlo al lado de Armando Vallarino, como gerente adjunto. Pensaba que, tal como un padre es impaciente y nervioso con su hijo al enseñarle a manejar autos, tampoco es el maestro adecuado para ir formándolo en el mundo de los negocios. Además, admiraba la escuela de Armando. No sólo lo considero el mejor ingeniero electrónico de Chile. También es un gran administrador. Ambos, desde el momento que nos conocimos y que empezamos a trabajar juntos, formamos una dupla inseparable. Nos entendemos a la perfección.

Con Daniel, Armando hizo un trabajo de orfebre. Aunque mi hijo venía bien preparado, la labor de mi socio fue la del artesano que pule con esmero las pequeñas imperfecciones que aún quedan en superficie y que añade, más encima, barnices a base de talento, experiencia y buen sentido.

No fue sólo Daniel quien aprendió de Armando. Yo también lo había hecho desde que pudimos contar con sus servicios. Sus aportes me sirvieron mucho. No sólo en Chile; también cuando estuve trabajando para Motorola.

Pronto Daniel se perfiló como el futuro gerente general de Mellafe y Salas. Reunía todas las condiciones que los socios exigíamos para que tomara esa responsabilidad. Y así fue. Cuando llegó el momento, fue elegido por unanimidad.

La suerte de contar con Armando Vallarino se debió al buen ojo de Rafael Mellafe para elegir personas. El lo descubrió, cuando Armando todavía era gerente general de RCA Victor. No fue fácil convencerlo de que se viniera con nosotros. Nos costó, pero al final aceptó.

Poco tiempo después de Daniel, volvió Jan, mi segundo hijo, que se graduó en Economía en la Universidad Leeheigh, Filadelfia. La primera responsabilidad de Jan acá fue asumir la gerencia de una pequeña cadena de tiendas al detalle, Radiofonografía, que cubría distintos barrios de Santiago. La verdad es que el negocio no estaba funcionando bien. Los locales eran chicos, mal equipados y las tiendas nos producían frecuentes conflictos con otros clientes de Mellafe y Salas, por mucho que tratáramos de mantener siempre los precios en los rangos intermedios. Jan ordenó mucho la actividad, pero al cabo de un año recomendó al directorio liquidar el proyecto, puesto que no tenía mayores horizontes dadas las restricciones existentes.

Aceptada la recomendación que nos hizo, Jan entró a trabajar codo a codo con Norman Chellew y Roberto Sepúlveda en los preparativos de la incursión de Coelsa en el rubro de la computación, como distribuidor de IBM. El trío funcionó muy bien. Poco más tarde, Jan buscó otros horizontes y se convirtió en socio nuestro de una empresa comercial de la zona franca de Iquique, Sonaco. El mismo la organizó con Humberto Torres, que vivía en Iquique, y tuvieron un éxito considerable exportando a Bolivia y Perú y abasteciendo a numerosos establecimientos comerciales de la Primera Región. Finalmente Sonaco fue absorbida por Mellafe y Salas y Jan vendió su parte en buenas condiciones.

Como por esa misma época tuvimos un problema gerencial serio en Comercial Prat, le pedimos a Jan que se encargara, junto con Oscar Henríquez, del manejo y la estrategia de expansión de la firma. Oscar se trasladó a Arica, donde la Comercial Prat tenía sus oficinas centrales, y Jan se quedó en Santiago planificando la apertura de nuevas sucursales. Comercial Prat comenzó de este modo a perfilarse con renovada fuerza. Fueron inauguradas las multitiendas de Iquique, Tocopilla, Copiapó, Curicó y Talca y la sede de la firma en Antofagasta se trasladó a un local mucho más cómodo y espacioso. Ahora las instalaciones de Comercial Prat no desmerecen frente a las mejores de su género. Todas las multitiendas operan con distintos departamentos –vestuario, ropa juvenil, artículos para el hogar, línea blanca y electrónica– y cuentan con aire acondicionado, cosa que en regiones no es usual. A todo esto las ventas han crecido a un ritmo muy acelerado y el negocio ofrece buenas perspectivas futuras.

Aparte de estas tareas y de sus funciones como administrador a cargo de nuestro holding familiar de inversiones –Inversiones Los Dominicos–, Jan ha sido también una pieza fundamental para el desarrollo de la estrategia internacional del grupo. En una economía en trance de globalización, este tema es importante y constituye una variable que –pasado cierto nivel– ningún empresario puede darse el lujo de ignorar.

Siento orgullo cuando miro la trayectoria empresarial de mis delfines y me complace saber que ambos han crecido mucho, tanto en términos humanos como profesionales. Los dos han hecho grandes contribuciones a nuestros negocios y están en la mejor etapa de la vida en términos de energía, proyectos e imaginación.

Juicio en Francfort

Una carta de la embajada alemana en Santiago me informó en 1978 de un juicio en contra del oficial s.s. que estuvo a cargo de Goleschau en los días finales. Me indicaban que les gustaría contar en ese proceso con mi colaboración.

Fui y hablé con el primer secretario de la misión. Me contó que un amigo mío, residente en Checoslovaquia, me había citado en su declaración. Aseguraba haber pasado la guerra conmigo y, antes de que me lo nombraran, supe que era Prusa.

El funcionario quería que me entrevistara con el representante del fiscal judicial que vendría a Chile a contactarse conmigo. Cuando llegó, sólo conversamos una media hora. Me hizo preguntas generales y a los pocos días me llamaron de la embajada para invitarme formalmente a testimoniar en el juicio. Accedí al viaje a condición de que a mi audiencia pudiera acudir también mi amigo Prusa.

Días más tarde, me llamaron para que tuviera una audiencia con el embajador.

–Estoy consciente de la tragedia que ustedes vivieron –me dijo–. Y no se lo digo porque usted esté delante mío. Siempre he pensado lo mismo.

–No tengo rencores contra los alemanes –le contesté–. La prueba es que mi socio y compadre, Guillermo Schiess, es alemán. Lo que me sorprende, sin embargo, es por qué el gobierno alemán se ha demorado más de treinta años en iniciar este juicio, siendo que el inculpado estaba ubicado desde hace mucho tiempo.

–Así es la justicia. Lenta, lentísima –insistió el diplomático–. Ahora bien, su condición relativa al viaje del señor Franta Prusa nos aproblema mucho.

Insistí en que quería verlo porque era el único modo de lograr que lo dejaran salir de Checoslovaquia. Mi exigencia causaba extrañeza por inusual, pero dos semanas después me avisaron que se estaba cursando la invitación oficial a mi amigo.

Viajé a Francfort con Jana, mi hija Katy y su esposo, Daniel. En Francfort se nos incorporó Stella, la mujer de Bill Wilchek, nuestro principal contacto y proveedor norteamericano, redactora *free lancer* de revistas de prestigio y que se interesaba en reportear el juicio.

Mi reencuentro con Prusa fue emocionante. Habían pasado treinta años desde la última vez que nos habíamos visto. Fuimos en ese momento dos amigos arrebatados por el recuerdo y el cariño.

Le confesé a Prusa que no me acordaba de muchos detalles de Goleschau. Mi amigo me refrescó la memoria y muchas imágenes perdidas volvieron a mi mente.

–Por las preguntas que me han hecho en Chile, parece que quieren un testigo ocular de los asesinatos del inculpado y yo con mis ojos no recuerdo haberlo visto matar.

Prusa y yo en un descanso de la agotadora audiencia judicial en que testimonié en contra de un criminal de guerra en Francfort.

Sentía, sí, tal como tú, los disparos, pero no veía quién los hacía.

–Este tipo era muy joven en aquella época –según Prusa–. Tendría a lo sumo dos o tres años más que nosotros. Lo nombraron jefe unos dos meses antes de la evacuación. El antiguo, un alto oficial S.S., salió de vacaciones y no volvió más porque los rusos ya estaban muy cerca. Durante la marcha de la muerte, él era quien se paseaba a lo largo de la caravana, yendo y viniendo continuamente en una moto con sidecar. Mató a mucha gente. La mayoría de los disparos eran suyos. Lo sé porque el sonido siempre venía desde la moto.

–En Chile me preguntaron si lo reconocería al verlo. Les contesté que nunca mirábamos con mucha fijeza a un S.S., porque eso nos podía significar la muerte.

–Ten cuidado –me advirtió Prusa–. Varios testigos han declarado contra este S.S. y yo he sabido que muchos han caído en contradicciones o cometido errores.

Gocé los dos días con Prusa. No nos despegamos ni un momento. En las horas y horas que estuvimos juntos, comimos, nos reímos y conversamos más de lo humano que de lo divino.

Como la audiencia judicial era pública, nadie tuvo problemas en escuchar mis declaraciones. Mientras esperaba el llamado para entrar a la sala del tribunal, llegó un tipo, acompañado de dos personas, que se instaló a unos diez metros de donde estaba yo.

Prusa, que estaba a mi lado en ese momento, me dijo:

–Ese es el criminal.

–¡Cómo! ¿No está preso?

–Por el momento no. Como los cargos contra él no están comprobados, simplemente está libre.

Me indignó saberlo y con esta rabia presté mi declaración. El proceso me pareció algo extraño. La audiencia era sólo para recibir mi testimonio. No sabía cuándo se había presentado el testigo anterior y tampoco sabía cuándo lo haría el próximo. El tribunal sólo se reunía de vez en cuando. Eso significaba que el acusado, después que yo testificara, se iría tranquilamente a la casa y esperaría no sé cuanto tiempo hasta que lo llamaran otra vez.

Desde que entré al interrogatorio estuve de mal humor. Encontraba inconcebible que ese asesino anduviera suelto después de comprobadas sus responsabilidades en Goleschau y en la evacuación. Al cabo de treinta años los jueces querían que nos acordáramos de detalles. Eso era absurdo. No les bastaba la evidencia de todos los muertos que hubo en la fábrica de cemento y durante la marcha entre Goleschau y Sacksenhausen. Aunque las presunciones eran apabullantes, la justicia alemana quería encontrar algo que era imposible: testigos oculares que declararan, bajo juramento, haber visto cómo el acusado había disparado y muerto a sus víctimas.

Aun cuando hablo alemán, dije que prefería hablar en castellano o bien en checo. Como tenían una intérprete en español, no me pusieron inconveniente y la parte sustantiva de la audiencia comenzó.

No oculté en ningún momento mi molestia.

—¿Usted sabe quién era el jefe de ese campo de prisioneros?

—No. Sé que al final era un muchacho joven. Nunca traté de mirarlo porque era peligroso.

—¿Usted lo reconocería ahora?

—No. Supongo que no es necesario que lo reconozca, ya que ustedes lo tienen plenamente identificado.

— Sí, pero usted no lo reconoce.

— No. Y tampoco lo hubiera reconocido dos días después de la marcha de la muerte. Supongo que, después de tanto tiempo, ustedes como jueces, una vez que han conocido los métodos de los S.S., saben cómo se comportaban estos criminales. Me imagino que no necesitan mi testimonio para saber que eran bestias.

Más tarde les pregunté:

—Quiero saber si él está preso o no.

—No está preso.

—¿En qué situación legal está?

—Hace dos años hubo una denuncia contra él. Está inculpado, bajo interrogatorios, pero en libertad. Es en el juicio donde tiene que demostrarse su culpabilidad.

—¿Puedo preguntarles a ustedes qué es lo que hace?

—Sí. Es carnicero. También fabrica embutidos.

—¿Carnicero? Por lo menos sigue en su mismo oficio.

El interrogatorio duró mañana y tarde. Lo pasé mal. Desde el primer momento me pareció una farsa todo lo que se estaba haciendo y, a medida que transcurría el tiempo, más me reafirmé en mi opinión inicial.

Durante una pausa me acerqué al fiscal y le dije que con esta forma de hacer justicia, al final no iban a condenar a nadie.

—La verdad es que el sistema no es eficiente —me reconoció.

Al terminar me sentí usado y con una sensación de cansancio. Habían querido saber minuto a minuto todo lo que habíamos hecho durante la marcha de la muerte. Eran preguntas tan precisas y requerían de tanto detalle que terminé aburriéndome.

¿Era en la mañana o en la tarde? ¿El primer día o el segundo? ¿Llovía o nevaba? ¿Andaba en la moto solo o acompañado? Preguntas y más preguntas imposibles de contestar después de tantos años.

Fue una experiencia amarga, deprimente. Enojado, contesté lo que sabía. Cuando ignoraba los detalles, lo reconocía abiertamente.

El episodio terminó con este saldo descorazonador. Pero algo de positivo tuvo: el encuentro con Prusa y su esposa Hana. Al día siguiente los Prusa regresaron a Praga. Cuando los despedí, pensé que nunca más los iba a volver a ver.

De vuelta a Chile agradecí a la embajada la invitación e hice presente mi decepción por el sistema judicial alemán. Dudo que me hayan puesto mucha atención. Después de un tiempo supe que el último jefe de Goleschau había sido sobreseído definitivamente. No hubo testigo ocular de sus crímenes. El tipo podía seguir con su carnicería sin mayores problemas.

Al borde de la quiebra

Entre los años 74 y 81 Mellafe y Salas no sólo pagó a Corfo la deuda de los interventores de la Unidad Popular, sino que además se capitalizó. Pero el año 82 la crisis fue tan seria que si no quebramos fue por suerte. El factor más decisivo en nuestra supervivencia al final fue nuestra trayectoria: siempre fuimos serios y cumplidores de los compromisos. También, sin embargo, le atribuyo un papel importante a la suerte.

El problema se originó en que nuestras deudas estaban en dólares. En nuestro negocio hay que enviar las órdenes de compra al extranjero con muchos meses de anticipación. En esa época, el dólar estaba fijado en 39 pesos. Nosotros, por supuesto, vendíamos en pesos, dando facilidades de hasta seis meses a nuestros clientes. El precio se calculaba teniendo como referencia los inamovibles

39 pesos por dólar. La debacle se produjo cuando, de modo imprevisto, el precio de la divisa se disparó. Nuestras deudas automáticamente crecieron de manera espectacular. Sin embargo, las entradas ya no podían alterarse: eran un alto de letras firmadas en moneda depreciada. De un día a otro, sin que tuviéramos arte ni parte, nuestra caja no alcanzaba para pagar los compromisos bancarios.

La deuda a los bancos, generada en los acreditivos, sumaba millones de dólares. Parecía imposible remontar la situación porque, adicionalmente, la contracción era general. Medio mundo estaba quebrado, no había trabajo y las ventas bajaron en un 80 por ciento para los artículos que comercializábamos.

Afortunadamente los bancos, que también pasaron por una enorme crisis de caja y tuvieron apoyo del Banco Central a través del programa de deuda subordinada para responder a sus cuentacorrentistas y ayudar a los deudores viables, tuvieron confianza en nosotros y al final eso nos salvó. Nos tocó a Armando, Daniel y a mí enfrentar las renegociaciones. Fue una tarea eterna, ardua, complicada. El dilema constante consistía en saber si era más conveniente asumir la quiebra o enfrentar las casi imposibles condiciones de pago que se venían encima para el futuro.

Tomó meses poner a todos de acuerdo. Bastaba que un solo banco no estuviera de acuerdo con los términos estipulados, para que de nada sirviera el acuerdo con el resto de las entidades financieras.

Siempre estuvimos pendientes de un hilo. Los vencimientos se aplazaban de treinta en treinta días. Eso significaba que no se sabía qué pasaría cuando venciera el próximo plazo. En todo ese tiempo de idas y venidas por la renegociación de la deuda, nuestra empresa perdió 18 millones de dólares de su patrimonio.

El primer banco con el cual cerramos trato fue el Banco de Chile, nuestro principal acreedor. Afortunadamente, los otros bancos se acoplaron a la negociación y estuvieron dispuestos a aceptar las mismas condiciones que conviniéramos con el Chile.

Quien hizo un completo estudio de nuestra situación y certificó nuestra viabilidad fue Sebastián Piñera, por entonces gerente general de Citicorp. Me acuerdo que una de las descripciones del estado de la empresa señalaba que las deudas superaban las ventas de un año.

Cuando terminamos la renegociación con el Chile, volvimos a nuestras oficinas y en vez de comenzar a celebrar el fin de la pesadilla, Armando, Daniel y yo nos pusimos a dar otra revisión más a los puntos del acuerdo.

Al día siguiente pedimos una audiencia con la plana mayor del Banco de Chile. Nos la concedieron. Estaban, entre otros, Adolfo Rojas, el presidente, Segismundo Schulin-Zeuthen, gerente general, Jorge Buzzoni y Luis Felipe Bravo. Ese día tocaba firmar el convenio y casi se helaron cuando les dijimos que no lo haríamos. Eran las únicas palabras que no esperaban escuchar, según me lo dijo Adolfo Rojas tiempo después.

–A lo mejor ustedes esperan palabras felices –empecé diciendo–. Por desgracia, ayer hicimos nuevos cálculos y la conclusión es que en el plazo de cuatro años es imposible que podamos cumplir. En la calma de anoche y con la frialdad de los números, pensamos que esta solución no arregla nada. Necesitamos más tiempo para pagar. Lo decimos ahora porque no queremos ir de una renegociación a otra.

Al final pudimos llegar a un arreglo satisfactorio, al cual –como estaba previsto– se unieron los demás bancos.

A poco andar, las cosas fueron mejorando ostensiblemente. Nos empezó a ir bien. En muchos bancos, sobre todo en los chicos, prepagamos la deuda y cerramos las cuentas.

Lo pasé mal en esa crisis. Fue una época de muchos sobresaltos. Aunque sabía que era un problema generalizado, me sentía responsable. Sentía que tenía la obligación de exigirme hasta el límite en mis capacidades. Era

Los socios de Mellafe y Salas. Un círculo de confianza y amistad.
Rafael Mellafe, Sergio Salas, Armando Vallarino, Guillermo Schiess
y yo. Sergio vendió su participación hace pocos años.

la única manera de poder llevar la embarcación nuevamente a puerto. Por suerte, en esa época ya estaban Daniel y Jan incorporados a la gerencia de nuestros negocios
y la eficiencia de ambos permitió que el despegue fuera
más rápido.

Los socios

Creo importante hacer un comentario especial sobre la
forma en que, luego de más de cuarenta años de actividad,
hemos mantenido la unidad societaria y un clima de absoluto entendimiento entre los socios de las empresas de
nuestro grupo. Mellafe y Salas y sus empresas relacionadas
tuvieron en el pasado varios socios importantes, los cuales
en distintos momentos vendieron sus acciones o derechos.

Pero desde hace ya mucho tiempo los socios principales somos la familia de Rafael Mellafe, la familia de Armando Vallarino, la familia de Guillermo Schiess y mi propia familia, los Platovsky.

No viene al caso identificar los porcentajes, ya que estas proporciones no han tenido casi ningún efecto en las grandes decisiones del grupo, desde el momento en que siempre han sido unánimes. Además de socios, somos amigos. Creo poder decir que hay pocas empresas que durante tantos años hayan mantenido, en los tiempos buenos y en los malos, una unidad tan sólida como la nuestra.

Pienso que la mezcla de intereses económicos, sentimientos de amistad y recíproca confianza entre todos nosotros ha sido el factor preponderante de nuestro éxito. Cuando los tiempos son buenos, y se está ganando dinero, se podría decir que no es difícil que todos estén contentos. Pero mantener la unidad en los años duros y en los momentos de crisis es otra cosa. Hubo muchos años en nuestra historia empresarial en que ninguno de los socios recibimos un solo peso como dividendo. Los que desempeñábamos funciones ejecutivas recibíamos nuestra remuneración y punto. Pero aun en esos trances, jamás hubo discordias. Todo lo contrario. La amistad y la lealtad fueron factores de estímulo en los momentos críticos. Más allá de como marcharan los negocios, nos hemos apoyado incondicionalmente entre todos a lo largo de los años.

Me gustaría que nuestro grupo de empresas familiares siguiera el ejemplo de los socios fundadores. Me gustaría que se preservara este espíritu a medida que vayan llegando las nuevas generaciones. Hasta aquí –habiendo pasado la segunda generación a tomar sus responsabilidades– el asunto va muy bien. Ojalá ese espíritu nunca se pierda.

14

Janita

Aunque en su momento Janita fue una chica muy conectada al círculo de gente elegante que circulaba por las
recepciones y cocteles de las embajadas de Praga, cuando
yo la conocí era una mujer muy distinta. Fina, pero hija
del rigor. Enamorarme de ella fue lo mejor que pudo
ocurrirme porque formamos una familia fantástica y ella
estuvo a mi lado en momentos de gran adversidad e
incertidumbre.

A pesar de haber estado acostumbrada en Praga, después de la guerra, a la vida mundana y de pocas exigencias, en París soportó sin problema su difícil situación
económica inicial, como refugiada sin dinero. Después,
conmigo, y aun cuando no nos fue mal económicamente,
ella siempre mantuvo los gastos al mínimo y jamás incu-
rrió en derroches. Una vez en Chile, mi esposa se transformó en un modelo de esfuerzo, tenacidad y renuncia.
Nunca gastó un solo peso que no fuese imprescindible.
Nunca me exigió nada. Se vino a Chile sin más ropa que la
que tenía en París y creo que hasta cuatro o cinco años
después de radicarnos en Santiago no se compró ni una
sola tira, ni un solo par de zapatos, porque entendía que

en esos momentos estábamos jugándonos el todo por el todo para un destino mejor.

Encantadora, alegre, hermosa, ocurrente para arreglar la casa y recibir a los amigos con mucho menos dinero de lo que cualquiera podía imaginarse, Janita fue durante años el arquetipo de la mujer sencilla. Apenas se pintaba. No tuvimos empleada en los primeros dos años y ella se encargó siempre de todo el trabajo de la casa. Nunca se dejó seducir por gastos inútiles en la época en que me comenzó a ir mejor y era capaz de darlo todo por los niños y por mí.

La dificultad de envejecer

A pesar de los tres partos, Janita se mantuvo siempre en excelente forma. Tenía una belleza que llamaba la atención donde la pusieran y que dejaba a mucha gente sin respiración. Quizás eso mismo al final la perjudicó. Siempre he creído que las mujeres verdaderamente lindas tienen más dificultades para envejecer. A mí este factor nunca me importó gran cosa, porque entretanto también envejecí yo y, a diferencia de mi mujer, engordé. Sin embargo, entiendo perfectamente que para ella el paso del tiempo debe haber sido más duro. Cuando ya el cuerpo no era lo que había sido, cuando ya las primeras arrugas se instalaron para siempre en el rostro, Janita seguramente lo empezó a pasar mal. Su sensibilidad al tema de la vejez fue aumentando y varias veces la vi interesada en tratamientos e intervenciones plásticas llamadas a corregir los efectos de la edad.

Aun cuando me parecían infundadas –y así se lo dije no una vez sino varias–, sus preocupaciones eran absolutamente naturales y legítimas. Por eso, después de un tiempo en que traté de disuadirla, al final, cuando me planteó derechamente la idea de operarse, le dije que tenía todo mi apoyo para consultar al especialista que quisiera, con tal que fuese un profesional reconocido y responsable. Mi hija Katy la alentó en el mismo sentido, porque sabía que con una pequeña intervención su mamá, más que verse mejor, se iba a sentir mejor.

Por esa época, el más famoso cirujano plástico era Ivo Pitanguy en Brasil. El inconveniente que tenía era que mi mujer iba a tener que alejarse unos tres meses de la casa. Ni ella quería estar tanto tiempo afuera ni en verdad yo podía acompañarla durante tanto tiempo sin trastornos serios para los negocios. Pensar, por otro lado, en una amiga que la pudiera acompañar por tres meses era difícil: casi todas eran mujeres casadas, con hijos y responsabilidades que cumplir en sus hogares.

Pitanguy entonces fue descartado. Durante largo tiempo no volvimos a hablar del tema. Varios meses después, creo que fue una amiga quien le habló de una clínica especializada en Argentina. Como a Buenos Aires viajábamos con frecuencia, el asunto parecía ahí bastante más factible. En Buenos Aires teníamos numerosas amistades y de hecho ella se sometió a una intervención menor –muy simple, realizada en la misma consulta– que consistió en levantarle la capa superior de la piel de algunas partes de la cara para renovarle el cutis. El resultado fue bueno, pero era algo tan menor que ella no quedó satisfecha.

Siguió pasando el tiempo y cierta vez por casualidad –creo que en una comida en casa de unos grandes amigos nuestros– el tema volvió a salir a la palestra. Encontramos que la dueña de casa lucía espléndida. Siempre había sido muy buena moza, pero esa noche estaba radiante. Se lo dijimos y ella, con gran humor y mucha confianza, nos dijo que se había hecho una intervención plástica con un cirujano excelente. Aquí en Chile, para mayor ventaja. El dato para mi esposa parecía caído del cielo.

Desde ese momento, lo que hasta entonces había sido un problema, dejó de serlo. Diría que pasaron pocos días –una semana, a lo más– antes que mi mujer resolviera hacerse la operación en Chile.

Reconozco que me gustó poco su decisión. No me entusiasmaba en absoluto, básicamente porque la creía innecesaria. Sin embargo, como ya antes le había dado mi apoyo, volví a respaldarla, aunque de mala gana. Ella notó mi falta de entusiasmo y más de algún desencuentro tuvimos por esos días.

El médico recomendado planteó que la operación era sencilla y que para llevarla a cabo sólo se requería anestesia muy liviana. Al final se decidió que la intervención iba a ser completa, para no dejar nada pendiente, y quedamos prevenidos de que Janita iba a estar un buen rato en el quirófano. Tal como fue programada, la intervención era larga pero sencilla.

Mi principal preocupación fue asegurarme, para el caso en que Janita llegara a necesitarla, que la eventual transfusión se hiciera con sangre muy bien analizada. El sida había aparecido hacía poco y las informaciones al respecto eran aterradoras. Todo lo demás –la operación propiamente tal, la clínica, el anestesista, el período de recuperación– parecía ofrecer las máximas garantías.

Aún es tiempo de desistir

La noche anterior a la operación llevé en mi auto a Janita a la clínica. Hicimos juntos el trámite de registro y le asignaron una habitación muy confortable. Tengo poca resistencia a la atmósfera de los hospitales. Soy de los que creen que basta con entrar para que uno ya comience a sentirse enfermo. En la penumbra y el silencio del recinto –estaba oscuro y no quedaba ninguna visita– yo le decía que todavía estábamos a tiempo, que todavía podíamos volvernos a casa y que aquí no había pasado nada.

–¿Cómo se te ocurre, Milancito? La operación ya está pagada y yo, entiéndeme, quiero hacérmela.

El pago anticipado estaba entre las condiciones que el

médico había establecido. Parecía ser una costumbre para atenciones que las isapres no cubrían.

El 28 de marzo de 1988 la operación partió temprano y mi nuera Keki –la señora de Jan– vino a acompañarme al alba mientras Janita entraba al quirófano.

Como sabíamos que la operación iba a ser larga, ambos nos armamos de paciencia. Conversamos de lo humano y lo divino, plácidamente y de buen humor, sin saber que esos iban a ser los últimos minutos del glorioso período de felicidad que había vivido en mi matrimonio.

Efectivamente, estábamos llegando al final.

A las tres horas me empezó a dominar la inquietud y la ansiedad. Janita todavía seguía adentro y la promesa de verla aparecer de un momento a otro aumentó la tensión. Pasada las cuatro horas, comenzaron a asaltarme las peores conjeturas.

–No se preocupe, don Milan. Ya van a salir –me tranquilizaban.

Claro que estaba preocupado y cuando bastante rato después me di cuenta que entraban y salían del quirófano con visible premura y a toda carrera médicos y enfermeras, quedó fuera de toda duda que estábamos en problemas.

Al final –cuando ya la espera y la falta de explicaciones eran insoportables– aparecieron los médicos. Eran cinco:

–Su señora sufrió un ataque cerebral durante la operación. Ha sido llevada de urgencia a la UTI. En estos momentos está en observación. Su estado es delicado. Por ahora está inconsciente.

Desde luego que pedí verla y, después de intercambiar unas cuantas miradas, los médicos aceptaron que pasara.

El cuadro con que me encontré era impresionante. Para mí corresponde a una de las peores imágenes de mi vida, y eso que he visto bastante. Con la cabeza y el rostro vendado, conectada a mil equipos y pantallas, dependiendo de un respirador artificial, Janita estaba inmóvil, como una momia. De su cara sólo se podían ver los ojos cerrados. Apenas daba señales de vida. El médico a cargo de la UTI, un excelente profesional, me dijo que la paciente estaba sin conocimiento y que a estas alturas del accidente cerebral él no se atrevía a dar un pronóstico.

No quiero describir el pánico que me invadió. Creo que toqué el fondo de la desesperación. La cabeza me daba vueltas en banda. Keki llamó a la familia y llegaron mis dos hijos y Anita, la señora de Daniel. Katy estaba en Estados Unidos donde vivía desde hace algunos años con su marido e hijas.

Nadie de la clínica quiso opinar y ningún médico ofrecía una explicación. Se me fue haciendo cada vez más evidente el hermetismo de la clínica y cada vez más desesperante la falta de explicaciones. En esa misma medida, comencé a perder la confianza tanto en los facultativos como en el establecimiento.

Desesperado y deseoso de conocer otras opiniones, pasado el mediodía mandé llamar al doctor Juan Ricardo Olivares, neurocirujano de otra clínica y amigo por muchos años. A esas alturas los médicos se limitaban a guardar silencio o a darme respuestas evasivas cuando les preguntaba qué posibilidades existían de que sobreviviera.

La tarde fue infernal. El doctor Olivares llegó pasadas las 20 horas y examinó a Janita en mi presencia. Entre otros exámenes, le midió la sensibilidad de la planta del pie y en eso confirmó su pronóstico:

–Milan, tranquilízate, porque creo que tu esposa se va a recuperar.

Era lo que había estado esperando escuchar durante todo el día. Sin embargo, sus seguridades no me apaciguaron. Tal vez eran demasiado tardías. En las horas previas creo haber atravesado varios umbrales del dolor y a partir de ese momento crucé también el umbral de la indignación y la ira. Ira contra el destino, contra la clínica, contra los médicos y contra una operación maldita que, aparte de innecesaria, había sido como tentar al demonio.

No tengo una visión muy objetiva y pormenorizada de esas horas de espanto. Sé que la clínica se llenó de amigos. Gente de mi oficina, amistades de la casa y relaciones de Janita. Sé que en algún momento un médico me dio una píldora. Sé que me quedé sentado todo el día, con la cabeza en blanco, en una silla a la entrada de la UTI. Me acuerdo también que Jan, muy tarde, me convenció de llevarme a mi casa. Se quedó conmigo toda la noche. A Katy ya le habían avisado del problema y venía en vuelo a Chile.

Los días siguientes los viví en la clínica. Cuando me sacaban de ahí ya bien entrada la noche, me iba todos los días sin motivo alguno que permitiera alentar esperanzas. Todo lo contrario: pensaba que mientras más tiempo tomara Janita en reaccionar, más delgadas tenían que ser las posibilidades de recuperarse.

Como al quinto día pedí que me dejaran solo con ella. Tenía mucho que decirle a Janita y decidí que me iba a tener que escuchar.

Le tomé la mano y le comencé a hablar. En checo. Hablé largo con ella. Calculo que como treinta minutos. Le dije que la quería mucho. Que yo no era capaz de seguir viviendo sin ella. Que la necesitaba. Que yo encontraba que habíamos sido muy felices juntos y que ella ahora no me podía fallar, no me podía dejar solo.

—Janita, tú tienes que volver. Yo quiero una señal tuya. Llevo hablándote bastante tiempo y quiero saber que me estás escuchando. Necesito una señal tuya. Dámela ahora porque estoy sufriendo mucho. Janita, aprétame por favor la mano si me estás oyendo.

Pasados unos segundos, sentí que sus dedos se movieron débilmente en torno a la palma de mi mano.

—Janita, ¡hágalo de nuevo!

Volvió a hacerlo y entonces ahí sí que supe que se iba a recuperar.

La secuencia de la fatalidad

Pasaron dos semanas antes que Janita abriera los ojos. Poco a poco le fueron quitando las vendas del rostro. Cuando despertó de su largo sueño cerebral, parecía escuchar, pero daba la impresión de estar ausente. A la semana siguiente salió de la UTI. Ya no necesitaba respirador artificial, pero traía la garganta herida por efecto de los tubos a los cuales había permanecido conectada. Apenas podía expresarse, pero algunas palabras se le entendían. A las cinco semanas de la operación, Janita recién pudo volver a la casa. Los médicos señalaron que para su recuperación era preferible el ambiente del hogar al de la clínica.

Nadie se preocupó, en los días inmediatamente posteriores a la operación, de establecer con exactitud qué había ocurrido. La versión oficial era que, mientras se desarrollaba la operación, Janita había registrado un ataque cerebral demoledor. Ambos hechos eran independientes entre sí. Los médicos incluso reconocían que la paciente había estado muerta en el trayecto de la sala de operaciones a la UTI y que ese intertanto había sido determinante del daño cerebral que mostraba.

Ya en casa, Janita recuperó el habla y nos sorprendió a todos dando continuas pruebas de buen humor. En realidad, no se daba cuenta de su estado.

Aun en los momentos más duros del trance tuve siempre el propósito de investigar en todos los detalles lo que efectivamente había ocurrido. Tomé contacto con el Estudio Jurídico de Miguel Otero y estoy agradecido de su sobrino, Alberto Espina, más tarde diputado, de haberme ayudado en la investigación.

Las conclusiones a que llegamos fueron tremendas. Mi esposa fue víctima en la operación de un error médico inexcusable y, con posterioridad, nos enfrentamos a un muro impenetrable de complicidad y silencio.

Los hechos descarnados que pudimos establecer son los siguientes:

–El ataque cerebral de Janita se debió a la inepcia del anestesista.

–Cuando la intervención estaba en pleno desarrollo y el rostro de la paciente estaba soportando algo así como un pequeño esmeril que "lima" algunas zonas de la cara, mi esposa tendió a despertar de la anestesia. Se sabe que esa parte de la intervención es particularmente dolorosa.

–Ante la reacción de la paciente, de modo absolutamente irresponsable, el médico anestesista aplicó anestesia en exceso.

–El exceso de anestesia casi la mató. Quedó varios minutos muerta, sin irrigación sanguínea al cerebro.

–La operación se realizó prácticamente a ciegas porque la clínica no contó con la indicación de un dispositivo de resguardo que es elemental en toda operación y sobre todo en las operaciones largas. Se trata de un simple catéter que se coloca en un dedo del paciente, para medir la cantidad de oxígeno en la sangre. Ese instrumento ese día estaba malo y no fue reemplazado, no obstante que su valor no supera los 50 dólares.

–Cuando la sangre pierde oxígeno, su color se oscurece, pero, no obstante eso, los médicos continuaron operando y no hicieron nada para prevenir el ataque que debía sobrevenir de manera inevitable. No se dieron cuenta de lo que estaba ocurriendo. Supongo que hablaban de otra cosa. Cuatro o cinco horas es mucho tiempo y nadie reparó en el color que debe haber tenido la sangre. El cardiólogo Cristián Bianchi, muy amigo mío, uno de los tantos especialistas que consulté después, me señaló que si él hubiera estado ahí el accidente no habría ocurrido. Me dijo que él muchas veces ha asistido a operaciones de pacientes suyos sólo para verificar que las cosas se hicieran bien. ¡Qué no habría dado yo por haber contado con él en su momento!

–Comprobé además otra cosa, especialmente dolorosa: los médicos se protegen tal como los miembros de una sociedad secreta. Se podría hablar hasta de una mafia. Yo recorrí toda la cadena de responsabilidades, pero lo único que logré sacar de ahí fueron evasivas, penumbras y explicaciones. Ni siquiera la arsenalera se atrevió a hablar. El presidente del Colegio Médico de la época se comprometió a una investigación. Al final me dijo que nada de lo que había ocurrido era culpa de sus asociados. Se comprometió a hacerme llegar un informe, pero ese informe nunca lo vi.

Al final –no obstante tener cualquier cantidad de antecedentes para emprender una acción legal– deseché la idea de un juicio. Alberto Espina estuvo de acuerdo conmigo. El mismo me recomendó no litigar. Nada íbamos a sacar. Janita nunca más iba a volver a ser la que había sido y el proceso necesariamente iba a demorar años. Las indemnizaciones no me interesaban y era seguro que en la causa la hermandad médica iba a alinearse como una sola tabla en sus justificaciones y excusas.

Por un buen tiempo, el anestesista visitó a Janita todos los días. El tipo rezaba el rosario junto a su cama y no me cabe duda que interiormente estaba deshecho. La culpa no es una buena compañera. Doy por hecho que su problema no fue la mala fe, pero creo que es difícil llegar a los extremos de negligencia que él llegó.

Llegó el momento en que a él y al cirujano les dije que no quería verlos más. Y un día, a la vuelta de varios años, me encontré de nuevo con la figura del doctor que operó a Janita en la televisión. Hablaba con gran desplante del margen de seguridad que tienen las operaciones de cirugía plástica. Era impresionante. Ni se arrugaba.

La vida posterior

La recuperación de Janita fue lenta y trabajosa. Una parte importante de su cerebro –la zona derecha– quedó muy afectada y, en cuanto el daño se estabilizó, a los tres meses de la operación, eran evidentes varias disfuncionalidades en ella. No podía caminar. No podía contar del uno al diez. Había olvidado escribir y leer. La inmovilidad total de la mano izquierda era acompañada por un fuerte temblor. Además había quedado fuertemente afectada de la vista.

Después de romper relaciones con la clínica encontré un nuevo médico de cabecera: el neurólogo Fernando Vergara, una eminencia que se entendió muy bien con el doctor Olivares. El trabajo de ellos, y del kinesiólogo Juan Núñez, permitió que Janita hiciera enormes progresos durante el primer año.

Primero, lentamente, recuperó la lectura. Debió comenzar a usar lentes para corregir su pérdida de capacidad visual y esa fue toda una historia. Costó encontrar los anteojos que le convinieran: tenía la cara tan delicada que los marcos corrientes le provocaban irritaciones y heridas.

Una vez que estuvo un poco mejor, decidimos con Katy llevarla a Estados Unidos, a un hospital en Dallas. Allá la sometieron a numerosos exámenes en equipos magnéticos especiales. Eran la última palabra en ese momento. Los equipos confirmaron varios de los diagnósticos que llevábamos de Chile, pero además los médicos norteamericanos establecieron que en ese momento Janita había dejado de progresar. Advirtieron incluso que estaba teniendo pequeñas regresiones y los exámenes mostraron una acumulación excesiva de líquido en la cavidad cerebral. Algo así como un caso de hidrocefalia. La recomendación entonces fue implantarle una válvula que devolviera el exceso de líquido al torrente sanguíneo y que funciona automáticamente.

Los médicos chilenos –Olivares, Vergara y Bianchi en junta médica realizada en mi casa– decidieron que no había problema alguno en hacer la operación en Chile y acordaron para mayor resguardo introducir el dispositivo por el lado derecho del cerebro, el mismo que Janita tenía dañado. Así se hizo. La intervención fue muy exitosa. A los pocos días Janita volvió a mostrar progresos notables.

Nuestro matrimonio religioso. Nos casó el padre Florencio Infante.

Nuestra familia: hijos, nueras, yerno y una buena cantidad de nietos.

Recuperó los idiomas, la escritura y la lectura a niveles aceptables.

Básicamente, sin embargo, Janita ya no es la misma. Apenas puede caminar por sus propios medios. Debe tener una enfermera siempre a su lado. El año 92 se cayó en el dormitorio y estuvo otra vez en estado crítico. En su condición, una persona cuando se cae apenas atina a protegerse. Esa vez el golpe en la cabeza afectó el funcionamiento de la válvula que le habían colocado antes y se produjo una hemorragia interna. Hubo entonces que llevarla de urgencia a la Clínica Alemana para ser sometida a otra operación. Mientras esperaba frenético esa intervención, veía que Janita se iba replegando indefectiblemente a la ausencia y al silencio. Recuperó otra vez el habla días después de la operación y desde entonces su estado es más delicado.

Bastante antes de ese accidente, unos dos años después de la operación, celebramos en casa nuestro matrimonio religioso. Fue también un estímulo a su recuperación. Janita siempre había querido que nos casáramos por la iglesia y pudimos hacerlo luego que su primer marido había muerto. Organicé la ceremonia con la ayuda de Enrique y Mónica Valenzuela, embajadores en Estados Unidos durante varios años, y la ofició el padre Florencio Infante, con quien establecí una gran amistad. Todo fue muy emotivo. Nos casamos rodeados de hijos y nietos y ese día mi mujer estuvo radiante.

En cualquier caso, la vida de Janita y la mía ya no es igual. A veces me dice que ni siquiera es vida. Y en sus momentos negros, dice que preferiría morir. La entiendo, por todos los problemas que ha tenido y por la forma simplemente brutal en que ha debido achicar su mundo.

El 28 de marzo de 1995 se cumplieron siete años de la fatídica operación plástica de Janita. Ese hecho no sólo cambió nuestra vida. Cambió también la de toda la familia. A veces me pregunto cómo habría soportado esta experiencia siendo más joven. El año de la operación yo tenía ya 65 años y una posición consolidada. Estaba lleno de energía todavía, pero encontraba que había llevado, después de todo, una vida buena e intensa. Creo que con menos edad el shock podría haberme aniquilado. En la tercera edad, quizás, estas miserias son más soportables.

No me hago ilusiones. El deterioro de Janita es definitivo y permanente. Irreversible además, porque nadie ha descubierto cómo reconstituir las células cerebrales muertas. A una edad en que la mayoría de mis amigos disfrutan viajando y trabajando menos, yo tiendo a trabajar más. Es lógico. El trabajo es mi terapia. Mis propios socios ya van menos a la oficina y pasan más tiempo en la casa. A mí, en cambio, durante la semana me cuesta dejar de trabajar. Por suerte tengo una buena infraestructura de personal –enfermeras, chofer, empleadas, jardinero– que funciona en forma eficiente y que, junto con cuidar a Janita, también me protege a mí.

Aunque después de ocurrida la calamidad, mis hijos, mis nueras y mis nietos se pusieron a disposición para colaborar en todo lo que Janita necesitara, he tratado de ser muy cuidadoso y discreto en este plano. Creo injusto hacerlos cargar con un problema que en lo básico es sólo de Janita y mío. Ellos son jóvenes, tienen sus vidas y no tengo por qué estarlos gravando día a día con el peso de una tragedia. Me aterran los casos de familias completas cuyas vidas son intervenidas durante años por agonías interminables, enfermedades terminales, envejecimientos patéticos.

Mi mujer es muy vulnerable y necesita constante dedicación. Tiene enfermeras profesionales día y noche. Una, la señora María Isabel, está con nosotros desde el principio. La de noche –Isabelita– también lleva años y fue ella quien nos acompañó cuando fuimos a visitar a nuestra hija Katy y su familia en Los Angeles. También fue con nosotros a Praga. La enfermera de reemplazo –Emilia– también lleva con nosotros mucho tiempo. Fuera de ella, está Enrique, mi chofer, que lleva unos 25 años en nuestra empresa. Enrique está permanentemente con Janita y ahora está exclusivamente a su servicio.

A pesar de tanta ayuda y tanto apoyo, sin embargo, Janita está triste y su estado anímico es errático. Como creyente y católica, reza mucho. A menudo viaja con alguna de sus amigas al santuario de Santa Teresita de Los Andes. A veces llora y me dice que le pide a Dios que la deje morir. Otras veces tiene momentos de alegría, sobre todo cuando la visitan los nietos. Suele invitarlos a tomar té al Hyatt y otros lugares y eso le fascina.

Yo llego a casa todos los días entre las 19 y las 20 horas. Normalmente Janita a esa hora está mirando alguna telenovela. Yo me acoplo con un vodka tónica. Hay veces que vienen amigos a un traguito o que salimos con ellos a comer a algún restaurante tranquilo. Pero la mayor parte del tiempo nos quedamos solos en casa. Yo tomo todos los días un calmante para controlar la ansiedad y, antes de irme a la cama, una píldora para dormir. El vodka tónica es mi aperitivo de rigor y en las comidas me tomo una copa de vino.

Así es nuestra vida ahora. Menos plácida de lo que podría ser en función de la edad que tenemos, de los medios con que contamos y del largo camino que recorrimos juntos. Pero yo la acepto y la vivo sin fastidio ni rencor. Siempre he sentido que en toda existencia personal y familiar hay una especie de equilibrio estadístico entre las cuentas de la desdicha y de la felicidad. Me cuesta poner esta idea en palabras y desde luego no podría fundamentarla. Pero ahí está. Y, siendo así, si nos ocurrió esta desgracia a Janita y a mí, quiere decir entonces que en nuestro balance familiar estábamos con mucho saldo a favor.

15

Generaciones perdidas

El año 1990 volví por primera vez a Checoslovaquia. Fue la primera visita desde mi huida del comunismo en 1948. Habían pasado más de cuatro décadas. Dos generaciones en el intertanto habían quemado sus cartuchos. Para los historiadores cuarenta años no son nada. Pero para cualquiera representan buena parte de la vida útil de una persona.

Cuarenta años pueden ser una eternidad. Pocas personas han tenido la oportunidad de comprobar, no por medio de lecturas o de películas, sino con los ojos y oídos, con el cuerpo y la mente, los estragos que se pueden hacer durante ese lapso en una sociedad. En los países del Este el comunismo fue utilizado sistemática y científicamente para destruir la libertad y el alma de los ciudadanos. Fue utilizado para convertir a las personas en sujetos atemorizados y en generaciones perdidas. Al premiar el sistema las peores facetas del individuo, lo que emergió de ahí fue una sociedad sin destino.

Hay que haber vivido en la democracia previa a la época del comunismo, hay que haber conocido a fondo la sociedad en que esa ideología se enquistó, hay que haber mantenido viva la fotografía de cómo era esa sociedad antes, y hay que haberla visto después, para verificar los daños del ciclón.

Precisamente por eso, creo que no me di cuenta del verdadero daño del comunismo en la gente sino hasta que volví a Checoslovaquia el año 90, cuando pude reconocer sus huellas en almas destartaladas y en el largo proceso de descomposición que había comprometido la integridad de muchos de mis amigos y conocidos. Los encontré en una situación patética: casi todos tenían la conciencia mutilada.

Recopilando conversaciones, evidencias y contactos, se puede establecer con bastante seguridad que el comunismo se pervirtió muy rápidamente. Era un efecto inevitable, desde el momento en que fueron los viejos cuadros del partido los que tomaron el poder. Esa gente, la militancia de la primera hora, era de un nivel cultural muy bajo, pero terminaron siendo los únicos confiables porque daban garantía de pureza e incondicionalidad. A estos cuadros rudimentarios se les entregó el manejo del Estado. Moscú nunca ocultó su desconfianza a las capas más preparadas de la sociedad.

Pero al comunismo tampoco le faltó el respaldo de la intelectualidad, la cual, aunque proclive a su causa, también fue en gran medida comprada por el aparato estatal. El sistema pagó bien ese respaldo. Esta casta gozó de la estima pública, el halago, el homenaje y el bienestar. Pero, como era un estamento nulo en términos de inventiva económica, su función consistió en cantar loas al sistema y justificar las atrocidades.

En el fondo, existieron dos soportes para mantener al comunismo. Uno, brutal, inculto y primitivo en su manera de actuar, comprendía a los ejecutores de las políticas represivas. El otro, formado por escritores, artistas, periodistas y gente que revoloteaba en ese círculo, era el brazo que necesitaba el sistema para sentirse convalidado desde la perspectiva ética y cultural.

No quiero decir con esto que si el primer grupo hubiera tenido mejor nivel el comunismo habría sido más exitoso. Pero se habrían dado cuenta pronto de que el sistema no funcionaba, por inviable, y lo habrían abandonado. Tal vez la muerte del comunismo habría ocurrido mucho antes y el Muro de Berlín no se habría alcanzado ni a levantar.

La represión, unida a la sensación de que el sistema iba a durar eternamente, ya que no mostraba grieta alguna, ayudó a que el comunismo se mantuviera mucho tiempo. La gente se resignó y optó por acomodarse, por mimetizarse, por ser como el régimen quería que fueran.

No sucedió lo mismo con el nazismo. La guerra vislumbró la posibilidad de derrotarlo. Eso alimentó el espíritu de lucha. La rebeldía, en este caso, tenía la posibilidad de ser premiada. La esperanza inyectó energía, alimentó ilusiones y generó una fuerza.

Al irme de Checoslovaquia el año 48 y contraer matrimonio más tarde, la familia pasó a ser el centro de mi vida. Durante años no tuve mucha información del comunismo, vacío que me planteó al principio incluso algunos problemas de conciencia.

Sin embargo los superé gracias a Jean-Paul Sartre, marxista y existencialista, cuando en París fui a ver *Las manos sucias*. En la obra, un alto jefe del partido es acusado de desviación de pensamiento. Al principio el personaje, que se siente comunista hasta los huesos, no puede concebir ser acusado de traidor a la causa, pero al final, para salvar esa misma causa que todavía respeta, se declara culpable de desviación ideológica y pide por favor que lo condenen a muerte. Entonces me quedó claro: no había cometido ningún error al escapar de un régimen pervertido.

En 1990 no sólo me reencontré con Checoslovaquia y con Praga. También, con los pocos familiares que me quedaban y con antiguos amigos y compañeros de colegio. Me sumergí así en uno de los tantos países lastimados duramente por el comunismo. Porque, a pesar de los ligeros vaivenes de rebeldía de la Primavera de Praga, Checoslovaquia había vivido sometida a la férrea tutela de Moscú.

Impresiones del retorno

Lo que más me impresionó al saludar a quienes me fueron a recibir al aeropuerto, es que yo hablaba un checo diferente al de ellos. La misma impresión tuve después, en encuentros con amigos. Las cultas personas que yo dejé el año 48 usaban ahora un lenguaje bastante vulgar.

–¿Son ustedes o soy yo el que habla mal? –empecé a preguntar.

Poco a poco, empezaron a reconocer que eran ellos los que, de manera consciente o inconsciente, habían sentido la necesidad de degradar el idioma para mimetizarse con la incultura dominante.

–Al régimen no le gustaba un lenguaje refinado. Por eso, sin darnos cuenta, terminamos hablando como "zizkováci" –reconocían, aludiendo al habla que se escucha en Zizkov, uno de los barrios bajos de Praga. Como el jefe político, el gerente de la empresa, el comisario y las cúpulas hablaban de forma ordinaria, los checos más cultos fueron desarrollando temor al vocabulario y a la pronunciación.

Al margen de esto, durante los treinta primeros años el comunismo llevó a cabo una labor paciente, metódica y constante para torcer la mente de las personas. Día a día avanzó en este propósito. En las escuelas con los niños, en las fábricas y en las oficinas públicas con los mayores, en los barrios con todos, la presión se hizo irresistible para cualquier cerebro. La semilla de sospecha se cultivó de hijos a padres y de padres a hijos. El régimen premió la delación, estableció una instancia de control sobre los demás y estimuló la sensación de vigilancia continua.

A los totalmente convencidos, a los que estuvieron desde el principio en el partido, los hizo esclavos de su mismo sistema. Recibieron tantos beneficios, desproporcionados en función de sus capacidades y expectativas, que después les fue imposible salirse, aunque algunos comprendieran, con el tiempo, que las cosas no andaban bien.

Con quienes se incorporaron más tarde al partido, y sólo por consideraciones oportunistas, el comunismo actuó en forma casi diabólica. Coaccionados para delatar a sus propios amigos, fueron obligados a conductas reñidas con su conciencia, de manera de aniquilarles la voluntad.

Los demás –la gran mayoría de la población– fueron confinados a las diferentes cárceles de la ideología estatal. No todas eran tradicionales, con barrotes y celdas. La mayoría eran invisibles. Los reclusos de estas prisiones podían circular por las calles, vivir con la familia y tener un trabajo. Pero siempre en condición de sospechosos.

A los niños se les enseñó que sus padres podían ser sus enemigos. Se les enseñó que incluso escuchar una radio prohibida era una evidencia de colaboración con el enemigo, un acto peligroso para el futuro del socialismo y que era obligación denunciarlo.

Todo esto es más o menos conocido. Cualquiera que se interese en conocer la forma en que operaba el comunismo cotidiano puede encontrar testimonios concluyentes en libros y revistas. Lo que es más difícil de captar es en qué condición de despojos quedaron por lo menos dos generaciones checoslovacas después de tantos años de manipulación.

Cuando yo llegué el año 90 las mayores bestialidades del sistema ya estaban olvidadas. El recuerdo de la Primavera de Praga y la posterior represión del Pacto de Varsovia se habían desvanecido. Gorbachov llevaba un buen tiempo en el Kremlin. Si bien las salvajadas ya no eran tan visibles, todavía sin embargo el observador podía encontrarse con distorsiones profundas.

Me correspondió verlas, sin ir más lejos, en casa de uno de los primos de Janita, Vasek Bartl, el mismo que había estado con nosotros en París después de la muerte de mi cuñado, Tomás Turek.

La hija mayor de Bartl, a pesar de tener muchas condiciones para el estudio, no había podido cursar ninguna carrera universitaria. El pasado capitalista del padre impedía que se le abrieran las puertas de la enseñanza superior. Su único destino era ser obrera. Y así fue. En su momento, entró al sindicato y al partido. La familia entendió que no le quedaba otra posibilidad.

Como la hija menor deseaba ardientemente estudiar medicina, con esta aspiración en mente reunió a sus padres para diseñar un plan que la condujera a los estudios superiores.

Era una maravillosa tarde de domingo del verano de 1990 cuando escuchaba este relato. Estábamos en un bonito jardín. La conversación saltaba de un punto a otro. Ningún tema era muy trascendente y cada chisme, cada cuento, era interrumpido y vuelto a proseguir. El relato que escuchaba estaba como dicho al pasar. Lo contaban sin ningún dramatismo, como si fuera lo más normal del mundo.

–¿Y cómo pudiste ser médica? –le pregunté a la hija menor de Bartl, ya jubilado.

–Como tenía que ser obrera y no quería serlo, llegamos a la conclusión con mis padres de que debíamos hacer algo. Algo que me limpiara del estigma familiar. Si lograba convencer al régimen de que había roto de raíz con mis padres, tendría asegurado el ingreso a la universidad.

–¿Y qué hiciste entonces?

–Denuncié que mis padres escuchaban la radio Europa Libre y que criticaban al partido. Pensamos que a ellos ya no los podían perjudicar más. Siempre es posible estar peor de lo que se está, pero con los años que ya tenía, los riesgos para mi papá no eran grandes. Era difícil que la denuncia lo perjudicara más de lo que estaba. Dije que para mí era insoportable vivir bajo un techo donde se cometían tantas deslealtades a la causa y pedí ser acogida en otro sitio. También solicité mi ingreso al partido.

Si yo le hubiera comentado ¡qué horror lo que me estás contando!, seguro que se hubiera llevado la sorpresa de su vida. Nunca habría entendido mi asombro.

–¿No tuviste miedo que a él lo llevaran preso?

– Riesgo existía –me respondió–, pero no sabíamos exactamente cuánto. Sin embargo, analizando fríamente la situación, pensamos que para él y mi madre la acusación no tendría mayores repercusiones. Dentro de la empresa ya estaba degradado y calificado como un hombre tranquilo. No era una amenaza para nadie.

–¿Y tu respaldaste la maniobra? –le pregunté a él.

–Era algo que había que hacer. De lo contrario mi hija no hubiera tenido futuro universitario. Así de simple.

–¿A quién y cómo hiciste la denuncia? –le pregunté a ella.

–Conocía a una joven que pertenecía al partido. Me había hecho amiga de ella. Un día llegué "desesperada" a su casa y, en tono de confesión, le hablé del dolor que representaba vivir con una familia de mentalidad capitalista. Le dije que me había jurado que no seguiría un minuto más con ellos y le pedí que me ayudara. Ella me creyó y me invitó a que me mudara a su casa. Lo que vino después es fácil de suponer. Tuve que fingir bien, sí, el papel que estaba representando. Tuve que tener especial cuidado. Durante dos años no tuve ningún contacto con mis padres. Nunca los llamé por teléfono y ni siquiera pregunté por ellos a las amistades comunes.

– ¿Tu padre recibió algún castigo?

– No. Nuestros cálculos fueron exactos. Sólo le confiscaron la radio.

Quedé impresionado de la naturalidad con que padre e hija contaron la historia y los demás la escucharon. Me conmovió que se considerara normal que la carrera de la hija bien valiera el riesgo. Ojo: no se tomaba la decisión porque la vida de la hija estuviera corriendo peligro. No, era sólo para que pudiera estudiar medicina.

La descompresión

Es difícil que los millones de turistas que van a Praga año tras año puedan dimensionar durante su visita hasta dónde llegó la depravación del sistema. Creo que a pesar de todo lo que se habló y escribió sobre el tema antes y después de la caída del Muro, Occidente jamás aquilató cabalmente las distorsiones que el sistema introdujo en la vida privada.

Al regresar también me di cuenta que el sistema creó divisiones sangrantes entre gente de similar nivel cultural. Estas divisiones no se manifestaron durante la vigencia del régimen, pero explotaron al momento de su colapso. Pude comprobar que antiguos amigos y compañeros estaban muy divididos según su mayor o menor cercanía a la ideología dominante. Los que nunca fueron comunistas, con rencorosa hipersensibilidad, no perdonaban a quienes habían adherido o simpatizado con el régimen. No soportaban compartir con ellos ni siquiera en una reunión social.

Las brechas existentes entre los que habían sido, los que quisieron ser y los que nunca fueron salieron a la luz cuando me reuní con mis antiguos compañeros de colegio. Mi intención era hacer un gran festejo con todos ellos. De los 48 de nuestro curso, quedaban 38. El grupo se había juntado con cierta regularidad en los días del comunismo. Pero después, cuando cayó el sistema, las cosas cambiaron. Las odiosidades incubadas en los años duros se manifestaron con agresividad, al menos en la primera etapa de la descompresión. Las recriminaciones habían estado comprimidas por demasiado tiempo. El resentimiento respondía al grado de colaboración con el sistema.

En junio de 1990, cuando me reencontré con ellos, todos habían jubilado. Muchos vivían en las afueras de Praga o en aldeas rurales, puesto que los jubilados debían ceder sus casas en la ciudad a trabajadores activos. Por eso, al almuerzo que organicé sólo pudieron concurrir algunos. La reunión, en todo caso, fue un fracaso y casi terminó en pelea. Incluso más, mi mejor amigo fue el más atacado. Había sido uno de los primeros que se afilió al partido. Yo sabía que lo había hecho para salvarse, porque me encontré con él en París el año 49 y llevaba tres o cuatro años en la carrera diplomática. Estaba por esos días concurriendo a una reunión internacional en París y me contó que estaba militando porque de otro modo habría perdido su carrera. Yo conocía bien a su familia y su decisión me pareció increíble pero lógica.

–La verdad es que no entiendo cómo me aceptaron –me confesó con una franqueza que le agradecí. Sin embargo, no quise preguntarle qué había tenido que hacer para que le creyeran que su fe era auténtica.

Para los no comunistas, los enemigos estaban clasificados en tres grupos. Los primeros eran los comunistas que lo había sido desde siempre, desde mucho antes del año 48. El segundo grupo estaba constituido por los que ingresaron al partido después del golpe comunista, incluso por consideraciones de oportunismo. Esta había sido gente muy peligrosa porque, para hacer mérito y ganar credibilidad ante los jerarcas, se dedicaron a intrigar y a denunciar a sus amigos, a sus vecinos y a sus compañeros de trabajo. Estos militantes estuvieron bajo sospecha permanente. Quizás fue el grupo que más hizo sufrir y que a su vez más sufrió. Vivían como una especie de agentes secretos voluntarios y terminaron perdiendo la confianza en ellos mismos y en todos los demás.

El tercer grupo estaba formado por los que habían intentado entrar al partido más tarde y no habían podido, porque se les pasó el tiempo. Los registros ya se habían cerrado. Estos tenían el agravante de que, una vez caído el comunismo, habían querido aparecer como opositores. Lo malo para ellos fue que Praga es una ciudad chica; la gente allí se conoce y todos supieron la verdad.

Después de aquella fallida reunión, opté por juntarme sólo con el que había sido mi mejor amigo, el ex hombre del partido. A los demás, les mandé un poco de dinero para que cuando se reunieran, se tomaran un trago en mi nombre.

Por suerte estos rencores se han ido debilitando con el tiempo. He sabido que han seguido juntándose. Lo hacen en marzo o abril y en octubre. Durante el verano checo, que es la época en que viajo yo, suelen irse a sus casitas de campo (dachas) y no es posible verlos juntos.

Después de esa primera vuelta a Checoslovaquia, he regresado en varias ocasiones y pude ratificar las primeras impresiones que tuve al retornar.

Generalmente, cuando se analiza el tema, sólo se insiste en los efectos económicos del sistema. Pero se deja de lado el proceso de destrucción de las almas. Esa parte del drama, la más terrible, se analiza poco porque los observadores no tienen las herramientas para calibrar el daño.

Esa primera experiencia con el comunismo checo después de 42 años de ausencia puede ser comparada, en sentido figurado, con mi primer día en Birkenau. Antes de ir al campo de concentración yo conocía las brutalidades del nazismo porque las había sufrido en carne propia. Pero sólo cuando vi el humo de la chimenea del crematorio pude tomarle todo el peso al horror de la barbarie nazi. Sólo entonces supe toda la verdad.

Con el comunismo me pasó lo mismo. A pesar de saberlo terrible, sólo al volver a Checoslovaquia pude comprobar que tras la fachada de muchas casas de Praga funcionaba un verdadero crematorio de almas. Sólo entonces tuve una medida exacta de lo que el marxismo produjo. La gente fue obligada a actuar contra su naturaleza. De alguna manera todos se engañaban a sí mismos y engañaban a los demás. Nada era verdad. Nada era mentira. La gente vivía en función de espejismos. Así sobrevivió. Pero más vale no preguntarse a qué costo.

Los viejos y los jóvenes

Tengo una visión muy descarnada. Creo que el comunismo arrebató los ideales por lo menos a dos generaciones de checoslovacos. El daño ya no tiene remedio para los de mi edad. Por culpa del sistema, perdieron gran parte de lo mejor que tiene la vida. "Se nos fue el tren", como ellos mismos me dijeron.

Pero la vida continúa y, después de la liberación, surgen nuevas oportunidades para los más jóvenes. Una nueva generación se está imponiendo en los países del Este. Sólo algunos de sus miembros tienen que ver con el pasado. La mayoría son jóvenes que no conocieron el estalinismo.

La nueva clase empresarial, sin embargo, plantea algunas dudas. Llama la atención a veces la magnitud de ciertas fortunas. ¿Cómo se formaron? ¿De dónde salieron los recursos con tanta rapidez?

—¿Cómo es posible —le pregunté un día a un ministro del gobierno democrático— que ustedes permitan a ex funcionarios del partido controlar industrias que se han estado privatizando? El poder económico que tiene esa gente proviene sin duda de malversaciones y de la usurpación de dineros públicos....

—¿Qué hubieras hecho tú? —me preguntó él de vuelta—. Comprenderás, Milan, que si empezamos a investigar el origen de las inversiones, estos dineros van a ir a parar a Suiza.

Me quedé sin respuesta. La posición de los nuevos gobernantes era inteligente, pragmática y generosa. El tener altura de miras y capacidad para mirar las cosas con sentido de futuro, por encima de represalias y desquites, me pareció un rasgo visionario y patriótico.

De eso ha habido poco en Chile. Hay un contraste evidente entre la generosidad de los gobernantes democráticos checos —donde las violaciones a los derechos humanos fueron experiencias cotidianas—, con lo que ha pasado en Chile. Aquí ha primado la ingratitud con los militares, no obstante que ellos se hicieron cargo del poder por la presión del clamor popular. En su momento, la decisión que tomaron estuvo llena de riesgos en el orden institucional y personal. Cualquier traspié podía haberles costado hasta la vida. Como cuerpo, tampoco podían saber exactamente el grado de resistencia que iban a encontrar. Si se arriesgaron en tantos planos, si expusieron su cómoda seguridad, lo hicieron por Chile, no para satisfacer sus ambiciones.

Es verdad que en el gobierno militar –sobre todo al comienzo– hubo episodios reñidos con los derechos humanos. Pero esos excesos no pueden descalificar la gestión que cumplieron las fuerzas armadas. El gobierno militar evitó que Chile se convirtiera en otro satélite de Moscú. Esa fue una hazaña que habrá que agradecerles siempre. La intervención del 73 nos libró del tipo de miseria humana que encontré en Praga el año 90. Por lo menos una generación de chilenos estaría debatiéndose en esos lodos en la actualidad. Al margen de eso, los militares modernizaron el país y –lo que ningún gobierno de este siglo pudo hacer– abrieron el camino a un proceso de recuperación económica y de bienestar que está entregando día a día oportunidades de superación a todos los chilenos, sobre todo a los más pobres.

El sol se pone para todos

En septiembre de 1994 volví a la República Checa, acompañado esta vez de los dos amigos que me han colaborado en la preparación y redacción de estas memorias, Héctor Soto y Juan Miguel Arraztoa. Habíamos estado trabajando juntos desde hacía meses y entre los tres ya habíamos generado muchas relaciones de afecto y complicidad. Ellos son amigos entre sí desde los años del colegio y nunca me imaginé que íbamos a lograr en el desarrollo de este proyecto tal grado de afinidad y complementación.

El nuestro, por lo tanto, fue un viaje de celebración de nuestra amistad y también –desde luego– de conocimiento y documentación.

Me encantó ir con ellos a Praga. Me encantó además ver a mis dos amigos periodistas seducidos por la belleza de esta ciudad maravillosa y por el carácter de este pueblo sufrido, golpeado, pero todavía dispuesto a dar su propia pelea –la definitiva– por el bienestar, la independencia y la prosperidad. Creo que fue un viaje tan revelador para ellos como para mí. Estuvimos en Praga por varios días, visitamos sus lugares de mayor interés y –junto a Prusa y Baldik– pasamos a Polonia a ver los campos de concentración donde yo y mis amigos habíamos estado durante la guerra. Conversamos con mucha gente. Con gente de mi época y también con personas más jóvenes. Era la primera vez que Prusa y Baldik volvían a Auschwitz y Goleschau después de tantos años.

También nos reímos mucho y lo pasamos bien. Yo no hubiera dicho que se podían establecer genuinas relaciones de amistad por encima de las diferencias generacionales. Ellos están más cerca de la edad de mis hijos que de la mía. La amistad con Juan Miguel y Héctor, por lo mismo, ha sido el primer retorno de estas memorias... y al margen de lo que estas páginas puedan parecer a mis lectores, eso ya me deja muy contento.

Uno de los motivos recurrentes de humor de nuestro viaje fue el desenlace de la historia del tesoro, del cual quedaban varios kilos de monedas de oro acumuladas por mi tío José Beck. La callé hasta el final, puesto que mis amigos decían que habían llevado a Praga chuzos y palas para desenterrarlo en cuanto les diera la ubicación del lugar donde lo escondí. Nos reíamos como adolescentes de la situación y de las bromas que salían de ahí, hasta que al final les conté la novelesca historia.

Cuando los comunistas tomaron el poder en 1948, Hana y yo sabíamos que el tesoro corría peligro, de manera que lo sacamos del banco y volvimos a enterrarlo a dos metros bajo tierra.

A partir de ahí, en realidad hay dos versiones sobre el tesoro. La primera es que cuando yo me exilié en Francia, Hana y su marido lo desenterraron y procedieron a liquidar una parte del mismo, convirtiéndola en dólares. El resto lo habrían enviado poco después a París, cuando ellos abandonaron Praga.

La segunda versión es la mía y, según ella, el tesoro todavía está a dos metros bajo tierra. Yo volví a ese lugar exacto el año 90 con mi hija Katy y recuerdo que me tomé con ella una foto exactamente en el punto donde quedó sepultado. Pensé mucho qué debía hacer. Una posibilidad era desenterrarlo. La otra, dejarlo ahí. En definitiva, el tesoro –que por lo demás pertenece a mi prima Hana– había estado mucho más tiempo bajo tierra que en la superficie. Y me di cuenta que, mientras estuvo en la familia, no hizo otra cosa que traer tragedias y mala suerte.

Tomamos entonces la decisión de dejarlo enterrado. Ahí tenía que quedarse, a dos metros bajo tierra, porque es el lugar que le corresponde. Sin el tesoro hemos podido vivir mucho más felices que cuando lo tuvimos en nuestro poder. En el fondo, nos horrorizó la posibilidad de que el maldito tesoro trajera una nueva cadena de infortunios para Hana o mi familia.

Mis familiares y los lectores son enteramente libres de quedarse con una u otra versión.

En la época en que estuvimos en Praga con Héctor y Juan Miguel, traje también a mi prima Hana desde Londres. Incluso mis dos amigos tuvieron la oportunidad de hablar con Antonin Schott, mi querido Tonda, pieza fundamental de mi huida a París el año 48, quien circunstancialmente estaba en esos momento de paso en la República Checa por asuntos de negocios. Tonda seguía viviendo en Melbourne, Australia.

La vuelta a la República Checa el año 94 me puso muy en contacto con el pasado. Fue grato, pero también fue doloroso. Volví a recuperar imágenes, experiencias y sensaciones que había dado por olvidadas. Con la distancia del tiempo las percepciones cambian. Viví el holocausto cuando apenas era un muchacho y ciertamente en la actualidad tengo otros ojos para mirar mi experiencia. En verdad me parece mucho más absurda que antes. Demencialmente absurda.

Llega el momento de la recapitulación y estoy en el tramo final de estas memorias. Mi vida ha tenido muchas vueltas, pero al volver a mi tierra natal me di cuenta que no he sido una excepción. Con toda mi generación ocurrió otro tanto. Fuimos hijos de tiempos difíciles y, tal como yo, probablemente ninguno de mis amigos pudo hacer la vida que cada cual había soñado en su juventud.

Me encontré de nuevo con Helenka. La buena Helenka Vovsová, de Panenské Brezany. No la hubiera reconocido en la calle. Me pareció más alta y había engordado. Me contó que continuó trabajando en el castillo hasta terminada la guerra y que, cuando a nosotros nos mandaron a Terezín, fuimos reemplazados por contingentes de jóvenes alemanes que se habían negado a la conscripción militar.

Cuando llegó la paz, lo único que ella quiso fue irse a vivir a Praga. Pudo hacerlo por espacio de un año solamente, porque después se tuvo que volver. Cosas de la vida. Helenka nunca se casó y terminó trabajando durante cuarenta años para el Instituto de Innovación Tecnológica que funcionó en las mismas instalaciones del castillo. Me contó que una vez llegaron periodistas de la televisión italiana a entrevistarla sobre sus experiencias durante la guerra. Ese momento puede haber sido el más glorioso de su vida. De ahí en adelante su vida se fue encogiendo poco a poco. En la actualidad está jubilada, vive modestamente y reside en su pequeña casa de Panenské Brezany.

Con un doctorado en Filosofía a su haber, Renée, la jovencita que fue mi novia platónica en Terezín, ahora trabaja como consultora matrimonial. No gana mucho, pero es una actividad que la satisface. También se dedica a traducir libros del inglés al checo y de vez en cuando publica

Con mi amiga Renée, a quien sin saberlo, y por la lógica del estalinismo, le arruiné su carrera académica.

artículos en revistas académicas. Dos veces casada, Renée tiene un hija de su primer matrimonio que le ha dado nietos y que se fue a vivir a Canadá.

La vida de Renée da para una novela hecha y derecha, no sólo porque sobrevivió al holocausto, sino también porque quiso dedicarse a la ópera después de la guerra, porque fue profesora durante varios años, porque estuvo muy entusiasmada durante años con las promesas del comunismo y porque terminó siendo víctima de una intriga política infame que literalmente le cambió la vida.

Yo nunca supe que fui un actor involuntario de esa intriga. Las cosas sucedieron así. Después de huir a Francia, no tuve más contacto con Renée. Le envié desde París sólo una postal. Recuerdo que en la postal le decía que me sentía muy contento de estar viviendo en un país donde la policía se limitaba a dirigir el tránsito. El mensaje iba con su qué porque, para mi gusto, en ese tiempo Renée estaba muy izquierdizada. Tiempo después, ya en Chile, yo le habría escrito otra carta, de la cual ahora no me acuerdo en absoluto. Según Renée, y tiene que ser cierto, ahí le contaba que estaba asociado a una empresa que fabricaba licores. Supongo que medio en broma, en el texto le decía que nuestros brebajes eran pésimos, pero que eso en Chile no era problema porque al pueblo esos licores le gustaban igual.

Hasta ahí el asunto no podía ser más inocente. El problema es que Renée, que por esa época estaba rindiendo exámenes en la universidad, traspapeló la carta y la dejó olvidada entre las páginas de un libro de estudios que devolvió a la biblioteca. La bibliotecaria descubrió la carta, le pareció sospechosa y se la entregó al comisario del partido en la facultad.

El comisario consideró que la carta era un escándalo y una provocación capitalista. Consideró que mi referencia a los gustos del pueblo era peyorativa y de mala fe. Consideró que la amistad de Renée con un capitalista como yo –que además era un desertor– sembraba dudas sobre su moralidad y la convertía automáticamente en sospechosa.

El caso de Renée fue llevado a un tribunal universitario secreto donde ella no tuvo derecho a defensa y donde la sentencia fue que no podía continuar sus estudios. La experiencia, típica del estalinismo, la marcó para siempre. La pérdida de la carta, aparte de arruinarle la vida, le significó cortar vínculos conmigo porque ahí iba mi dirección en Chile. De suerte que vine a enterarme de esta historia –y a reencontrarme con Renée– recién el año 90.

Prusa, por su parte, se mantuvo relativamente bien durante estos años. Mi gran amigo nunca pudo superar el trauma de la muerte de sus padres y hasta el día de hoy es imposible que contenga el llanto cuando se le toca el tema. Me da la impresión que cree que su madre no habría muerto si es que el enviado a operarse en Praga el año 42 hubiese sido ella y no él. Como la mamá terminó cambiándose por él, Prusa se siente culpable y se recrimina hasta hoy. Ha sido terrible vivir con esta espina toda la vida.

Esta es la caseta que construí en Panenské Brezany con el sargento S.S. Klaus Ritter. A él nunca volví a encontrarlo después.

Con mis amigos Prusa y Baldik en Terezín. Precisamente esa pequeña reja a nivel de la calle corresponde al sótano donde vivimos durante meses.

Con Prusa, ante el castillo de Panenské Brezany.

Prusa se casó con una mujer admirable. Tuvieron dos hijas y vivió como en diez diferentes ciudades de provincia antes de radicarse en Praga. Así es la vida de los militares en todas partes. Entiendo que hizo una buena carrera dentro del ejército checoslovaco y que terminó de coronel, como asistente directo del comandante en jefe del ejército. Para un oficial que nunca entró al partido, la trayectoria suya fue más que satisfactoria.

Es para morirse de la risa oírlo narrar sus experiencias en los cursos de estado mayor del ejército checoslovaco y del Pacto de Varsovia, en todos los cuales la pieza fuerte era, invariablemente, la toma, invasión o conquista de París. ¡Todos a París! Esta era la gran utopía militar al otro lado de la cortina de hierro en los tiempos de la guerra fría.

Después, cuando el comunismo se vino abajo y la economía se liberalizó, Prusa encontró un buen puesto en el sector privado y ha trabajado visitando las oficinas y sucursales de una empresa telefónica grande.

Baldik también sobrevivió relativamente bien. Debió jubilarse muy temprano, sin embargo, por efecto de problemas óseos en una cadera y de una afección asmática. En los últimos años su cojera se ha hecho más pronunciada, pero él no se lo toma a lo trágico. Baldik –callado, tranquilo y encantador– sabe vivir. Sabe además generarse ingresos adicionales a su jubilación, cosa que es bien importante por estos días en la República Checa. Baldik estuvo casado muchos años, es papá de dos hijas y se divorció de su señora en 1984. Ella contrajo nuevo matrimonio con un canadiense al año siguiente, se fue a vivir a Canadá y entiendo que tiene una relación muy civilizada con su ex marido.

La historia de mi prima Sonia, como ella misma me lo contó, fue más complicada. No obstante ser medio judía por parte materna, Sonia logró salvarse del holocausto conjuntamente con sus padres, apelando a subterfugios y disimulos. El año 46 se casó y tuvo un matrimonio muy dichoso, hasta que enviudó hará cosa de diez o doce años, cuando su marido, Bedrich Kratochvil, murió de cáncer.

El papá de Sonia, mi tío Haman, al final vivió hasta los 86 años. Los comunistas le habían quitado el año 50 la tienda que tenía. Su madre, mi tía Marta, hermana de mi papá, también vivió bastante y falleció a la misma edad de su marido. Para toda la familia la sobrevivencia fue una verdadera hazaña. Una hazaña que mi prima agradece sobre todo a su amigo S.S., su Schindler particular. Mujer de corazón bien puesto, Sonia, en nombre de toda la familia, testificó en su momento en favor del S.S. Francisco Badelt, el alemán que los protegió en los peores días de la persecución nazi, en el juicio que se le siguió a éste en Checoslovaquia por supuestos crímenes durante la invasión. El proceso tuvo lugar mucho tiempo después de terminada la guerra y Badelt nunca quiso volver a Alemania.

Mi prima se independizó económicamente de sus padres antes de casarse, cuando instaló una tienda que arrendaba trajes de fiesta. Le fue bastante bien y pudo retener el negocio hasta el año 56. Ese año los comunistas se lo confiscaron y hasta 1960 no pudo conseguir trabajo por haber sido empresaria independiente. Al final encontró empleo en una compañía de seguros y ahí jubiló bastante más tarde por edad.

En su matrimonio, Sonia tuvo un hijo, que lleva el mismo nombre de su padre, Bedrich. Actualmente es un distinguido ginecólogo de Praga, casado con una colega, Monika, y es padre de tres hijos, dos niñas y un varón. La suya es una linda familia y a todos los quiero mucho. La mayor de las hijas, Misa, decidió seguir sus estudios universitarios en Israel, no obstante tener sólo un octavo de sangre judía. La chica ya va en tercer año y está comprometida afectivamente con un muchacho que es hijo de rabino.

Por fortuna, mi prima Sonia no está sola, porque comparte su pequeño departamento de Praga con un amigo, Lojza, un técnico a quien conoció cuando llevó a reparar las luces de su automóvil a su taller.

Mi prima Hana se trasladó a Londres hace bastante tiempo, después de radicarse por un largo período en Australia. Llegó a Inglaterra cuando todavía vivía su segundo marido, Jirka Pravda. Tuvo con él un excelente matrimonio. "Sé que Jirka no me gustó ni me atrajo la primera vez que lo vi en Praga –dice ella–, pero me bastó verlo una vez arriba del escenario para saber que era el hombre que yo quería".

El matrimonio tuvo un hijo, Alexandre, que es desde hace algunos años profesor en Oxford. Su señora es inglesa y la pareja tiene cuatro hijos que han hecho de Hana una de las abuelas más felices de la tierra. Para ella debe ser muy estimulante que una de las nietas, Isabel, siga los pasos de su abuela, porque está estudiando arte dramático, para ser actriz.

Hana sigue siendo una mujer encantadora, muy culta y divertida. Hasta hace poco tiempo trabajó como actriz. Por desgracia su acento la relegó siempre a roles de extranjera. De otro modo, posiblemente hubiera sido más famosa. Jirka Pravda también enfrentó las mismas restricciones en su carrera, pero con mucho éxito, y tuvo muchas actuaciones en películas importantes. Trabajó, por ejemplo, en varias películas de la serie de James Bond.

Es paradójica la vida de Hana. Ha vivido sin lujos pero recientemente pudo recuperar un edificio en Praga del que fue dueño su papá. Esto le va a permitir un mayor desahogo económico. Pero esa no es la única ironía. Según ella, cuando estudió teatro en la Unión Soviética, a mediados de los años 30, estuvo muy tentada de fugarse a Inglaterra. Tenía pocas ganas de volver a Checoslovaquia porque en ese entonces la relación con su papá era bastante crítica. Pero desechó la idea. "En Inglaterra llueve mucho", se dijo para sí. ¿Cómo iba a saber entonces que terminaría radicada allá? "Llevo treinta años en Inglaterra –se queja– y vaya que llueve..."

Cerrando el círculo

En abril de 1995 viajé con mi hija Katy y sus dos hijas, mis nietas Andrea y Mónica, a Auschwitz. Quise que me acompañaran a la ceremonia de conmemoración de los 50 años de la liberación.

La celebración oficial, encabezada por Lech Walesa, el Presidente polaco en ese momento, había tenido lugar meses antes, a fines de enero, que fue cuando efectivamente las tropas rusas entraron a la ciudadela del exterminio. Pero, dadas las temperaturas del invierno europeo, el comité de sobrevivientes desestimó realizar el acto en una época tan cruda y desapacible. Entre nosotros hay gente que ya tiene mucha edad y el mes de abril pareció más razonable para la cita.

Al viaje por supuesto que se incorporaron como invitados especiales Prusa y Baldik. Vivimos la experiencia con tal sentido de fraternidad que a lo mejor por eso nos pareció menos atroz de lo que era. Juntos estuvimos entonces y me emocionaba la posibilidad de volver a estar con ellos medio siglo después.

No sólo tuvimos la suerte de sobrevivir a los campos de concentración. Además hemos tenido una vida larga y, con las reservas propias de la edad, estamos bastante bien de salud los tres.

En Praga arrendamos un auto grande y emprendimos el viaje hacia el pasado. Eramos siete en total. Además de mi hija, mis nietas y mis dos amigos, iba también la mujer de Prusa, Hana.

Para Katy el viaje tenía doble interés. Por un lado, quería conocer los sitios por donde anduvo su padre. Por otro, existían razones profesionales. Katy vive en Estados Unidos y desde hace varios meses trabaja en la Fundación Shoa (Holocausto), creada por Steven Spielberg y financiada por él con las utilidades de *La lista de Schindler*. El objetivo de esta fundación es recoger en video el testimonio de los sobrevivientes de los campos de concentración. La idea es hacerlo profesionalmente. Una vez reunido, se pretende depositar este material en una gran videoteca que servirá para certificar a las generaciones futuras que el holocausto judío existió. Si alguien dudara o negara la veracidad de esta tragedia, tendría el desmentido inmediato y elocuente de miles y miles de testimonios filmados. En los registros, los sobrevivientes dirán cara a cara la verdad a las futuras generaciones.

Aun cuando ya había vuelto el año 94 a Birkenau, acompañado de Héctor y Juan Miguel, los dos amigos que han colaborado conmigo en la preparación de estas memorias, consideré importante unirme a los actos de conmemoración porque la caída de los campos de concentración significó el fin del holocausto. Es cierto que cuando los rusos entraron a Auschwitz y Birkenau para liberar a los sobrevientes, Prusa, Baldik y yo seguimos viviendo por varios meses más una pesadilla macabra en las marchas de la muerte que nos llevaron primero a Sachsenhausen y después hacia el norte de Alemania. Pero el fin del complejo

Auschwitz-Birkenau es un símbolo de liberación para todos nosotros.

El día anterior a la ceremonia llegamos al lugar donde se alojaban los participantes. Era un sitio de reposo para los trabajadores construido por los polacos durante el comunismo, en un paisaje montañoso. Sumábamos unas dos mil personas. Del total, aproximadamente la mitad eran ex prisioneros que habían sobrevivido a la tragedia. Doscientos eran estudiantes que venían de Israel. Había otra cantidad similar de estudiantes no judíos provenientes de Europa. El resto eran acompañantes.

Si bien muy pocos nos conocíamos de antemano, pronto se creó un ambiente de gran confraternidad. Las historias de unos y otros llenaron la tarde y gran parte de la noche. Se entremezclaron los idiomas en el relato de experiencias sobrecogedoras. Varias me llamaron la atención.

Había una mujer que evidentemente era bastante más joven que nosotros y que dijo haber estado en los campos de concentración. Nos enteramos que había caído presa a los once años, y que fue uno de los tantos niños salvados por Oscar Schindler.

–Yo nunca supe de la historia de Schindler antes de ver la película –le dije.

–Schindler era un hombre maravilloso. Salvó a mi hermano, a mis papás y a mí. Si tú te acuerdas de la película, hay una escena en la cual los S.S. suben a unos niños a un camión y los están llevando hacia la cámara de gas. Schindler corre detrás y grita que eso no puede ser, que tienen que bajar a los niños. Pues bien: ¡ahí estaba yo! Esa situación existió. Claro que nosotros en ese tiempo no teníamos idea de estarnos salvando.

–Me acuerdo de la escena.

–Sí. Al bajarnos del camión, el oficial S.S. le preguntó para qué necesitaba niños tan pequeños. "Míreles las manos –contestó Schindler–. Cuando se necesita poner dinamita dentro de las bombas, sólo esas pequeñas manos pueden entrar. Los adultos no me sirven." Sólo en ese momento el S.S. se convenció.

Otros de los casos fue el de unos mellizos checos. Al llegar a Birkenau tenían diez años. Cuando Mengele supo que eran mellizos, comenzó a realizar experimentos genéticos con ellos. A pesar de eso, en 1995 se veían sanos y alegres. Ambos estaban casados, pero no tenían hijos.

Estuvieron tres años en Auschwitz. Al entrar tenían diez y al salir trece. Por entonces sus padres ya habían muerto. Al salir sólo sabían que eran de Brno. Nada más. Los rusos los entregaron al comité checoslovaco encargado de los refugiados. Ellos los llevaron a Moravia, pero no sabían qué hacer. Finalmente les ubicaron una tía que los tomó a su cargo. Como la pobre siempre había estado en una situación económica horrible, desde muy jóvenes les tocó trabajar. Ambos eran maquinistas de tren.

Lo que me impresionó de este caso –y por eso lo destaco– es la alegría que demostraban los dos hermanos. Era admirable comprobar cómo dos niños expuestos a experiencias horribles volvieron a la normalidad. Quien los viera ahora jamás se podría imaginar que fueron víctimas del sadismo de Mengele.

Otro caso salió a relucir esa noche. Era la historia de un checo no judío. Estudiaba en un colegio cuyos alumnos fueron transportados a Terezín, en represalia por el atentado a Heydrich en Praga. Los S.S. se llevaron a todos los niños del establecimiento. Eran 180 niños checoslovacos. Ninguno era judío. Los padres nunca tuvieron idea de la suerte que habían corrido sus hijos. Por razones desconocidas, a los tres meses los S.S. liberaron a unos cien; los restantes, pasado un tiempo, fueron transportados primero a Terezín y en seguida a Auschwitz. Ahí contó que fue detectado por Mengele y también lo usó para sus pruebas genéticas pervertidas. En el momento de su liberación tenía doce años y, al igual que los mellizos, tenía en tinieblas su pasado y origen. Al final encontró a sus padres, que durante todo ese tiempo no tuvieron ninguna noticia suya.

Sólo habían sabido lo de la detención en la escuela y lo de Terezín, gracias a los chicos que fueron liberados. De todas maneras, fueron padres afortunados. De los ochenta niños enviados a Auschwitz, sólo se salvaron ocho. El resto murió en el gas o de hambre.

La tarde se consumió en una historia tras otra. Estaba anocheciendo y recordé que debía llamar por teléfono a Cracovia para comunicar al hotel donde habíamos dormido la noche anterior que anularan nuestras reservas. Pasaríamos la noche en el mismo lugar. Como sólo había un teléfono, tuve que bajar a la recepción.

–A usted le toca hablar después de ese señor –me dijo la recepcionista cuando le pedí la llamada.

Miré a quien me antecedía. Era un joven menor de 30 años.

–¿Eres checo? –le pregunté.

–No, señor, soy alemán.

Era un guía. Estaba acompañando a ejecutivos jóvenes de Volkswagen. Era la sexta vez que lo hacía. Para la Volkswagen no es novedad mandar al personal a este lugar. Es una práctica frecuente en muchas empresas alemanas, porque quieren que sus trabajadores conozcan los crímenes que se cometieron. Es bueno que lo sepan las nuevas generaciones.

Me impresionó la sinceridad del guía. No sé por qué no se publicitan más estos hechos. Felicito a las empresas alemanas y a sus empleados por el desarrollo de estos programas de contenido educativo. Son una expresión de decencia y humanidad.

Tuvimos otra experiencia, más bien negativa, al comprobar que todavía existe miedo entre los judíos de los países que fueron satélites de la Unión Soviética. Pocos se atreven a reconocer públicamente su origen. Todavía están traumatizados por las purgas y discriminaciones que vivieron en todos estos años de comunismo.

La gran mayoría no aceptó que Katy los inscribiera para el video de la Fundación Shoa. No querían que los viesen. Tenemos que ser discretos, nos decían. El caso de los judíos eslovacos parece ser especialmente delicado. Al excusarse, casi todos se referían a un antisemitismo muy fuerte tanto a nivel de gobierno como entre el pueblo. Casi todos los judíos han debido cambiar sus apellidos para ocultar su origen. Una injusticia y una vergüenza.

Los sobrevivientes que dieron sus datos para que un equipo profesional los filmara, sólo lo hicieron después de largas y persuasivas conversaciones. Katy explicaba que el testimonio era para la posteridad, que de ninguna manera se haría público por ahora. Tuvo que jurarles la confidencialidad del trabajo y garantizarles que el sentido de los testimonios era entregar un respaldo a quienes escriban la historia. Así y todo, la mayoría declinaba.

Personalmente no participo de esos temores, pero sería un mentiroso si dijera que no los comprendo.

Ultima página

¿Valió la pena sobrevivir y vivir?

Es una pregunta que me he hecho muchas veces y que de manera invariable he respondido afirmativamente. Estoy contento de haber vivido. Estoy orgulloso de la familia que fundamos con Janita. Me maravillan mis hijos y los hogares que tienen. Me llenan el alma mis nietos. Tengo un cariño infinito por mi tierra natal y me encanta el país que me adoptó. En pocas palabras, siento que he querido y que a mí me han querido mucho.

Estuve un tiempo en el infierno, es cierto, pero antes de eso había estado en el paraíso y todo lo que vino después de la guerra fue mucho más bueno que malo. Y fue entretenido. Gracias a la forma como está hecho el ser humano, es posible resistir y sobrevivir la muerte de los seres queridos y es innecesario e imposible olvidar los momentos trágicos. Pero me consta que es posible no seguir sufriéndolos y que siempre se puede –de esto estoy definitivamente convencido– encontrar nueva felicidad en la vida. Sólo hay que tener la fuerza de buscarla.

No creo en el más allá ni en una vida ultraterrena. La experiencia de la guerra me hizo aún más escéptico en materia religiosa de lo que era antes. Cuando me preguntan si tiene racionalidad que esto sea todo y que después de este mundo no haya otro, yo siempre reconozco que, por lo menos a mí, la vida me pareció bastante, tanto en lo bueno como en lo malo. No necesito el consuelo de otra vida para poder morir tranquilo un día. Siento que mi misión está cumplida.

Santiago, abril, 1997

CONTENIDO